· 中国物流与采购联合会系列报告 ·

中国物流发展报告

2023—2024

中国物流与采购联合会
China Federation of Logistics & Purchasing

中国物流学会
China Society of Logistics

China Logistics Development Report（2023—2024）

中国财富出版社有限公司
China Fortune Press Co.,Ltd.

图书在版编目（CIP）数据

中国物流发展报告 . 2023—2024 ／ 中国物流与采购联合会，中国物流学会编 . --北京：中国财富出版社有限公司，2024.6. --（国家物流与供应链系列报告）.

ISBN 978-7-5047-8177-2

Ⅰ. F259.22

中国国家版本馆 CIP 数据核字第 20242UR310 号

策划编辑	朱亚宁		责任编辑	王 君	版权编辑	李 洋
责任印制	梁 凡		责任校对	庞冰心	责任发行	杨恩磊

出版发行 中国财富出版社有限公司

社　址	北京市丰台区南四环西路 188 号 5 区 20 楼	邮政编码	100070
电　话	010 - 52227588 转 2098（发行部）		010 - 52227588 转 321（总编室）
	010 - 52227566（24 小时读者服务）		010 - 52227588 转 305（质检部）
网　址	http：//www.cfpress.com.cn	排　版	宝蕾元
经　销	新华书店	印　刷	宝蕾元仁浩（天津）印刷有限公司
书　号	ISBN 978-7-5047-8177-2/F·3684		
开　本	787mm×1092mm　1/16	版　次	2024 年 6 月第 1 版
印　张	27.25	印　次	2024 年 6 月第 1 次印刷
字　数	548 千字	定　价	198.00 元

《中国物流发展报告》（2023—2024）

编 委 会

《中国物流发展报告》（2023—2024）

特约撰稿人

（按姓氏拼音排序）

曹允春　中国民航大学临空经济研究中心主任、教授、博士生导师

陈悠超　上海国际航运研究中心航运景气指数编制室副主任

范学兵　中国物流与采购联合会应急物流专业委员会秘书长

冯耕中　西安交通大学管理学院院长、教授、博士生导师

郭　威　中国物流与采购联合会医药物流分会常务副秘书长

韩永生　天津科技大学物流工程系教授

侯海云　鞍山钢铁集团有限公司副总工程师

胡　焓　中国物流信息中心物流统计处处长

李红梅　中国物流与采购联合会标准化工作部主任

李俊峰　中国物流与采购联合会教育培训中心主任

李倩雯　上海国际航运研究中心航运发展研究所所长助理

李　弢　交通运输部规划研究院城市交通与现代物流研究所副所长

李艳东　中国物流与采购联合会物流装备专业委员会副主任

李勇昭　中国物资储运协会会长

刘伟华　天津大学管理与经济学部教授、博士生导师

刘宇航　中国物流信息中心主任，中国物流与采购联合会智慧物流分会、危化品物流分会秘书长

马增荣　中国物流与采购联合会会长助理、物流装备专业委员会主任

潘海洪　中国物流与采购联合会区块链应用分会执行秘书长

秦玉鸣　中国物流与采购联合会冷链物流专业委员会、医药物流分会、医疗器械供应链分会、食材供应链分会秘书长

施　伟　中国物流与采购联合会服装物流分会副秘书长

孙熙军　中国物流与采购联合会托盘专业委员会秘书长

吴志华　南京财经大学营销与物流管理学院教授、博士生导师

肖和森　中国物流与采购联合会物流与供应链金融分会执行副会长

谢文卿　上海国际航运研究中心港口发展研究所副所长
徐　东　中国物流与采购联合会应急物流专业委员会主任
徐　勇　快递物流咨询网首席顾问
晏庆华　中国物流与采购联合会物流信息服务平台分会秘书长、网络事业部主任
杨宏燕　中国物流与采购联合会物流园区专业委员会副秘书长
张　炜　中国物流与采购联合会物流与供应链金融分会秘书长
张晓东　北京交通大学交通运输学院物流工程系主任、教授
张永锋　上海国际航运研究中心国际航运研究所所长
赵洁玉　中国物流与采购联合会绿色物流分会副秘书长、物资节能中心绿色发展部主任
周志成　中国物流与采购联合会研究室主任、公路货运分会秘书长，中国物流学会副秘书长
左新宇　中国物流与采购联合会服装物流分会、汽车物流分会秘书长

《中国物流发展报告》（2023—2024）

编 辑 人 员

主　　编：贺登才
副 主 编：周志成

联系方式：

中国物流与采购联合会研究室：010-83775691
网　　址：中国物流与采购网
电子邮箱：zhouzhicheng56@ vip. 163. com

构建中国现代物流发展新模式
夯实物流高质量发展基本盘

——2023年我国现代物流发展回顾与展望
（代前言）

回顾2023年，我国告别三年疫情，经济实现恢复发展，制造业采购经理指数（PMI）全年均值为49.9%，高于2022年0.8个百分点。物流需求稳步复苏，全年社会物流总额达352.4万亿元，我国仍是全球需求规模最大的物流市场。进入"十四五"时期，特别是疫情三年以来，现代物流在国民经济中的产业地位持续提升，发展模式稳步转换，制度保障更加完善，正在进入新的阶段。

一是物流市场实现恢复增长。2023年，我国全年物流业总收入为13.2万亿元，同比增长3.9%。中国物流业景气指数全年平均为51.8%，高于上年3.2个百分点，多数月份处于51%以上的较高景气区间。快递业务量达1320.7亿件，连续十年稳居世界第一。国家铁路完成货物发送量50.1亿吨，再创历史新高。民航货邮运输量735.4万吨，基本恢复至2019年水平。我国物流市场总体恢复增长，但要保持中高速增长难度较大，需要引起重视。

二是提质增效降本稳步推进。2023年，我国社会物流总费用与GDP的比率为14.4%，比上年下降0.3个百分点，全年呈连续回落走势。主要环节物流费用比率均有所下降，运输费用与GDP的比率为7.8%，保管费用与GDP的比率为4.8%，管理费用与GDP的比率为1.8%。随着疫情防控平稳转段，第三产业占比逐步恢复，物流堵点全面打通，社会库存流转加速，物流运行效率得到提升。但是我们也看到，社会物流需求仍处在恢复期，供大于求的局面有所加剧，公路货运、航空航运价格低迷，依靠单一物流企业、单一物流环节降本空间缩小。《"十四五"现代物流发展规划》提出推动物流提质增效降本，就是要引导通过效率提升、质量升级来创造降本新空间。

三是供应链物流引领转型发展。首届中国国际供应链促进博览会在北京成功举办，供应链协同发展成为共识。商务部等8单位审核公布的全国供应链创新与应用示范企业达250家、示范城市33个。一批大型制造企业、流通企业以物流资源整合为切入口，用供应链思维统筹开展物流流程优化、组织协同、价值创造，实现物流服务链与产业供应链深度融合，以物流自主可控提升供应链韧性和安全水平。

四是一流企业提升产业竞争力。截止到2023年底，我国A级物流企业超过9600家。2023年中国物流50强企业，物流业务收入合计超过2.3万亿元，千亿级规模企业已经达到5家。智慧物流企业稳健成长，网络货运平台企业（含分公司）达到3069家。国资委开展推动创建世界一流"双示范"行动，一批物流企业被纳入名单。面对需求不振压力，一流企业夯实价值创造力、网络联通力、产业融合力、创新驱动力、应急响应力，逆势保持稳定增长，有力发挥示范引领作用。

五是创新驱动打造新质生产力。新一轮科技革命和产业变革深入推进，大数据、物联网、人工智能等新技术与传统物流要素紧密结合，催生新产业、新模式和新业态。数字物流平台创新发展，持续赋能中小微企业走上"数字高速公路"。智慧物流大脑、物流大模型、数字仓库、智能驾驶等成为行业热点，正在改变物流发展方式。我国承担的国际标准化组织（ISO）创新物流技术委员会正式获批，助力我国创新发展标准与国际接轨。

六是物流网络布局均衡发展。重大物流基础设施布局建设加快，国家物流枢纽达到125个，示范物流园区100个，骨干冷链物流基地66个。25个城市推动国家综合货运枢纽建设。第六次全国物流园区调查显示，全国规上物流园区超过2500个。中西部地区物流设施补短板初现成效，助力区域产业布局调整优化。海外仓等跨境物流设施布局加快。物流大通道稳步发展，中欧班列累计开行超8.2万列，通达欧洲25个国家217个城市。国内高铁货运班列正式开行，为支撑扩大消费送上物流"加速度"。

七是绿色低碳物流影响提升。欧盟碳边境调节机制开始试运行，物流领域受到关注。国务院发布《空气质量持续改善行动计划》，提出大力发展绿色运输体系。中国物流与采购联合会正式推出物流行业公共碳排计算器，标志着国际国内碳排放互认工作启动。邮政快递车、城市配送车等公共领域车辆全面电动化开展试点，新能源中重型货车特定场景应用启动，绿色包装得到推广。一批物流企业纷纷发布环境、社会和公司治理（ESG）报告，彰显社会责任、使命担当。

八是制度保障优化营商环境。物流降成本工作积极推进，大宗商品仓储用地的土地使用税和挂车购置税享受减半征收，交通物流领域金融支持政策延续实施，鲜活农产品运输"绿色通道"政策实现优化。高速公路差异化收费、新能源商品汽车铁路运输获得支持，一批便利通关、便利通行政策得到推广，智能网联汽车准入和上路通行试点。随着全国物流统一大市场建设推进，各部门形成政策合力，物流制度保障更加完善，营商环境更加优化，激发企业活力和信心。

刚刚过去的一年我们收获了丰硕的成果，也要直面紧迫的问题。2023年以来，结构调整叠加有效需求偏弱，社会物流总额增速与GDP增速齐平，物流需求恢复低于预期。会员企业调研显示，反映需求不足的企业占比较大，企业经营普遍承压。行业新动能短期内难以撬动存量大市场，我国现代物流正进入"温和"增长阶段。

党中央、国务院高度重视现代物流发展。中央经济工作会议提出，有效降低全社会物流成本，这对现代物流发展模式转换提出了更高要求。总体来看，我国传统物流"低价格、低效率、低效益"的发展模式已经无法适应实体经济高质量发展的要求。随着物流市场增速放缓，降本压力难以传导，亟须向现代物流发展新模式转变，寻找新时期发展的战略路径。

总体来看，打造现代物流发展新模式要激发物流需求侧变革动力。充分发掘制造企业、流通企业物流改造升级潜力，深度整合资源、切实优化流程、主动对接供给，把降低物流成本转换为增加企业利润，形成工商企业新的"利润源"。

　　打造现代物流发展新模式要再造物流全链条组织方式。引领物流企业从单一环节竞争向综合物流竞争、供应链竞争转变，提供供应链一体化物流解决方案，逐步从低附加值服务向高附加值赋能转变，形成物流企业新的"增长点"。

　　打造现代物流发展新模式要用好物流新质生产力。充分发挥新一代信息技术、人工智能等前沿技术在物流领域的作用，大力发展数字经济，重构数字共享、协同共生的智慧物流生态体系，助推物流新产业新模式新业态"弯道超车"。

　　现代物流发展新模式追求"高效率、优服务、高质量"的可持续发展，有望打开物流市场广阔的空间。我们要坚定信心、守正创新，坚守现代物流发展事业，推进中国式现代物流体系建设。我们相信，"物流强国梦"正在加快向我们走来。

　　展望 2024 年及未来一段时期，我国现代物流有望呈现一些新趋势：

　　一是大盘稳定，市场保持温和增长。随着财政政策适度加力、货币政策灵活适度，物流需求总体稳定，最终消费持续复苏，带动生产、进口需求稳步回升，市场温和增长将成为常态。

　　二是结构调整，需求贡献持续分化。依托超大规模市场优势，消费端对物流需求的贡献将稳步增长；制造业向中高端迈进，生产端精益物流、供应链服务成为增长点。服务体验、履约能力、安全可控将更为重要。

　　三是提质增效，降低成本仍有空间。我们要认识到，降低物流成本不是简单降物流价格，也不是挤压各方利润空间，而是聚焦提质增效。通过资源整合、流程优化、信息对接、减少浪费，系统性结构性降成本空间巨大。

　　四是产业融合，全链条系统化整合。物流业与制造业、商贸业、农业深化融合，构建具有产业特色的物流服务链，打通产业供应链全链条，实现联动融合、协同发展，有望成为供应链新的利润源。

　　五是市场导向，规模化集约化成长。市场增速放缓期往往是规模企业快速成长期。骨干物流企业和平台企业竞争力持续提升，兼并重组、联盟整合、平台建设持续发力，构建协同共生的产业生态，市场集中度将稳步提升。

六是韧性安全，保供稳链更为迫切。我国经济加快融入国际市场，属地生产、全球流通成为趋势，需要提升国际供应链韧性和安全水平。部分重要商品国际依存度仍然偏高，物流保供稳链作用将更加突出。

七是设施联通，物流网络高效畅通。基础设施深化互联互通，国际物流大通道不断延伸拓宽，带来经贸发展的新机会。综合交通运输体系日益完善，物流基础设施加强资源集聚，有望带动区域经济进一步转型升级。

八是创新驱动，数字化转型提速。数字经济正在成为改造传统产业的抓手，国家提出新质生产力，就是要发挥数字经济、平台企业的优势，推进数字技术与实体经济融合，助推传统产业全面拥抱互联网，再造物流发展新模式。

九是绿色低碳，提升物流社会价值。美丽中国建设加速推进，我国重启温室气体自愿减排交易市场，物流行业作为移动源重要的排放领域，物流减排成本逐步转变为社会价值，将助力行业全面向绿色低碳转型。

十是多方合力，行业共治统筹协调。现代物流领域政府协同、政策合力，政策措施将更加有效，增强政策获得感。行业协会组织深化桥梁纽带作用。政府、协会、企业多方合力，政府监管、企业平台自治、协会自律，推进行业协同共治取得共识。

中国物流发展新模式的转换将激发产业升级的新活力。广大物流企业和上下游的制造企业、流通企业要深化战略合作、实现融合发展，共创中国物流发展新模式，夯实物流高质量发展的基本盘，助力全面推进强国建设、民族复兴伟业！

（作者：何黎明 中国物流与采购联合会党委书记、会长）

目　录

第一篇　综合报告

第二篇　专题报告

第三篇　资料汇编

第一篇

综合报告

第一章

2023 年中国物流业发展环境

2023 年，我国经济在波动中恢复，稳定因素有所累积，物流运行环境持续改善，行业整体恢复向好。

一、国内经济环境

（一）经济运行回升向好

2023 年，全年国内生产总值（GDP）达到 1260582 万亿元，比上年增长 5.2%（见图 1）。其中，第一产业增加值 89755 亿元，比上年增长 4.1%；第二产业增加值 482589 亿元，增长 4.7%；第三产业增加值 688238 亿元，增长 5.8%。

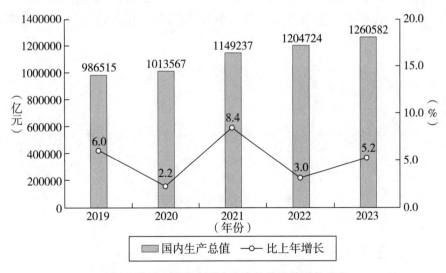

图 1　2019—2023 年国内生产总值及其增长速度

第一产业增加值占国内生产总值比重为 7.1%，第二产业增加值比重为 38.3%，第三产业增加值比重为 54.6%（见图 2）。最终消费支出拉动国内生产总值增长 4.3 个百分点，资本形成总额拉动国内生产总值增长 1.5 个百分点，货物和服务净出口向下拉动国内生产总值 0.6 个百分点。人均国内生产总值 8.9 万元，比上年增长 5.4%。国民总收入超过 125 万亿元，比上年增长 5.6%。

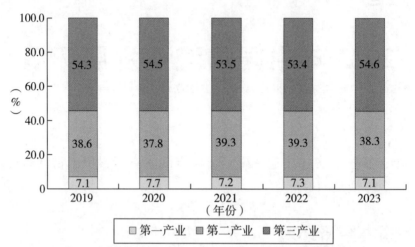

图 2　2019—2023 年三次产业增加值占国内生产总值比重

中国物流与采购联合会、国家统计局服务业调查中心发布的中国制造业采购经理指数（PMI）全年均值为 49.9%，高于 2022 年全年均值 0.8 个百分点。从指数年内走势来看，制造业 PMI 在一季度运行在 50% 以上的较好水平，显示在疫情影响消退后经济快速恢复，二季度指数较快回落，显示在积压需求快速释放后经济回升势头有所放缓，三、四季度指数均值运行在 49.5% 左右的水平，显示在各地积极落实稳经济促增长等政策措施的带动下，我国经济保持相对稳定运行（见图 3）。

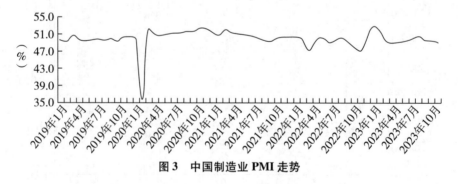

图 3　中国制造业 PMI 走势

（二）工业生产稳步回升

2023 年，全年全部工业增加值 399103 亿元，比上年增长 4.2%（见

图4）。规模以上工业增加值增长4.6%。在规模以上工业中，分门类看，采矿业增长2.3%，制造业增长5.0%，电力、热力、燃气及水生产和供应业增长4.3%。

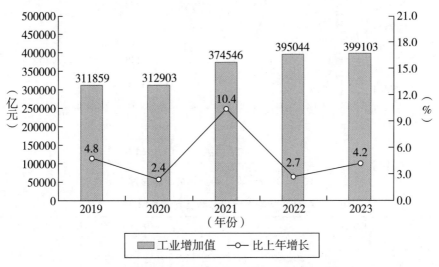

图4 2019—2022年全部工业增加值及其增长速度

全年规模以上工业企业利润7.7万亿元，比上年下降2.3%。分门类看，采矿业利润12392亿元，比上年下降19.7%；制造业57644亿元，下降2.0%；电力、热力、燃气及水生产和供应业6822亿元，增长54.7%。规模以上工业企业每百元营业收入中的成本为84.76元，比上年增加0.04元；营业收入利润率为5.76%，下降0.20个百分点。年末规模以上工业企业资产负债率为57.1%，比上年末下降0.1个百分点。全年规模以上工业产能利用率为75.1%。

（三）货物进出口总体平稳

2023年，全年货物进出口总额约41.8万亿元（见图5），比上年增长0.2%。其中，出口237726亿元，增长0.6%；进口179842亿元，下降0.3%（见表1）。货物进出口顺差57883亿元，比上年增加1938亿元。对共建"一带一路"国家进出口额194719亿元，比上年增长2.8%。其中，出口107314亿元，增长6.9%；进口87405亿元，下降1.9%。对《区域全面经济伙伴关系协定》（RCEP）其他成员国进出口额125967亿元，比上年下降1.6%。民营企业进出口额223601亿元，比上年增长6.3%，占进出口总额的比重为53.5%。2023年对主要国家和地区货物进出口金额、增长速度及其比重见表2。

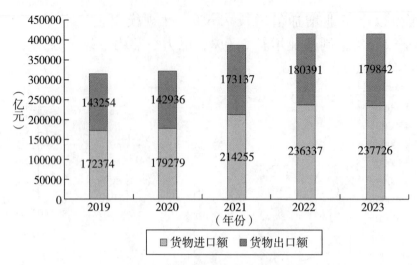

图 5　2019—2023 年货物进出口总额

表 1　　　　　　　　　2023 年货物进出口总额及其增长速度

指标	金额（亿元）	比上年增长（%）
货物进出口总额	417568	0.2
货物出口额	237726	0.6
其中：一般贸易	153530	2.5
加工贸易	49062	-9.0
其中：机电产品	139196	2.9
高新技术产品	59279	-5.8
货物进口额	179842	-0.3
其中：一般贸易	117042	1.3
加工贸易	27061	-11.3
其中：机电产品	65363	-5.5
高新技术产品	47916	-5.2
货物进出口顺差	57883	3.5

表 2　　　　　2023 年对主要国家和地区货物进出口金额、增长速度及其比重

国家和地区	出口额（亿元）	比上年增长（%）	占全部出口比重（%）	进口额（亿元）	比上年增长（%）	占全部进口比重（%）
东盟	36817	0.0	15.5	27309	0.4	15.2
欧盟	35226	-5.3	14.8	19833	4.6	11.0
美国	35198	-8.1	14.8	11528	-1.8	6.4
日本	11076	-3.5	4.7	11309	-7.9	6.3
韩国	10467	-2.2	4.4	11381	-13.9	6.3
中国香港	19333	-1.3	8.1	958	84.3	0.5
中国台湾	4819	-11.1	2.0	14033	-10.5	7.8
俄罗斯	7823	53.9	3.3	9093	18.6	5.1

续　表

国家和地区	出口额 （亿元）	比上年增长 （％）	占全部 出口比重 （％）	进口额 （亿元）	比上年增长 （％）	占全部 进口比重 （％）
巴西	4159	1.0	1.7	8625	18.4	4.8
印度	8279	6.5	3.5	1301	12.2	0.7
南非	1661	4.4	0.7	2245	3.7	1.2

（四）市场销售较快恢复

2023 年，全年社会消费品零售总额约 47.1 万亿元，比上年增长 7.2%（见图 6）。按经营地分，城镇消费品零售额 407490 亿元，增长 7.1%；乡村消费品零售额 64005 亿元，增长 8.0%。按消费类型分，商品零售额 418605 亿元，增长 5.8%；餐饮收入 52890 亿元，增长 20.4%。服务零售额比上年增长 20.0%。全年实物商品网上零售额约 13.0 万亿元，按可比口径计算，比上年增长 8.4%，占社会消费品零售总额的比重为 27.6%。

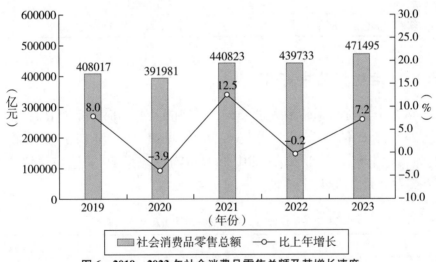

图 6　2019—2023 年社会消费品零售总额及其增长速度

（五）固定资产投资规模扩大

2023 年，全年全社会固定资产投资近 51.0 万亿元，比上年增长 2.8%。固定资产投资（不含农户）50.3 万亿元，增长 3.0%（见表 3）。在固定资产投资（不含农户）中，分区域看，东部地区投资增长 4.4%，中部地区投资增长 0.3%，西部地区投资增长 0.1%，东北地区投资下降 1.8%。

在固定资产投资（不含农户）中，第一产业投资约 1.0 万亿元，比上年下降 0.1%；第二产业投资 16.2 万亿元，增长 9.0%；第三产业投资 33.1 万亿元，增长 0.4%。基础设施投资增长 5.9%。社会领域投资增长 0.5%。民间固定资产投资 25.4 万亿元，下降 0.4%；其中制造业民间投资增长 9.4%，基础设施民间投资增长 14.2%。

表3　　　　　　**2023 年分行业固定资产投资（不含农户）增长速度**

行业	比上年增长（%）	行业	比上年增长（%）
总计	3.0	金融业	−11.9
农、林、牧、渔业	1.2	房地产业[42]	−8.1
采矿业	2.1	租赁和商务服务业	9.9
制造业	6.5	科学研究和技术服务业	18.1
电力、热力、燃气及水生产和供应业	23.0	水利、环境和公共设施管理业	0.1
建筑业	22.5	居民服务、修理和其他服务业	15.8
批发和零售业	−0.4	教育	2.8
交通运输、仓储和邮政业	10.5	卫生和社会工作	−3.8
住宿和餐饮业	8.2	文化、体育和娱乐业	2.6
信息传输、软件和信息技术服务业	13.8	公共管理、社会保障和社会组织	−37.0

（六）货运规模稳中有升

2023 年，全年货物运输总量近 557.0 亿吨，比上年增长 8.1%；货物运输周转量近 247713.0 亿吨公里，增长 6.3%（见表4）。港口完成货物吞吐量 170.0 亿吨，比上年增长 8.2%，其中外贸货物吞吐量 50.0 亿吨，增长 9.5%。港口集装箱吞吐量 31034 万标准箱，增长 4.9%。

表4　　　　　**2023 年各种运输方式完成货物运输量及其增长速度**

指标	单位	绝对数	比上年增长（%）
货物运输总量	亿吨	556.8	8.1
铁路	亿吨	50.1	1.5
公路	亿吨	403.4	8.7
水路	亿吨	93.7	9.5
民航	亿吨	735.4	21.0
管道	亿吨	9.5	7.5
货物运输周转量	亿吨公里	247712.7	6.3
铁路	亿吨公里	36437.6	1.5
公路	亿吨公里	73950.2	6.9
水路	亿吨公里	129951.5	7.4

续　表

指标	单位	绝对数	比上年增长（%）
民航	亿吨公里	283.6	11.6
管道	亿吨公里	7089.8	3.8

（七）资源要素保障有力

2023 年，全年全国国有建设用地供应总量 74.9 万公顷，比上年下降 2.1%。其中，工矿仓储用地 17.5 万公顷，下降 11.9%；房地产用地 8.4 万公顷，下降 23.3%；基础设施用地 49.0 万公顷，增长 7.2%。

2023 年年末，全国就业人员 74041 万人，其中城镇就业人员 47032 万人，占全国就业人员的比重为 63.5%。全年城镇新增就业 1244 万人，比上年多增 38 万人（见图 7）。全年全国城镇调查失业率平均值为 5.2%。年末全国城镇调查失业率为 5.1%。全国农民工总量 29753 万人，比上年增长 0.6%。其中，外出农民工 17658 万人，增长 2.7%；本地农民工 12095 万人，下降 2.2%。

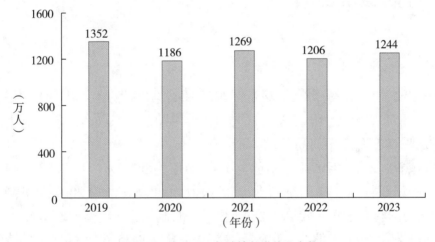

图 7　2019—2023 年城镇新增就业人数

2023 年，全年能源消费总量 57.2 亿吨标准煤，比上年增长 5.7%。煤炭消费量增长 5.6%，原油消费量增长 9.1%，天然气消费量增长 7.2%，电力消费量增长 6.7%。煤炭消费量占能源消费总量的比重为 55.3%，比上年下降 0.7 个百分点；天然气、水电、核电、风电、太阳能发电等清洁能源消费量占能源消费总量的比重为 26.4%，上升 0.4 个百分点（见图 8）。重点耗能工业企业单位电石综合能耗下降 0.8%，单位合成氨综合能耗上升 0.9%，吨钢综合能耗上升 1.6%，单位电解铝综合能耗下降 0.1%，每千瓦时火力发电标准煤耗下降 0.2%。初步测算，扣除原料用能和非化石能源消费量后，全国万元国内生产总值能耗比上年下降 0.5%。全国碳排放权交易市场碳排放配额成交量 2.12 亿吨，成交额 144.4 亿元。

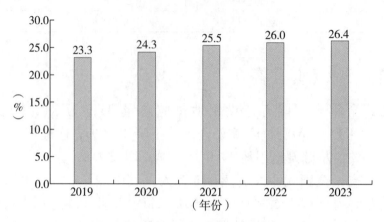

图 8　2019—2023 年清洁能源消费量占能源消费总量的比重

二、国际经济环境

（一）世界经济增长势头放缓

据中国物流与采购联合会发布，2023 年全球制造业 PMI 均值为 48.5%，较 2022 年（51.8%）下降 3.3 个百分点，全年各月均运行在 50% 以下，全球经济增长势头较 2022 年有所放缓。

分区域看，2023 年，亚洲制造业 PMI 均值为 50.7%，与 2022 年持平，显示出较强的增长韧性；非洲制造业 PMI 均值为 48.8%，较 2022 年下降 1.9 个百分点，在全球经济复苏较弱的影响下，非洲制造业增速较 2022 年也有所放缓；美洲制造业 PMI 均值为 47.5%，较 2022 年下降 5.6 个百分点，持续加息给美国制造业带来影响，成为拖累美洲制造业复苏的主要因素；欧洲制造业 PMI 均值为 46.3%，较 2022 年下降 5.6 个百分点，显示在地缘政治冲突和持续加息的影响下，欧洲制造业呈现持续弱势。

综合数据变化，在通胀压力和地缘政治冲突的影响下，2023 年全球经济呈现复苏稳定性较弱、恢复动力不足的态势。从各季度指数变化看，全球制造业在一季度出现短暂恢复外，剩余季度经济恢复动能呈现波动减弱趋势（见图 9）。2023 年一、二、三、四季度全球制造业 PMI 均值分别为 49.4%、48.2%、48.3% 和 47.9%。基于全球经济恢复动能持续走弱，世界主要机构普遍认为，2024 年经济增长速度要略低于 2023 年。俄乌战争、巴以冲突以及红海周边海运局势等地缘政治冲突对全球贸易的不确定性影响仍将是困扰 2024 年全球经济复苏的主要因素，全球产业链和供应链的稳定性仍将受到挑战。

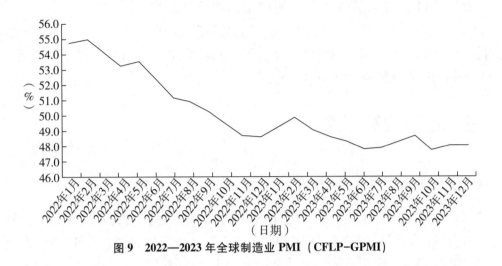

图 9　2022—2023 年全球制造业 PMI（CFLP-GPMI）

（二）全球货物贸易增长乏力

世贸组织（WTO）发布的数据显示，2023 年，全球出口总额 23.8 万亿美元，下降 4.6%，继 2021 年、2022 年连续两年增长后再次下降。在亚洲主要出口导向型经济体中，中国出口下降 4.6%，韩国、印度、越南等国出口分别下降 7.5%、4.7% 和 4.7%。贸易量是观察贸易活跃度的常用指标，2023 年全球货物贸易下降 1.2%（见表 5），从主要市场需求看，欧洲、北美、亚洲进口量分别下降 4.7%、2.0%、0.6%。

2023 年，中国进出口总额达 5.94 万亿美元，其中，出口 3.38 万亿美元，占国际市场份额的 14.2%，与 2022 年持平，连续 15 年保持全球第一；进口 2.56 万亿美元，占国际市场份额的 10.6%，较 2022 年微增，连续 15 年保持全球第二。

表 5　　　　　　　　　　2019—2023 年全球货物贸易增长情况

年份	2019 年	2020 年	2021 年	2022 年	2023 年
全球货物贸易增长情况	0.2%	5.3%	9.8%	2.7%	−1.2%

（三）全球服务贸易较快增长

WTO 发布的数据显示，2023 年，全球商业服务贸易总额达 7.54 万亿美元，同比增长 9%。数据显示，尽管 2023 年全球运输贸易下降了 8%，降至 1.50 万亿美元，但整体的商业服务贸易仍实现强劲增长。2022 年，运输几乎占全球服务贸易的四分之一。2023 年，在亚洲，运输出口下降 25%，欧洲也萎缩了 8%。2023 年运输业的负增长反映了海运费下降到疫情前的水平。不过，2023 年 11 月开始的红海危机扭转了运费下降趋势。

2023 年，中国全年服务进出口总额达 65754.3 亿元（人民币，下同），同比增长 10.0%，其中出口 26856.6 亿元，下降 5.8%，进口 38897.7 亿元，增长 24.4%；服务贸易逆差 12041.1 亿元。

三、行业政策环境

（一）维护产业链供应链高效稳定运行

2023 年，各政府相关部门积极出台有关政策，引导物流业与农业、制造业、商贸业融合发展，打通供应链堵点、卡点，提升产业链运行韧性与安全水平，促进国民经济循环畅通，推动我国经济稳步复苏。

在农业方面，中共中央、国务院印发《中共中央 国务院关于做好二〇二三年全面推进乡村振兴重点工作的意见》，要求加快完善县乡村电子商务和快递物流配送体系，建设县域集采配中心，推动农村客货邮融合发展，大力发展共同配送、即时零售等新模式，推动冷链物流服务网络向乡村下沉。中央财办等 9 部门发布《关于推动农村流通高质量发展的指导意见》，从完善全国农产品流通骨干网络、提高农产品冷链流通效率、强化农产品产销对接等方面提出加强农产品流通体系建设，畅通农产品进城渠道。

在制造业方面，工业和信息化部等 8 部门印发《关于加快传统制造业转型升级的指导意见》，提出促进产业链供应链网络化协同，要求以龙头企业共享解决方案和工具包、工业互联网与重点产业链"链网协同"为抓手，加强供应链数字化管理和产业链资源共享，开展协同采购、协同制造、协同配送、产品溯源等应用，建设智慧产业链供应链。

在商贸业方面，各部门支持物流高效畅通发展，支撑消费恢复扩大。在城市层面，商务部等 13 部门办公厅（室）印发《全面推进城市一刻钟便民生活圈建设三年行动计划（2023—2025）》，支持发展线上线下融合的即时零售模式（平台下单+就近门店配送，就近门店下单+即时配送），"中央厨房+冷链+餐饮"模式等新模式。在县域层面，商务部等 9 部门办公厅（室）印发《县域商业三年行动计划（2023—2025 年）》，要求以供应链、物流配送、商品和服务下沉以及农产品上行为主线，引导商贸流通企业转型升级。

在中央企业供应链方面，国务院国资委、工业和信息化部推进中央企业产业链融通发展共链行动，聚焦中央企业的产业链间协作、中央企业与优质中小企业之间的融通发展两大重点，建立常态化工作协同机制，搭建开放共享、互利共赢的合作交流平台，在采购订单、协作配套、创新合作、资源共享、产融合作、产业赋能等方面形成一批具有引领性的示范合作项目。

此外，应急管理部等4部门联合印发了《"十四五"应急物资保障规划》（以下简称《规划》），提出到2025年，建成统一领导、分级管理、规模适度、种类齐全、布局合理、多元协同、反应迅速、智能高效的全过程多层次应急物资保障体系。《规划》针对应急物资保障存在的短板和不足，提出5个方面的主要任务，包括完善应急物资保障体制机制法制、提升应急物资实物储备能力、提高应急物资产能保障能力、强化应急物资调配能力、加强应急物资保障信息化建设等。

（二）积极引导产业数字化转型升级

随着新一轮科技革命和产业变革深入发展，数字技术和产业体系日臻成熟，成为推进物流业变革的重要力量。物流业加快出台相关政策措施，积极推进相关技术落地应用，培育新产业、新模式、新动能，加快形成新质生产力。

一是加快推进自动驾驶上路试点。当前，自动驾驶技术发展正进入规模化落地的关键时期，成为各国抢占汽车产业未来战略的制高点。我国是自动驾驶技术发展的领跑者和推动者，截至2023年8月，累计开放自动驾驶测试道路超过2万公里，形成一批智慧物流应用场景和丰富管理经验，具备进一步扩大试点的条件和基础。

2023年9月，交通运输部办公厅发布《关于征集第二批智能交通先导应用试点项目（自动驾驶和智能建造方向）的通知》，支持在首批试点基础上，在公路货物运输、城市出行与物流服务、园区内运输以及特定场景作业等方面征集试点项目，进一步丰富试点场景、扩大试点规模，打造常态化运输服务和全流程自动化作业模式。

2023年11月，交通运输部办公厅印发《自动驾驶汽车运输安全服务指南（试行）》，聚焦应用场景、自动驾驶运输经营者、运输车辆、人员配备、安全保障、监督管理等影响运输安全的核心要素，明确在现行法律法规框架下使用自动驾驶汽车从事运输经营活动的基本要求，引导自动驾驶运输服务健康有序发展，最大限度防范化解运输安全风险，切实保障人民群众生命财产安全。

2023年11月，工信部等4部门联合发布《关于开展智能网联汽车准入和上路通行试点工作的通知》，遴选具备量产条件和取得准入的智能网联汽车产品，在限定区域内开展上路通行试点，引导智能网联汽车生产企业和使用主体加强能力建设，在保障安全的前提下，促进产品的功能、性能提升和产业生态的迭代优化。

二是加快推动数据要素高水平应用。当前，我国数据供给质量不高、流通机制不畅、应用潜力释放不够等问题，使数据作为关键生产要素的价值未能充分实现。12月，国家数据局等17部门联合发布《"数据要素×"三年行动计划（2024—2026年）》，提出到2026年底，打造300个以上示范性强、显示度高、带动性广的典型应用场景，数据产业年均增速超过20%。在商贸流通领域，支持各类型商贸企业利用数据要素加强市场营销，丰富各类消费场景，拓展新消费；整合供应链各环节信息，优化配置产业链资源，培育新业态；加强产销对接，打造新品牌；推进跨境各环节融合，支持企业"走出去"。在交通运输领域，重点推进多式联运数据共享互认，提升多式联运效能；推动航运贸易数据与企业主体数据的可信融合应用，提升航运贸易便利化；支持地理、气象数据与船舶航行数据融合，提升航运服务能力；挖掘数据复用价值，为差异化信贷、保险服务、二手车消费等提供数据支撑；加强人工智能工具应用，助力企业提升运输效率；打通车企、第三方平台、运输企业等主体间的数据壁垒，推进智能网联汽车创新发展。

三是加快推进基础设施数字化改造。加快自动化仓库、自动化码头、智慧园区等新型基础设施建设，是打造智慧物流运营管理和服务体系的重要抓手。交通运输部发布《关于加快智慧港口和智慧航道建设的意见》，要求有序推进集装箱码头、大宗干散货码头作业自动化。商务部等12部门联合印发《关于加快生活服务数字化赋能的指导意见》，要求加强生活服务和物流、仓储、配送等基础设施规划与建设，完善城乡一体化仓储配送体系，支持立体库、分拣机器人、无人车、无人机、提货柜等智能物流设施铺设和布局。

（三）提升国内外物流一体化水平

我国以自贸试验区和自由贸易港为改革开放综合试验平台，稳步扩大规则、规制、管理、标准等制度型开放，探索扩大开放新路径。

6月，国务院印发《关于在有条件的自由贸易试验区和自由贸易港试点对接国际高标准推进制度型开放的若干措施》，提出在试点地区开展通关便利方面的探索。其一，提高通关时间透明度。进一步明确了空运快运货物和普通货物通关的时间标准，规定在符合我国海关监管要求且完成必要检疫程序的前提下，空运快运货物正常情况下在抵达后6小时内放行；对已抵达并提交通关所需全部信息的普通货物，尽可能在48小时内放行。其二，降低通关成本。比如，海关不得仅因原产地证书、文件存在的微小差错和差异而拒绝给予货物优惠关税待遇。

6月，商务部印发《商务部关于印发〈自贸试验区重点工作清单（2023—2025年）〉的通知》（以下简称《通知》），对各地自贸试验区重点工作进行统筹规划和分类指导。其中，上海自贸试验区是建设全球国际航运枢纽，建设东北亚空箱交换中心和洋山船供公共服务平台，加快航运指数期货上市。广东试验自贸区是加快建设粤港澳大湾区国际分拨中心，建设跨境贸易全球供应链管理中心。浙江自贸试验区是打造大宗商品储运贸易基地，布局建设国家铁矿石、铜精矿储运基地。广西自贸试验区是联合共建西部陆海新通道，加快推进平陆运河等重点项目，持续提高钦州港通航水平，建立与越南海防港跨境"直通船"合作机制。

12月，国务院印发《全面对接国际高标准经贸规则推进中国（上海）自由贸易试验区高水平制度型开放总体方案》，对上海自贸试验区货物贸易自由化便利化提出新要求。其一，优化国际中转集拼平台运作模式，吸引全球拼箱企业在洋山特殊综合保税区内设立拼箱中心，允许开展出口拼箱、国际中转拆拼箱等多业态同场作业。对由境外启运，经洋山特殊综合保税区换装、分拆、集拼，再运往其他国家或地区的中转货物不检验。其二，在确保数据安全的前提下，支持上海国际贸易"单一窗口"建设数据跨境交换系统。其三，试点在洋山特殊综合保税区开展区港一体化管理，允许在口岸区域开展物流和加工，取消货物堆存期限限制。在符合监管条件的前提下，经外高桥港区、浦东国际机场等上海其他口岸进出洋山特殊综合保税区的货物，试点适用海关一线径予放行政策。

边境经济合作区、跨境经济合作区［以下称边（跨）境经济合作区］是我国深化与周边国家和地区合作、推进高质量共建"一带一路"的重要平台，也是沿边地区经济社会发展的重要支撑。《商务部等17部门关于服务构建新发展格局 推动边（跨）境经济合作区高质量发展若干措施的通知》（以下简称《通知》）提出，将边（跨）境经济合作区建设成为集边境贸易、加工制造、生产服务、物流采购于一体的高水平沿边开放平台，促进兴边富民、稳边固边。《通知》对边境的口岸建设和跨境物流提出新要求。其一，加强与口岸及相关开放平台的联动，包括加强在边（跨）境经济合作区内建设综合保税区的工作指导，支持有序建设保税仓库等保税监管场所；支持有条件的边（跨）境经济合作区所在口岸申请设立中药材等指定进口口岸；支持边（跨）境经济合作区加强与边境口岸、内陆主要交通枢纽和物流节点的系统对接；支持设立境外分销和服务网络、物流配送中心等。其二，畅通跨境物流，包括加快相关跨境铁路、高速和高等级公路规划建设；优化口岸货运装卸作业模式等。

国务院办公厅印发的《关于加快内外贸一体化发展的若干措施》，要求提升物流便利性，优化内外贸一体化发展环境。包括鼓励航运企业扩展跨境运输业务范围，发展沿海和内河港口的铁水联运，支持内外贸集装箱同船运输，支持在重点城市建设全球性和区域性国际邮政快递枢纽。交通运输部等 5 部门：《关于加快推进现代航运服务业高质量发展的指导意见》（以下简称《指导意见》），提出到 2035 年，形成功能完善、服务优质、开放融合、智慧低碳的现代航运服务体系，国际航运中心和现代航运服务集聚区功能显著提升，上海国际航运中心服务能力位居世界前列，现代航运服务业实现高质量发展。《指导意见》聚焦我国航运金融、保险及法律服务等现代航运服务水平不高等问题，以深化现代航运服务业供给侧结构性改革为主线，以航运交易、信息咨询、航运金融保险、海事仲裁、航运人才、技术服务等为重点，着力补短板、强弱项、优环境、增功能，全面提升现代航运服务业发展水平和国际影响力。

（四）深入贯彻绿色低碳发展理念

2023 年 12 月，国务院印发《空气质量持续改善行动计划》（以下简称《计划》），提出到 2025 年，全国地级及以上城市 PM2.5 浓度比 2020 年下降 10%等多项量化指标。这是我国继 2013 年发布《大气污染防治行动计划》、2018 年发布《打赢蓝天保卫战三年行动计划》之后的第三个"大气十条"，更加突出交通绿色低碳转型。此外，国家发展改革委、交通运输部等部门也出台了相关文件，多项措施共同发力，为绿色物流体系建设规划新道路、指明新方向。

一是持续优化调整货物运输结构。《计划》要求到 2025 年，铁路、水路货运量比 2020 年分别增长 10%和 12%左右；晋陕蒙新煤炭主产区中长距离运输（运距 500 公里以上）的煤炭和焦炭中，铁路运输比例力争达到 90%；重点区域和粤港澳大湾区沿海主要港口铁矿石、焦炭等清洁运输（含新能源车）比例力争达到 80%。交通运输部也牵头推进多式联运高质量发展，助力运输结构调整。1 月，交通运输部等 4 部门印发《推进铁水联运高质量发展行动方案（2023—2025 年）》，提出到 2025 年，长江干线主要港口铁路进港全覆盖，沿海主要港口铁路进港率达到 90%左右，全国主要港口集装箱铁水联运量达到 1400 万标准箱，年均增长率超过 15%。8 月，交通运输部等 8 部门联合发布《关于加快推进多式联运"一单制""一箱制"发展的意见》，要求加快推广托运人一次委托、费用一次结算、货物一次保险、多式联运经营人全程负责的"一单制"服务模式和集装箱运输"不换箱、不开箱、一箱到底"的"一箱制"服务模式。

二是加快提升机动车清洁化水平。《计划》要求重点区域公共领域新增或更新公交、出租、城市物流配送、轻型环卫等车辆中，新能源汽车比例不低于 80%。生态环境部、财税部等部门也出台了相关政策，继续推进新能源车淘旧换新。生态环境部等 5 部门《关于实施汽车国六排放标准有关事宜的公告》，要求自 2023 年 7 月 1 日起，全国范围全面实施国六排放标准 6b 阶段，禁止生产、进口、销售不符合国六排放标准 6b 阶段的汽车。财税部等 3 部门《关于延续和优化新能源汽车车辆购置税减免政策的公告》指出，针对不同购置日期，设置不同车辆购置税减免额度。工信部等 8 部门《关于启动第一批公共领域车辆全面电动化先行区试点的通知》，确定北京等 15 个城市率先试点，预计推广超过 60 万辆新能源汽车。

三是加快推进快递包装绿色转型。自 2021 年起，我国快递年业务量已经连续 3 年突破千亿件，带来了大量包装废弃物，对资源环境形成较大压力。自 2020 年《关于加快推进快递包装绿色转型的意见》出台以来，快递包装无害化目标基本实现，部分快递包装明显"瘦身"，废纸箱回收和再生利用成效显著。但快递包装绿色转型任务仍然艰巨，在重点领域和部分环节仍有不少短板弱项，需进一步加大工作力度。为落实《关于加快推进快递包装绿色转型的意见》部署，国家发展改革委等部门印发《深入推进快递包装绿色转型行动方案》（以下简称《行动方案》），要求到 2025 年底，快递绿色包装标准体系全面建立，禁止使用有毒有害快递包装要求全面落实，同城快递使用可循环快递包装比例达到 10%，旧纸箱重复利用规模进一步扩大。

四是强化非道路移动源综合治理。《计划》要求加快推进铁路货场、物流园区、港口、机场、工矿企业内部作业车辆和机械新能源更新改造。到 2025 年，基本消除非道路移动机械、船舶及重点区域铁路机车"冒黑烟"现象，基本淘汰第一阶段及以下排放标准的非道路移动机械；年旅客吞吐量 500 万人次以上的机场，桥电使用率达到 95% 以上。

五是全面保障成品油质量。《计划》要求加强油品进口、生产、仓储、销售、运输、使用全环节监管，全面清理整顿自建油罐、流动加油车（船）和黑加油站点，坚决打击将非标油品作为发动机燃料销售等行为。提升货车、非道路移动机械、船舶油箱中柴油抽测频次，对发现的线索进行溯源，严厉追究相关生产、销售、运输者主体责任。

（五）着力降低企业运营成本

2023 年全年，各政府部门在绿色通道、金融服务、税收优惠、证照改革、信用体系等多个方面出台相关政策文件，帮助物流企业减轻运营负担，打好优化营商环境持久仗。

在绿色通道方面，交通运输部办公厅等 4 部门印发《关于进一步提升鲜活农产品运输"绿色通道"政策服务水平的通知》，要求规范车辆查验及政策落实相关工作。其一，按照"大众化、入口吃，易腐烂、不耐放，种植广、销量大"的原则，对《鲜活农产品品种目录》进行了完善。其二，对"鲜活""深加工""整车合法装载""计重设备合理误差"等查验标准做了进一步细化明确，统一规范了查验尺度。其三，在通行服务保障、配套政策落实、查验方式优化等方面提出了新要求，进一步提高查验服务效率。

在金融服务方面，中国人民银行等3部门印发的《关于进一步做好交通物流领域金融支持与服务的通知》要求，银行业金融机构完善组织保障和内部激励机制，创新丰富符合交通物流行业需求特点的信贷产品，切实加大信贷支持力度。鼓励银行合理确定货车贷款首付比例、贷款利率等，在疫情及经济恢复的特定时间内适当提高不良贷款容忍度，细化落实尽职免责安排。

在税收优惠方面，财政部、税务总局发布《关于继续实施物流企业大宗商品仓储设施用地城镇土地使用税优惠政策的公告》，宣布自2023年1月1日起至2027年12月31日止，对物流企业自有（包括自用和出租）或承租的大宗商品仓储设施用地，减按所属土地等级适用税额标准的50%计征城镇土地使用税。

在证照改革方面，交通运输部办公厅等2部门印发的《关于推进道路货物运输驾驶员从业资格管理改革的通知》要求，将道路货物运输驾驶员从业资格考试安全驾驶理论内容纳入大型货车（B2）、重型牵引挂车（A2）驾驶人科目三安全文明驾驶常识考试，简化道路货物运输驾驶员从业资格证申领手续，降低从业人员经营负担。

在从业人员权益方面，交通运输部办公厅发布《关于印发2023年持续提升适老化无障碍交通出行服务等5件更贴近民生实事工作方案的通知》要求，加强货运司机权益保障。其一，推动道路货运新业态平台公司降低过高的抽成比例或会员费上限，并向社会公开发布，保障货车司机合理收入。其二，优化道路运输高频事项"跨省通办"服务功能和服务内容，拓展道路运输电子证照应用范围和场景，优化丰富道路运输便民政务服务事项。其三，持续推进"司机之家"建设，推广高速公路服务区"车货无忧"公众责任保险，推选宣传"最美货车司机"，优化货车司机从业环境。

在信用体系方面，交通运输部办公厅印发的《关于加快推进长江航运信用体系建设的意见》要求，建设以信用为基础的新型监管机制，发挥信用在提升行业诚信水平、提高资源配置效率、防范化解长江航运风险、营造法治化营商环境等方面的作用，全力打造适应长江航运高质量发展的信用体系，为建设统一开放的长江航运市场提供支撑保障。

第二章

2023 年中国物流业发展回顾

2023 年，物流运行总体恢复向好，社会物流需求增速稳步回升，物流运行效率持续改善，现代物流在国民经济中的产业地位持续提升。

一、总体运行情况

（一）物流需求规模稳定恢复

2023 年全国社会物流总额为 352.4 万亿元，按可比价格计算，同比增长 5.2%，增速比上年提高 1.8 个百分点（见图 1）。分季度看，一季度、二季度、三季度、四季度分别增长 3.9%、5.4%、4.7%、5.4%，呈现前低、中高、后稳的恢复态势，全年回升势头总体向好。

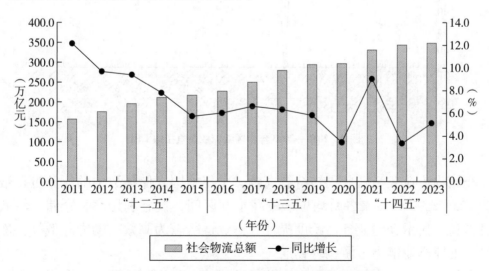

图 1　2011—2023 年我国社会物流总额及同比增长情况

从构成看，农产品物流总额 5.3 万亿元，按可比价格计算，同比增长 4.1%；工业品物流总额 312.6 万亿元，增长 4.6%；进口货物物流总额 18.0 万亿元，增长 13.0%；再生资源物流总额 3.5 万亿元，增长 17.4%；单位与居民物品物流总额 13.0 万亿元，增长 8.2%。

物流需求结构调整加快。从产业领域看，全年装备制造物流保持良好回升态势，增速高于全部工业物流 2 个百分点，特别是汽车、智能设备等领域物流总额增速超过 10.0%，比上年有所加快。从产业业态来看，电商物流、线上服务等新业态仍保持较快增长。全年电商物流指数均值为 110.1 点，实物商品网上零售额同比增长 8.4%，均比上年有所加快。从产业循环来看，绿色生产方式正在加快形成，再生资源的回收、分拣、集散等循环体系正在逐步完善，相关产业物流需求规模持续扩张，全年再生资源物流总额同比增长超过 17.0%。

（二）全年物流景气水平较高

全年中国物流业景气指数平均为 51.8%，高于上年 3.2 个百分点，多数月份处于 51.0% 以上的较高景气区间（见图 2），各月业务量、新订单指数平均波动幅度较上年有所收窄，显示行业运行向好，稳健性提升，物流供给对需求变化适配、响应能力有所增强。

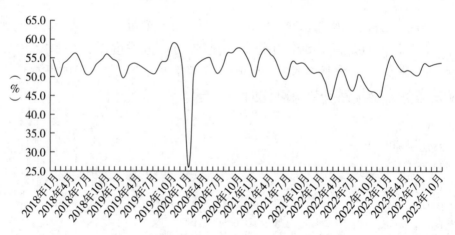

图 2 2018—2023 年中国物流业景气指数 LPI

仓储物流业务活跃，周转持续高效。全年中国仓储指数中的业务量指数平均为 52.4%，2 月以来各月均位于较高景气区间，设施利用率、仓储周转效率逐月提高，显示仓储业务活跃度提升，行业运行较为高效，助力降低社会库存水平，支撑产业链上下游循环畅通。

电商物流业务向好，农村电商蓬勃发展。全年电商物流业务量指数平均为

120.3 点，连续多月呈回升态势。其中，农村电商物流业务量指数平均为124.2 点，比 2022 年提高 8.7 点，呈现出蓬勃发展态势。

（三）物流运行效率持续提升

2023 年，社会物流总费用 18.2 万亿元，同比增长 2.3%。社会物流总费用与 GDP 的比率为 14.4%，比上年回落 0.3 个百分点（见图 3）。一季度、上半年、前三季度分别为 14.6%、14.5%、14.3%，呈连续回落走势。从结构看，主要环节物流费用与 GDP 的比率均有所下降，运输费用与 GDP 的比率为 7.8%，保管费用与 GDP 的比率为 4.8%，管理费用与 GDP 的比率为 1.8%，比上年各下降 0.1 个百分点。显示全年各环节物流运行效率全面提升。

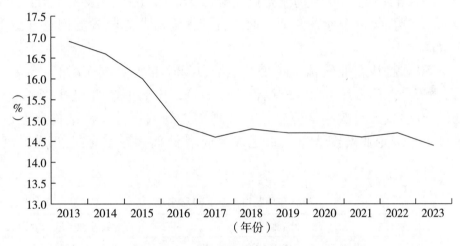

图 3 2013—2023 年社会物流总费用与 GDP 的比率

（四）物流业收入规模平稳增长

2023 年，全年物流业总收入为 13.2 万亿元，同比增长 3.9%（见表 1），物流收入规模延续扩张态势。运输、仓储装卸等基础物流收入同比增速在 3% 左右，支撑物流市场稳定增长。全年航空物流收入由降转升，同比增长超过 20%；快递市场进入稳定增长阶段，全年快递物流收入增长 14% 左右。

表 1 2018—2023 年物流业总收入情况

年份	2018 年	2019 年	2020 年	2021 年	2022 年	2023 年
总收入（万亿元）	10.1	10.3	10.5	11.9	12.7	13.2
同比增长（%）	14.5	9.0	2.2	15.1	4.7	3.9

二、企业发展情况

（一）企业经营明显承压

年度重点调查初步汇总数据显示，近30%的物流企业全年亏损，平均收入利润率在3%左右低位徘徊，明显低于正常年份5%的平均水平。

（二）规模企业集中度提升

截止到2023年底，我国A级物流企业超过9600家。中国物流与采购联合会统计数据显示，中国物流50强企业在2023年的物流业务收入合计23456亿元，同比增长13.4%；50强物流企业门槛为77.4亿元（见表2），比上年提高15.8亿元；50强物流企业物流业务收入合计占物流业总收入的比重升至18%，为历年最高水平。

民营50强物流企业物流业务收入合计10257亿元，同比增长18.7%。民营50强物流企业门槛约为28.3亿元（见表3），比上年增加13.1亿元。

物流50强收入首次超2万亿元，展现出强劲的韧性。从结构上看，物流业务收入千亿级企业增至5家，百亿级企业增至39家，占比近八成，市场集中度进一步提升。

表2　　　　　　　　　2023年中国物流企业50强名单

排名	企业名称	物流业务收入（万元）
1	中国远洋海运集团有限公司	57594190
2	厦门象屿股份有限公司	26907403
3	顺丰控股股份有限公司	26207974
4	北京京邦达贸易有限公司	13740200
5	中国外运股份有限公司	10881672
6	浙江菜鸟供应链管理有限公司	7397046
7	上海三快智送科技有限公司	7006390
8	圆通速递股份有限公司	5353931
9	中通快递股份有限公司	5307210
10	中铁物资集团有限公司	4871403
11	上海韵达货运有限公司	4743374
12	陕西省物流集团有限责任公司	4422013
13	建发物流集团有限公司	3925579

排名	企业名称	物流业务收入（万元）
14	中国物资储运集团有限公司	3650133
15	申通快递有限公司	3365174
16	中集世联达物流科技（集团）股份有限公司	2934238
17	上汽安吉物流股份有限公司	2768908
18	全球国际货运代理（中国）有限公司	2421043
19	嘉里物流（中国）投资有限公司	2306053
20	极兔速递有限公司	2243050
21	河北省物流产业集团有限公司	1980586
22	济宁港航发展集团有限公司	1782488
23	准时达国际供应链管理有限公司	1779500
24	华远国际陆港集团有限公司	1711168
25	日日顺供应链科技股份有限公司	1684695
26	浙商中拓集团股份有限公司	1521583
27	上海中谷物流股份有限公司	1420892
28	安得智联供应链科技有限公司	1416000
29	湖北交投物流集团有限公司	1405439
30	宁波港东南物流集团有限公司	1334743
31	四川安吉物流集团有限公司	1310937
32	全球捷运物流有限公司	1240479
33	中国长江航运集团有限公司	1222963
34	中创物流股份有限公司	1185845
35	中铁铁龙集装箱物流股份有限公司	1159006
36	物产中大物流投资集团有限公司	1132407
37	中铝物流集团有限公司	1128903
38	一汽物流有限公司	1090000
39	上海环世物流（集团）有限公司	1074001
40	湖南和立东升实业集团有限公司	997529
41	湖北港口集团有限公司	994052
42	日通国际物流（中国）有限公司	988631
43	云南能投物流有限责任公司	961022
44	上海安能聚创供应链管理有限公司	933493
45	安通控股股份有限公司	917642
46	广州发展能源物流集团有限公司	896556
47	运连网科技有限公司	863399
48	四川省港航投资集团有限责任公司	820445
49	广西现代物流集团有限公司	781459
50	百世物流科技（中国）有限公司	774000

表3　　　　　　　　2023年中国民营物流企业50强名单

排名	企业名称	物流业务收入（万元）
1	顺丰控股股份有限公司	26207974
2	北京京邦达贸易有限公司	13740200
3	浙江菜鸟供应链管理有限公司	7397046
4	上海三快智送科技有限公司	7006390
5	圆通速递股份有限公司	5353931
6	中通快递股份有限公司	5307210
7	上海韵达货运有限公司	4743374
8	申通快递有限公司	3365174
9	极兔速递有限公司	2243050
10	准时达国际供应链管理有限公司	1779500
11	上海中谷物流股份有限公司	1420892
12	安得智联供应链科技有限公司	1416000
13	全球捷运物流有限公司	1240479
14	中创物流股份有限公司	1185845
15	上海环世物流（集团）有限公司	1074001
16	湖南和立东升实业集团有限公司	997529
17	上海安能聚创供应链管理有限公司	933493
18	运连网科技有限公司	863399
19	百世物流科技（中国）有限公司	774000
20	深圳越海全球供应链股份有限公司	771656
21	深圳市跨越速运有限公司	762844
22	中通供应链管理有限公司	735536
23	密尔克卫化工供应链服务股份有限公司	720158
24	深圳市华运国际物流有限公司	701858
25	九州通医药集团物流有限公司	693880
26	江苏飞力达国际物流股份有限公司	677246
27	林森物流集团有限公司	630372
28	湖南一力股份有限公司	620565
29	利丰供应链管理（中国）有限公司	600469
30	湖南星沙物流投资有限公司	555063
31	建华物流有限公司	535690
32	恒通物流股份有限公司	526944
33	浙江吉速物流有限公司	516823
34	哒哒智运（黑龙江）物联科技有限公司	492476

排名	企业名称	物流业务收入（万元）
35	上海则一供应链管理有限公司	474434
36	保定市长城蚂蚁物流有限公司	456736
37	上海壹米滴答快运有限公司	435698
38	嘉友国际物流股份有限公司	434947
39	荣庆物流供应链有限公司	428069
40	北京大田智慧物流有限公司	419669
41	广东顺心快运有限公司	410424
42	北京长久物流股份有限公司	393676
43	四川通宇物流有限公司	389775
44	远孚物流集团有限公司	355268
45	九洲恒昌物流股份有限公司	315239
46	安徽灵通物流股份有限公司	303383
47	镇海石化物流有限责任公司	297845
48	驻马店市恒兴运输有限公司	290647
49	广东高捷航运物流有限公司	286772
50	深圳市东方嘉盛供应链股份有限公司	282720

（三）物流服务价格持续低迷

部分领域低价竞争现象较为突出，"以价换量"仍是部分功能性物流服务行业竞争的主要手段。物流业景气指数中的服务价格指数各月均位于50.0%以下，全年平均为48.3%，反映出物流业服务价格整体低位徘徊。水运方面，上海航运交易所发布的沿海（散货）综合运价指数年平均值为1014.9点，同比下降9.7%；中国出口集装箱运价指数年平均值为937.3点，同比下降66.4%；快递方面，价格年内平均值同比降幅也在4.0%左右。

（四）物流服务升级态势明显

物流企业积极推进服务向综合供应链转型，加速产业融合进程，加码新兴领域布局，拓展业务空间。年度重点调查初步汇总数据显示，重点物流企业供应链合同订单数量同比增长24.0%，一体化物流业务收入增长近30.0%，供应链物流管理、一体化等综合类物流业务占比稳步提升，生鲜、服装等专业细分领域一体化供应链服务具有较大的增长潜力。

（五）物流数字化转型加快

物流企业积极推进产业协同共生，助力信息共享，优化资源配置。调研显示，近年重点调查企业在数字化相关领域投入增长超过50.0%。探索应用大数据模型、智能算法分析等数字化手段，基于企业内部管理、面向客户服务，实现全流程物流监控调度，助力效率提升、服务优化。

三、物流基础设施建设

（一）交通基础设施

2023年，全国交通固定资产投资完成了3.9万亿元，新开通高铁2776公里，新建改扩建高速公路7498公里，港口万吨级及以上码头泊位新增通过能力32529万吨/年，新增民用运输机场5个。我国综合交通网络总里程超过600万公里。

1. 铁路领域

2023年，全国铁路完成固定资产投资7645亿元，同比增长7.5%；投产新线3637公里，其中高铁2776公里；34个项目建成投产，102座客站投入运营；老少边和脱贫地区完成铁路基建投资4076亿元，22个县结束不通铁路的历史。截至2023年底，铁路营业里程已达到15.9万公里，其中高铁4.5万公里，电气化率达到73.8%。

2016年，《中长期铁路网规划》提出构筑"八纵八横"高速铁路主通道，设计总规模约4.5万公里。截至2023年底，"八纵八横"主通道已建成投产3.64万公里，占比约81%；开工在建0.67万公里，占比约15%。

2. 公路领域

2023年，全国公路水路交通固定资产投资总计30256亿元，同比增长0.2%。其中公路建设28240亿元，同比下降1.0%。截至2023年底，我国公路总里程达544.1万公里，其中高速公路18.4万公里。

3. 水路领域

2023年，水运建设2016亿元，同比增长20.1%。我国内河航道通航里程12.8万公里，其中高等级航道1.7万公里；拥有港口生产性码头泊位近2.2万个，其中万吨级码头2883个。

4. 航空领域

2023年，民航全年完成固定资产投资1150亿元，连续4年超千亿元。

2023 年，民航运输机场达到 259 个，其中年旅客吞吐量超千万人次的机场 38 个。

（二）物流基础设施

按照《"十四五"现代流通体系建设规划》《"十四五"现代物流发展规划》等相关要求，国家发展改革委等部门继续从国家层面推进交通物流枢纽布局，充分发挥核心节点的网络协同和联动带动作用，打造"枢纽+通道+网络"的运行体系。

1. 国家物流枢纽

7 月，国家发展改革委发布《2023 年国家物流枢纽建设名单》，沧州港口型等 30 个枢纽入选（见表 4）。截至 2023 年底，国家发展改革委已累计牵头发布 5 批 125 个国家物流枢纽。

2. 冷链物流基地

6 月，国家发展改革委印发《关于做好 2023 年国家骨干冷链物流基地建设工作的通知》，发布新一批 25 个国家骨干冷链物流基地建设名单（见表 5）。2020 年以来，国家发展改革委已分 3 批将 66 个国家骨干冷链物流基地纳入年度建设名单。

3. 示范物流园区

国家发展改革委、自然资源部联合印发《关于做好第四批示范物流园区工作的通知》，确定第 4 批 22 个示范物流园区名单（见表 6）。自 2015 年示范物流园区工作开展以来，共分 4 批确定了 100 家示范物流园区，圆满完成有关目标任务。

4. 综合货运枢纽

交通运输部、财政部发布《2023 年国家综合货运枢纽补链强链支持城市公示》，将太原等 10 个城市纳入政策支持范围。

表 4　　　　2023 年国家物流枢纽建设名单（共 30 个，排名不分先后）

所在地	国家物流枢纽
河北	沧州港口型国家物流枢纽
	保定商贸服务型国家物流枢纽
山西	临汾陆港型国家物流枢纽
内蒙古	呼和浩特陆港型国家物流枢纽
	包头生产服务型国家物流枢纽
黑龙江	哈尔滨生产服务型（陆港型）国家物流枢纽
	牡丹江商贸服务型国家物流枢纽

续　表

所在地	国家物流枢纽名称
上海	上海空港型国家物流枢纽
江苏	无锡生产服务型国家物流枢纽
	徐州陆港型国家物流枢纽
浙江	杭州空港型国家物流枢纽
安徽	合肥生产服务型国家物流枢纽
福建	福州港口型国家物流枢纽
江西	鹰潭陆港型国家物流枢纽
山东	潍坊陆港型国家物流枢纽
青岛	青岛空港型国家物流枢纽
湖北	武汉—鄂州空港型国家物流枢纽
	襄阳生产服务型国家物流枢纽
湖南	长沙生产服务型国家物流枢纽
广东	珠海生产服务型国家物流枢纽
	湛江港口型国家物流枢纽
深圳	深圳生产服务型国家物流枢纽
海南	洋浦港口型国家物流枢纽
重庆	重庆商贸服务型国家物流枢纽
四川	泸州港口型国家物流枢纽
贵州	贵阳生产服务型国家物流枢纽
云南	大理商贸服务型国家物流枢纽
陕西	西安商贸服务型国家物流枢纽
新疆	哈密陆港型国家物流枢纽
	喀什—红其拉甫商贸服务型（陆上边境口岸型）国家物流枢纽

表 5　　2023 年国家骨干冷链物流基地建设名单（共 25 个，排名不分先后）

所在地	国家骨干冷链物流基地
天津	滨海新区东疆综合保税区国家骨干冷链物流基地
河北	秦皇岛国家骨干冷链物流基地
内蒙古	通辽国家骨干冷链物流基地
黑龙江	齐齐哈尔国家骨干冷链物流基地
江苏	南京国家骨干冷链物流基地
浙江	台州国家骨干冷链物流基地
安徽	宿州国家骨干冷链物流基地
	阜阳国家骨干冷链物流基地

续 表

所在地	国家骨干冷链物流基地
江西	南昌国家骨干冷链物流基地
山东	烟台国家骨干冷链物流基地
	潍坊国家骨干冷链物流基地
河南	新乡国家骨干冷链物流基地
	漯河国家骨干冷链物流基地
湖北	襄阳国家骨干冷链物流基地
湖南	衡阳国家骨干冷链物流基地
	永州国家骨干冷链物流基地
广东	湛江国家骨干冷链物流基地
广西	防城港国家骨干冷链物流基地
重庆	巴南国家骨干冷链物流基地
四川	绵阳国家骨干冷链物流基地
陕西	西安国家骨干冷链物流基地
甘肃	张掖国家骨干冷链物流基地
新疆	阿克苏国家骨干冷链物流基地
	喀什国家骨干冷链物流基地
兵团	阿拉尔国家骨干冷链物流基地

表6　　　　　　第4批示范物流园区名单（共22个，排名不分先后）

所在地	示范物流园区
河北	河北天环冷链物流产业园
	石家庄东部现代物流枢纽基地
内蒙古	内蒙古鑫港源顺物流园
辽宁	辽宁省德邻陆港物流综合产业园
	辽宁省海城市西柳物流园区
吉林	吉林长春东北金属交易中心
江苏	江苏海安商贸物流产业园
	江苏泰州高港综合物流园
浙江	浙江湖州长兴综合物流园区
	浙江杭州深国际华东智慧物流城（杭州深国际物流港）
安徽	安徽安庆大观区现代物流园
	安徽芜湖三山综合物流园
江西	江西抚州海西综合物流园
	江西高安汽车商贸物流产业园

所在地	示范物流园区
山东	山东齐鲁正本物流园
青岛	青岛国际陆港华骏物流园
河南	河南周口港口综合物流园区
湖北	湖北襄阳樊西商贸服务型物流示范园区
重庆	重庆南彭贸易物流基地（暨重庆公路物流基地）
四川	四川宜宾临港国际物流园
西藏	西藏拉萨城投物流园
陕西	陕西榆林象道国际物流园

四、物流技术与装备

2023 年，我国物流技术装备的结构正在向多元化、高质量方向发展，产品技术水平显著提升、产业体系日趋完善，呈现市场规模、发展质量"双提升"的良好局面。

（一）仓储技术装备

1. 系统集成

2023 年，我国物流系统集成市场充满机遇与挑战，企业需要创新发展，行业需要转型升级。数据显示，2021 年我国智能仓储物流行业市场规模达到 1145.5 亿元，2017—2021 年的复合年均增长率达 12.6%，预计 2022 年智能仓储物流市场规模约 1357 亿，2026 年达 2665 亿元，2021—2026 年复合年均增长率达 18.4%，市场发展空间大。

2. 叉车

2023 年，叉车行业迎来了新的发展高潮，不仅销量显著增长，市场集中度也有了显著的提升。中国叉车销量在全球市场的占比从 2016 年的 32.1% 上升到 2023 年的 55.0% 以上，这一跃升反映了中国叉车行业的快速发展和国内市场的巨大潜力。

3. AGV/AMR

2023 年，国内移动机器人企业推出了超 50 款 AGV/AMR 新品，产品类型丰富，各有其独特的应用场景和技术特点，展示了中国移动机器人企业的创新能力。

4. 托盘市场

2023 年，托盘年产量依然处于下滑状态，较 2022 年产量下降比例略有降低；托盘保有量和托盘池规模依旧保持增长态势。2023 年，中国托盘年产量约为 3.55 亿片（见图 4），同比下降 4%，较 2022 年产量下降比例减少 1%；托盘市场保有量约为 17.5 亿片（见图 5），同比增长 2.94%；托盘循环共用企业持续加大战略布局和托盘投入力度，完善各自的运营和服务网络，推广带板运输和供应链一体化发展，不断扩大带板运输应用场景，2023 年我国托盘池总量已超过 4000 万片，比 2022 年增加了 250 多万片，同比增长 6.67%。

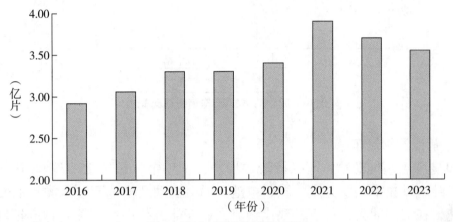

图 4　2016—2023 年托盘年产量

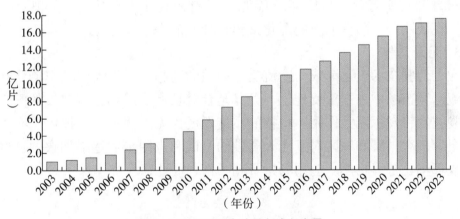

图 5　2003—2023 年中国托盘保有量

（二）运输技术装备

1. 货运车辆

2023 年，货运车辆产销总体平稳。全年货运车辆产销均完成 353.9 万辆，同比分别增长 27.4% 和 22.4%。在货车主要品种中，与上一年度相比，四大类货车品种产销均呈两位数增长，其中重型货车产销增速更为显著。2023 年四类货运车辆销量及增速见图 6。

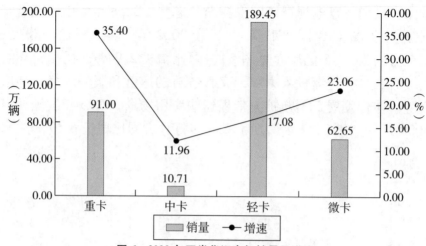

图 6 2023 年四类货运车辆销量及增速

2. 新能源物流车

2023 年，新能源物流车保持较快增长，全年销量超过 25 万辆。新能源物流车以纯电动技术路线为主，燃料电池、插电混动及换电等技术类型的发展逐渐加速，在双碳的大背景下，现代物流产业新能源化提速，长线物流领域的新能源化更有助于燃料电池、插电混动等车型的提速，特别是轻卡的插电混动产品，2023 年有所起量。2023 年新能源重卡销量共计 3.5 万辆，呈现 40% 的高增长，也证明了目前重卡新能源化进程正加速前进。

3. 无人驾驶

无人驾驶技术正逐渐成为物流运输领域的新趋势，无人驾驶车辆将在未来的物流运输市场中占据重要地位。尤其是针对长途货运和固定路线的配送，自动驾驶技术将发挥巨大作用。科技的飞速发展为无人驾驶技术提供了有力的支撑。全球多个国家和地区对于无人驾驶的测试和应用步伐逐渐加快，良好的政策法规环境正持续构建，应用场景日趋丰富、商业运营加速探索。

第三章

2024 年中国物流业发展展望

2024 年是实现"十四五"规划目标任务的关键一年，也是落实《"十四五"现代物流发展规划》的重要一年。展望 2024 年及未来一段时期，我国现代物流发展面临新的机遇，呈现一系列新趋势。

一、市场保持温和增长

2024 年《政府工作报告》提出，经济增长预期目标为 5%左右，考虑了促进就业增收、防范化解风险等需要，并与"十四五"规划和基本实现现代化的目标相衔接。报告强调，坚持稳中求进、以进促稳、先立后破。要强化宏观政策逆周期和跨周期调节，继续实施积极的财政政策和稳健的货币政策，加强政策工具创新和协调配合。随着各项政策陆续落实到位，投资、消费、出口持续恢复，预计社会物流总额保持稳定增长，带动物流供给稳步回升，市场温和增长将成为常态。

二、需求贡献持续分化

2023 年末，全国人口仍超过 14 亿人，社会消费品零售总额仍然保持较快增长，消费支出对经济增长的贡献率达 82.5%，消费对经济发展的基础性作用不断增强。《政府工作报告》提出，把实施扩大内需战略同深化供给侧结构性改革有机结合起来，更好统筹消费和投资，增强对经济增长的拉动作用。依托超大规模市场优势，消费端对物流需求的贡献将稳步增长，快递服务仍将保持较快增长，物流时效、服务质量、履约能力、增值服务等将更为重要。

2023 年，我国制造业增加值占 GDP 比重基本稳定，总体规模连续 14 年保持全球第一。《政府工作报告》提出，以科技创新推动产业创新，加快推进新型工业化，提高全要素生产率，不断塑造发展新动能新优势。目前，制造业加快向中高端迈进，精益制造物流、供应链服务将成为主要增长点，钢铁、汽车、机械电子、石油化工等支柱型产业物流加速升级。电动载人汽车、锂离子蓄电池、太阳能电池"新三样"及相关领域成为物流需求增长新引擎。

三、物流降本仍有空间

2023 年底，中央经济工作会议指出，有效降低全社会物流成本。2024 年，中央财经委员会第四次会议再次强调，并将这项工作提升到提高经济运行效率重要举措的战略高度，进一步提升了现代物流的产业地位。《政府工作报告》提出，实施降低物流成本行动，我国物流降成本工作进入新阶段。

我们要认识到，降低全社会物流成本需要有新的战略考量和实现路径，真正将落脚点和出发点放到实体经济和人民群众中，助力提高经济运行效率。总体考虑，降低全社会物流成本是在社会经济发展承压时的战略选择，体现了现代物流作为生产性服务业，在推进产业转型升级中的重要价值。下一阶段，降低全社会物流成本要从产业链供应链全链条视角，结合区域经济和产业布局调整要求，重点聚焦降低供应链物流成本，在平衡成本支出和服务效益的基础上，系统全面降低综合物流成本。这是未来增强实体经济竞争力，提升经济运行效率的战略支撑，也是经济高质量发展的必要保障。

四、产业融合系统整合

近年来，国家支持引导物流业与制造业、商贸业、农业深化融合，构建有专业特色的供应链物流体系，串联产业供应链和物流服务链，实现联动融合、协同发展，有望带来供应链新的利润源，也提升产业链供应链韧性和安全水平。《政府工作报告》提出，推动产业链供应链优化升级。保持工业经济平稳运行。实施制造业重点产业链高质量发展行动，着力补齐短板、拉长长板、锻造新板，提升产业链供应链韧性和竞争力。物流业与上下游产业将深化融合，构建有专业特色的供应链物流体系，以物流服务串联产业链和供应链，推动产业链供应链优化升级，有望带来新的利润源。

五、企业规模化集约化

近年来，国家鼓励培育具有国际竞争力的现代物流企业。一批规模化集约化的物流企业加快涌现，全国 5A 级物流企业已经超过 480 家。国资委开展推动创建世界一流"双示范"行动，一批物流企业被纳入名单。市场增速放缓期往往是规模企业快速发展期。骨干物流企业竞争力将持续提升，预计在兼并重组、联盟整合、平台建设、海外布局等方面持续发力，不断提升服务能力，增强市场竞争力，构建协同共生的产业生态，市场集中度将稳步提升。

当前，我国传统物流企业低价格、低效率的发展模式制约了综合物流成本的降低，亟须打造现代物流发展新模式，提升物流企业市场竞争力。下一步打造物流发展新模式，要引导企业逐步从运输仓储服务商向综合物流服务商，再向供应链集成物流服务商转型升级。要通过资源整合、流程优化、组织协同来提升物流服务价值，增强专业化、社会化、网络化物流能力，提供供应链一体化解决方案，平衡好降低成本和提升服务的关系，实现综合物流成本最优，形成企业新的利润源。

六、保供稳链更为迫切

近年来，世界经济复苏乏力，地缘政治冲突加剧，保护主义、单边主义上升，外部环境对我国发展的不利影响持续加大，外需下滑和内需不足碰头，各类风险隐患凸显。《政府工作报告》提出，扩大高水平对外开放，促进互利共赢。要主动对接高标准国际经贸规则，稳步扩大制度型开放，增强国内国际两个市场两种资源联动效应，巩固外贸外资基本盘，培育国际经济合作和竞争新优势。顺应新发展格局战略要求，我国经济加快深度融入国际市场的趋势没有改变，属地生产、全球流通有望成为新的趋势，这需要提升国际供应链韧性和安全水平。部分关键矿产品、能源、粮食及高科技产品的对外高依存度仍难以得到根本改变，国际物流的保供稳链价值将更加突出。

七、物流网络高效畅通

当前，我国建成了全球最大的高速铁路网、高速公路网，航空海运通达全球。综合交通运输网络总里程超过 600 万公里。同时，国家物流枢纽、示范物流园区、骨干冷链物流基地等一批物流基础设施加快建设布局。交通物流基础设施深化互联互通，国内国际物流大通道不断延伸拓宽，将带来经贸发展的新机会。《政府工作报告》提出，深化电力、油气、铁路和综合运输体系等改革，为交通物流互联互通和现代物流高效运行提供了重要机遇。综合交通运输体系日益完善，物流基础设施加强资源集聚，支撑推进区域重大生产力布局，有望带动区域经济进一步转型升级。共建"一带一路"国际交通物流基础设施持续推进，重大国际项目合作将取得新进展。

八、物流数字化转型提速

当前，数字经济正在成为改造传统产业的抓手，国家重视发展新质生产力，有望发挥我国数字经济、平台企业比较优势，推进数字科技与实体经济融合，引导传统产业全面拥抱互联网，助力中小企业数字化转型。《政府工作报告》提出，加快发展新质生产力。深入推进数字经济创新发展。制定支持数字经济高质量发展政策，积极推进数字产业化、产业数字化，促进数字技术和实体经济深度融合。现代物流是数字技术与实体经济融合的重要领域，将催生一批新产业、新模式、新动能，推动线上线下物流资源整合，加大机械化、自动化、智能化设施设备改造，推进无人机、无人驾驶、无人配送、自动分拣系统、物流机器人等智能技术装备的应用，分领域培育具有产业特性的物流产业互联网平台，重构现代物流发展新生态。

九、绿色低碳价值提升

随着"美丽中国"建设全面推进、空气质量持续改善行动深入开展、全国温室气体自愿减排交易市场重启，物流减排成本将逐步转变为社会价值，助力行业绿色低碳转型。《政府工作报告》提出，加强生态文明建设，推进绿色低碳发展。中国物流与采购联合会正式推出物流行业公共碳排计算器，标志着国际国内碳排放互认工作启动，一批物流企业将持续发布 ESG 报告，彰显社会责任、使命担当。

十、行业共治统筹协调

现代物流领域政府协同、政策合力，政策措施将更加有效，有助于增强行业政策获得感。政府、协会、企业将多方合力，政府部门规制、企业平台自治、行业协会自律，推进协同共治已成共识。

一是充分发挥部际联席会议政府协调机制的作用，由发展改革委牵头，统筹推进部门间职能分工调整和协作机制建设，发挥政府部门对交通物流的宏观调控作用，实现多部门协同发展、政策联动、机制创新、体制改革。

二是加强完善行业中介组织自律协调机制。行业协会发挥政府与企业间的桥梁纽带作用，通过标准规范、诚信体系、价格引导加强行业自律，保障企业权益。

三是逐步引导企业与平台构建自治协调机制。鼓励企业加强合规管理，优化调整平台运营规则。开展平台诚信机制建设，引导双方规范履约。

（撰稿：周志成　陈凯　审稿：贺登才）

注：根据特约撰稿人提交稿件整理。

第二篇

专题报告

第一章

物流服务业

2023 年公路货运市场发展回顾与 2024 年展望

一、2023 年公路货运市场发展回顾

2023 年，我国公路货运市场总体保持恢复性增长，但是增长速度不达预期，公路货运企业承压经营，积极调整应对。

（一）公路货运市场平稳复苏

2023 年，全年货物运输总量达 547 亿吨，同比增长 8.2%。其中，公路货运量为 403 亿吨，同比增长 8.7%（见图 1），总体实现恢复性增长。公路货运

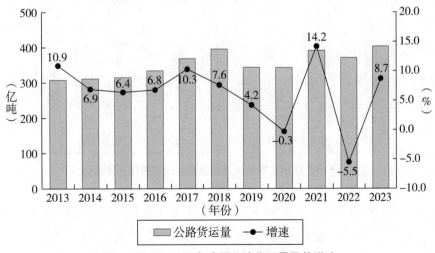

图 1　2013—2023 年我国公路货运量及其增速

量 3 年平均增速为 1.5%，仍然低于疫情前水平，市场恢复不达预期。公路货运量占货运总量的 73.7%，仍然是最主要的运输方式。

2022—2023 年公路货运量月度规模及其增速见图 2。

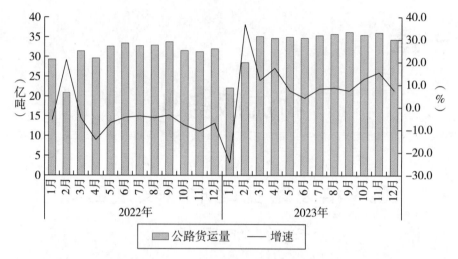

图 2　2022—2023 年公路货运量月度规模及其增速

G7 易流物联网平台大数据显示，公路整车货运流量指数各月总体平稳，多数月整车货运流量与上年相比小幅增长（见图 3）。

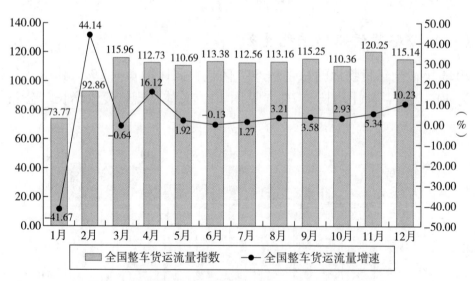

图 3　全国公路整车货运流量指数与货运流量同比增长情况

《2023 年度中国公路货运景气度 CEO 调查报告》数据显示，44.7% 的被调查企业反馈，2023 年企业货量规模较上年下滑，29.8% 的被调查企业反馈货量有所增长，25.5% 的被调查企业反馈货量与上年持平（见图 4）。

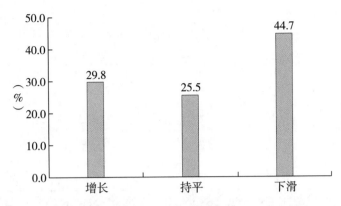

图4 2023年被调查企业反馈货量规模较上年变化情况

G7易流物联网平台大数据显示，整体而言，2023年公路货运流量与2021年相比下滑较多，较2022年小幅增长（见图5）。

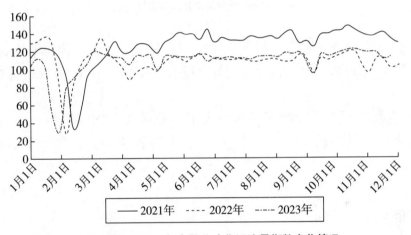

图5 2021—2023年全国公路货运流量指数变化情况

数据来源：G7易流。

从全国高速公路货车通行数量来看，每周货车通行流通基本维持在5000万辆左右，三季度以来呈逐步回升态势（见图6），但是仍然低于上年年底水平。

（二）货运需求结构逐步转换

2023年，全社会物流总额达到352.4万亿元，同比增长5.2%。物流需求结构持续调整。消费物流需求较为旺盛，全年单位与居民物品物流总额达13.0万亿元，同比增长8.2%，增速比上年提高4.8个百分点。全年快递业务量累计完成1320.7亿件，同比增长19.4%，继续保持世界第一。工业物流需求稳步增长，全年工业品物流总额达312.6万亿元，同比增长4.6%。高端装备、

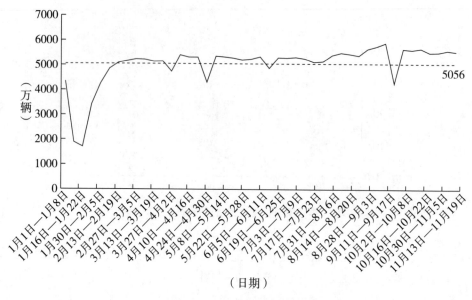

图6　2023年全国高速公路货车通行数量

信息技术等高端制造领域需求增速在 10.0%~27.0%。进口物流增速稳中趋缓。全年进口物流总额达 18.0 万亿元，同比增长 13.0%，进口物流量保持快速恢复态势。

G7 易流物联网平台大数据显示，大宗行业运单量出现下滑，达到 17.5%，而消费行业运单量增长 13.7%（见图7），保持较快增长，显示了需求结构转换趋势。

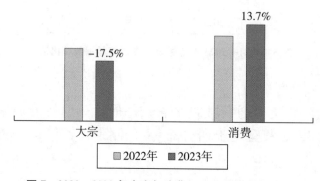

图7　2022—2023 年大宗与消费行业运单量对比情况

数据来源：G7 易流。

满帮《2023 数字物流产业带报告》显示，不同产业运距差异较大。矿产资源运距最长，其次是蔬菜水果，再次是消费品，最短的是建材产业，具体见图8。随着需求结构的转换，物流货运需求出现调整。随着长运距的大宗运单下滑、短运距的消费运单上涨，整体货运规模增速放缓甚至下滑。

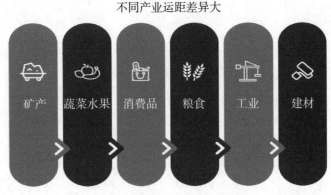

图 8　部分产业运距对比情况

（三）货运市场价格较为低迷

《2023 年度中国公路货运景气度 CEO 调查报告》数据显示，76.6% 的被调查企业反馈其所在细分市场总体运价较上年出现下降，仅有 23.4% 的被调查企业反馈其所在细分市场总体运价与上年保持一致或较上年有所上升（见图 9）。

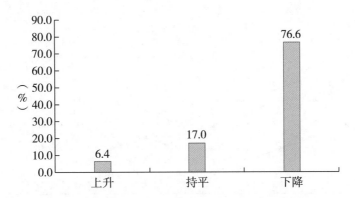

图 9　2023 年被调查企业反馈所在细分市场的总体运价变动

从公路货运分会监测的厢式货车运价数据看，在主要运输线路上 5 轴以上重型厢式货车车公里运价为 6.95 元，折合吨公里运价为 0.23 元。从运价变化趋势看，2023 年初，由于疫情司机短缺，而消费需求快速反弹，导致价格高位运行。春节后，受供需矛盾转换影响，运价与疫情期间同期水平相比有较大幅度下滑。大量由于疫情抬高的运价在新一轮谈判中降低，处于持续"挤水分"区间。下半年以后，运价差距逐步收窄，8 月后运价逐步回升。随着"双十一"的到来，运价已回升到往年同期水平，波峰时期略高于往年水平。总体来看，运价是由供需决定的。由于"车多货少"，市场供给过剩成为行业常态，供需矛盾加剧导致运价长期低迷。2023 年厢式货车即期市场运价见图 10。

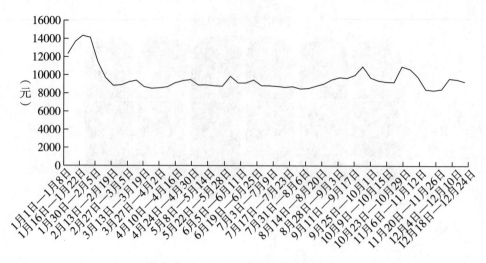

图 10 2023 年厢式货车即期市场运价

行业监测的大宗货物运价总体处于持续下滑态势，全年运价平均值为 0.31 元/公里。不同品类货物运价略有差异。煤炭运价与钢铁运价高于总平均运价，金属矿石运价与非金属矿石运价低于总平均运价（见图 11）。

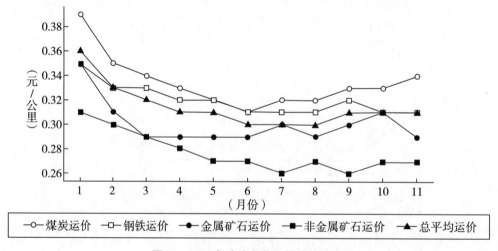

图 11 2023 年大宗货物运输价格分布

（四）货物运输成本持续上涨

近年来，公路货运相关的能源、人工、用地等成本持续上涨。《2023 年度中国公路货运景气度 CEO 调查报告》数据显示，有一半以上（55.3%）的企业反馈 2023 年经营成本较上年有所增长，三成（29.8%）左右的企业反馈 2023 年经营成本与上年持平，仅有不到两成（14.9%）的企业反馈 2023 年经营成本较上年出现下降（见图 12）。

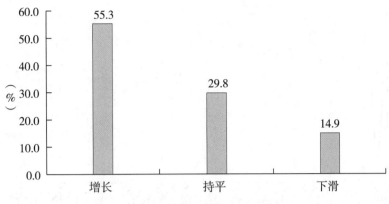

图12 2023年经营成本较上年变化情况

　　从中物联公路货运分会对重点企业的经营情况调查数据来看，公路货运企业的燃油费、路桥费、驾驶员工资和折旧费分别占公路货运总成本的38.46%、29.68%、18.75%和8.20%，其他成本占比情况见图13。燃油费占比较上年有所上涨，主要是燃油价格上涨所致。

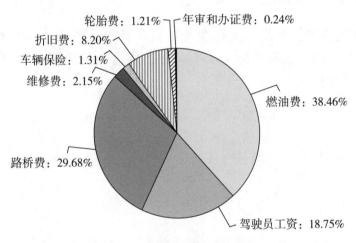

图13 公路货运企业成本构成

（五）公路货运效率仍显不足

　　G7易流物联网平台大数据显示，货车日均行驶里程为250～270公里，月均在7800公里左右。车均行驶长度为220～240公里（见图14）。今年以来，500公里以上的长途运量占比下降了15%，200公里以上500公里以下（含）的中途运量也下降了7%～8%，而200公里以下的短途运量占比提升，长短途货运供给结构发生持续性变化。

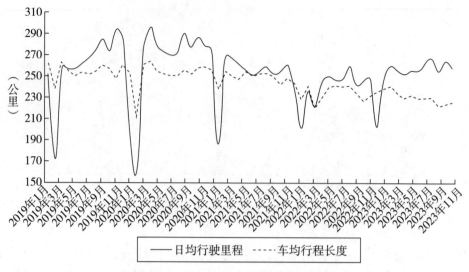

图14 2019—2023年日均行驶里程与车均行驶长度对比情况

数据来源：G7易流。

（六）车队企业经营规模扩大

企业公开披露数据显示，头部企业主营业务收入平均为569.6亿元，净利润平均为24.3亿元，远高于行业水平。公路货运主要头部企业2023年总营收与净利润情况见图15。

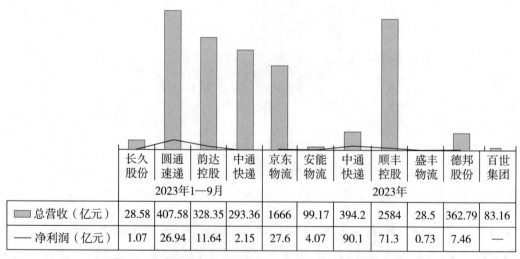

	长久股份	圆通速递	韵达控股	中通快递	京东物流	安能物流	中通快递	顺丰控股	盛丰物流	德邦股份	百世集团
		2023年1—9月						2023年			
▦ 总营收（亿元）	28.58	407.58	328.35	293.36	1666	99.17	394.2	2584	28.5	362.79	83.16
— 净利润（亿元）	1.07	26.94	11.64	2.15	27.6	4.07	90.1	71.3	0.73	7.46	—

图15 公路货运主要头部企业2023年总营收与净利润情况

第六批星级车队月均行驶里程为8550.5公里（见图16），其中，五星级车队月均行驶里程为10244公里，四星级车队为7949公里，三星级车队为8627公里。

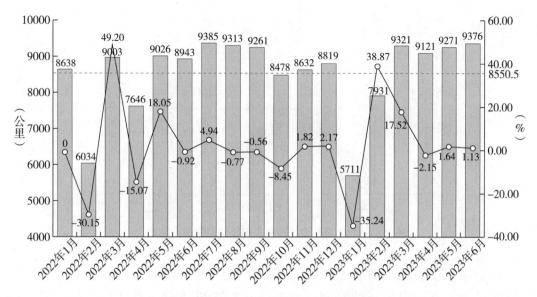

图 16　第六批星级车队月均行驶里程及环比增长情况

第六批星级车队自有车辆利用率均值为 87.79%，其中，五星级车队自有车辆平均利用率为 89.94%，四星级车队为 87.22%，三星级车队为 86.21%（见图 17）。相较而言，规模化车队通过优化调度系统、建立信息化的物流平台、完善运输网络规划、合理调配回程货物等，更好地组织车队资源，快速响应。

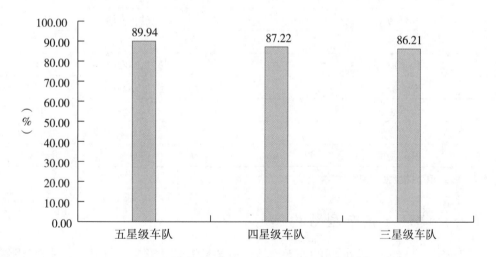

图 17　第六批星级车队自有车辆平均利用率分布情况

第六批星级车队自有车辆平均空驶率约为 13.39%，其中，五星级车队自有车辆平均空驶率为 8.88%，四星级车队为 18.69%，三星级车队为 12.59%（见图 18）。

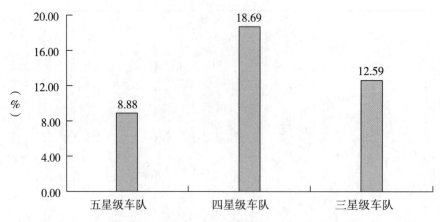

图 18　第六批星级车队自有车辆平均空驶率分布情况

　　从上市快递快运企业数据看，大部分快递快运企业加快自建车队，车队规模持续扩大，规模效应持续显现。大部分双边路线基本采取自营车队。通过甩挂运输模式提高车辆利用率，保障高时效和高周转，有效降低单票运营成本，成为快递快运企业提升竞争力的重要来源。现阶段市场主要头部快递快运企业运营车辆数见表1。

表 1　　　　　　　　现阶段市场主要头部快递快运企业运营车辆数

企业名称	运营车辆数
顺丰控股	超过 10 万辆
京东物流	超过 4 万辆
德邦股份	48573 辆
跨越速运	超过 28000 辆
中通快递	超过 10000 辆
圆通速递	5301 辆
申通快递	4898 辆
安能物流	3600 辆

数据来源：根据财报数据和网络数据整理。

（七）货运车辆车型结构稳定

　　2023 年，公路货运车辆的车型结构与前两年基本保持一致，半挂牵引车为主要运输力量，占比为 49.59%，远超过其他车型。其次为自卸式货车和仓栅式货车，分别为 17.67% 和 11.29%。厢式货车占比为 6.99%，远低于国外先进水平，车型厢式化、标准化、单元化水平不高。2023 年货运车辆车型占比情况见图 19。

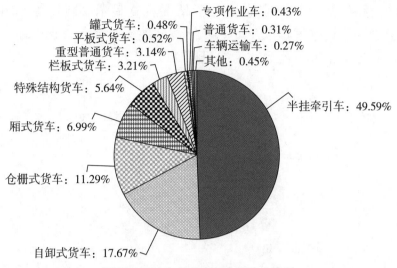

图19　2023年货运车辆车型占比情况

车辆超限超载治理有利于车型标准化和单元化。2023年以来，江苏、福建、山西等多省市发布治理超限超载运输办法或条例，部分省份加大源头治超和路面执法力度，货车非法改装和不合规装载治理力度加大，源头治超、科技治超、信用治超成为趋势。

2023年，货运车辆产销总体平稳。全年货运车辆产销均完成353.9万辆，同比分别增长27.4%和22.4%。在货车主要品种中，与上一年度相比，四大类货车品种产销均呈两位数增长，其中重型货车产销增速更为显著。

2023年，新能源重卡累计销售34257辆，同比增长36%。2023年各类新能源重卡车型销量及增速变化情况见图20。

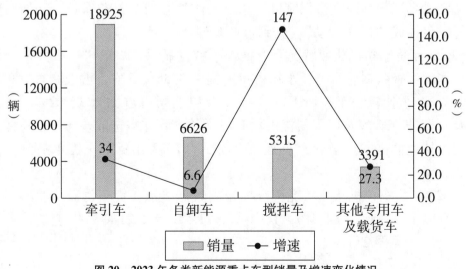

图20　2023年各类新能源重卡车型销量及增速变化情况

中物联公路货运分会重点企业经营情况调查显示，新能源车占比仍然较小，受限于价格、续航里程以及配套基础设施的影响，新能源车有待进一步突破。重点企业各类车型占比分布情况见图21。

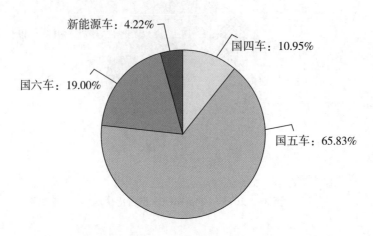

图21　重点企业各类车型占比分布情况

2023年初，工业和信息化部等8部门下发《关于组织开展公共领域车辆全面电动化先行区试点工作的通知》，决定在邮政快递、城市物流配送、特定场景重型货车等公共领域开展车辆全面电动化先行区试点。11月，确定北京等15个城市为此次试点城市。决定用两年时间，推广新能源汽车数量预计超过60万辆。

（八）从业人员权益受到重视

近年来，货车司机权益保障受到政府部门重视，交通运输部牵头成立道路货运高质量发展部际联席会议制度，重点关注货车司机权益保障。交通运输部开展了平台抽成"阳光行动"，受到行业欢迎。

《2023年货车司机从业状况调查报告》数据显示，货车"司机大哥"较为普遍。本次调查数据显示，货车司机年龄集中在36~45岁，占被调查货车司机的46.57%，占比较去年有所下降，46岁及以上司机占比为37.62%，占比较去年有所上升，35岁及以下司机占比有所增长。除样本选取差异外，总体反映货车司机从业群体"大龄化"问题逐步加深。2023年货车司机年龄分布情况见图22。

《2023年货车司机从业状况调查报告》数据显示，货车司机从业年限普遍在6年及以上，占比为84.1%，其中从业11~15年、21年及以上的，占比均近四分之一（见图23）。

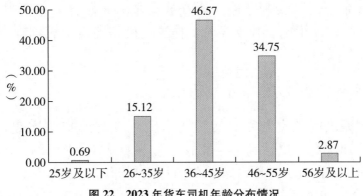

图 22　2023 年货车司机年龄分布情况

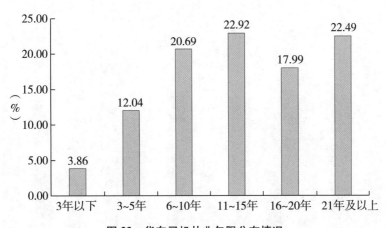

图 23　货车司机从业年限分布情况

　　司机自有车辆居多、背负车贷较为普遍。调查数据显示，74.92%的货车司机驾驶的车辆为自有车辆，其中 41.53%的司机表示车辆目前仍处于偿还贷款的阶段（见图 24）。25.08%的司机驾驶车辆为受雇企业或车队所有，较上年占比增加较多，表明部分司机考虑到经营风险选择成为受雇驾驶的职业司机。

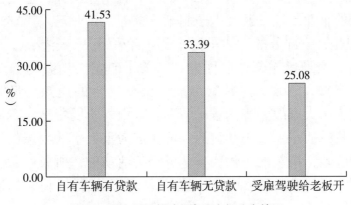

图 24　调查司机驾驶货车所有权分布情况

司机"挂靠经营"较为普遍。调查数据显示，在自有车辆中，57.49%的车辆属于挂靠经营。相比于独立经营，挂靠司机相关经营成本较低，但是也面临一定的责权分离风险。

（九）运输安全仍然有待加强

会员企业提供的数据显示，从货运车辆月度超速提醒次数占比情况看，2023年2月超速次数占比达到全年最低，仅24.7%（见图25）。随着全国公路货运生产活动持续恢复，2月以后，车辆月度超速占比逐渐升高。平台企业订单数据显示，66.39%存在疲劳驾驶行为，此行为尤其出现在行业旺季。

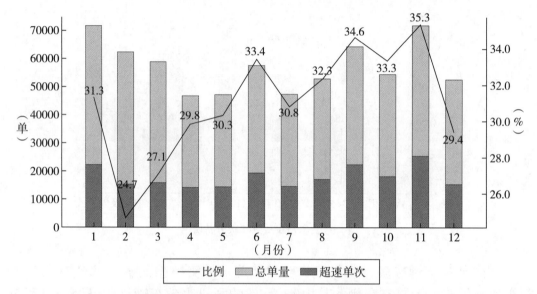

图25 2023年月度货运订单数量及超速货运单次分布

对重点企业经营情况的调查结果显示，企业已采取多种措施对运行过程中可能存在的风险进行预防。目前90.2%的被调查企业反馈，已安装防抱死刹车系统，近六成的企业反馈安装了电子刹车系统等，企业已采用安全设备分布情况见图26。但是，大部分的个体司机并没有启动相关安全措施。

9月19日，交通运输部办公厅发布了关于印发《道路运输企业和城市客运企业安全生产重大事故隐患判定标准（试行）》的通知，明确了道路运输企业应当判定为重大事故隐患的若干情形。其中，所属货运车辆运输过程中违法装载导致车货总质量超过100吨的，被认定为重大事故隐患的情形之一。还有，使用擅自改装、拼装的车辆装备从事经营活动的，所属经营性驾驶员和车辆存在长期"三超一疲劳"（超速、超员、超载，疲劳驾驶）的情形等也被认定为重大事故隐患。

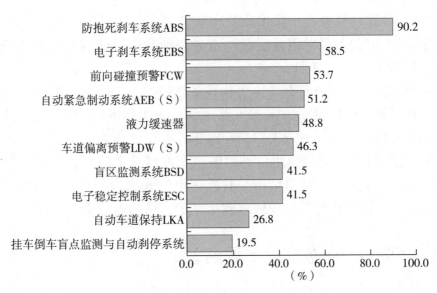

防抱死刹车系统ABS　90.2
电子刹车系统EBS　58.5
前向碰撞预警FCW　53.7
自动紧急制动系统AEB（S）　51.2
液力缓速器　48.8
车道偏离预警LDW（S）　46.3
盲区监测系统BSD　41.5
电子稳定控制系统ESC　41.5
自动车道保持LKA　26.8
挂车倒车盲点监测与自动刹停系统　19.5

（%）

图26　企业已采用安全设备分布情况

道路运输企业重大事故隐患判定标准的出台，为《中华人民共和国安全生产法》《中华人民共和国刑法》中追究道路货运重大事故隐患的法律责任提供了法律依据，"百吨王"入刑已经到来。这不仅对道路运输企业，也对源头货主企业、网络货运企业加强安全生产管理，排查、防范、发现和消除事故隐患提出了更高要求。

（十）市场营商环境持续改善

2023年以来，各有关部门纷纷出台政策措施，营造市场化、法治化、国际化营商环境。各省市纷纷出台高速公路通行费差异化收费的政策措施，对符合条件的车辆予以通行费优惠。在降低车辆通行成本的同时，提高高速公路利用效率。

交通运输部办公厅牵头下发《关于进一步提升鲜活农产品运输"绿色通道"政策服务水平的通知》，补充完善了《鲜活农产品品种目录》，进一步细化"新鲜""深加工""整车合法"等认定尺度，并对收费站计重结果出现争议如何处理予以明确。

公安部发布26项便民措施，其中第11条为便利交通物流货运车辆通行。要求进一步放宽城市道路对新能源厢式和封闭式货车的通行限制。多地公安交管部门调整优化货运车辆便利通行政策措施。

交通运输部办公厅、公安部办公厅联合印发《关于推进道路货物运输驾驶员从业资格管理改革的通知》，进一步便利驾驶员从业资格证申领，实现"一次报名、一次培训、一次考试、申领两证"。

财政部、税务总局、工业和信息化部印发《关于继续对挂车减征车辆购置税的公告》，继续对购置挂车减半征收车辆购置税。购置日期按照"机动车销售统一发票""海关关税专用缴款书"或者其他有效凭证的开具日期确定。公告执行至 2027 年 12 月 31 日。

工业和信息化部、公安部、住房和城乡建设部、交通运输部 4 部门联合印发《关于开展智能网联汽车准入和上路通行试点工作的通知》，部署开展智能网联汽车准入和上路通行试点工作。交通运输部印发《自动驾驶汽车运输安全服务指南（试行）》，明确使用自动驾驶汽车在城市道路、公路等用于社会机动车通行的各类道路上，从事城市公共汽（电）车客运、出租汽车客运、道路旅客运输经营、道路普通货物运输经营活动的，适用本指南。

二、2024 年公路货运市场展望

（一）市场大盘稳定，增速总体温和

近年来，公路货运量总体在 400 万吨上下波动，预计 2024 年公路货运量也在 400 万吨上下，整体公路货运市场规模在 5 万亿元左右，大盘保持稳定。调查数据显示，45.65%的企业预期 2024 年业务规模增长（见图 27）。需求结构的变化，会对整体货量规模造成影响，对于产品和服务质量的要求提升。随着市场逐步稳定，行业温和增长将成为常态，这对降本增效提升竞争力提出了更高要求。

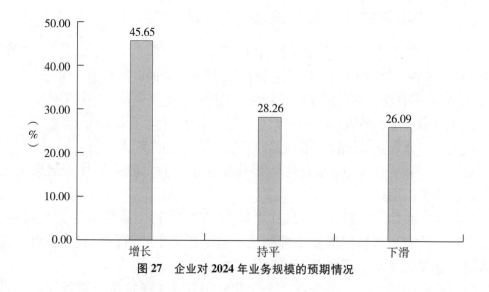

图 27　企业对 2024 年业务规模的预期情况

（二）降价空间缩小，提质增效发力

受需求放缓影响，供给过剩压低价格。总体来看，我国公路运价基本接近

成本价，继续降价空间较小，传统的靠压低价格来参与竞争的方式难以为继。规模化集约化仍是行业发展趋势，通过企业整合和平台聚合，加强运输组织和调度优化，效率提升将替代价格下降成为未来的主要竞争手段。

（三）物流模式创新、干支配一体化

在社会物流需求增速放缓的过程中，如何保持利润增长考验市场主体的竞争力。传统货运企业加快从"运输服务商"向"全程物流商"再向"供应链服务商"转型。对于公路货运企业来说，将加快两端服务升级，向干支配衔接转型升级，干线通道化、支线网络化、末端共配化，通过模式创新更好适应市场需求变化。

（四）数字货运渗透、产业赋能升级

目前，我国数字货运规模在 7000 亿元，公路货运数字化渗透率在 15%，行业数字化转型空间依然较大。在数字货运领域，各种内外因素冲击，数字货运到了重新寻找方向的时候。新阶段要推动物流领域发展新质生产力，即利用现代化技术改变传统行业的发展路径，赋能中小企业，创造新产业。要通过信息技术从整体提升资源要素效率，实现高效匹配、高效衔接、高效组织。

（五）司机队伍分层、长尾受到关注

随着货运需求增长放缓，司机供给持续增加，"车多货少"将是常态，司机运力逐步分层。一批货源基本稳定、驾驶经验丰富、有效利用平台的司机实现与时代的共同进步。不太具有货运组织和运输技能，也不太会利用平台的货车司机生存压力加大，更容易受到行业短期波动影响，也更多发出"生存困难"的呼声而影响舆论。

（六）区域经济带动、产业生态显现

我国经济集群化发展格局显现，形成了各具特色的产业带，是区域经济的活力来源。如，佛山家具产业、杭州减速机产业、淄博陶瓷产业。这些产业带中企业集中，特别是大量的中小制造企业，运输方式传统，技术条件落后。受经济下行压力，中小制造企业降本增效需求更大，而单纯降低物流价格难以为继。充分发挥产业互联网优势，夯实专业服务能力，依托产业集群服务区域中小企业、帮助对接全国市场渠道，更好赋能区域经济空间巨大。

（七）技术装备升级、公铁联运发展

当前，我国货运车辆大型化明显，牵引车比例明显提升，带动甩挂运输稳步发展，大型车队甩挂比例远高于行业水平。车辆动态监控等安全管理装备日益普遍，大型车队普遍安装 ADAS 等安全、节能装备，主动介入司机驾驶习惯培养。近年来，智能驾驶卡车成为热点，商业化应用逐步加快，部分大型车队开始在指定路段试运行，明显降低司机驾驶强度，也提升了车队相比于个体司机的竞争力。铁路运输企业加大"白货"市场营销，公铁联运成为新的机会。未来，公转铁或者公铁联运会成为运输结构调整的主要措施，需要积极适应。

（八）绿色低碳转型、市场格局调整

近年来，钢铁等领域的超低排放等政策影响到末端公路货运绿色低碳转型，新能源重卡成为行业关注热点。充电重卡、氢能重卡、甲醇重卡等多种能源车角逐市场。新能源基础设施受到关注。随着欧盟碳边境调节机制的实施，全国温室气体自愿减排交易市场（CCER）正式重启，水泥等领域有望被纳入超低排放范围，公路货运作为移动源排放大户加快绿色低碳转型，减排成本有望转化为"真金白银"。

（作者：中国物流与采购联合会公路货运分会　周志成　唐香香）

2023 年铁路物流发展回顾与 2024 年展望

2023 年，铁路坚持稳中求进工作总基调，围绕服务和支撑中国式现代化建设，埋头苦干、勇毅前行，开展了一系列打基础利长远的工作，圆满完成了全年各项目标任务加快推动铁路货运向现代物流转型，制定出台了《铁路现代物流体系建设的意见》97 号文并已全面启动实施。2024 年，铁路将结合二十届中央财经委员会第四次会议提出的有效降低全社会物流成本要求，深化供给侧结构性改革，推进铁路市场化经营体系建设，加速线网建设和科技创新，勇当服务和支撑中国式现代化的"火车头"。

一、2023 年铁路物流发展回顾

2023 年，铁路货运进一步向现代物流转型发展，积极拓展运输规模，深入开展精准营销，加大集疏港运输和"公转铁"力度，积极推进铁水多式联运、物流总包开发，试点推出高铁快运整列批量运输，不断推进国际班列建设，统筹服务扩大内需和深化运输供给侧结构性改革。

（一）铁路现代物流发展规模不断扩大

1. 铁路物流市场规模逐步扩大

随着我国经济不断发展，铁路物流市场也随之不断扩大。近年全国铁路货物发送量及增速见图 1，2023 年，全国铁路货物发送量完成 50.1 亿吨，比上年增长 1.5%，货物周转量完成 36438 亿吨公里，比上年增长 1.5%。国家铁路完成货物发送量 39.1 亿吨，同比增长 0.2%，其中，集装箱发送量比上年增长 7.3%，再创历史新高，货物周转量 32.6 亿吨公里，同比下降 0.1%。全年国家铁路完成运输总收入 9641 亿元，同比增长 39%，利润总额创历史最好水平。

2. 重点物资运输得到有力保障

2023 年，铁路全力保障电煤、粮食、化肥等重点物资运输。全国铁路累计发运煤炭 27.5 亿吨以上，同比增长 2.6%，其中，电煤发运量 22.8 亿吨，同比增长 4.5%，其中大秦铁路年运量达到 4.22 亿吨，同比增长 6.4%，创 4 年来新高，瓦日铁路实现货运量 10008.1 万吨，再次突破 1 亿吨大关。针对东北地区粮食外运需求，铁路采取整列排空棚车、车种代用等措施，加大向东北地区的运力调配力度，畅通山海关等分界口车流，确保东北粮食快速入关、南

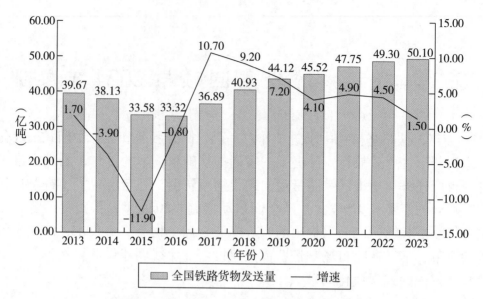

图1　2013—2023年全国铁路货物发送量及增速

数据来源：中国国家铁路集团有限公司历年统计公报。

注：增速按可比口径计算。

下。中国铁路哈尔滨局集团有限公司加开福利屯至前进镇、绥化至佳木斯等重点粮运通道货运班列，在富锦、双龙山、新友谊、建三江等粮源重点地区实现货车开行"客车化"，将粮食进港入关的运到时间压缩近10小时。

（二）铁路基础设施稳步增建

1. 线网通道密度不断增大

截至2023年底，全国铁路营业里程达到15.9万公里，其中高铁4.5万公里，投产新线3637公里，其中高铁2776公里。近年的全国铁路营业里程见图2，普速铁路和高速铁路里程分别已达到了《国家综合立体交通网规划纲要》中布局的国家铁路网的87.7%和64.3%。2023年全年全国铁路完成固定资产投资7645亿元、同比增长7.5%。除干线外，还建成铁路专用线92条，进一步提高了重要枢纽联通水平与集疏运效率，80%左右的货物集中在8000余条专用线到发，减少了货物的短途倒装作业，降低了物流成本。川藏铁路建设攻坚态势全面形成，丽香、成兰等项目建成投产，黄百等项目开工建设，路网不断加密提质、运能持续提升。

2. 货运节点建设不断推进

2023年，铁路紧密结合现代物流需要，推动铁路物流基地建设和场站智慧升级。铁路物流基地建设方面，铁路紧密对接国家物流枢纽总体规划，进一步在全国布局了一级物流基地35个，二级物流基地227个，目前累计建成

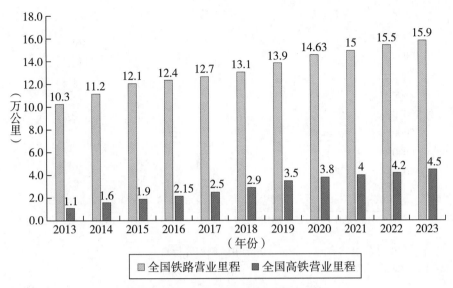

图 2　2013—2023 年全国铁路营业里程

数据来源：中国国家铁路集团有限公司历年统计公报。

165 个，今年竣工投运的包括全国首个高铁快运物流基地——广元·川陕甘高铁快运物流基地、西南最大铁路商品汽车物流基地——桃花村铁路商品汽车物流基地等 10 个铁路物流基地，有效融入了物流园区、产业园区、港口及边境口岸。铁路场站智慧升级方面，铁路积极应用北斗导航、5G 等尖端技术，搭建智能管理平台，推动场站数字化、智慧化转型。如武汉阳逻铁水联运场站通过搭建智能铁水联运数智场站信息管理平台，从业务受理、计划调度、作业执行、资源分配、费收结算等多方面，对铁路场站物流作业集中管理，提高了场站的作业效率，有效支撑多式联运业务发展。

（三）国际班列助力"一带一路"品牌建设

1. 中欧班列助力"一带一路"高质量共建

近年中欧班列开行量持续保持增长（见图 3），中欧班列 2023 年全年开行超 1.7 万列、发送 190 万标准箱，同比分别增长 6%、18%。中欧班列开行的 10 年来，累计开行超过 8 万列，运送货物超过 790 万标箱，货值超 3400 亿美元，国内出发省份达 24 个、城市 120 个，通达欧洲 25 个国家 219 个城市，以及沿线 11 个亚洲国家和地区超过 100 个城市，成为国际经贸合作的重要桥梁。

开行质量上，运行时间更加稳定。开行了全程时刻表中欧班列，截至 2023 年已开通 5 条线路、开行 157 列，具体线路如表 1 所示。全程时刻表班列，积极优化作业流程，提升作业效率，按照"优先配空、优先装卸、优先

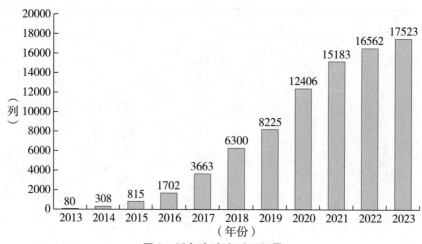

图 3　近年中欧班列开行量

数据来源：中欧班列网。

查验、优先始发"的原则，实现承运、查验、转运快速无缝衔接，确保按规定车次、时刻表发车。运行时间较普通班列平均压缩30%以上，提供了更加稳定优质的班列产品。

表1　　　　　　　　　　　　中欧班列全程时刻表

始发国家城市	到达国家城市	开行日期	全程里程（千米）	全程时间（天）
中国—西安	德国—杜伊斯堡	每周三、六	9771	12.5
中国—成都	波兰—罗兹	每周六	9178	10.5
德国—杜伊斯堡	中国—西安	每周二	9771	11.3
波兰—罗兹	中国—成都	每周四	9178	10.5

数据来源：中欧班列网。

开行能力上，中欧班列运输能力不断提高。经多年发展，中欧间形成了西、中、东三大铁路运输通道。西通道在新疆阿拉山口（霍尔果斯）铁路口岸与哈萨克斯坦、俄罗斯铁路相连，途经白俄罗斯、波兰等国铁路；中通道在内蒙古二连浩特铁路口岸与蒙古国、俄罗斯铁路相连，途经白俄罗斯、波兰等国铁路；东通道在内蒙古满洲里铁路口岸、黑龙江绥芬河铁路口岸以及新开通的同江口岸与俄罗斯铁路相连，途经白俄罗斯、波兰等国铁路，通达欧洲其他各国。2023年，兰新铁路精河至阿拉山口段增建二线工程开通运营，区段年运输通过能力由此前的1500万吨提升至6000万吨，提升了中欧班列西通道的整体运输能力。此外，南通道目前正在积极建设中，重庆与哈萨克斯坦国家铁路签署战略合作协议，目前已初步常态化开行了跨"两海"班列，拓展了团结村至土耳其伊斯坦布尔的新线路。中国国家铁路集团有限公司持续实施的扩编增吨措施增加了班列的编制辆数和牵引质量，提升班列整体运输能力达 10%。

2. 西部陆海新通道开行顺畅有序

运输规模方面，西部陆海新通道班列 2023 年全年发送 86 万标准箱，同比增长 14%。自 2017 年重庆、广西、贵州、甘肃 4 省区市签署"南向通道"（陆海新通道的前身）框架协议以来，截至 2023 年底，西部陆海新通道铁海联运班列辐射范围增至我国 18 个省份 70 个市 144 个铁路站点，通道沿线省份已创建"六型"国家物流枢纽 42 个，2023 年新增的国家物流枢纽达到 11 个，货物流向通达全球 120 个国家和地区的 473 个港口，运输品类拓展至汽车配件、装饰材料等近千种。西部陆海新通道成为连接我国西部地区和东盟国家的重要纽带。

设施建设方面，焦柳铁路怀化段电气化改造完成，渝怀铁路增建二线实现投用，贵阳至南宁铁路、叙永至毕节铁路、防城港至东兴铁路正在修建，南北贯通、出海出边的综合交通运输大通道正在加速成型。西部陆海新通道第一个无水港项目——重庆无水港一期项目于 2023 年 6 月竣工后在下半年正式投用。重庆"陆海明珠"果园港区位优势日益凸显，长江黄金水道、西部陆海新通道、中欧班列在这里无缝衔接，已经开通上海—果园—南充、果园—攀枝花、果园—西昌、果园—西安等水水中转和铁水联运 10 多条运输线路，成为周边地区外贸货物的中转港，辐射带动能力日益增强。

3. 中老铁路保持高效运营

运输能力方面，截至 2023 年底，中老铁路累计发送货物 3033 万吨，其中跨境货物突破 620 万吨。2023 年全年，昆明海关累计处理中老铁路进出口货运量达 421.77 万吨，同比增长 94.91%，跨境货物品类由开通初期的橡胶、化肥、百货等 10 多种扩展至电子、光伏、通信、汽车等 2900 多种，货物运输辐射老挝、泰国、越南、缅甸等 12 个"一带一路"共建国家和中国 31 个省区市的主要城市。为保证运输质量，我国铁路部门与老挝铁路部门紧密合作，共同确保中老铁路的高效运营，相继推出了"沪滇·澜湄线""中老+中欧"等一系列具有创新性的"澜湄快线"班列品牌，累计开行 984 列。其中，"中老铁路+中欧班列"的国际运输新模式更是将老挝、泰国等国家至欧洲的铁路直达运输时间大幅缩短至仅 15 天；中老国际冷链货运班列依托中老铁路，实现云南昆明、玉溪至老挝万象双向对开，全程运行 26 小时，保鲜程度可达 99.9%，同时实施铁路运价下浮 50% 的政策，加上相关的补助政策，大幅降低了企业物流成本，有力带动铁路沿线地区经贸发展，为云南服务和融入高质量共建"一带一路"，促进沿线共同繁荣、扩大高水平对外开放搭建了桥梁，注入了新的活力。

运输服务方面，中老铁路通车两年多来，海关大力推进"智慧海关"建设，应用"科技+信息化"赋能智能监管。比如配备先进的铁路集装箱检查设备（H986），单列列车扫描仅需 1~2 分钟，叠加"雷达感应式"喷淋消毒、辐射探测门等高科技监管设备的应用，确保精准查验、快速放行，大幅提升风险排查效率和整体监管效能，实现了国门安全与高效通关的有机统一，对助力中老铁路跨境货运高质量发展起到积极作用。目前中老铁路已形成对内联通环渤海、长三角、珠三角经济圈等 31 个省（自治区、直辖市），对外辐射至老挝、泰国等 12 个"一带一路"共建国家的运输网，促进了中国与东盟国家间的贸易、投资、服务、金融等多方面合作。

（四）铁路社会效益不断凸显

1. 助力乡村振兴

乡村振兴既是国家粮食安全的基础，也是脱贫攻坚成果巩固的保障，全面推进乡村振兴，需要畅通城乡要素流动。2023 年，在老少边和脱贫地区完成基建投资 4076 亿元，占全国的 80.2%，新投产 2776.7 公里，占全国的 76.4%，覆盖 77 个老少边及脱贫县，其中 22 个县结束不通铁路历史；年发到货物 7.7 亿吨，减免物流等费用 14.4 亿元。结合国家要求，为满足农产品物流运输需求，新开行 19 列乡村振兴班列，采用"定点、定线、定车次、定时、定价"的乡村物流特色化集装箱多式联运运输模式，主要运输各类农副产品、汽车配件等货物。运输过程中优先解编、优先办理、优先取送，在装车时帮助完成码头报关、清关、入港等流程，在两端协调短驳车辆运输，提高了与其他运输方式的接驳效率，加快了乡村货物向外运输的速度，为乡村产业振兴注入新活力。

2. 助力双碳目标实现

近年来，铁路运输单位运输工作量综合能耗和单位运输工作量主营综合能耗持续降低，如图 4 所示。2023 年，铁路单位运输工作量综合能耗 3.78 吨标准煤/百万换算吨公里，比上年减少 0.16 吨标准煤/百万换算吨公里，下降 4.1%。2023 年，单位运输工作量主营综合能耗 3.76 吨标准煤/百万换算吨公里，比上年减少 0.14 吨标准煤/百万换算吨公里，下降 3.6%。

主要污染物排放方面，国家铁路化学需氧量排放量为 1456 吨，比上年增长 2.0%。二氧化硫排放量 620 吨，比上年降低 52.9%（见图 5）。国家铁路绿化里程 6.18 万公里，同比持平。

（五）铁路自身改革不断推进

1. 货运模式改革

探索多式联运新场景。2023 年，铁海快线开行数量达 2.8 万列，同比增长 17.3%，铁路箱下水完成 39.9 万标箱，同比增长 8.3%。铁海快线货物列车实

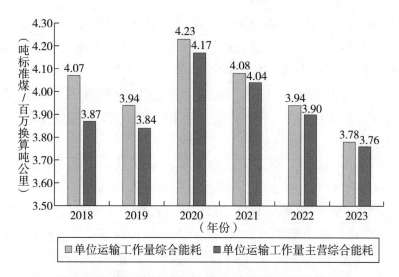

图 4　国家铁路单位运输工作量综合能耗、主营综合能耗

数据来源：中国国家铁路集团有限公司 2023 年统计公报。

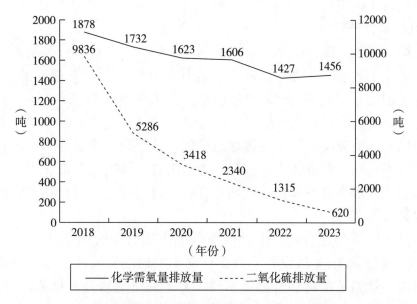

图 5　国家铁路化学需氧量排放量与二氧化硫排放量

数据来源：中国国家铁路集团有限公司 2023 年统计公报。

现了 35 吨宽体集装箱与航运企业定制化改造的新船型精准匹配，采用"班列+班轮"无缝衔接、"一箱到底"的运输组织模式，由中铁集装箱运输有限责任公司订舱并提供"铁路—海运—铁路"全程物流服务，目前已开辟"呼和浩特沙良站—天津新港站—广州港""南宁南站—钦州港东站—日照港"两条 35 吨宽体集装箱铁水联运专线，提高了货运周转效率，降低了物流成本，进一步推动了铁路、海运深度融合和运输结构优化。此外，2023 年多联快车开行 5473 列，同比增长 15.3%，随着搭载 50 英尺（约为 15.24 米）集装箱的铁路多式联运快车分别从广州国际港站、上海闵行站、长沙北站、昆明王家营西站始发，国内容积最大的 50 英尺集装箱将常态化投用铁路货运。50 英尺集装箱铁路多联快车采用"干线铁路运输+两端快速集配"的组织模式，为终端客户提供全程物流服务，最高运行时速 120 公里，参照旅客列车时刻表的方式定点发车、定点到达，压缩了途中运行时间。广州国际港站至长沙北站、上海闵行站至广东常平站、长沙北站至广州国际港站、昆明王家营西站至广东肇庆站全程运输时间分别为 10 小时、27 小时、10 小时、40 小时，较普通货物列车均压缩一半以上。

试点高铁快运整列批量运输。2023 年，铁路试点开行高铁快运动车组列车。车组由 CRH2A 型动车组改造而成，最高运行时速 250 公里，最大装载重量可达 55 吨以上。列车的始发（终到）装卸车站进行了适应性改造，运输组织、运行安全保障、货物装载方式、两端装卸作业模式也进行了相应创新。拓展了生鲜食品、商务急件、生物医药、电子产品等时效性要求比较高的高附加值货物的铁路运输渠道。

2. 科技实力革新

运输设备升级方面，铁路充分对接物流市场需求，持续完善谱系化物流装备体系，研发了适应轻泡货物运输的大容积内陆箱、适应卷钢运输的卷钢箱、适应粮食运输的顶开门箱等 15 种新箱型，其中 9 种箱型已经成功投入运营，市场反应良好。目前，正在加快研发试运适应商品车运输的汽车箱、适应豆粕运输的通风箱、适应硫酸等危险货物运输的液体罐箱等新装备。同时，服务新能源产业发展，积极推进新能源汽车、光伏组件、锂电池和液化天然气等铁路运输装备安全技术研究和配套装备创新升级，努力打造适应全品类物流的铁路现代物流装备体系。

重要技术标准制定方面，中国国家铁路集团有限公司主持和参与制定的《轨道交通 机车车辆变流设备 机车、动车组辅助变流器》等 7 项铁道国家标准，以及《铁路危险货物运输技术要求》《铁路信号显示规范》等 38 项铁道行业标准已发布。此外，中国国家铁路集团有限公司还组织制定并发布了《编组站综合自动化系统技术条件》《高铁快运快件包装及装载技术规范》等 122 项中国国家铁路集团有限公司技术标准。铁路标准体系不断完善，在铁路基础设施建设、安全规范生产、多式联运互联互通方面发挥了重要作用。

货运业务数字化方面，中国国家铁路集团有限公司印发《数字铁路规划》，力求实现铁路业务全面数字化、数据充分共享共用、智能化水平不断提升，为实现铁路现代化、勇当服务和支撑中国式现代化建设的"火车头"提供数字化新动力。

3. 经营模式优化

优化现代物流组织体系。近年来，铁路部门适应现代物流市场发展趋势，坚持以客户需求为导向，对原有铁路货运组织体系进行了改革，按照"一省一中心"的原则，整合区域内铁路物流资源，在全国设立了39个铁路物流中心，开展全程物流等各类物流经营业务。铁路物流中心作为铁路物流业务的市场经营主体，对标现代物流企业经营管理模式，全面实施市场化经营；发挥铁路运输大运能、全天候、绿色环保的优势，强化与重点企业的"总对总"战略合作，大力发展物流总包，为企业量身定制整体物流最优解决方案；深化与公路、水运等其他运输方式的融合发展，减少中间环节，提升运输效率，降低企业物流成本，推动铁路物流产品供给融入企业产业供应链。

拓展物流总包新模式。随着18个路局的39个铁路物流中心全部挂牌，武汉、杭州等地的铁路物流中心相继推出大客户"物流总包业务"，为客户提供货物从工厂到门店的一站式全程物流服务，联合社会物流资源，提供两端汽车配送、仓储、装卸等综合物流服务，打造综合性降本增效的仓储配送一体化物流服务流程。在中国国家铁路集团有限公司与徐州工程机械集团有限公司（简称徐工集团）签订的物流总包协议下，相较于传统的运输模式下装卸、调度等多个部门的各司其职，协议下各相关部门实行合署统一办公，提高办事效率，为客户提供专业化的最佳运输方案，确保每个作业环节都有人员盯控，有效缩短了作业环节当中的作业时间，将货物从提交申请到发车的时间从4天压缩到了1天，满足了客户的需求，严格遵守运输合同和市场规则，树牢铁路诚信形象，徐工集团整机运输现场作业图如图6所示。

图6　徐工集团整机运输现场

实行市场化价格策略。2023年，为更好地发挥铁路局市场主体作用，提高铁路货运市场份额，中国国家铁路集团有限公司逐步放开了铁路局运价自主定价权限，除跨局运输的煤炭业务和部分焦炭、氧化铝业务外，白货和集装箱定价权限均交由铁路局自主确定，提高了灵活性、时效性，更加贴近市场。除运输外，铁路还优化了仓储及设施设备租占用的市场化收费体系。

推进铁路物流金融试点。中国国家铁路集团有限公司与中国建设银行合作开展铁路物流金融服务试点，双方合作在四川、重庆、云南、广西、湖北等省区市开展铁路物流金融服务试点，依托铁路货运95306平台，推出了"铁路运费贷""信用证结算""铁路单证融资"三种铁路物流金融产品。"铁路运费贷"可以让客户凭借铁路历史发运量向银行申请增信额度和优惠利率以向铁路物流企业定向支付物流费，从而为客户增加融资渠道、降低融资成本。"信用证结算"可以让客户向银行申请以铁路运单为凭证的信用证，铁路则通过向银行推送进行结算收款，减少采购方资金占用、加速销售方资金回笼，并增进贸易双方互信。"铁路单证融资"可以让客户凭借电子提单向银行申请货物质押，帮助客户盘活在途货物资产，拓展融资渠道。中国铁路95306物流金融服务入口如图7所示。

图7　中国铁路95306物流金融服务平台

二、2024年铁路物流发展形势

2024年，我国经济将持续回升向好，政策环境和市场条件更为有利，为铁路物流高质量发展提供坚实基础和有力保障。

（一）经济相关会议对铁路物流发展提出新要求

中央经济工作会议系统总结了2023年的经济工作，深入分析了当前经济形势，全面部署了 2024 年的经济工作，就有效降低全社会物流成本做出了决策部署。中央财经委员会第四次会议同样提出了有效降低全社会物流成本，提高经济运行效率的要求。铁路应当对标两次会议要求，全面落实好重点工作，推进铁路货运向现代物流转型。一是服务保障国家重大战略实施，加强铁路国际合作，为高质量共建"一带一路"做出新的贡献；开展国家乡村振兴重点帮扶县铁路基础设施建设，为乡村振兴注入强大推动力；优化调整运输结构，推动运输装备低碳转型，为实现"双碳"目标提供有力支撑。二是深化供给侧结构性改革，打造快捷物流、铁海快运、国际联运以及特色专业物流等运输产品，通过新产品扩大需求，为铁路货物运输打开新的增长空间，推动铁路提质降本增效，有效助力降低全社会物流成本。三是扩大有效益的投资，进一步推动铁路现代化基础设施体系建设，为铁路运输实现更高质量、更高效率发展创造有利条件。四是以科技创新引领现代化产业体系建设，持续推进关键核心技术自主攻关和产业化应用，不断提升铁路科技自立自强能力，赋能铁路新质生产力发展。五是全面深化改革，为铁路高质量发展注入强大动力。

（二）国内经济持续回升向好为铁路物流发展带来新机遇

2023 年，我国供给需求稳步改善，转型升级积极推进，高质量发展扎实推进，经济总体回升向好。2023 年国内生产总值 1260582 亿元，按不变价格计算，比上年增长 5.2%，高于全球 3% 左右的预计增速，居世界主要经济体前列。2023 年我国战略性新兴产业蓬勃发展，新能源汽车产销分别完成了 958.7 万辆和 949.5 万辆，同比分别增长 35.8% 和 37.9%，产销量占全球比重超过 60%，白货运输市场充足。全国粮食总产量 69541 万吨，比上年增加 888 万吨，增长 1.3%，能源资源供应稳定，重点物资运输需求不断增加。2024 年我国经济回升向好态势更趋巩固，新质生产力的发展，降低全社会物流成本行动的实施为铁路物流发展带来了更大的增长空间。

（三）国际形势变化为铁路物流发展带来新挑战

2023 年，我国面临的国际形势波谲云诡，周边环境复杂多样，虽然亚太地区总体上保持安全局势相对稳定、经济增长活力强劲、合作发展意愿强烈的大方向、大趋势。但是与此同时，干涉势力众多、干扰因素复杂、干预声音不断也是现实挑战。一是地区冲突带来的国际运输格局洗牌。俄乌战争的长期化导致的运输成本增加、安全风险提高和通关效率降低对铁路运输效率持续产生不利影响；巴以冲突以及随之而来的红海危机导致国际航运受阻，抬升原油和农产品的水路运输成本，使得通过中欧班列将货物从亚洲运往欧洲的需求变得更为旺盛。二是"一带一路"的高质量共建带来的铁路发展良机。伴随着第三届"一带一路"国际合作高峰论坛的成功举办，高质量共建"一带一路"八项行动正式开展，沿线国家联系更加紧密，货物贸易往来更加频繁，运输通道的建设需求更加旺盛，为铁路带来了更大市场。三是全世界的新一轮科技革命和产业变革带来的新质生产力发展需求逐渐旺盛。数字信息技术、人工智能、量子信息、元宇宙等前沿技术的攻克和使用，将加速驱动形成新产业新业态新模式，并带来新的货物运输需求。

三、2024 年铁路物流展望

2024 年，铁路将优化运输产品，加快向现代物流转型，推进市场化改革，打造适应市场的营销模式，加速基础设施建设，与国家物流枢纽等重要节点展开联动，加快科技创新，以新质生产力引领铁路发展。

（一）优化运输产品，推动铁路向现代物流转型

2024 年，铁路将加快向现代物流转型升级的脚步，拓展物流产品、提升服务质量。一是将打造快捷物流品牌。以"冷、鲜、精、急"的高端市场为目标，用好高铁列车、高铁确认列车、行李车等资源，发展高铁快运物流产品；以工业品、消费品和电商快递等货物集散地为目标，开展"干线铁路班列+两端集配"的组织模式，保证时速 80、90 公里的基础班列产品，扩大时速 120、160 公里的快速班列产品，打造多联快车品牌；以年运量 50 万吨以上的稳定大宗货源为目标研究开发满足企业准时制生产需求的固定周期、固定时限的大宗货物直达列车品牌；依托 95306，以铁路快运班列网络为支撑，开发铁路网络货运物流平台，打造网络货运品牌。二是将推动铁海联运进一步发展。围绕"干线铁路班列+海运+两端集配"的铁海快线组织模式，提升铁路集疏港比重，推进沿海港、内陆港联动发展，依托铁路货场建设内陆港，深化与海关的合作，开通铁海联运快速通关模式。三是将充分发挥国际班列的协调机制作用。持续提升重点口岸和通道的运输能力，扩大中欧班列全程时刻表班列开行范围，推动中欧班列朝着更高质量、更好效益、更加安全的方向发展；统筹推进西部陆海新通道班列高质量发展，优化班列开行线条，覆盖更多西部节点城市；加强中老铁路设备设施维护和运营安全管理，切实管好用好中老铁路国际大通道。

（二）推进市场化改革，提升铁路经营效益

2024 年，铁路将转变传统铁路货运营销模式，加快构建新形势下铁路物流营销体系，转"坐商"为"行商"，主动对重点企业进行走访调研，摸清企业物流需求，建立以客户代表为首的联系沟通机制，通过用好运价下浮政策、集中调度管理、差异化制订方案等方式，为客户提供物流总包服务。一是将全面推进铁路物流中心业务展开。对标现代物流企业经营管理模式，建立完善运行机制，实施市场化经营，实现物流资源统一利用、业务统一管理、市场统一开发。二是大力开展物流总包业务。强化与重点企业的"总对总"战略合作，推行合同制运输，确保履约兑现，稳定客户预期，将铁路运输产品充分融入企业供应链、产业链，助力企业降低物流成本。三是持续推广铁路物流金融服务。与金融机构加强合作，根据现有铁路物流金融服务试点实施情况不断调整优化现有产品，研究开发新产品，不断提升铁路物流金融服务品质，为降低社会物流成本、支持实体经济高质量发展做出更大贡献。

（三）加速线网建设，构建现代化铁路基础设施体系

2024 年，铁路将统筹推进重点项目实施，抓好联网、补网、强链工程，集中实施一批"短平快"项目，大力推进物流基础设施建设，加快实施港口集疏运体系完善和点线能力配套项目，打通主要干线能力堵点和多式联运断点，着力提升路网整体功能。一是将推进铁路线路重点项目建设。干线方面，以"十四五"规划纲要确定的 102 项重大工程中的铁路项目为重点，加大出疆入藏、沿边铁路等国家战略通道项目实施力度，积极推进西部陆海新通道等重点项目建设；专用线方面，将重点提高国家物流枢纽内专用线建设比例，鼓励支持社会企业投资建设铁路专用线，引导专用线产权单位扩大共用范围，推进大型工矿企业和新建物流园区铁路专用线接入，促进沿海港口重要港区铁路进港。二是将加快铁路物流节点布局。优化完善既有铁路物流基地发展规划，优化整合既有小散弱货场，全面对接国家物流枢纽规划布局和物流服务提质升级需要，加快货运场站转型升级。

（四）加快科技创新，引领铁路现代化建设

2024 年，铁路将持续推进信息化水平和装备系统更新，不断提升铁路科技自立自强能力，赋能铁路新质生产力发展。一是将着力提升信息化建设水平。统筹推进数字铁路建设，加快铁路 5G 专网技术研究试验，持续开展铁路信息系统互联互通和共享共用，加强物流全链条管理；提升 95306 数智化物流服务

水平，完善铁路全程物流网上办理相关功能、电子支付服务功能，以数智化赋能铁路创新发展。二是将稳步推进物流装备系统创新。持续投入符合国家标准的 35 吨宽体箱，作为铁路运输的主箱型，不断扩大市场适用范围；大力发展带托运输，按项目制开展循环共用，扩大规模后逐步实现全路托盘共用，与国家标准相衔接，对带托运输提供支持，吸引客户全程带托运输，逐步将社会化托盘共用体系引入铁路；组织铁路各单位与研发生产机构、客户合作，开发集装单元器具，为全程物流解决方案和发展合同物流提供重要支撑，会同客户对作业场站的装卸、搬运等配套设施设备进行适应性改造，推进集装单元器具全程运输。

总体看来，2024 年铁路将以更好服务国家战略为导向，着力加快铁路现代物流体系建设，以物流产品更新提质、营销模式创新主动、线网建设互联互通、信息装备智慧升级为抓手，更好发挥铁路在综合交通运输体系和现代物流体系中的骨干作用，勇当服务和支撑中国式现代化建设的"火车头"。

参考文献

［1］国家统计局 . 中华人民共和国 2023 年国民经济和社会发展统计公报［EB/OL］. https：//www. stats. gov. cn/sj/zxfb/202402/t20240228＿1947915. html.

［2］中国煤炭工业协会 .2023 煤炭行业发展年度报告［EB/OL］. https：//www. coalchina. org. cn/index. php?a＝show&catid＝464&id＝152581.

［3］中国煤炭报 .2023 年我国多条铁路通道煤炭运量创新高［EB/OL］. https：//cpnn. com. cn/news/mt/202401/t20240115＿1669068＿wap. html.

［4］人民网 . 畅通国内国际双循环全国 39 个铁路物流中心挂牌成立［EB/OL］. http：//finance. people. com. cn/n1/2024/0130/c1004-40169356. html.

［5］中国国家铁路集团有限公司 2023 年国家铁路发送货物 39.1 亿吨再创历史新高［EB/OL］. http：//www. china－railway. com. cn/xwzx/ywsl/202401/t20240118＿132803. html.

［6］人民日报 . 中欧班列 10 年累计开行 7.7 万列［EB/OL］. http：//paper. people. com. cn/rmrb/html/2023-09/20/nw. D110000renmrb＿20230920＿4-01. html.

［7］中国一带一路网 . 推进装备升级与多式联运创新发展 中铁集装箱公司助力"一带一路"建设［EB/OL］. https：//www. yidaiyilu. gov. cn/p/0909OE2T. html.

［8］中铁集装箱. 中欧班列全程时刻表发布［EB/OL］. https：//www.crct.com/ index.php？m＝content&c＝index&a＝show&catid＝70&id＝501.

［9］新华社. 兰新铁路精阿段增建二线开通运营 提升中欧（中亚）班列运输能力［EB/OL］. http：//www.news.cn/local/2023-11/30/c_1130002333.htm.

［10］中国交通新闻网. 西部陆海新通道班列辐射 144 个铁路站点［EB/OL］. https：//www.mot.gov.cn/jiaotongyaowen/202401/t20240109_3981451.html.

［11］人民铁道. 国际物流走这里，通达全球 300 多个港口［EB/OL］. https：//mp.weixin.qq.com/s/OdHS2zLlZwXu8GotdahEpQ.

［12］人民铁道. 客货运输同创历史新高［EB/OL］. https：//mp.weixin.qq.com/s/eHMa82Dc1ChT0YOE4WLbPQ.

［13］云南发布. 超 420 万吨！2023 年中老铁路进出口货运量同比增长 94.91%［EB/OL］. https：//mp.weixin.qq.com/s/iFF9RdGbkucdp0_7RSnxlQ.

［14］中国国家铁路集团有限公司. 聚焦中国国家铁路集团有限公司工作会议 2023 年工作总结回顾［EB/OL］. http：//www.china-railway.com.cn/xwzx/zhxw/202401/t20240111_132635.html.

［15］中国国家铁路集团有限公司. 整列高铁快运动车组列车试点开行［EB/OL］. http：//wap.china-railway.com.cn/xwzx/ywsl/202307/t20230713_128981.html#.

［16］中国国家铁路集团有限公司. 中国国家铁路集团有限公司印发《数字铁路规划》［EB/OL］. http：//www.china-railway.com.cn/xwzx/zhxw/202309/t20230911_130121.html.

［17］中国铁路. 央视聚焦！我国拓展铁路物流总包新模式［EB/OL］. https：//mp.weixin.qq.com/s/CnfuATeIUnGfn-sigUYR2Q.

［18］中国国家铁路集团有限公司. 中国国家铁路集团有限公司与中国建设银行合作开展铁路物流金融服务试点［EB/OL］. http：//www.china-railway.com.cn/xwzx/zhxw/202402/t20240222_134074.html.

［19］经济日报. 数读 2023 年中国经济年报［EB/OL］. https：//mp.weixin.qq.com/s/Rv5tdguJjlj3e41ONL9H0A.

［20］人民网. 国家发改委：2023 年我国新能源汽车产销均超 900 万辆，连续 9 年居世界第一［EB/OL］. http：//finance.people.com.cn/n1/2024/0118/c1004-40161886.html.

［21］国家统计局. 国家统计局关于 2023 年粮食产量数据的公告［EB/OL］. https：//www. stats. gov. cn/sj/zxfb/202312/t20231211_1945417. html.

［22］人民日报. 西部陆海新通道加快建设——跨越山海展新途［EB/OL］. ht-
tps：//www. gov. cn/yaowen/liebiao/202403/content_6941451. htm.

［23］中国铁路. 中老铁路累计发送旅客突破 3000 万人次 累计发送货物超
3400 万吨［EB/OL］. https：//mp. weixin. qq. com/s/gryX0nLTSjig845z3k
ciTQ.

［24］昆明新闻. 中老中越铁路国际冷链货运班列开通运营［EB/OL］. ht-
tps：//mp. weixin. qq. com/s/7FDCDzvSTXwG4inTi2BylA.

［25］华夏时报. 专访全国人大代表、中国国家铁路集团有限公司董事长刘振
芳：一张蓝图绘到底，向现代化铁路强国迈进［EB/OL］. https：//
new. qq. com/rain/a/20240307A046PW00.

（作者：北京交通大学交通运输学院物流工程系　王迦尧　王沛）

2023 年航空货运市场发展回顾与 2024 年展望

2023 年，在全球经济增加乏力、产业发展逆全球化、地缘政治争端频繁、贸易摩擦不断等多重不利因素的影响下，国内航空货运市场迎难而上，被压抑的航空货物运输需求随着经济的持续向好以及腹舱运力的加快恢复得到释放。这一年，低空空域的商业价值与社会价值不断被挖掘释放，"低空经济圈"正孕育万亿级的市场空间，成为推动经济高质量发展的又一重要引擎。这一年，我国航空公司货运运力水平持续上升，全货机数量再创新高。这一年，花湖机场正式启动货运航线全面转场，将累计开通 40 余条国内货运航线和 6 至 8 条国际货运航线。这一年，国家发展改革委公布 2023 年国家物流枢纽建设名单，上海、杭州、青岛、武汉（鄂州）被定位为空港型国家物流枢纽。这一年，首届航空物流大会成功举办，共同分享创新成果和经验，共话航空物流发展新路径，培育高质量发展新动能。

一、2023 年航空货运市场发展回顾

（一）全球航空货运市场稳中向好

2022 年，受国际形势、新冠疫情、经济通胀等多方面不利因素影响，航空货运缓慢恢复。在如此复杂的环境中，全球航空货运市场仍呈现出了韧性，2022 年上半年航空货运需求基本恢复至疫情前水平，超 2019 年同期 2.2%。2023 年上半年，国际航空货运市场面临多方面挑战，包括全球经济疲软、逆全球化趋势、地缘政治争端和贸易摩擦。这导致市场陷入"货物一票难求，运价持续下跌"的不利状态。2023 年下半年以来，全球航空货运需求稳步回升，第四季度表现尤为强劲（见图 1），全年货运需求基本与 2022 年持平，显示出全球航空货运业正在逐渐恢复常态。

国际航空运输协会（简称国际航协，IATA）公布的预测显示，2024 年全球航空业的总收入将达到 9640 亿美元。国际航协理事长威利·沃尔什表示："从 2024 年开始，全球航空客货运预计都将恢复至更常态化的增长。"

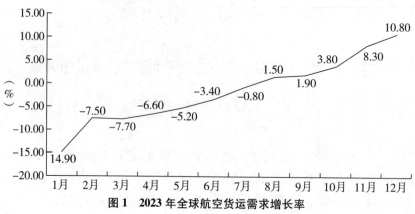

图1　2023年全球航空货运需求增长率

数据来源：IATA。

从地区来看，2023年各地区市场份额相较2022年基本不变。亚太地区市场份额仍居全球第一，占有率达32.4%，比2022年份额下降0.2%。尽管面临政治和经济挑战，但2023年航空货运市场未如2022年迅猛走跌，目前市场正趋于稳定，需求走向更常态化。2023年全球航空货运市场份额及货运吨公里增长率见表1。

表1　　　　　　　　　2023年全球航空货运市场份额及货运吨公里增长率

	全球市场份额	货运吨公里增长率
整体市场	100.00%	−13.60%
非洲	2.00%	−8.30%
亚太	32.40%	−14.70%
欧洲	21.80%	−18.80%
拉美	2.70%	−1.40%
中东	13.00%	−15.00%
北美	28.10%	−8.60%

2023年全球航空货运需求较2019年水平低3.6%，基本与2022年持平，全球航空货运业正在逐渐恢复常态。2023年全球航空货运市场受到国际局势、产业布局、贸易结构等多重因素的影响，呈现出以下特点：全年度全球经济持续低迷，欧美滞胀，中国外贸出口下降，全球航空货运量同比减少1.9%。国际客运航班逐步恢复，全货机机队交付增加，海运价格大幅下跌，运力增长超过10%导致航空货运运力过剩。中欧合作信号频发，中美贸易摩擦导致货量承压，中东关系提质升级，东南亚产业转移提振货量。海外仓模式普及与船只订单释放影响部分空运货量，但快返模式与最小存货单位（SKU）极宽导致海外备货难度上升，使一些跨境电商平台如SheIn、Temu仍以空运为主。中国跨境电商增速回落，但新兴独立站如SheIn、Temu带来的增量明显。路向和货种的不同导致航空货运市场分化，运价持续承压。2023年全球航空货运需求增长率见图2。

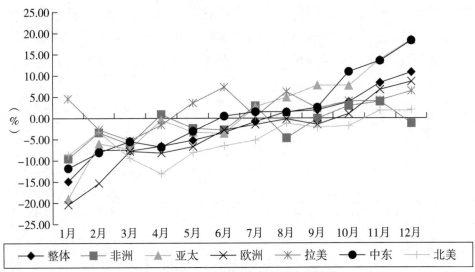

图2 2023年全球航空货运需求增长率

数据来源：IATA。

（二）我国航空货运市场持续恢复

2023年，随着国内经济持续提升以及腹舱运力的加快恢复，国内航空货运市场迎来了压抑已久的需求释放时刻。快递包裹、医药生鲜、电子产品、鱼苗虾苗、服装箱包等多个货物类别呈现出快速增长的态势。民航局官网数据显示，2023年1—12月，全行业货邮运输量达到735.4万吨，同比增长21%，已经恢复至2019年水平的97.6%。在这一过程中，整个行业减亏幅度大幅提升，减亏1872亿元。2023年我国航空货邮运输量及增长率见图3。

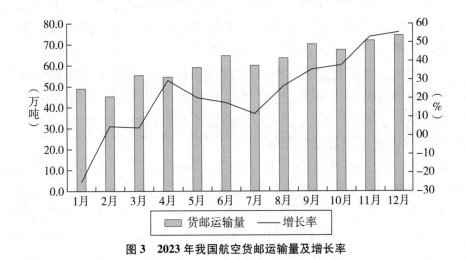

图3 2023年我国航空货邮运输量及增长率

值得关注的是，全年除1月外，其余时间我国航空货邮运输增长率均为正数，且在 11 月达到了 53%（见图 4），我国航空货运市场延续恢复态势，呈现良好发展势头。然而，国际市场的复苏仍然面临一些挑战，未来仍需持续关注全球后续恢复情况及不确定因素的影响，以确保国内航空运输市场的稳健发展。

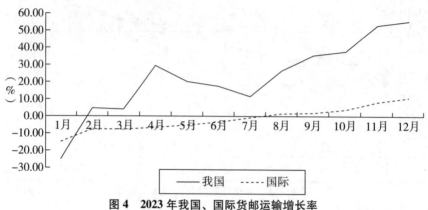

图 4　2023 年我国、国际货邮运输增长率

1. 航空货运保障能力高歌猛进

2023 年以来，我国货运航线布局逐步完善，航空货运供给加大。中国民航局数据显示，我国航空物流保障能力显著提升，全行业货机机队规模比 2019 年增加了 82 架。这一年，多地政府全力推动货运航线开通，积极组建本土货运航空公司。无锡市国资委控股的苏南国际货航包机开通仁川货运航线。首都航空引进 A330 货机，计划服务北京大兴机场的货运发展。顺丰航空、四川航空、南航货运及中国货运航空等基地货运公司的大力发展推动鄂州花湖机场、北京大兴机场、成都天府机场这三座新机场的货运发展进入新阶段。这一年，机场和航空公司对货源的争夺变得愈发激烈。粤港澳大湾区的电子制造等高附加值产业对航空运输的需求日益增长，香港机场在东莞设置国际空港中心，实现了跨关境和多种交通方式的联运，真正做到了货站整体前置，带动"湾区制造"通达世界。上海机场和郑州机场均在没有机场但货源充足的苏州市设立城市货站。南航物流分别在佛山、厦门、广州白云机场综合保税区（南区）等地搭建了城市货站，将航空物流服务延伸到更广阔的区域。

2. 航空货运地区差异依然显著

2023 年我国货邮吞吐量变动表现出明显的地区差异。西部地区保持高速增长，东部地区稳健增长，中部地区逐步回升，东北地区虽有波动但总体增加，货运逐渐呈现出向中西部地区转移的趋势（见图 5）。值得注意的是，在 10 月和 11 月，西部和中部地区实现了显著的增长，这一趋势反映了我国正不断推进物流网络优化和区域发展战略。综合来看，各地区在 2023 年的货邮吞吐量增长率展现出了全国范围内航空货运市场的整体活跃和复苏趋势。

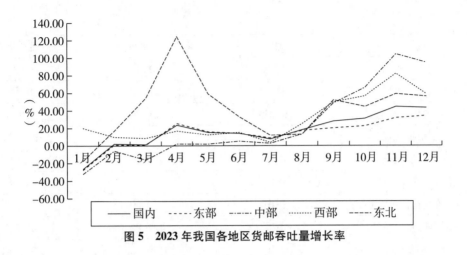

图 5　2023 年我国各地区货邮吞吐量增长率

3. 机场货邮吞吐量基本平稳

2023 年受全球经济增加乏力、产业发展逆全球化、地缘政治争端频繁、贸易摩擦不断等多因素影响，美国、欧洲、日韩、东南亚等全球大部分航空货运枢纽机场的货邮吞吐量同比都有所下降。其中，下滑最多的是日本东京成田机场，降幅达 20.60%（见表 2）。国内各大机场货邮吞吐量排名相较 2022 年维持不变。其中，上海浦东、虹桥两场新引进了货运航司 3 家，新增全货机航点 3 个，目前共有 40 家全货运航司在上海机场运营，全货运航线网络覆盖全球 58 个航点，为航空货运发展保驾护航。深圳宝安机场本年度完成货邮吞吐量 160.00 万吨，同比增长 6.17%。其中，国内货运业务和跨境电商业务均实现两位数增长。与此同时，2023 年武汉天河机场完成货邮吞吐量超 20.64 万吨、鄂州花湖机场完成货邮吞吐量超 26.5 万吨，在顺丰的加持下，2024 年鄂州花湖机场将迎来迅速增长。2023 年全球主要货运枢纽机场货邮吞吐量见表 3。

表 2　　　　　　　　2023 年全球主要货运枢纽机场货邮吞吐量

机场	国家	货邮吞吐量（万吨）	增长率
香港机场	中国	433.20	3.14%
孟菲斯机场	美国	388.20	−3.91%
安克雷奇机场	美国	360.00（预估）	3.99%
上海浦东机场	中国	344.00	10.58%
迈阿密机场	美国	278.00	11.20%
仁川机场	韩国	274.40	−6.90%
路易斯维尔机场	美国	272.80	−11.08%
多哈哈马德机场	卡塔尔	234.10	0.82%
台北桃园机场	中国	211.30	−16.75%
广州白云机场	中国	203.10	7.75%

续　表

机场	国家	货邮吞吐量（万吨）	增长率
法兰克福机场	德国	193.10	-3.88%
东京成田机场	日本	187.00	-20.60%
新加坡樟宜机场	新加坡	174.00	-5.94%
辛辛那提机场	美国	170.00	-14.05%
深圳宝安机场	中国	160.00	6.17%
伦敦希斯罗机场	英国	143.00	5.85%
莱比锡机场	德国	140.00	-7.23%
阿姆斯特丹机场	荷兰	137.80	-4.17%
素万那普机场	泰国	119.10	-0.42%
北京首都机场	中国	111.59	12.90%
列日机场	比利时	100.60	-11.76%
杭州萧山机场	中国	80.97	-1.94%
达拉斯机场	美国	77.40	-14.20%

表3　　　　　　　　　2023年我国机场货邮吞吐量前10名

机场	货邮吞吐量（万吨）	增长率
上海浦东机场	344.00	10.58%
广州白云机场	203.11	7.75%
深圳宝安机场	160.00	6.17%
北京首都机场	111.59	12.90%
杭州萧山机场	80.97	-2.40%
郑州新郑机场	60.78	-2.75%
成都双流机场	52.65	-0.62%
重庆江北机场	38.79	-6.53%
南京禄口机场	38.00	-1.04%
昆明长水机场	35.05	13.06%

4. 航空公司货运运力持续攀升

2023年我国航空货运运力水平整体呈上升趋势，全货机运力水平持续提升，多家公司持续推进客改货，目前成效显著。截至目前，我国全货机数量达262架（见表4），同比增长24.76%。市场上存在多家航空公司，各自发挥作用，形成了一个多元、复杂而竞争激烈的航空货运生态系统，其中顺丰航空货机数量在2023年得到明显提升，目前已达到86架，占比32.82%。货运需求激发了航空货运业务的蓬勃发展，国内各大航司纷纷开始货机业务，航空公司货机运力不断提升，航空货运行业活力十足。

表 4　　　　　　**2023 年我国内地运营货机航空公司及货机数量统计**

航空公司	总计 （架数）	占比	航空公司	总计 （架数）	占比
顺丰航空	86	32.82%	天津航空	8	3.05%
邮政航空	40	15.27%	京东航空	6	2.29%
南货航	17	6.49%	四川航空	5	1.91%
国货航	17	6.49%	中航货运	3	1.15%
中货航	17	6.49%	金鹏航空	3	1.15%
东方航空	17	6.49%	西北航空	3	1.15%
中原龙浩	13	4.96%	山东航空	2	0.76%
圆通航空	13	4.96%	商舟物流	1	0.38%
中州航空	11	4.20%			
			合计	262	100.00%

5. 航空货运政策环境不断优化

在 2023 年，我国相继推出了一系列旨在促进航空货运发展的利好政策。从物流保通保畅工作指南到各级机构出台的多项政策，重点包括构建综合交通枢纽城市，提升机场和航空公司设施，加密航线，促进国际性综合交通枢纽的建设。同时，各地积极推进多式联运服务网络建设，加强与国际口岸的衔接，努力提高运输效率和服务水平。此外，一些地区关注生鲜物流的发展，致力打造国际航空物流集散中心，以提升生鲜产品运输效率。

这些政策旨在优化航空货运环境，推动产业链的高质量发展，助力经济的快速增长，为航空货运行业提供了明确方向和更加有利的发展环境。这些政策的出台标志着政府对航空货运的高度重视，有望推动行业全面升级，提高运输效率，促使整个产业链迎来高质量发展，为未来我国航空货运市场的繁荣奠定了坚实基础。

二、2024 年航空货运市场展望

从发展形势来看，2024 年我国发展面临的有利因素强于不利因素，长期向好的基本经济趋势没有改变。从国内市场来看，2024 年我国 GDP 预计增速 4.6%～5.0%，国内经济将在提质增量中稳步前行，外贸增长潜力将被进一步挖掘，航空货运需求也将逐渐恢复常态化增长。2023 年全行业深度挖潜，多点发力，构筑起高质量发展生命线，推动航空物流业踏上新征程、实现新跨越。

IATA 预计，全球航空货运需求将增长 4.5%，货运量将达到 6100 万吨，基本恢复至疫情前水平。预计 2024 年我国航空货邮运输量将达 760 万吨左右，超过疫情前水平。

（一）国际航空货运市场缓慢复苏

1. 冷链物流助推航空货运业态升级

我国冷链物流行业蓬勃发展，其中航空冷链物流作为高效的运输方式备受关注。相关数据表明，2023 年，我国冷链物流需求的总量约为 3.5 亿吨，同比增长 6.1%。随着冷链需求的增加，相关物流基础设施也在迅速发展。2023 年新开的国内航线中，生鲜冷链产品、普货及邮件快件是运输极为频繁的货物。其中，承运生鲜冷链产品的航线占总航线数量的 40% 以上，远高于其他航线。以生鲜为代表的特种货物逐渐成为航空物流市场新的增长点。

近年来，预制菜和速冻食品行业的兴起进一步拉动了航空冷链物流的需求。借助速冻技术和航空冷链物流的发展，冷链物流行业正迎来新的发展空间。航空冷链物流在各行业中的需求持续推动着产业的发展，未来行业将呈现标准化和规范化的发展趋势。航空冷链物流不仅在跨界融合和集成创新方面表现出色，还与新的消费方式融为一体，成为行业内崭新的业态和模式。

2. 跨境电商加速推动货源结构变化

据海关测算，2023 年，中国跨境电商进出口总额 2.38 万亿元，增长 15.6%。其中，出口 1.83 万亿元，增长 19.6%；进口 5483 亿元，增长 3.9%，参与跨境电商进口的消费者人数达到 1.63 亿人。国际航空运输协会统计结果显示，80% 的跨境电商货物由航空运输，跨境电商业务收入已经占航空货运行业收入的 20%。

速卖通作为中国跨境出口 B2C 平台的领军者，通过全托管模式，为商家提供了一站式的店铺运营、物流和售后服务，将中国制造的高性价比产品推向全球市场。Lazada 则专注于深耕东南亚市场，借助本地化战略和强大的基础设施支持，为跨境销售提供了便捷的服务。拼多多（TEMU）以白牌低价商品为主打，在美国等多个国家和地区迅速扩张。TikTop Shop 通过独特的营销模式和活跃的社群氛围，帮助品牌提升影响力，提供多样化的服务生态，为商家和达人提供一站式服务。希音（SHEIN）则以丰富的品牌生态和较高的供应链管理能力，致力于推动自营品牌与平台模式的双引擎发展。这些跨境出口电商平台的出现，丰富了市场选择，为中国品牌向海外市场拓展提供了新的机遇，同时也为航空货运市场提供大量货源。

在跨境电商的推动下，航空货运市场中货源结构变化显著。2023 年，TE-MU、SHEIN 等电商平台企业在海外快速布局，极大提高了对国际货运的强劲需求。据不完全统计，SHEIN、TEMU 两家跨境电商平台出口航空货量每天不低于 5000 吨。航空运输作为跨境电商物流配送的主要途径，推动了上海、深圳、郑州等地机场跨境电商货物运量的迅猛增长。2023 年，上海浦东机场和虹桥机场的跨境电商货运量达到 35 万吨，同比增长约为 260%；深圳机场前 7 个月的航空跨境电商业务量在国际货运业务中的占比超过了 30%；郑州航空港前 11 个月的跨境电商出口货运量同比上升了 86%。跨境电商货物已成为部分机场的主要货源，为航空货运企稳回升提供重要动能。

3. 安检前置推动航空物流提质增效

安检前置是指将出口货物集拼、航空安检以及进口货物拆板、理货等功能提前进行的新型物流模式。该模式免去重复安检程序，缩短时间和降低操作成本，使机场货站的用工、用地、仓储等成本大幅下降。

2021 年，成都双流国际机场创新实施改革，将国际货站和国际快件中心通过下穿隧道直接连通，实现了机场空侧资源延伸及机场安检、国际货站收发货等功能前置，有效强化了空港国际快件中心平台功能和竞争优势，吸引并推动递四方、DHL（敦豪）等国际快件企业依托双流国际机场加快投放航空运力，布局区域航空货运转运中心，助力成都航空货运枢纽建设。2023 年 6 月，东莞创新性地设立香港机场货站，实现了一站式办理海关通关手续、货邮安检和打板，然后通过"湾区快线"货船将货物运送至香港机场空侧装机，颠覆了传统货运流程。这一项目不仅实现了跨境和多种交通方式的无缝对接，更是将货站功能前置至东莞，为当地及周边电子产品等高附加值产品开辟了更为便捷的出海通道。经过整个空运全流程的精心优化，货物的"门到机"时间从过去的 24 小时缩短至现在的 18 小时，这已经趋近于陆运平均 12 小时的运输时效。据预计，该项目有望帮助企业降低物流成本和缩短运输时间约 30%，为大湾区的物流产业注入了新的活力和动力。2023 年 9 月 1 日，上海市商务委员会、上海市发展和改革委员会联合印发《加快推进本市综合保税区功能提升的若干措施》，支持空运口岸和洋山特殊综合保税区、浦东机场综合保税区之间实施安检前置，允许空运出港货物在区内打板、安检，实现空运出口直通直装，为浦东机场航空货运流程优化提供政策指导。未来，航空货运安检前置将成为流程优化的重要突破点，推动航空物流产业提质降本增效。

（二）航空货运发展环境持续向好

1. 新兴市场助推航空货运国际化发展

2023 年迎来"一带一路"倡议提出 10 周年，我国对共建"一带一路"国家的进出口量达到 19.47 万亿元，增长 2.8%，占进出口总量的 46.6%，提升 1.2 个百分点。截至 2023 年底，我国已与 129 个国家和地区签署双边航空运输协定，连接境外国家的货运航空公司达 61 个，境外机场 142 个，覆盖"一带一路"国家 42 个，同时与 64 个国家保持定期的客货运通航，航班总量在我国国际航班总量中的占比超过 60%。2023 年上半年，"空中丝绸之路"货邮运输量占我国国际航空货运市场份额的 26%，较 2019 年同期提升 4 个百分点，为国际供应链稳定提供强有力支持。

2023 年是习近平总书记提出建设更为紧密的中国—东盟命运共同体 10 周年。中国与东盟已连续 3 年成为各自最大的贸易伙伴，贸易额从 2013 年的 4436 亿美元增至 2023 年的 5236.7 亿美元，10 年间扩大至 1.18 倍。同时，中国与东盟双边经贸合作提质升级，取得了丰硕成果，双方互为重要的投资来源地和目的地，中国设立在东盟的直接投资企业超过 6500 家。双方以"两国双园"的模式共同建设经贸创新发展示范园区，突出合作主线，形成共建共享、联动发展的合作机制，促进产能合作和产业链供应链融合发展。

随着新兴市场经济的急速崛起和生产力不断提高，印度、东南亚等地的航空货运市场呈现巨大潜力。国际货币基金组织预测，2024 年新兴市场和发展中经济体增长率将分别超过美国和欧元区，分别高出 2.5 个百分点和 2.8 个百分点。这预示我国与"一带一路"沿线国家的航空货运将迎来稳健增长，国际化格局更加显著。

2. 空港型物流枢纽成航空货运新载体

空港型国家物流枢纽依托枢纽机场，主要为空港及其辐射区域提供快捷高效的国内国际航空直运、中转、集散等物流服务和铁空、公空等联运服务。目前已有 13 座城市获批空港型国家物流枢纽，这些物流枢纽有效整合了空中及地面货运资源，提升了货物运输效率，满足了不同地区的物流需求。

空港型物流枢纽在降本增效、促进区域发展、简化手续、促进产业融合等方面发挥着重要作用。通过集约化管理和高效运作，可以提高工作效率、降低物流成本；同时，促进了周边区域的经济发展，带动了相关产业链的完善。随着中国经济的持续增长和物流需求的不断扩大，空港型物流枢纽的前景广阔。未来，空港型物流枢纽将更加智能化、网络化，引入先进技术如人工智能、大数据分析等，提升运营效率和服务水平。同时，空港型物流枢纽还将积极融入全球物流体系，成为连接中国与世界的重要纽带，推动全球贸易的繁荣发展。

3. 专业货运枢纽迎来新的发展契机

当前我国正处于航空物流枢纽建设的发展机遇期，专业货运枢纽机场的建设受到国家和行业的高度关注。随着鄂州花湖机场的通航，一系列物流枢纽配套项目也在快速推进，以鄂州花湖机场为中心，多式联运模式得以推广，形成覆盖航空货运网络、综合物流体系以及相关配套产业体系的国际航空综合物流枢纽。

同时，国内快递巨头纷纷进入航空货运市场。中通集团在长沙签约落地的中通货运航司及相关产业项目总投资达 110 亿元，占地约 750 亩，包括中通货运航司、中通快运华中总部、中通云商智谷产业园、中通跨境电商总部、中通金融业务以及人才配套住宅等六大板块。中通快递和中通航空将支持长沙建设世界级货物集散枢纽，为湖南高质量发展提供现代物流支持。在"十四五"规划期间，嘉兴市积极参与共建长三角国际综合交通枢纽集群，重点推动杭州、宁波（舟山）、温州、金华（义乌）等地打造国际性综合交通枢纽，以及湖州、嘉兴、绍兴、衢州、台州、丽水等地建设区域性综合交通枢纽。

4. 多式联运为航空货运降本增效助力

随着航空物流货源结构的深刻变化和客户对物流时效、交付方式等要求的不断提升，单一的运输方式已经无法完全满足航空物流未来发展的需要。在此背景下，多式联运已成为航空物流发展趋势，其不仅可以通过铁路、公路和水运网络的纵深发展扩展航空网络的腹地市场，而且多种交通方式的组合优势能更好地满足市场需求。

综合交通的发展涵盖铁路、公路、航空等多种运输方式，实现在地理空间和功能上的有机组合、衔接，形成网络布局，构成综合交通体系的基础。综合交通效能的提升，需要海陆空铁一起发力，以构建一体化综合交通系统为目标，对各种运输方式按照其经济技术特征进行合理布局，实现分工协作、优势互补，突出交通运输方式的优化、衔接和协调。多式联运发展历程，大体可分为三个阶段。第一阶段是在 2000 年以前，机场与城市的衔接以道路为主。第二阶段是 2000 年以后，随着上海浦东机场、广东白云机场、北京首都机场引入城市轨道线，机场开始与城市轨道融合发展。将铁路引入上海虹桥机场，开启了高铁火车站与机场协同建设的步伐。进入第三阶段，多种运输方式联合运营、融合发展。北京大兴机场的建设将高铁、城际铁路、城市轨道引入机场，建设以航站楼为核心的综合交通枢纽，为航空运输带来更高的便利程度。多式联运有效满足了机场周边城镇与机场衔接的交通需求，通过地面交通引入新增航空客货流，同时释放大型机场的空域资源，优化了航线网络结构，促进综合物流良性发展。

（三）绿色创新赋能航空货运迈进

1. 绿色发展打开航空货运新格局

2023 年以来，越来越多的物流企业积极探索 ESG 的具体实践。这既是顺应国家"双碳"政策的体现，也是自身业务持续发展的要求。而这一趋势，将在 2024 年更为明显。

自 2023 年 4 月以来，顺丰、中外运、京东、圆通等上市物流企业陆续披露了 2022 年度 ESG 报告。2023 年 11 月 15 日，顺丰正式加入 China ESG Alliance 联盟。该联盟旨在聚合 ESG 专家视角与生态化资源，助力企业提升 ESG 价值；11 月 17 日，顺丰与奢侈品头部品牌路易威登签署"全链路物流之碳足迹系统、碳足迹管理"低碳战略服务协议意向书，启动供应链级碳中和加速计划。运输结构调整是重要的减排措施，其减排贡献率可达 21% 左右。同时，加快调整运输结构也是政府的重要抓手。因此，物流企业应持续推进大宗货物和中长途货物"公转铁""公转水""公转空"，完善干线铁路集疏运体系，加快大型工矿企业、物流园区以及港口铁路专用线建设，大力发展多式联运，创新多式联运组织模式。运输组织的效率，决定了物流运行的效率，通过对运输资源的集约化管理调度，提升运输效率，同时实现降本、增效和节能减排。

2. 低空经济成为航空货运新赛道

低空经济是以有人驾驶和无人驾驶航空器的低空飞行活动为核心，促进相关领域融合发展的一种经济形态。近年来，通用航空为主体的低空经济迅速增长，有人机经济规模每年增长率超过 10%，无人机经济规模更是高速增长，年增长率超过 20%。全国无人机运营企业数量已超过 1.2 万家，无人机注册数已超过 83 万架，年飞行量约 1000 万小时，与运输航空飞行量相当。无人机的发展为低空经济提供了强劲动力。据预测，到"十四五"末，我国低空经济对国民经济的综合贡献值将达到 3 万~5 万亿元。低空经济的发展可有效提升政府服务能力和水平，为为人民创造美好生活提供支撑。在航空应急救援、医疗救护、警务安防、政务执法等领域，无人机具有特殊且不可替代的作用。警用无人机已发展到 1 万余架。低空经济具有区域性和立体性特征，在优化区域经济布局、促进协调发展方面具有重要作用，推动区域经济从"平面"向"立体"模式转变，促进京津冀协同发展、长江经济带发展、粤港澳大湾区建设和长三角一体化发展。例如，对发展航空物流、公务航空、航空水域监测和公共管理服务等领域将起到积极推动作用。

3. 数字化为航空货运新发展赋能

我国航空物流业目前正经历变革和挑战。整体规模相对较小，专业化水平不够，全链路服务的滞后和数字化水平的不足都是亟待解决的问题。行业内存在不平衡的发展，信息化水平的参差不齐更显得尖锐，有些航司和机场在信息化建设方面明显滞后，形成了信息孤岛。

随着数字经济的浪潮席卷而来，航空物流业已经站在数字化转型的风口浪尖。数字基础设施被认为是智慧民航建设的基石，而协同创新则成为释放数字生产力的不二选择。通过统一接口和标准，各个数字平台实现互联互通，让各方能够共享和利用数据，成为必然趋势。同时，为提升创新效率，各方需要共同投入科研攻关，特别是在人工智能（AI）算法提升、航班调度模型优化等关键领域，挖掘行业内的潜在机会。以菜鸟自主研发的 ESP 系统为例，ESP 系统扮演着"核心大脑"和"超级链接器"的双重角色，实现了人、货、场、设备的紧密关联。在香港，智慧航空港通过数字孪生技术，实时展示运营场景，为管理人员提供了更加直观、高效的问题诊断和干预手段。数字化应用场景为航空物流业提供了全新的管理思路，有望推动整个行业向数字化转型取得更大突破。

随着数字化时代的到来，航空货运业正迎来数字化变革的重大机遇，从货物追踪到清关，货运业务的各个方面都可以用数字解决方案取代低效的纸质手动流程。主要体现在数字信息的无缝共享、海关和贸易便利化流程的数字化、货物实时追踪等领域。未来，随着 AI、Sora（人工智能文生视频大模型）的广泛使用和 ONE Record 标准的统一，航空货运市场将迎来重要革新，数字化将为航空货运发展持续赋能。

4. 无人货机引领智慧化航空货运

无人货运飞机是未来新型物流产业生态的重要组成部分，也是中国智慧物流和无人化物流的标志之一。主要应用领域包括小型无人机进行末端配送、中型无人飞行器进行中短途货运以及大型无人货运飞机进行支线物流。目前国内从事大型无人货运飞机研发的企业相对较少，包括顺丰、京东和中通等大型物流公司，以及一些初创公司，如白鲸航线（北京）科技有限公司（简称白鲸航线）。目前我国的航空支线物流运输仍处于空白阶段，通常通过航空干线将货物运至航空枢纽机场，然后由地面车辆运送至次级城市。白鲸航线创始人指出，随着电商产业下沉到三、四、五线城市，人们对航空货运和快速物流的需求将继续扩大。然而，目前缺乏合适的航空运载工具，这为大型无人货运飞机创造了广阔的市场空间。

（作者：中国民航大学临空经济研究中心 曹允春

张朝阳 翟一冰 张宇）

参考文献

[1] 曹允春，赵柯焱，于靖波，等．航空货运市场发展与展望［J］．综合运输，2023，45（01）：143-149.

[2] 人民网．全球航空业稳步复苏［EB/OL］．https：//baijiahao. baidu. com/s? id＝1787199988515645055&wfr＝spider&for＝pc.

[3] 航空货运之家．2023 年全球货运枢纽机场货邮吞吐量排名［EB/OL］．https：//mp. weixin. qq. com/s/Ny51dYX4UJZ-dNFZknnrJw.

[4] 王赢．国际航空货运安保模式对中国民航的启示［J］．民航管理，2020（08）：88-92..

［5］中国产业经济信息网 . 2023 年我国冷链物流需求总量约 3. 5 亿吨［EB/
OL］. http：//www. cinic. org. cn/hy/wl/1514086. html？ from =
singlemessage.

［6］人民日报 . 跨境电商出口增长 19. 6%［EB/OL］. https：//baijiahao.
baidu. com/s？ id = 1788751094914823925&wfr = spider&for = pc.

［7］物流时代周刊 . 寒冬依旧，航空货运巨头们这样出招［EB/OL］. https：//
mp. weixin. qq. com/s？ ___biz = MjM5MTczMTM5Mw = = &mid = 2650002659&id
x = 1&sn = ce0df04c860a374d38cc7ee6fe4c6bc0&chksm = beb66f4d89c1e65ba32
a4d5fdbf0f82ae99c75baf5e83823a86728b25baec881a29dce904238&scene = 27.

［8］浦东发布 . 空中丝路：飞越千山万水，实现互联互通｜"一带一路"促
共［EB/OL］. https：//baijiahao. baidu. com/s？ id = 1780269058123862133
&wfr = spider&for = pc.

［9］中国青年网 . 和合共生 再启新程［EB/OL］. https：//baijiahao. baidu.
com/s？ id = 1777456126009857241&wfr = spider&for = pc.

［10］界面新闻 . 国家发展改革委发布 2023 年国家物流枢纽建设名单［EB/
OL］. https：//baijiahao. baidu. com/s？ id = 1772652952597358585&wfr =
spider&for = pc.

［11］刘素利 . 郑州空港型国家物流枢纽建设实践及发展思考［J］. 空运商务，
2022（05）：43-45. .

［12］中原新闻网 . 范恒山：发展低空经济对我国经济社会产生积极影响
［EB/OL］. https：//baijiahao. baidu. com/s？ id = 1725367285778649122&w
fr = spider&for = pc.

［13］中国民航报 . 聚焦智慧民航｜ 拥抱数字化浪潮 赋能民航高质量发展
［EB/OL］. https：//mp. weixin. qq. com/s？ ___biz = MzIwOTAzMzIwMQ = =
&mid = 2656058895&idx = 1&sn = 50d31fc21a8e372a6b42ede64f6e9c80&chks
m = 8cde9c91bba9158739cba47dcc223f349ec15aef33f0e234110d65fb101bce57
2fff1945d26b&scene = 27.

［14］搜狐 .「白鲸航线」研发大型无人货运货运无人飞机，填补支线航空物
流市场空白［EB/OL］. https：//www. sohu. com/a/615376138_114778.

2023 年港口市场发展回顾
与 2024 年展望

2023 年全球经贸环境虽然受地缘政治冲突、国际复杂局势与多国高通胀压力影响，增长动能不足，据国际经济合作与发展组织（简称经合组织）预估，全球国内生产总值（GDP）增速仅为 2.9%，但总体上依然保持弱复苏态势，且具备一定增长韧性。在此环境下，中国积极加大宏观调控力度，迅速走出新冠疫情与国际供应链中断阴霾，实体产业快速恢复，社会经济持续回升，带动煤炭、原油等工业能源需求大幅扩张，进而提振港口贸易，使吞吐量重现"大跨步式"恢复性增长。

一、2023 年港口市场发展回顾

（一）大宗商品贸易带动港口稳步前行

随着国际航运市场运力供给恢复，全球海运价格逐渐归于理性，加之煤炭、原油等大宗商品价格回落，进一步增强工业制造和原材料采购意愿，扩大港口贸易规模。2023 年 1—11 月，中国规模以上港口累计实现货物吞吐量 155.1 亿吨，同比增幅高达 8.4%，远超上年度同期 0.7% 的增幅；其中外贸吞吐量同比大涨 9.6% 至 46.2 亿吨，内贸吞吐量上涨 7.9% 至 108.9 亿吨（见图 1）。

进口贸易与低基数共同促成高增幅。从货种结构看，2023 年增长最为显著的是石油天然气及制品、矿建材料、非金属矿石、粮食、化工原料与滚装汽车，同比涨幅均在 10% 以上；此外，货运规模较大的煤炭及制品、金属矿石也保持在 5%~7% 的平稳增长区间，为港口吞吐量上涨提供支持。值得一提的是，由于国际煤炭市场供应宽松，进口煤炭零关税政策带来的价格优势，使港口的外贸煤炭吞吐量大幅增长，同比增幅超过 50%；同样，随着社会用电量和能源消耗加大，外贸成品油吞吐量增幅也达到 30%。海关数据显示，中国全年进口煤及褐煤、原油与成品油的规模同比分别上涨 61.8%、11.0% 和 80.3%；虽然 2023 年中国进出口贸易额同比仅增 0.2%，其中出口总值增长 0.6%、进口总值下跌 0.3%（以人民币计），但全年监管进出口货运量同比上升 10.7%，其中进口增长 13.0%、出口增长 6.7%（见表 1），可见国际大宗商品价格回落抑制了进出口贸易额增加，但进出口货运量依然保持扩张势头，对港口生产形势

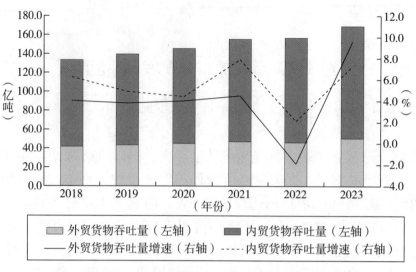

图1　2018—2023年中国规模以上港口内外贸货物吞吐量走势

数据来源：中国交通运输部网站。

起到了积极提振作用。加之，上年度国内港口受全球疫情、能源危机等因素影响，导致吞吐量基数相对偏低，从而放大了吞吐量增幅。

表1　　　　　　　　　2019—2023年中国进出口贸易总额与监管货运量

年份	2019年	2020年	2021年	2022年	2023年
进出口总值（万亿元）	31.56	32.22	38.74	41.67	41.76
同比增幅（%）	3.5	2.1	20.2	7.6	0.2
出口增幅（%）	5.0	4.0	19.5	10.3	0.6
进口增幅（%）	1.7	-0.2	21.1	4.2	-0.3
监管进出口货运量（亿吨）	45.78	49.12	49.83	48.17	53.34
同比增幅（%）	2.8	7.3	1.4	-3.3	10.7
出口增幅（%）	4.7	8.9	-1.0	-4.6	13.0
进口增幅（%）	-0.6	4.2	6.4	-1.0	6.7

数据来源：中国海关总署网站。

（二）内河港口货量增长后劲不断提升

在各项稳经济、促就业的扶持政策下，2023年中国内需市场不断扩大、外贸产业持续恢复，加工制造产业集聚的长江沿线地区获得了良好发展；尤其近年在长江经济带高质量发展战略的引导下，内河港口转型升级、长江船舶岸电受电设施改造、长江航运公共服务平台建设等一系列举措为内河航运发展打下了扎实的基础。2023年中国内河港口货物吞吐量增速再度反超沿海港口，1—11月，内河港口累计完成货物吞吐量55.8亿吨，同比增幅9.6%，高于沿海港口的7.1%；

逐月看，沿海港口年初涨势较强，至年末增速逐渐回落至 5% 的水平，而内河港口全年受基建投资、设备制造与汽车贸易产业发展的拉动均保持 10% 左右的快速增长（见图 2），主要货类中矿建材料、非金属矿石和粮食的涨幅分别超 17%、15% 和 20%，其余煤炭、金属矿石、化工原料等则保持 5% 左右的小幅增长。

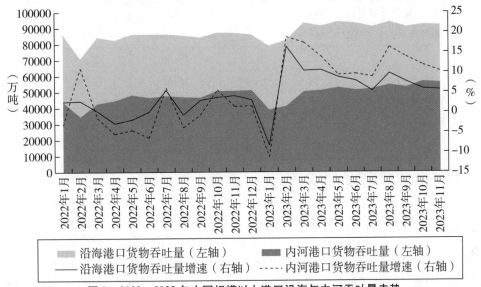

图 2　2022—2023 年中国规模以上港口沿海与内河吞吐量走势

数据来源：中国交通运输部网站。

2023 年随着江河联运、江海联运、河海联运等多种运输模式和船型的出现，内河水运发展迅速，武汉、宜昌、九江、马鞍山、镇江、扬州等港口都实现了两位数的增长。另从船闸数据看，三峡船闸过闸货运量早已突破 1 亿吨的设计能力，创纪录地达到了 1.69 亿吨，而西江航运干线长洲船闸过闸货运量也同比大涨 18.2% 至 1.84 亿吨，刷新历史纪录。从水运建设投资看，1—11 月，水路交通固定资产投资规模达到 1828.7 亿元；其中，内河建设投资规模再度超过沿海达到 946.1 亿元，同比增长 25.8%，高于沿海建设投资增速的 16.8%。

（三）西南沿海港口吞吐量双 15 增长

近年，在"一带一路"倡议、西部陆海新通道与海南自由贸易港建设等国家战略的激励下，广西北部湾与海南洋浦等西南沿海港口发展迅猛，尤其新辟大量东南亚和日韩近洋航线，内外贸吞吐量均实现了 15% 以上的增幅，领涨全国；从货种结构看，非金属矿石、矿建材料和煤炭货量增长显著，涨幅分别达到 35%、31% 和 21%。相较之下，环渤海、东南沿海与珠三角地区随着产业恢复，煤炭、石油和矿石进口需求激增，使港口保持稳定增长，同时外贸货物吞吐量涨幅均好于内贸；而长三角地区虽受部分制造产业转移的不利影响，但货物吞吐量增速仍达到 10.2%（见表 2），仅次于西南沿海地区，石油天然气及制品、钢铁和粮食贸易起到积极支撑作用，出口集装箱商品贸易的持续增长，也为长三角港口的发展奠定了坚实的基础。

表 2   2022—2023 年 1—11 月中国五大沿海港口群货物吞吐量及增速

区域	货物吞吐量（亿吨）		同比增速	外贸货物吞吐量（亿吨）		同比增速
	2023 年 1—11 月	2022 年 1—11 月		2023 年 1—11 月	2022 年 1—11 月	
环渤海	42.72	40.87	4.5%	18.69	17.25	8.3%
长三角	26.70	24.22	10.2%	11.47	10.55	8.7%
东南沿海	6.82	6.56	4.0%	2.66	2.37	12.2%
珠三角	17.20	16.00	7.5%	6.47	5.76	12.4%
西南沿海	5.87	5.07	15.8%	2.16	1.88	15.3%

数据来源：中国交通运输部网站。

（四）港口集装箱吞吐量突破 3 亿标箱

由于我国加工制造基础与出口商品成本优势长期存在，加之在构建以国内大循环为主体、国内国际双循环相互促进的新发展格局中，持续推进"散改集"与"陆改水"等交通运输方式转变，即使在新冠疫情防控期间，我国港口集装箱吞吐量也始终维持正增长。2023 年 1—11 月，全国规模以上港口完成集装箱吞吐量 28383 万标准箱，同比上涨 4.9%，全年集装箱吞吐量冲破 3 亿标准箱（见图 3），港口大国地位再上新台阶。具体来看，近年受西方国家"脱钩断链""友岸外包"措施影响，中国出口产品规模及海外市场依存度虽

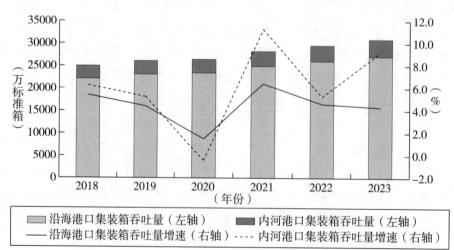

图 3   2018—2023 年中国规模以上港口集装箱吞吐量走势

数据来源：中国交通运输部网站。

有所下降，但港口内外贸集装箱吞吐量依然维持同频共增格局，增幅均在4.5%~5.5%；英国航运经纪与咨询机构克拉克森数据显示，跨太平洋航线运量已从2021年的3025万标箱回落至2023年的2725万标箱，但跌幅有所收窄，而欧亚航线集装箱海运量则略有回升，同比增长5.4%至2292万标箱，外贸形势虽依然不佳，但外贸集装箱吞吐量增长格局短期内未变。分类型看，2023年内河港口集装箱表现更佳，9.3%的涨幅远好于沿海港口的4.3%，但由于规模体量较小，仅占总箱量的12%，使得支撑效果有限。

（五）前30大港口集中度略有下滑

经过多年发展，中国港口大国地位稳固，全球前20大港口中中国港口占据16席之多，货物吞吐量超亿吨的港口也超过了43个；但随着国内各地对"港产城"融合的重视，诸多中小型门户型港口、产业型港口得到迅速发展，从最新数据看，前30大港口中排名靠后的港口货物吞吐量平均增幅反超前10的大型枢纽港，其中镇江、九江、东莞、盐城、重庆、湖州等港口货物吞吐量增速均超过10%（见表3）。而集装箱港口中300万~600万标准箱的中型港口增长更加稳定，平均涨幅也保持在两位数（见表4）。相较以往，大型枢纽港依托航线网络的集聚优势快速做大，当前服务本地经济和临港产业发展的中小型港口在加强与当地产业协同后，不断开设近洋和内贸直达航线，其成长性逐渐体现，也间接降低了大型枢纽港的集中度。

从国内前30大港口的发展情况看，2023年北方地区重点围绕低碳环保促进产业转型，金属矿石、钢材与能源贸易均呈现出一定下降态势，使得青岛、日照、天津、烟台等港口货物吞吐量增长处于5.0%以内的小幅区间，仅唐山受益于煤炭和矿石的集中作业，吞吐量大涨10.0%，赶超上海港一跃成为国内和全球的第二大港口；同时，环渤海港口群积极实行绿色发展理念，光电、风能、氢能等新型绿色能源得到率先应用，多个码头被评为"五星级绿色港口"；相较之下，长三角地区的上海、宁波舟山、嘉兴等港口受益于钢材、粮食、煤炭与石油贸易的回暖，整体表现良好，集装箱吞吐量的平稳增长也起到了积极作用；而珠三角地区广州、深圳等港口则由于腹地竞争激烈，加之多种运输方式分流，导致增长略显缓慢。

表3　　　　2023年1—11月中国前30大港口货物吞吐量、外贸吞吐量及增速

序号	类型	港口	货物吞吐量（万吨）	同比增速	外贸吞吐量（万吨）	同比增速
1	沿海	宁波舟山	122778	5.6%	55618	7.0%
2	沿海	唐山	76222	10.0%	30010	21.5%

序号	类型	港口	货物吞吐量（万吨）	同比增速	外贸吞吐量（万吨）	同比增速
3	沿海	上海	76040	14.8%	38462	5.8%
4	内河	苏州	69884	5.0%	17964	13.4%
5	沿海	青岛	63426	4.4%	45150	3.1%
6	沿海	广州	58828	2.0%	13681	4.8%
7	沿海	日照	54824	4.8%	32751	8.0%
8	沿海	天津	51797	0.9%	29974	6.2%
9	沿海	烟台	45229	5.3%	15401	7.2%
10	沿海	广西北部湾	39824	18.8%	17847	16.7%
11	内河	泰州	36047	8.0%	2714	26.8%
12	内河	江阴	34271	7.6%	5689	-0.4%
13	沿海	黄骅	30487	6.1%	7577	19.0%
14	沿海	福州	30218	10.0%	7947	21.7%
15	沿海	连云港	29133	7.5%	14468	17.7%
16	沿海	大连	28708	2.9%	12311	4.9%
17	组合	南通	28078	8.1%	3698	1.1%
18	组合	嘉兴	26256	10.8%	1572	17.8%
19	沿海	深圳	26043	6.7%	19519	2.6%
20	沿海	湛江	25904	11.9%	10512	10.7%
21	内河	南京	25525	1.5%	3272	23.8%
22	内河	镇江	24171	14.1%	4391	21.8%
23	沿海	营口	20437	7.1%	7152	6.0%
24	沿海	厦门	20243	0.2%	10679	-0.8%
25	内河	九江	18157	11.0%	407	13.1%
26	沿海	秦皇岛	17385	-1.8%	357	-19.7%
27	沿海	东莞	17353	13.8%	3270	19.5%
28	沿海	盐城	14403	17.3%	2170	7.7%
29	内河	重庆	13418	15.5%	461	7.9%
30	内河	湖州	13358	15.6%	70	65.5%
前30大港口累计			1138447		415094	
规模以上港口占比			73.4%		89.8%	

数据来源：中国交通运输部网站。

从前 30 大集装箱港口发展看，2023 年宁波舟山港成功实现集装箱吞吐量 3505 万标准箱，同比涨幅达到 5.8%，成为全球第三个年集装箱吞吐量超过 3500 万标准箱的港口；目前宁波舟山港已汇聚了超 300 条集装箱航线，100 余条海铁联运线路，搭建了 36 个内陆无水港，为箱量增长提供了有力的保障。同处长三角的上海港为摆脱外贸货运市场疲软的影响，联合海关积极推广"联动接卸""沿海捎带"等业务模式，旨在降低外贸进出口企业的全程综合物流成本、提高港口集装箱运输周转效率，全年实现集装箱吞吐量 4900 万标准箱，再次卫冕全球第一大集装箱港口。此外，青岛、营口、大连、烟台等北方港口也有不俗表现，同比增幅都在 10.0% 以上，腹地经济高需求，以及商品汽车、工业制品的出口需求改善，加之新增数十条外贸航线，均给青岛等北方港口的集装箱贸易带来新活力。

表 4　　　　　2023 年 1—11 月中国前 30 大港口集装箱吞吐量及增速

序号	类型	港口	集装箱吞吐量（万标准箱）	同比增速
1	沿海	上海	4440	2.8%
2	沿海	宁波舟山	3280	4.9%
3	沿海	深圳	2689	0.2%
4	沿海	青岛	2639	11.8%
5	沿海	广州	2295	2.2%
6	沿海	天津	2108	5.6%
7	沿海	厦门	1145	1.2%
8	内河	苏州	875	4.2%
9	沿海	广西北部湾	722	15.8%
10	沿海	日照	566	3.7%
11	沿海	连云港	553	10.6%
12	沿海	营口	486	10.3%
13	沿海	大连	455	13.3%
14	沿海	烟台	430	12.0%
15	组合	嘉兴	375	22.5%
16	沿海	福州	342	9.9%
17	沿海	东莞	325	5.1%
18	内河	南京	319	9.5%
19	内河	佛山	313	6.6%
20	内河	武汉	264	5.6%
21	沿海	唐山	194	—

续　表

序号	类型	港口	集装箱吞吐量 （万标准箱）	同比增速
22	组合	南通	184	−11.5%
23	沿海	泉州	175	−5.6%
24	沿海	锦州	168	5.8%
25	沿海	洋浦	167	4.1%
26	沿海	汕头	157	−1.1%
27	沿海	湛江	145	6.7%
28	沿海	威海	135	6.0%
29	沿海	海口	131	−33.7%
30	内河	芜湖	130	13.1%
前 30 大港口累计			26207	
规模以上港口占比			92.3%	

数据来源：中国交通运输部网站。

二、2023 年中国港口发展热点及 2024 年展望

2023 年在外部环境不确定性逐渐增加的背景下，中国港口表现出了良好的成长性，不仅得益于国内经济的高质量发展，还依托于国家"一带一路"倡议等国际经贸交流合作取得的积极成果，进博会、服贸会、广交会等一系列展会活动为我国货物进出口贸易增长提供了重要支持。展望 2024 年，地缘政治冲突、国际贸易摩擦、气候灾难和红海危机等国际突发事件的影响依然存在，对局部地区贸易发展势必造成一定冲击，联合国 1 月发布的《2024 年世界经济形势与展望》将 2024 年世界经济增速预估值进一步降低至 2.4%；但我国随着经济内生动力平稳增长、投资增速加快，经济回升向好的态势并未改变，预估 2024 年 GDP 增速仍将维持 5% 以上，在此环境下预计 2024 年我国港口货物吞吐量整体将保持 3%~4% 的涨幅，内河港口发展仍好于沿海，外贸吞吐量增速略有回落但仍保持扩张态势。

（一）港口水运基础设施建设再提速

为支持经贸发展，我国港口建设始终保持适度超前的规模，但面对新一轮船舶大型化与装卸效率的要求，传统码头的服务能力与效率水平逐渐无法满足当前航运市场的发展，尤其面对船舶集中到港、物流供应链中断等问题时，港口服务的韧性要求不断提高，新加坡以码头能力和服务效率为船舶提供"补时港"服务，吸引了大批班轮航线挂靠，为此我国港口水运基础设施的建设应不停留在仅满足装卸的规模需求上，更应从服务水平和运输安全角度提供更大限

度的能力保障。当前，交通运输部等国家多部委已联合发布《关于加快沿海和内河港口码头改建扩建工作的通知》，要求充分认识加快码头改建扩建工作的重要意义，积极推进码头等级提升，预计 2024 年国内水运基础设施建设将迎来新一轮窗口期。

（二）突发性事件将成为港口的最大挑战

临近年末红海危机震惊了整个航运业，作为中西贸易主干航道的苏伊士运河，每年约有 1.7 万艘船舶通过，贸易量占全球的 12%；随着运河通航受阻，原本欧亚航线的船舶绕航好望角，不仅要额外增加 10~14 天的航行时间，综合运输成本也将增加 10%~15%。红海危机等突发性事件，以增加运输成本的方式阻碍港口贸易的开展，同时也影响了正常航运物流链，延期集中抵港的船舶将进一步造成港口拥堵。因此，从长远发展看，我国港口仍应注重对突发性事件的风险应对，加强应急预案的制定，有效增强港口韧性。

（三）绿色能源供应体系建设刻不容缓

随着国际海事组织所要求的航运减排期限的临近，各大班轮公司和航运企业已积极开展船舶能源体系转变，2024 年集中交付的新船订单大部分已采用新燃料供应系统，为满足船舶对新能源加注的需求，港口绿色新能源供应体系的建设已刻不容缓。2023 年 4 月，中远海运、达飞轮船与上海国际港务集团共同签署了《关于开展港口船用绿色甲醇供应合作的备忘录》，三方共同在国内主要港口构建绿色甲醇能源加注体系，而船公司的船队未来都将采用双燃料甲醇船舶；同期，在浙江舟山港域锚地，一艘供油船经过 4 小时尝试为一艘中国香港集装箱船提供约 325 吨的船用 B24 生物燃料油的补给，多元化的绿色新型能源正快速出现，亟需挂靠港为其提供能源加注服务。

（四）港产融合与集群发展进入新时代

在经历多轮港口资源整合后，当前我国区域港口的资源配置能力得到显著增强，重复建设和无序竞争问题得到大幅缓解，但上升管理层级后港口枢纽对地方经济与临港产业发展间的紧密度关注不足，因此各地政府和港口集团在新一轮的港口发展上，更加关注港口、产业与城市之间的融合发展，山东、天津、宁波、烟台等地均出台相关文件，鼓励加强"港产城"业态融合，尤其在供应链风险增加和综合物流成本居高的环境下，以港促产、以产兴城、以城育港，将成为现代港口建设和世界一流港口建设的重要方向。

（作者：上海国际航运研究中心港口发展研究所　谢文卿）

2023 年国际集装箱运输市场发展回顾 与 2024 年展望

2023 年，国际集装箱运输市场整体理性回归，但年末巴拿马运河拥堵和红海船舶受袭事件给未来市场走势增加了更多不确定性。展望 2024 年，集装箱运输市场将面临新船集中交付冲击、需求增长动能不足、重要航运通道韧性不足等系列问题，行业整体应对能力再次成为市场焦点。

一、2023 年国际集装箱运输市场发展回顾

（一）集装箱海运量增长疲软，各航线海运量走势分化

2023 年，全球集装箱运输市场需求增长不及预期，整体呈现疲软态势，全球集装箱海运量共计 2.01 亿 TEU，同比上涨 0.4%（见图 1）。分航线来看，各航线海运量走势分化。其中，亚欧航线和南北航线海运量恢复增长，但仅南北航线及区域内航线海运量恢复至 2020 年运量水平（见表 1）。

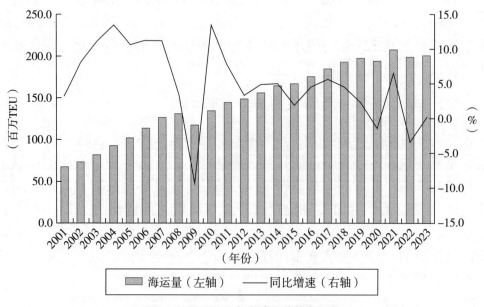

图 1　2001—2023 年全球集装箱海运量

表 1   部分航线集装箱海运量及增长情况

年份	亚欧航线		跨太平洋航线		跨大西洋航线		南北航线		区域内航线	
	海运量（百万TEU）	同比增速（%）	海运量（百万TEU）	同比增速（%）	海运量（百万TEU）	同比增速（%）	海运量（百万TEU）	同比增速（%）	海运量（百万TEU）	同比增速（%）
2020	23.99	-3.40	27.73	5.85	7.71	-5.05	31.65	-2.44	84.09	-0.70
2021	24.84	3.54	30.25	9.09	8.36	8.43	33.59	6.13	88.94	5.77
2022	22.13	-10.91	28.01	-7.40	8.13	-2.75	32.78	-2.41	87.45	-1.68
2023	22.92	3.57	27.25	-2.71	7.43	-8.61	33.71	2.84	86.23	-1.40

数据来源：克拉克森，上海国际航运研究中心整理。

（二）全球集装箱运力增速重回高位，有效运能波动上涨

2023 年，全球集装箱船队总运力规模达到 2782.9 百万 TEU，同比增长 7.97%，运力增速重回高位（见图 2）。随着全球供应链压力的缓解，集装箱船队运能持续释放，各航线有效运能波动上涨。除跨太平洋航线外，亚欧航线及跨大西洋航线有效运能呈现不同程度上涨，亚洲—地中海航线有效运能涨幅近 20%（见图 3）。

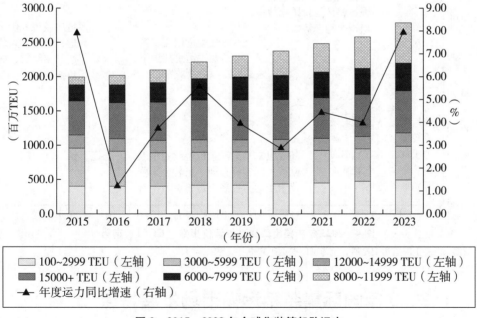

图 2 2015—2023 年全球集装箱船队运力

（三）集装箱运价波动下滑，年末快速回升

2023 年集装箱海运运价持续调整行情，整体波动下滑，年末有所回升

（见图4）。上海航运交易所发布的中国出口集装箱运价指数（CCFI）年度均值为937.29，同比大幅下跌66.4%，但仍较2019年均值上涨13.8%。

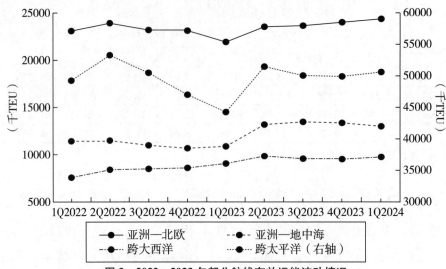

图3　2022—2023年部分航线有效运能波动情况

数据来源：克拉克森，上海国际航运研究中心整理。

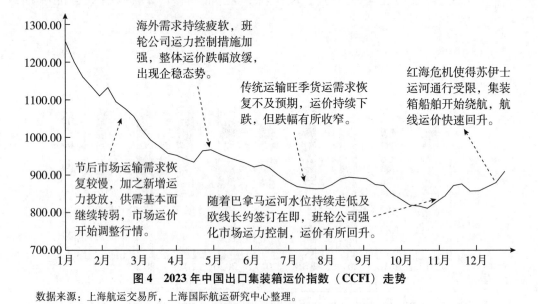

图4　2023年中国出口集装箱运价指数（CCFI）走势

数据来源：上海航运交易所，上海国际航运研究中心整理。

二、2023年国际集装箱运输市场发展特点

（一）中国出口增长动能向新兴商品转变，从（对）新兴市场进（出）口增长较快

中国出口增长动能由传统商品向新兴商品转变，技术密集型产品出口占比

逐步提升，"中国智造"加速走向海外。2023 年，中国出口机电产品 13.92 万亿元，增长了 2.9%，占出口总值的 58.6%；劳动密集型产品出口 4.11 万亿元，占出口总值的 17.3%。机电产品中，"新三样"（电动载人汽车、锂离子蓄电池和太阳能电池）产品合计出口 1.06 万亿元，首次突破万亿元大关，增长 29.9%。2023 年部分产品分月度出口同比增速见表 2。从贸易伙伴来看，东盟作为中国第一大贸易伙伴地位日益巩固，2023 年中国对东盟进出口约 6.41 万亿元，同比增长 0.2%（见图 5）；对拉美、非洲进出口表现亮眼，2023 年，中国对拉美、非洲分别进出口 3.44 万亿元和 1.98 万亿元，分别增长 6.8% 和 7.1%。

表 2　　　　　　　　　　**2023 年部分产品分月度出口同比增速**

分项		同比增速（%）											
		2023 年 12 月	2023 年 11 月	2023 年 10 月	2023 年 9 月	2023 年 8 月	2023 年 7 月	2023 年 6 月	2023 年 5 月	2023 年 4 月	2023 年 3 月	2023 年 2 月	2023 年 1 月
出口增速		3.8	2.0	-3.3	-1.3	-3.0	-9.0	-8.3	-0.9	15.4	19.2	3.5	-3.6
纺服玩具	箱包及类似容器	11.0	0.2	-8.2	-2.3	-0.3	-3.7	1.5	9.9	49.2	50.8	-1.3	19.6
	服装及衣着附件	3.5	-1.6	-5.5	-2.4	-6.6	-13	-10.1	-5.7	23.1	42.1	-16.4	-2.1
	纺织纱线及其制品	5.2	0.8	-1.5	2.9	0.1	-12.2	-9.9	-7.8	12.1	17.6	-8.9	-19.3
	玩具	-1.2	-11.6	-11.2	-7.8	-7.4	-19.3	-21.0	-16.5	9.2	42.9	-8.3	0.7
家居产品	家具及其零件	20.9	9.5	-2.4	3.7	1.8	-7.8	-8.6	-8.2	8.4	22.9	-20.1	-4.7
	灯具及其零件	10.6	0.0	-9.4	-2.9	0.6	-3.1	-3.7	4.8	17.0	50.2	-29.9	0.9
	家用电器	19.0	14.9	13.6	20.8	19.6	3.4	9.8	8.2	10.6	20.6	-10.8	-2.3
机电产品 *	机电产品	5.2	4.6	-1.6	0.8	-0.5	-5.2	-2.3	5.7	19.6	21.7	3.4	-1.7
新能源产品	电动载人汽车	60.5	-4.0	39.3	68.6	16.9	108.1	269.9	180.4	642.2	252.5	86.1	99.5
	太阳能电池	-24.1	-19.6	-20.4	-5.2	-16.6	-28.2	-4.5	13.6	36.5	39.2	-2.3	36.4
	锂离子蓄电池	-9.3	6.0	18.9	24.2	19.6	14.2	33.2	51.6	68.5	88.0	115.6	85.9
中间品 & 资本品	通用机械设备	7.6	3.9	3.4	5.4	5.1	27.4	-5.9	15.5	30.4	22.0	4.1	4.5
	集成电路	11.1	17.0	-11.2	2.8	1.4	-8.7	-14.5	-19.5	-0.1	5.1	-4.4	-32
	汽车零配件	10.2	12.6	7.9	18.4	9.8	2.3	11.0	21.7	40.5	35.1	14.9	11.0

续　表

分项		同比增速（%）											
		2023年12月	2023年11月	2023年10月	2023年9月	2023年8月	2023年7月	2023年6月	2023年5月	2023年4月	2023年3月	2023年2月	2023年1月
消费品	手机	1.4	56.2	25.9	-1.5	-15.8	8.7	-20.1	-19.6	-6	-26.7	-5.9	22.5
	自动数据处理设备	-8.4	-9.3	-24.4	-6.0	-12.8	-24.3	-21.5	-4.2	-10.6	-20.4	-13.9	29.1
	汽车（包括底盘）	52.4	29.2	49.7	53.5	43.8	96.4	121.4	137.7	220.0	142.4	79.7	78.1

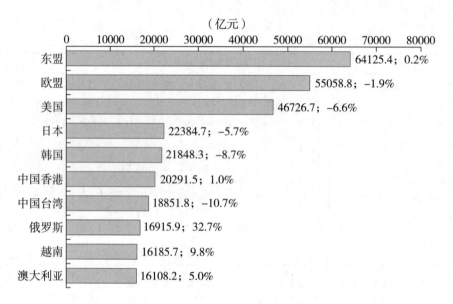

图5　2023年中国大陆与前十大贸易伙伴的进出口情况

数据来源：海关总署，上海国际航运研究中心整理。

（二）欧美"三高"临近拐点，传导至集运需求仍需时日

2023年，欧美通胀缓解、加息接近尾声、库存指标冲高回落，欧美整体"三高"（高通胀、高利率、高库存）压力略有减弱，消费者信心指数波动上涨。虽然库存指标有所回落，但由于欧美疫情期间补库存以耐用品为主，整体去库存进程缓慢，传导至集运需求仍需时日。美国制造商、零售商、批发商库存走势见图6。2019—2023年集装箱运输需求指数走势见图7。

（三）新船大量交付冲击市场，船舶拆解规模不及预期

2023年，全球集装箱新船交付量为245.62万TEU，同比增长143.0%，达到近年来交付高峰（见图8）。其中3000～7499TEU船舶交付

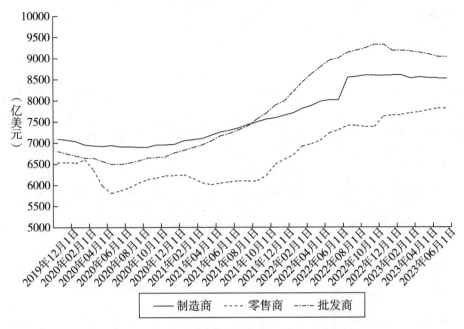

图6　美国制造商、零售商、批发商库存走势

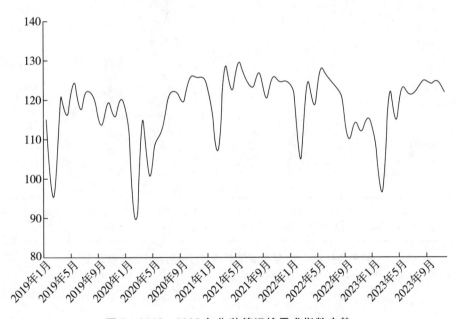

图7　2019—2023年集装箱运输需求指数走势

数据来源：iFinD、克拉克森，上海国际航运研究中心整理。

量同比增长623.63%；新签订单量151.50万TEU，同比下降45.5%，但仍处于市场高位（见图9）；手持订单量为762.14万TEU，占现有运力的29.57%。集装箱船舶拆解量为13.21万TEU，虽显著高于2021—2022年水平，但仍处于相对低位。

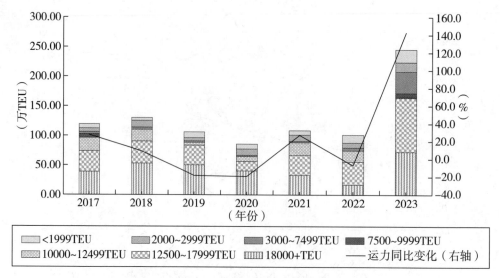

图8 2017—2023年新交付船型运力分布情况

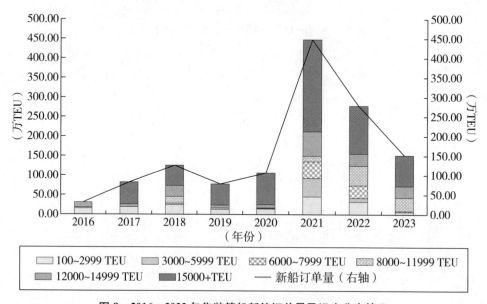

图9 2016—2023年集装箱船新签订单量及运力分布情况

数据来源：iFinD、克拉克森，上海国际航运研究中心整理。

（四）运力控制力度不及预期，班轮公司间协同有所减弱

受船舶交付影响冲击，主要航线运力投放波动上涨；班轮公司停航艘次波动下滑，四季度起波动回升（见图10），管控力度加大；闲置运力整体呈现"U"形走势，年初及年末闲置运力水平较高，但仍未达历史高位（见图11）；船舶航速下滑趋势明显，各船型航速均有所下滑，平均航速降至13.83节。

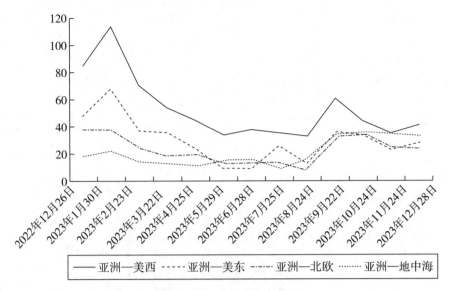

图 10 分航线停航艘次变化

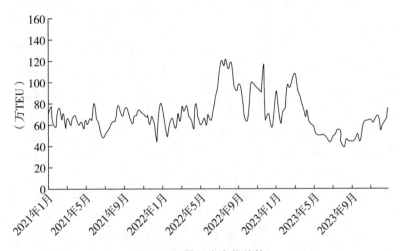

图 11 闲置运力变化趋势

数据来源：克拉克森，上海国际航运研究中心整理。

（五）主要航线成本下滑，太平洋航线收入有所回升

2023 年前三季度，主要航线运营成本波动下滑，截至 10 月，亚洲—美西航线单箱运营成本下跌至 486 美元/TEU（见图 12），亚洲—北欧航线单箱运营成本为 590 美元/TEU（见图 13），跨大西洋航线单箱运营成本跌至 622 美元/TEU。从航线收入来看，亚洲—美西航线随着巴拿马运河拥堵而出现部分货量转移，单箱收入自 7 月起明显回升；而亚洲—北欧航线则在 10 月跌破成本线。

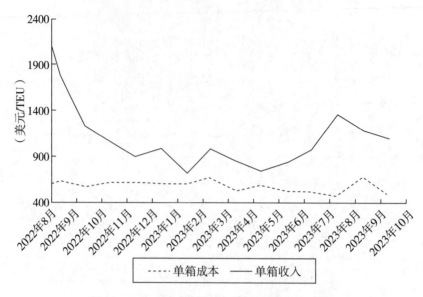

图 12　2022—2023 年亚洲—美西航线成本与收入

数据来源：德鲁里，上海国际航运研究中心整理。

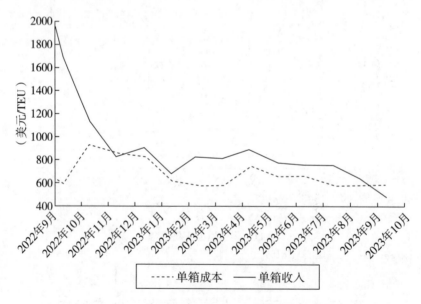

图 13　2022—2023 年亚洲—北欧航线成本与收入

（六）前四大班轮公司保持领先地位，亚洲—地中海航线 HHI 指数明显提升

2023 年，前十大班轮公司运力份额小幅下降至 83.8%，较 2022 年降低 0.5 个百分点。马士基航运、达飞轮船、中远海运、赫伯罗特、海洋网联的运力份额较 2022 年均有所下降，且达飞新船订单运力交付后其规模将超过马士基（见

图 14）。分航线来看，随着 2023 年超大型集装箱船舶的陆续交付，东南亚—欧洲、亚洲—北欧及亚洲—地中海航线市场集中度提升明显，其中亚洲—地中海航线 HHI 指数达到 1647 点，同比增长 26.4%，进入相对集中区间（见图 15）。

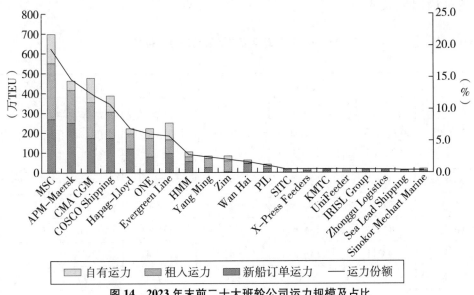

图 14　2023 年末前二十大班轮公司运力规模及占比

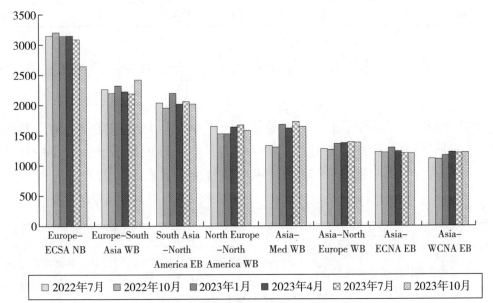

图 15　主要航线 HHI 指数变化趋势

数据来源：Alphaliner，上海国际航运研究中心整理。

（七）班轮公司盈利水平大幅缩水，但多数保持盈利状态

由于运价持续下跌且经营成本维持高位，班轮公司经营收入及利润大幅下

滑，根据德鲁里数据统计，2023 年前三季度班轮行业整体 EBIT（息税前利润）达到 301 亿美元，仅为 2022 年的十分之一。主要班轮公司盈利水平大幅缩水，除万海及以星航运外，多数仍保持盈利状态。2022—2023 年前三季度主要班轮公司盈利情况见表 3。

表3　　　　　2022—2023 年前三季度主要班轮公司盈利情况

班轮公司	收入			净利润		
	2022 年前三季度（百万美元）	2023 年前三季度（百万美元）	同比（%）	2022 年前三季度（百万美元）	2023 年前三季度（百万美元）	同比（%）
马士基航运	63709	39324	−38	24340	4364	−82.07
达飞轮船	57610	36442	−37	21840	3730	−82.92
中远海运	44221	13456	−70	13579	2207	−83.75
赫伯罗特	26711	15312	−43	13774	3425	−75.13
长荣海运	17627	6390	−64	10744	990	−90.79
阳明海运	10788	3490	−68	5674	200	−96.48
以星航运	10373	3957	−62	4212	−2541	−160.33

（八）班轮公司持续纵向资产整合，物流及码头成为重要标的资产

2023 年班轮公司持续上下游产业链资产并购，虽然并购案件数量与规模较 2022 年有所下降，但仍保持相对活跃状态。从收购标的来看，主要集中在物流企业及码头资产，体现班轮企业通过纵向整合增强盈利能力的发展方向。

表4　　　　　头部班轮企业 2023 年主要并购案

并购方	内容	战略支撑
地中海	要约收购德国汉堡港口与物流股份公司（HHLA）49.9% 的股份	地中海承诺增加 100 万 TEU 港口货量，并将德国总部迁至汉堡。交易可能标志着汉堡港的一个转折点，汉堡港的吞吐量十多年来一直停滞不前
	收购意大利客运铁路运营商 ltalo 50% 的股份	涉足意大利和西班牙两大国家的铁路市场，并将为其提供更广泛的欧洲大陆物流网络
	计划入股西班牙铁路公司 Renfe	

并购方	内容	战略支撑
赫伯罗特	收购 SM SAAM 码头业务及相关物流服务 100% 的股权	该交易包括伊基克、安托法加斯塔、圣安东尼奥、圣维森特和科拉尔（智利）、埃弗格雷兹港（美国/佛罗里达）、马萨特兰（墨西哥）、布埃纳维斯塔（哥伦比亚）、瓜亚基尔（厄瓜多尔）和卡尔德拉（哥斯达黎加）的码头权益以及相关的物流服务，扩大了赫伯罗特在拉丁美洲的业务
	收购英国物流公司 ATL 100% 的股权	使赫伯罗特建立在内陆集装箱行业的影响力，履行其为客户提供一流多式联运服务的承诺
达飞轮船	收购印度供应链公司 Stellar Value Chain Solutions 96% 的股份	有助于达飞轮船旗下基华物流进一步参与印度合同物流市场，扩展到更多关键细分市场，为全球客户提供更优质的服务并提高运营效率
	收购 Bolloré Logistics 运输和物流业务	符合达飞轮船依托航运和物流这两大支柱，致力于为客户提供全球领先的端到端供应链解决方案的长期战略
	收购 Wincanton 的全部股份	Wincanton 在英国 170 多个地点开展业务，合并将使达飞轮船的业务遍及英国和爱尔兰，同时也为新机遇和更多创新产品铺平了道路

数据来源：公开信息，上海国际航运研究中心整理。

三、2024 年国际集装箱运输市场展望

（一）新船交付或继续刷新纪录，船队规模接近 3000 万 TEU

尽管目前全球经贸环境的不确定性因素较多，2024 年全球贸易水平预计有所回升，增速达到 3.3%；需求端更多关注欧美库存、产业转移等指标变化。2024 年新船交付量预计达到 306 万 TEU（见图 16），再次刷新交付峰值纪录，全球集装箱船队规模或将超 3000 万 TEU；不考虑突发事件影响，市场整体供给压力较大，整体供需平衡指数持续下探（见图 17）。

（二）两大运河危机再次扰动市场——巴拿马运河通行受限

巴拿马运河是亚洲和美国之间航运贸易的"大动脉"，经该运河运输的货量占据东北亚至美国东海岸集装箱总市场份额的 46%；2023 年 12 月集装箱通过量为 147.75 万 TEU，同比下滑 13.1%（见图 18）。船舶等待时间由高位 60

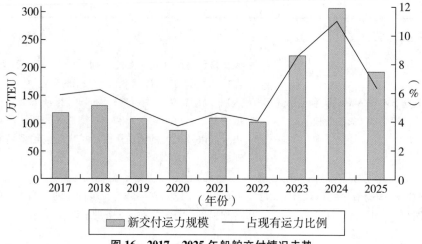

图16　2017—2025年船舶交付情况走势

数据来源：德鲁里、克拉克森，上海国际航运研究中心整理。

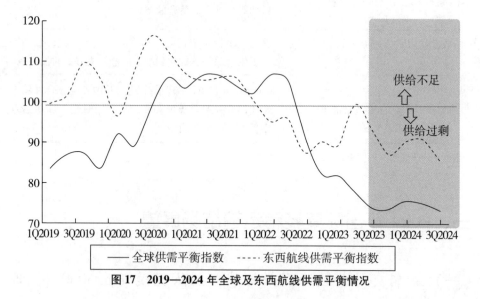

图17　2019—2024年全球及东西航线供需平衡情况

时回落至20~30时，但仍高于2022年同期水平（见图19）；多数班轮公司开始加收"巴拿马运河低水位附加费"，金额从130~300美元/TEU不等。

（三）两大运河危机再次扰动市场——红海危机影响扩大

红海危机影响区域处于亚欧航线的咽喉部位，该区域的危机持续将严重影响亚欧航线运输安排。从苏伊士运河通过量来看，集装箱船舶占比（按载重吨）高达42.3%。随着事件的不断升级，该区域的集装箱通过量急剧下滑，亚丁湾集装箱通过量下滑90%、苏伊士运河通过量下滑71%（见图20），5000TEU以上的船舶基本不再通过亚丁湾区域。

为避免人员伤亡及财产损失，多数班轮公司选择绕行南非好望角，集装箱船

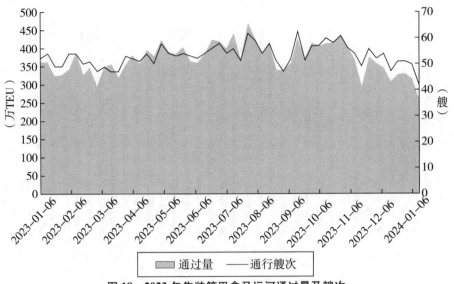

图 18 2023 年集装箱巴拿马运河通过量及艘次

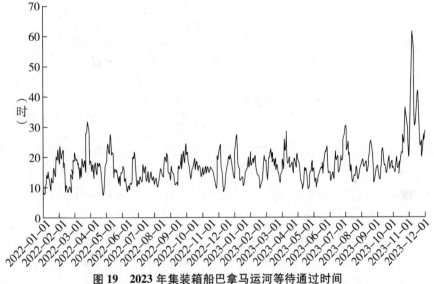

图 19 2023 年集装箱船巴拿马运河等待通过时间

数据来源：克拉克森、船视宝，上海国际航运研究中心整理。

舶通过量整体增长高达 90%；绕行南非好望角将显著影响运输时效（增加 8~15天）、运输成本（增加 30%）及船舶、集装箱周转效率，且打乱船舶挂港顺序及港口服务安排，使得供应链短期陷入混乱，上海—欧洲航线运价涨幅高达201.55%；但若绕行方案持续，其负面影响将逐步减弱；小型班轮公司如SeaLead Shipping 等，为了能够抢占大型航运公司停航带来的市场空当，开始大规模租用支线型船舶前往红海市场；同时，红海危机对于主要国家产业链及供应链将产生一系列影响（见表5）。

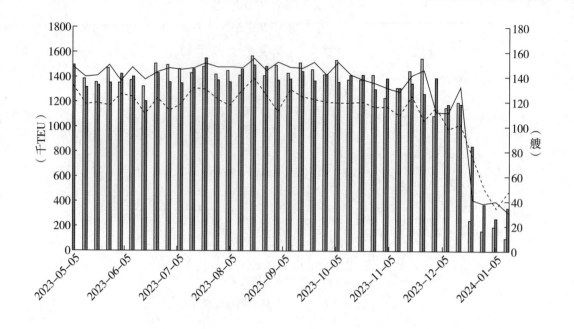

图 20　2023 年集装箱船舶在亚丁湾及苏伊士运河的通过量

表 5	红海危机对于主要国家产业链及供应链的影响
国家	主要影响
美国	远东—北美航线运价也受到一定程度的影响。受巴拿马运河干旱影响，部分船舶经苏伊士运河及地中海区域前往美东区域，但随着红海危机的发酵，加剧了北美航线运力紧张的局面
美国	美国销往海外的原油量激增。在 2023 年 12 月的最后一周，美国对海外的石油供应量从日均 391.5 万桶增至 529.2 万桶
日本	红海周边产品供应链影响较大。日本是一个出口导向型的经济体，其出口商品主要包括汽车、机械、电子产品等。如：铃木的匈牙利工厂，从日本进口发动机等零部件进行生产。绕航导致零部件延迟到达，位于匈牙利的整车工厂已停工一周
韩国	韩国出口企业面临巨大挑战。韩国是高度依赖出口的外向型经济体，韩国企业既要承受运输成本的上升，又要面临交货时间的延迟。如：三星电子和 LG 电子在欧洲的工厂都需要从亚洲采购零部件，韩国从欧洲和中东进口的原材料和产品可能会延迟到达，影响韩国的生产和销售，导致韩国的商品在国际市场上可能失去优势
新加坡	加剧新加坡港口上游集装箱积压。由于班轮公司对相关航线做出了一定调整，导致新加坡上游港口集装箱积压，一些船公司暂停了西亚航线的订舱，还需要优先配载积压在新加坡及上游港口的集装箱，造成舱位短缺

数据来源：克拉克森、船视宝、公开信息，上海国际航运研究中心整理。

（四）欧盟将对航运业征收碳税，班轮公司或将转嫁相关成本

2023 年 5 月 16 日，欧盟宣布，将航运业纳入欧盟（EU）排放交易体系（ETS），该法规将从 2024 年 1 月 1 日起开始执行，过渡期为 2024—2026 年。影响碳税水平的主要因素为：碳配额价格、船舶减排措施（燃料、航速等）、挂靠港顺序等。经测算，亚欧航线（经苏伊士运河）传统动力船舶碳税成本为 15~30 欧元/TEU，大型船舶单箱成本更低。根据欧盟法规，碳税责任方归结为航运公司，但可被转至运价成本，实际由货主承担，班轮公司目前已公布碳税附加费水平（见表 6）。

表6 部分班轮公司碳税征收收费水平（欧元/FEU）

航线	马士基	赫伯罗特	达飞轮船	地中海航运	长荣海运	海洋网联	阳明海运	东方海外航运	以星海运	中远海运	平均
远东—北欧	70	24	50	44	54	48	48	54	—	56	50
远东—南欧	20	14	40	36	46	32	36	38	—	38	33
北欧—远东	46	24	—	26	28	—	22	34	—	38	31
北欧—美国	81	18	86	74	66	62	54	92	74	84	69
美国—北欧	58	18	—	36	38	—	24	30	74	54	42
平均	55	20	59	43	46	47	37	50	74	54	49

数据来源：网页公开信息，上海国际航运研究中心整理。

（五）班轮联盟格局再次分化，合作方式有待观察

2M 联盟合作将于 2025 年 1 月终止，引发后续班轮联盟格局调整猜想；欧盟宣布将于 2024 年 4 月起取消班轮联盟的反垄断豁免，班轮联盟将受欧盟一般竞争法规则约束，后续合作方式有待观察；马士基与赫伯罗特宣布"双子星"合作计划，协作计划将由大约 290 艘船舶参与，总运力达到约 340 万标准箱。其中，60% 的船舶由马士基投入，40% 由赫伯罗特投入。预期在全面合作运营后，船期准班率将超过 90%。该协作计划覆盖七个主要贸易通道，包括跨大西洋、亚洲至美西、亚洲至美东、亚洲至中东、亚洲至地中海、亚洲至北欧以及中东/印度至欧洲。

　　展望 2024 年，集装箱运输市场将面临新船集中交付冲击、需求增长动能不足、重要航运通道韧性不足等系列问题，班轮公司应对危机的处理能力再次成为市场关注焦点。两大运河危机再次扰动市场，运价走势不确定性增加，市场整体面临较大新船集中交付压力，但短期供应链调整也将带来运价上涨机会。

（作者：上海国际航运研究中心国际航运研究所　郑静文）

2023 年国内集装箱运输市场发展回顾 与 2024 年展望

2023 年，虽然内贸集装箱运输市场需求大幅提升，但由于大量运力的集中交付，市场有效运力大幅上涨，供需矛盾激化下市场运价大幅下滑，预计 2024 年国内集装箱运输市场供大于求的基本面依然难以改变，整体运价水平或将持续震荡下行。

一、2023 年国内集装箱运输市场发展回顾

（一）国内集装箱运输市场运价回顾

2023 年，虽然在内需的强劲拉动下，内贸集装箱运输市场需求大幅提升，但由于大量运力的集中交付，以及部分兼营船舶逐步回归的同时船队运营效率也有所提升，供给大幅增长下内贸集运市场供需矛盾激化，叠加沿海干散货低迷的市场走势传导至内贸集运市场以及玉米、煤炭、纸、PVC、陶瓷、建材等商品贸易价格同比均出现下滑，导致全年内贸集装箱运价出现大幅下滑。新华·泛亚内贸集装箱运价指数（XH·PDCI）显示，2023 年内贸集运市场综合运价指数均值为 1262.2 点，较 2022 年大幅下滑 23.94%，且下半年虽然进入传统旺季，但运价反弹幅度不及往年，运价上涨的支撑力度相对不足（见图 1）。

（二）国内集装箱运输市场需求回顾

（1）内贸运量增长稳定。2023 年，全国经济增速为 5.4%，社会消费品零售总额同比增长 7.2%，综合 PMI 均值为 49.9%，农业生产形势较好，工业生产恢复加快，虽然房地产新开工施工面积下降 21.2%，但整体经济呈回升态势。上半年，随着中国经济开始缓慢复苏，市场主体信心恢复，市场对钢材、煤炭、电器等的需求均有所上升；下半年宏观调控政策持续发力，工业生产恢复加快，带动市场需求的增长态势。截至 2023 年 10 月，国内集装箱累计吞吐量为 10509.45 万 TEU，同比增长 4.75%，其中内贸集装箱出港量为 5289.83 万 TEU，同比增长 5.90%，一季度至三季度出港量增速分别为 10.62%、7.62% 和 2.51%，需求增速呈波动下滑趋势（见图 2）。但从市场有

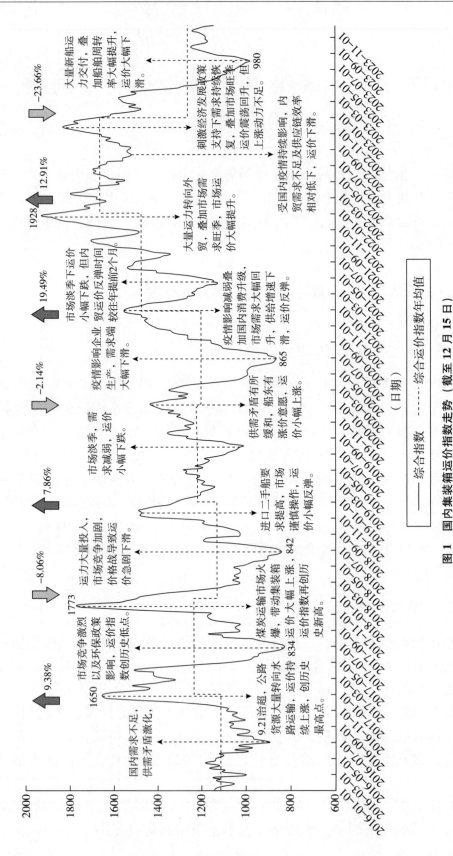

图 1　国内集装箱运价指数走势（截至 12 月 15 日）

数据来源：新华·泛亚内贸集装箱运价指数（XH·PDCI），指数以 2015 年第 23 周（2015 年 5 月 30 日—6 月 5 日）为基期，基点为 1000 点。

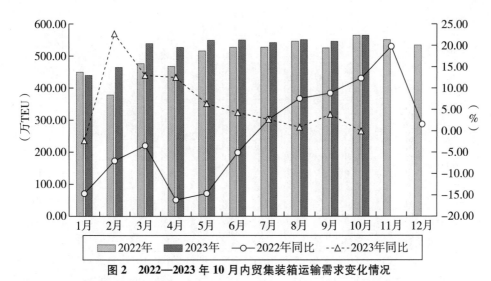

图 2 2022—2023 年 10 月内贸集装箱运输需求变化情况

数据来源：上海国际航运研究中心整理。

效箱（重箱）量来看，1—10 月累计增速达到 10.75%，增速创 2017 年以来历史新高。

（2）内支线运量保持增长。2023 年，世界经济复苏势头不稳，我国外贸增长面临压力，但随着国内各项政策的精准发力、企业主动求新求进，我国外贸平稳运行，进出口规模逐季扩大、月度走势向好，对外贸内支线运输需求形成支撑，前 11 个月我国外贸进出口总额同比增速达到 1.2%，其中电动载人汽车、锂离子蓄电池、太阳能电池等出口需求强劲。并且随着沿海及内河物流枢纽的建设与完善以及水运成本的大幅下滑，内支线水路运输需求也大幅提升，其中重箱货运量同比扭转下降趋势，全年保持增长。截至 2023 年 10 月，我国外贸内支线集装箱吞吐量为 2672.24 万 TEU，同比增速达 8.68%，其中空箱吞吐量同比增长 5.43%，重箱吞吐量增长 10.71%。外贸内支线出港量合计约为 1291.7 万 TEU，较去年同期上涨 9.82%，重箱出港量增长 11.89%；其中一季度内支线重箱出港量为 223.14 万 TEU，较去年同期增长 8.76%；二季度内支线重箱出港量为 248.35 万 TEU，增长 7.23%；三季度内支线重箱出港量为 246.54 万 TEU，同比大幅增长 19.77%；10 月内支线重箱出港量为 76.87 万 TEU，同比增长 13.38%。2022—2023 年 10 月外贸内支线集装箱运输需求量变化情况见图 3。

（3）各区域港口运量增长持续分化。2023 年 1—10 月，长江区域港口内贸集装箱出港量为 460.31 万 TEU，同比上涨 2.30%，市场份额小幅下降 0.16个百分点至 10.31%，内支线集装箱出港量为 339.19 万 TEU，同比上涨 2.86%，市场份额下降 2.1 个百分点至 29.91%；北方区域港口内贸及内支线集装箱出港量分别为 1751.79 万 TEU 和 96.24 万 TEU，同比分别增长 0.94%和 17.39%，市场份额分别下降 1.16 个百分点和增长 0.53 个百分点；华东区域港

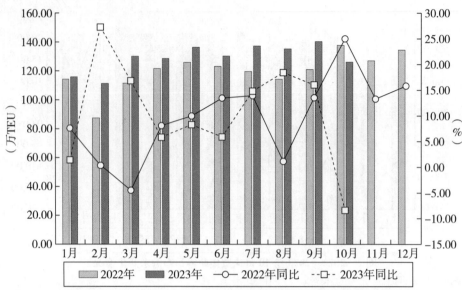

图3　2022—2023 年 10 月外贸内支线集装箱运输需求量变化情况

数据来源：上海国际航运研究中心整理。

口内贸及内支线集装箱出港量分别为 898.84 万 TEU 和 464.08 万 TEU，同比增速分别为 9.92% 和 19.45%，市场份额分别增长 1.1 个百分点和 3.2 个百分点；华南区域港口内贸及内支线集装箱出港量分别为 1185.6 万 TEU 和 207.67 万 TEU，同比增速分别为 3.21% 和 1.61%，市场份额分别下降 0.18 个百分点和 1.53 个百分点；珠江区域港口内贸及内支线集装箱出港量分别为 168.97 万 TEU 和 26.74 万 TEU，同比增速分别为 16.28% 和 5.82%，市场份额分别增长 0.4 个百分点和下降 0.1 个百分点。

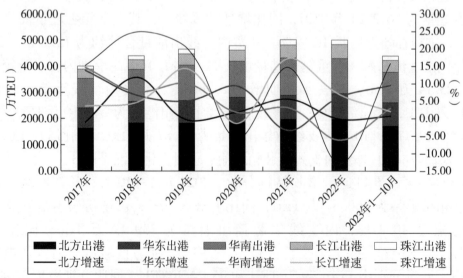

图4　中国各出港区域内贸集装箱出港量及增速

数据来源：上海国际航运研究中心整理。

（三）国内集装箱运输市场运力回顾

（1）运力增长超出预期。2023年，市场进入运力集中交付期，大量新造船运力涌入国内集装箱运输市场，导致市场静态运力出现大幅提升；同时，由于国际集装箱运输市场运价的持续走弱，导致前期外移的内外贸兼营船舶逐步回归内贸市场，叠加船舶周转率出现大幅提升，市场动态运力同样大幅提升。据不完全统计，2023年国内沿海运输700TEU以上集装箱船舶总运力约达到97.3万TEU，较2022年同比增长17.2%（见图5），全年仅新增交付运力17万TEU以上。其中中谷海运及信风海运分别交付15艘4600TEU级大型集装箱船舶，合计交付运力达到7万TEU，交付量占比达到28%（箱位占比达到50%）。

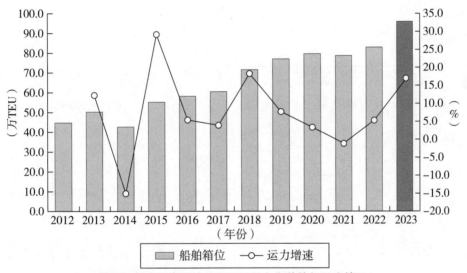

图5　国内沿海运输700TEU以上集装箱船运力情况

数据来源：交通运输部，上海国际航运研究中心整理。

（2）船舶周转率大幅提升。2023年，国内沿海700TEU以上集装箱船队平均运营率、航行率及直挂率分别为99.26%、66.77%和64.32%，较2022年全年分别上涨0.64个百分点、2.20个百分点和下降7.88个百分点；平均航速达到10.61节，较2022年基本持平；船舶平均在港时间为16.77时，较2022年下滑21.21%；平均航次数为8.66，同比上涨2.3%，船队整体周转率较2022年全年大幅提升。从内外贸兼营集装箱船舶航行时间来看，2023年我国700TEU以上内外贸兼营集装箱船舶平均D-I航行率为2.46，较2022年大幅提升，只在外贸航线上运营的平均船舶运力同比下滑10.38%，即部分内外贸兼营集装箱船舶已经回归至内贸航线（见图6）。

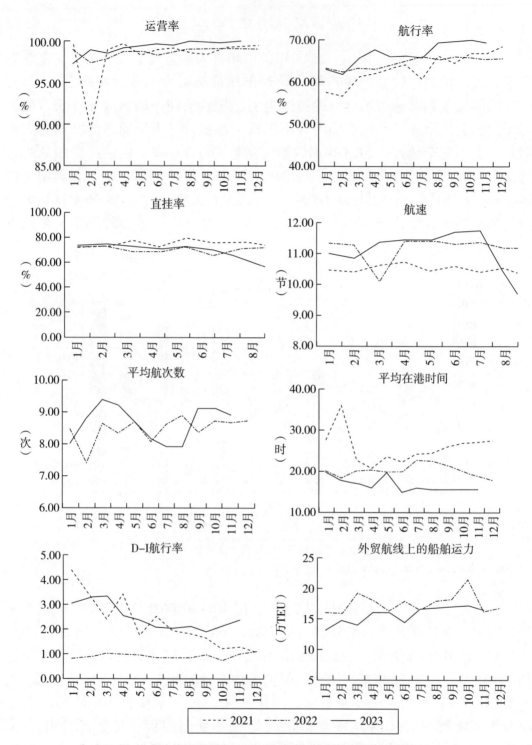

图6 国内沿海700TEU以上集装箱运输船队经营效率情况

数据来源：上海国际航运研究中心，内外贸兼营船舶 D–I 航行率=境内航线时间/境外航行时间，并以每条船舶 TEU 大小进行加权平均。

（3）航线强度大幅提升。根据上海国际航运研究中心监测的前十大内贸集装箱运输航线的航线强度（航线运能）来看，2023 年前十大内贸集装箱运输航线合计月均航线强度为 56.61 万 TEU，较 2022 年同比增长 25.46%，航线强度大幅提升。其中广州港与营口港及广州港与天津港之间的往返航线为国内极为繁忙的集装箱运输航线，单月航线强度均超过 7 万 TEU，并且营口—广州及广州—营口航线的航线强度涨幅分别达到 95.58% 和 83.93%，天津—广州及广州—天津航线的航线强度涨幅同样分别达到 27.64% 和 29.09%（见图 7）。前四大内贸集运企业在前十大航线中的运力份额均在 50% 以上，市场集中度较高，其中广州—营口、广州—宁波舟山、上海—广州及广州—天津航线 CR4（行业前四名份额集中度指标）分别达到 75% 以上。

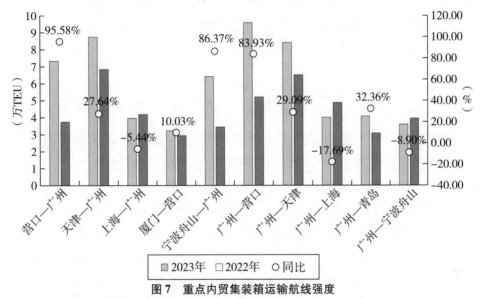

图 7　重点内贸集装箱运输航线强度

数据来源：睿思港航研究院，上海国际航运研究中心整理。

二、2024 年国内集装箱运输市场展望

（一）预计 2024 年国内集装箱运输需求增速约为 5%~7%

国际组织和机构预测，2024 年中国 GDP 增速为 4.5%~4.8%，预计 2024 年我国消费有望持续恢复，继续发挥经济增长"压舱石"作用，全国各地的生产消费将持续回升，基建、建材等产品需求将有所恢复，汽车（含零部件）及"散改集"等产品产需将保持稳定增长，市场运输需求也将保持稳定增长。预计 2024 年国内集装箱运输市场需求增速将保持 5%~7%，内支线运输需求增速将达到 6%~8%。

负面因素：

（1）全球经济仍处于下行通道中，地缘政治关系依然复杂严峻，市场不确定因素增加，将对国内上下游产业的运输需求造成影响。

（2）下游消费者信心下滑，市场有效需求不足，房地产行业依然面临下行风险，对国内集装箱运输市场需求减弱。

正面因素：

（1）中央经济工作会议提出坚持稳中求进工作总基调，要推动消费从疫后恢复转向持续扩大，提振新能源汽车、电子产品等大宗消费。

（2）2023年全国基础设施投资累计同比增速保持在8%以上，中央财政增发2023年国债1万亿元，用于支持灾后恢复重建和提升防灾减灾救灾能力，在一定程度上支撑来年基建以及应急救灾等相关货种的运输需求。

（3）各地房地产政策保持宽松趋势，调整住房公积金缴存基数、放松住房限购限售、降低房贷利率，利好房地产行业，从而将带动建材等相关产品的运输需求。

（二）预计2024年内贸集装箱船运力将增加20%左右

由于近两年内贸集装箱运输船东在火热行情下获得可观收益，以及部分船东进入运力更新阶段，因而船东纷纷下定新船，虽然2023年已有大量船舶运力集中交付，但2024年依然有部分运力等待交付。根据克拉克森等机构的不完全统计，预计2024年内贸集装箱运输船东依然有近10万TEU左右的船舶运力交付，因此，在不考虑市场租赁或买卖国际二手船以及提前退出市场的情况下，市场静态运力预计增长10%左右。同时，由于当前依然有约19万TEU的内外贸兼营船舶在从事外贸集装箱运输，虽然由于红海危机拉高近期外贸集装箱运输市场运价，运力回归或将延缓，但由于全球经济形势持续放缓，外贸集装箱运输市场依然面临挑战，叠加外贸市场上运力交付量同样较高，内外贸兼营船舶未来回归国内市场的可能性较高。据统计，2023年回归内贸集装箱运输市场的运力占内外贸兼营船舶的12%，若2024年同样有12%的运力回归，则市场有效运力增速将达到20%左右，叠加船舶周转率的提升，有效运力增长将更高。

（三）预计2024年内贸集装箱市场将震荡下行

从供需角度来看，2024年内贸集装箱运输市场需求预计波动不大，但运力供给增速依然将超过需求增速，供需增速差预计达到14%左右，供需矛盾激化将导致来年市场运价依然保持下行趋势。虽然明年下半年房地产或将拉动内贸需求，但内贸集运整体需求的基本面并没有发生完全改变；从运价自身的角度来看，虽然当前运价处于同期较低水平，但整体运价水平依然高于 2020 年及以前的平均运价，因此市场运价依然有一定的下滑空间；虽然因红海危机等因素影响导致外贸集装箱运输市场运价反弹回升，短期内或将有部分内外贸兼营船舶外移至外贸市场，但运价大幅反弹的支撑力度相对不足。上海国际航运研究中心中国航运景气指数编制室调查数据显示，85%的内贸集装箱运输企业对 2024 年集装箱运输市场持悲观态度，认为 2024 年市场平均运价或将持续下滑；根据中国航运景气指数中的先行指数来看，当前先行指数依然处于下行阶段，来年中国航运业依然面临较大的上行压力。因此，在不考虑政策变化以及突发因素的影响下，预计 2024 年国内集装箱运输市场整体运价水平或将持续震荡下行。2024 年国内集装箱运输市场运价预测见图 8。

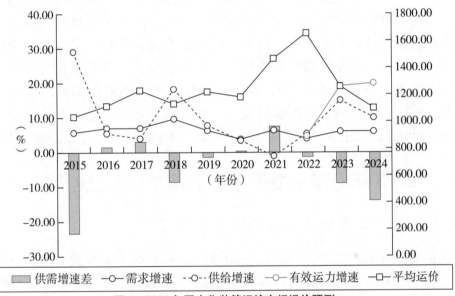

图 8 2024 年国内集装箱运输市场运价预测

（作者：上海海事大学上海国际航运研究中心

航运景气指数编制室 陈悠超）

2023 年沿海干散货运输发展回顾与 2024 年展望

2023 年是中国摆脱新冠疫情影响的第一年，肩负着经济回升的重任。虽然全球经济增速放缓，另有俄乌冲突、巴以冲突、主要经济体高通胀等一系列超预期因素影响，下行压力大，但随着加大宏观政策调控力度和着力扩大内需两项工作的扎实展开，特别是把恢复和扩大消费摆在优先位置、接续政策果断推出，前三季度 GDP 同比增加 5.2%，为全年实现 5% 左右的增速目标提供有力支持。年内中国航运景气指数于第二季度和第四季度上升至微景气区间，中国航运信心指数则持续处于不景气区间，航运企业总体低位波动运行，第四季度稍有好转，但航运企业家对市场依然保持谨慎态度，市场经营信心不足。预计 2024 年，沿海干散货运输需求总体增速在 1%~2%，有效运力增速在 6% 左右，市场供需形势仍然严峻，沿海散货运价指数或持续处于低位，总体运价均值将在 995~1056 点，较上年的波动幅度在 −2%~+4% 范围内，全年走势前低后高。

一、2023 年沿海主要干散货运输市场发展回顾

（一）中国沿海散货运价指数先跌后涨

2023 年，全国进入后疫情时代，预期的经济反弹上涨并未出现，全国经济缓慢复苏，沿海散货运输需求总体较为疲弱。1 月，各行业逐步从疫情的冲击中恢复，但海运市场整体呈现低迷状态，叠加内外贸兼营船回流，内贸运力逐渐过剩。供需双弱的情况下，沿海散货运价开始下跌。2 月，节后企业带着对国家经济复苏的高预期陆续开工，煤炭、矿石等补库需求集中释放，运力供给短期收紧，沿海散货运价出现触底回升。但从 4 月初起各项经济数据便不及预期，全国经济缓慢增长成为今年整体经济的主要走势，叠加大量进口煤冲击国内市场，沿海散货运价持续下跌。即使在迎峰度夏的传统旺季，受煤炭长协保供政策影响，运输需求增长不及预期，沿海散货运价持续低位波动。11 月开始冷空气活跃，化工行业开工率持续提高，加上北方港口封航频发，运力周转有所滞缓，沿海煤炭运价大幅上升。整体来看，2023 年沿海散货运价受季节性波动影响减弱，运价指数波动趋于平稳（见图 1），价格中枢较去年显著下移。截至 12 月 29 日，上海航运交易所发布的中国沿海散货运价指数全年均值为 1014.91 点，较上年同期下滑 9.75%，其中沿海干散货运价指数大幅下滑 12.07%。

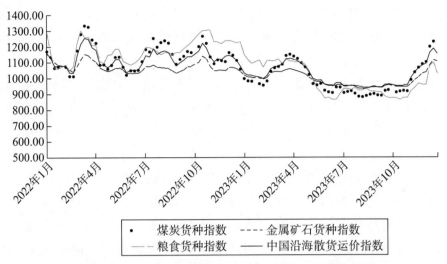

图1 2022—2023年中国沿海散货运价指数（CCBFI）及分货种指数走势

数据来源：上海航运交易所。

（1）沿海煤炭运价年末升至高位。2023年，沿海煤炭运价行情主要出现在年初与年末，其余时间均低位波动，价格中枢较上年显著下移。1月，国际海运市场需求低迷，国内企业的生产积极性普遍不高，煤炭发运以保供为主，购销行为减少，沿海煤炭运价弱势运行。2—3月，节后企业陆续开工，叠加北方冷空气频繁南下，而水电乏力，电厂日耗不断上升，煤炭补库需求集中释放带动市场运价低位回升。4月开始，煤炭市场步入消费淡季，叠加煤炭进口供给渠道拓宽、国内延长进口煤零税率政策等影响，我国煤炭进口量大幅增长，挤占国内煤炭市场。加之下游电厂煤炭库存始终保持高位，国内整体需求持续疲软，且2023年国内煤炭运输以长协为主，船多货少的局面再度出现，沿海煤炭运价持续低位波动，即使在迎峰度夏的传统旺季也难有明显的好转。11月，随着冷空气活跃带来居民用电需求上升，以及化工行业开工率持续提高，全社会耗煤量稳步提升，加上国际市场火爆吸引内外贸兼营船舶外流，同时北方港口封航频发，运力周转有所滞缓，沿海煤炭运价在年末得以大幅上升。整体而言，2023年电煤双方博弈加剧，下游需求持续疲软，支撑运价上涨的主要因素在运力端，全年运价季节性波动减弱，价格中枢显著下移。截至12月29日，上海航运交易所发布的中国沿海煤炭运价指数全年均值为629.59点，较上年同期下跌24.12%。

（2）沿海矿石运价呈"M"形走势。2023年初，生产企业陆续休假，钢厂减产明显，矿石拉运需求不足，沿海矿石运价下跌。2—3月，宏观政策释放利好信号，经济增长高预期带动钢厂需求上升，各工程开工进程加快，钢厂铁矿石补库需求释放，沿海矿石运价有所上涨。但4月起各项经济数据不及预期，国内经济缓慢恢复，成材价格下跌导致钢厂生产积极性减弱，钢铁企业减产规模扩大，叠加沿海煤炭运输淡季，市场运力充裕，沿海矿石价格承压下行。随后钢厂减产检修趋势持续，以刚需采购为主，矿石市场供需格局难有改善，沿海矿石运价持续低位运行。直至11月，随着钢材价格的回暖，钢厂盈利率有所上升，补库需求随之提振，加之沿海煤炭运输市场的强势带动，沿海铁矿石运价年末快速上涨。整体来看，沿海矿石市场整体交易较为低迷，运价主要在煤炭市场的带动下有所上涨，但后期快速回落。截至12月29日，上海航运交易所发布的中国沿海金属矿石运价指数全年均值为651.65点，较上年下跌18.60%。

（3）沿海粮食运价持续下滑。2023年初，猪价弱势运行，养殖企业补栏积极性得不到提振，整体需求较弱，叠加玉米价格相对高位，市场观望情绪强烈，玉米市场交易量不佳，沿海粮食运价小幅下降。3—4月，粮食市场需求持续疲软，收购主体谨慎拉运，但在沿海煤炭市场的拉动下，沿海粮食运价止跌企稳。5—6月，猪肉消费热度进一步下降，叠加气温逐渐升高，粮食储存难度上升，饲料企业采购情绪再度受到打击，市场购销清淡，粮食运输需求进一步下滑，沿海粮食运价大幅滑落。7—10月，沿海粮食运输供需格局得不到较好改善，运价持续低位震荡，直至11月在沿海煤炭市场的带动下有所回升。整体来看，2023年沿海粮食运价长时间处于下跌状态，市场情绪低迷，下游饲料企业基本维持刚需采购。截至12月29日，上海航运交易所发布的中国沿海粮食运价指数全年均值为987.17点，较上年下跌16.53%。

（二）中国沿海散货运量增速大幅放缓

2023年，中国沿海主要干散货运输市场回升乏力，全年内贸出港量同比增速大幅放缓。2023年1—10月，中国沿海主要干散货的内贸总发运量达17.48亿吨，同比增长1.09%，增速较上年大幅回落7个百分点。其中，沿海内贸煤炭出港量累计同比下降2.38%，铁矿石同比小幅增长5.49%，粮食同比微幅上涨0.73%，矿建材料同比增长1.31%，小宗散货同比大幅增长17.95%。2013—2023年10月沿海主要干散货内贸发运量走势见图2。

（1）沿海煤炭运量小幅下降。2023年，全社会用电量增速加快，1—10月，全国规模以上工业发电总计73330亿千瓦时，同比上涨4.40%，其中火力发电量同比上涨5.70%，带动电力行业耗煤量同步上涨8.58%（见图3）。供给方面，国内煤炭产量小幅上涨，在扩产能以及进口煤炭量大幅增长的背景下，国内煤炭供给明显宽松，市场煤价波动下行，后期随着下游需求的提振，市场煤价震荡上涨。但2023年沿海煤炭运输需求出现小幅下降，1—10月，全国沿海主要港口内贸煤炭出港量累计8.18亿吨，同比下降2.38%（见图4）。主要原因在于，中国煤炭进口总量为3.84亿吨，同比大幅上升66.74%，进一步冲击国内煤炭市场，同时长协煤100%覆盖等政策也对市场产生了显著的影响。

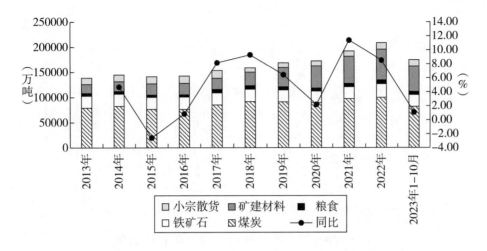

图 2　2013—2023 年 10 月沿海主要干散货内贸发运量走势

数据来源：交通运输部。

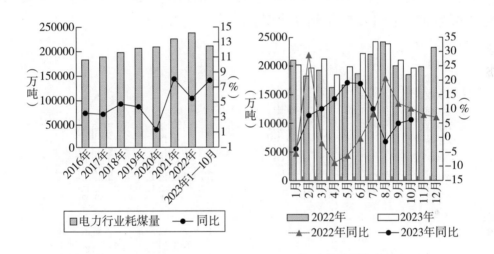

图 3　2016—2023 年 10 月全国电力行业耗煤量

数据来源：中国煤炭资源网。

（2）沿海铁矿石运量小幅增加。2023 年，全国钢材生产情况在第一季度和第三季度表现较好，虽然钢企经营压力较大，但在中国钢材出口大幅提升的背景下，全国钢材生产总体保持小幅增长。1—10 月，全国生铁累计产量同比小幅上升 2.3%；粗钢产量同比小幅上升 1.4%；钢材产量同比小幅上升 5.7%（见图 5）。铁矿石供给方面，原矿产量先减后增，整体趋势与以往的季节特性并不相同，国内矿山产量整体水平呈走高趋势，但尚未恢复至 3 年内最高值。从运量上来看，2023 年，1—2 月钢厂生产积极性较高，沿海矿石运量保持较好增长，但 3 月随着进口矿量快速增长，沿海矿石运量止涨下滑。7 月后，钢材出口量快速回升，钢厂日均铁水产量处于高位，钢厂拉运补库需求带动沿海

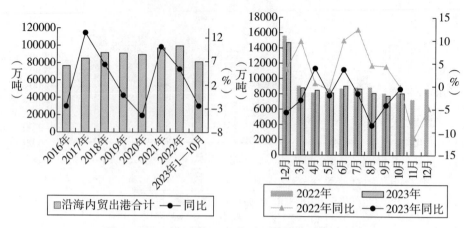

图4 2016—2023年10月全国沿海内贸煤炭发运量

数据来源：交通运输部。

矿石运量一路上涨。1—10月，全国主要沿海港口内贸铁矿石出港量累计2.36亿吨（见图6），同比小幅增长5.49%。

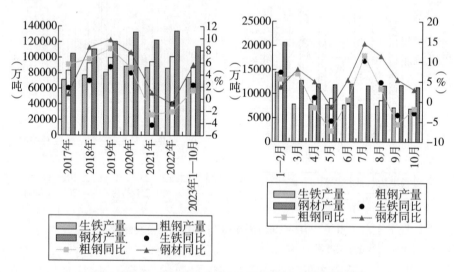

图5 2017—2023年10月全国钢铁行业主要产品产量

数据来源：国家统计局。

（3）沿海粮食运量微幅上涨。2023年，粮食下游需求保持增长，1—10月全国饲料产量同比小幅增长2.4%（见图7），全国主要玉米深加工企业玉米消费量同比大幅增长12.83%。供给方面，国内粮食产量同比增长1.3%，再创历史新高。受进口粮食价格优势凸显的影响，进口粮食数量有所增长，1—10月，我国粮食进口总量同比增长7.3%。在此影响下，2023年沿海粮食运量仅微幅上涨，1—10月，沿海内贸粮食出港量为6150.38万吨，同比微幅上涨0.73%（见图8）。

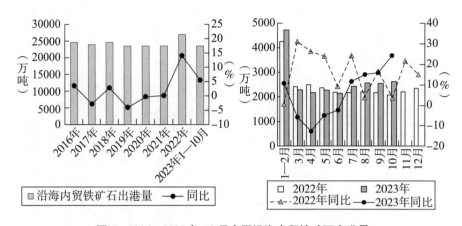

图6 2016—2023年10月全国沿海内贸铁矿石出港量

数据来源：交通运输部。

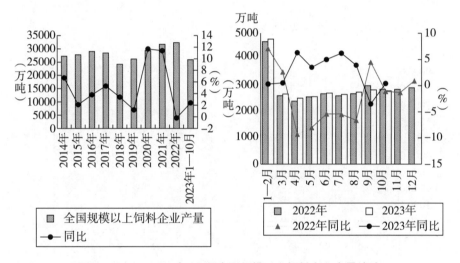

图7 2014—2023年10月全国规模以上饲料企业产量统计

数据来源：国家统计局。

（三）中国沿海散货运力增速放缓

2023年，沿海干散货运力降速增长。根据交通运输部国内沿海货运船舶运力分析报告统计，截至2023年12月31日，沿海省际运输干散货船（万吨以上，不含重大件船、多用途船等普通货船）共计2538艘、8335.6万载重吨，较2022年底增加111艘、353.2万载重吨，吨位增幅4.4%。其中，2023年新增运力251艘、717.7万载重吨，同比减少11.1%。同时船舶拆解空间较为有限，2023年共140艘、363.1万载重吨运力退出市场，吨位同比增加14.0%。从市场有效运力来看，随着一批新造运力投入市场以及部分内外贸兼营船舶流向国际市场，2023年国内沿海散货船队有效运力呈前高后低的走势，全年平均

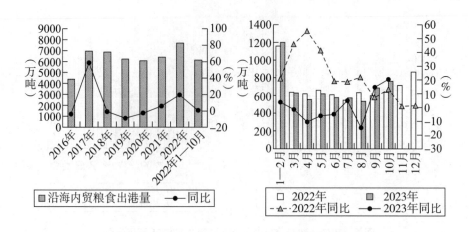

图 8　2016—2023 年 10 月全国沿海内贸粮食出港量

数据来源：交通运输部。

有效运力同比仅增长 4.6%（见图 9）。

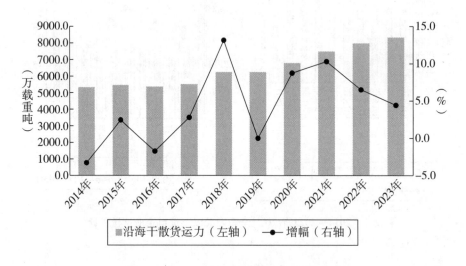

图 9　2014—2023 年沿海干散货船运力情况

数据来源：交通运输部。

（1）船龄结构与往年基本相同。截至 2023 年 12 月 31 日，沿海万吨以上干散货船的平均船龄为 10.6 年，较 2022 年底没有变化。从船龄结构来看，现有船队中船龄在 28 年以上的特检船舶有 33 艘，占总艘数的 1.3%，较 2022 年末增加了 0.4 个百分点；18 年以上的老旧船舶为 280 艘，占船队数量的 11.0%，较 2022 年末增加了 0.6 个百分点；有 89.0% 的船舶船龄在 18 年及以下，可见未来几年，老旧船舶的拆解空间有限。

（2）二手船进口数量大幅削减。自 2018 年交通运输部发布《关于加强国（境）外进口船舶和中国籍国际航行船舶从事国内水路运输管理的公告》，提高进口船舶的排放标准至 Tier Ⅱ 排放限值要求以来，2019 年至今我国散货船进口量急剧下滑。2023 年中国二手船进口数量较 2022 年继续大幅缩减，载重量 ≤15 万吨的散货船进口量仅 1 艘，同比下降 94%，但是进口船舶单价明显上升。

（3）干散货新造船热度回升。2023 年，新造船热度回升，干散货新船价格整体波动上行。2023 年船厂手持订单较为饱满，船位较为紧张，加上下半年即期市场强力回调使船东增强信心，新造散货船价格再次回升，特别是 Capesize 热门船型涨幅明显，截至 2023 年 12 月，散货船新船价格指数达到 165.08 点，较 2022 年末小幅上升 6.4%。

二、2024 年沿海干散货运输市场展望

（一）2024 年沿海干散货运输需求增速预计为 1%~2%

2024 年，煤炭方面，火力发电低速增长，进口煤量维持高位，但水电、跨区域输电和铁路运输等替代作用持续增强，火电用煤需求增长有限；铁矿石方面，虽然制造业对需求犹有一定支撑，但是在"双碳"政策及钢铁行业"去产能"的影响下，需求整体萎缩；粮食运输需求基本持平，矿建材料需求在房地产疲弱的影响下有所下滑。综合考虑，预计 2024 年沿海干散货海运需求增速总体将在 1%~2%。

（1）沿海煤炭运输需求增长仍然有限，增速在 2% 左右。随着经济回升，工业用电需求或将顺势增长，同时电力企业长协签约比率恢复至 80%~100%，市场活跃度有望提高。但受实现"双碳"目标而实行绿色低碳政策的影响，火电用煤需求或将保持低速增长。叠加进口煤量保持高位，水电、跨区输电较快增长，浩吉铁路对沿海煤炭运输市场的替代作用也在持续增强。综合来看，预计 2024 年沿海煤炭运输需求增长仍然有限。

（2）沿海铁矿石运量预计小幅下降 2%。随着国内经济的逐步恢复，制造业对钢铁的需求或将上升，同时 2023 年房地产、基建的利好政策陆续出台，预计 2024 年房地产投资对经济增长的拖累效应有望减弱。但受外需收缩影响，我国钢材间接出口预计将面临下行压力，钢企盈利情况难有改善，去产能进程持续推进，总体上市场对钢材需求和铁矿石运输需求仍然缺乏支撑。

（3）沿海粮食运量将基本持平。中央将实施新一轮千亿斤粮食产能提升行动，国内粮食产量将保持增长，同时粮食进口关税配额保持不变，进口粮食冲击有所减弱，下游饲料企业和深加工企业需求稳中有升。但受粮食价格影响，进口玉米及替代谷物的挤兑影响仍存，预计 2024 年粮食运输需求同比基本持平。

（二）沿海干散货船运力将保持增长

2023年新增船舶订单量虽不及2022年，但未来两年仍有大量前期积累的待交付船舶投入市场。同时，在船舶减排要求日益严格的背景下，沿海干散货船舶的拆解数量也有望维持高位，因此预计国内沿海干散货船运力增速将维持低速增长。预计2024年底有望达到8730万载重吨左右，较2023年底上涨4.7%左右（见图10）。

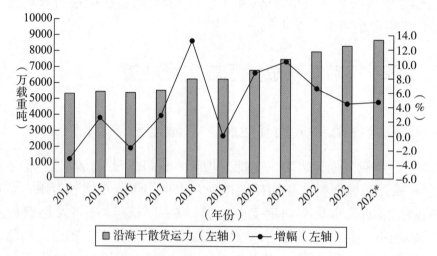

图10　国内沿海运输的万吨以上干散货船总运力及预测

注：＊为上海国际航运研究中心的预测值。

（1）新造船交付量维持高位。受2021年沿海干散货市场运价高涨以及船东运力结构调整需求影响，近两年中国船东干散货船手持订单数量高企，按2023年底的手持订单情况预计，2024年、2025年中国船东仍有730万载重吨、351万载重吨的沿海干散货新造船等待交付，可见新船交付量短期内仍将维持高位。

（2）船舶拆解量维持高位。对现有干散货船舶船龄情况的分析可以看出，2023年船龄在28年以上的特检船舶在中国沿海干散货船队中的比重仅剩1.3%，未来需强制拆解的数量空间进一步压缩，但由于航运业碳减排的步伐加快，船东调整船队结构的意愿仍然较强。预计2024年船东运力的结构性拆解仍将持续，拆解量或将保持260万载重吨。

（3）散货船型向生态环保化发展。2023年，在新船能效设计指数（EEDI）和现有船舶能效指数（EEXI）生效的同时，碳强度指标（CII）也将生效，将迫使船东将老旧、不合规的船队在升级和拆解中做出选择。因此从克拉克森统计的中国船东手持散货船订单中可以看到，新造散货船向生态环保化发展的趋势非常明显。截至2023年12月底，中国船东订造的散货船手持订单中

（包含 1 万载重吨以上、9 万载重吨及以下的干散货船舶），安装环保电动发动机的订单数量占比为 64.70%；手持订单中有 11 艘可使用 LNG 动力燃料的订单，占比为 5.31%；18 艘适装脱硫洗涤塔，占比为 8.70%。此外，中国沿海散货船队中约有 30% 为内外贸兼营船舶，在 2023 年 EEXI 生效之后，部分老旧内外贸兼营船舶因无法经营外贸航线而回归内贸市场，将加大沿海散货运输市场供给过剩压力。

（三）2024 年沿海干散货运价仍将处于低位

2024 年，受下游需求疲弱、运力快速增长的影响，沿海干散货运价预计将持续处于低位，总体呈现前低后高的 M 形走势。沿海干散货运输三大货种中，煤炭和矿石运价上涨空间有限，整体将以弱势运行为主，粮食运价或将企稳运行。预计 2024 年，沿海干散货总体运价均值将在 995~1056 点，较上年的波动幅度在 -2%~+4% 范围内（见图 11）。

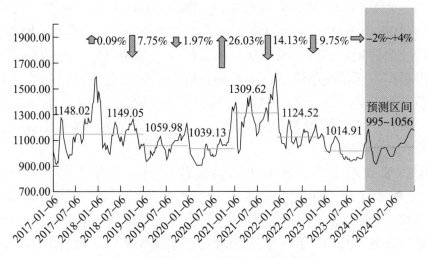

图 11　2024 年中国沿海散货运价指数预测
数据来源：上海国际航运研究中心。

2024 年，沿海散货运输市场的主要利好因素包括：国内生产疫后恢复，经济复苏进程加快；煤炭长协机制调整，刺激沿海运输市场；船舶拆船数量上升，运力供需情况改善；国际市场表现良好，内外贸兼营保持在外；成本高涨带来压力，船东挺价意愿明显；等等。主要不利因素包括：下游重点行业需求疲弱，仍然存在下滑风险；铁路运输途径运量提升，降低沿海运输需求；船舶周转效率继续提升，供需格局保持宽松；供给增速高于需求增速，市场基本面难有明显好转；等等。

（1）有利因素。

国内生产疫后恢复，经济复苏进程加快。2023 年以来，国家全面放开新冠疫情防控，国内各行业陆续恢复疫前生产水平，经济对比去年同期有所回暖，但内需不足逐步展现。政府为抑制问题进一步扩大，陆续出台一系列政策。2023 年末，沿海散货运价明显上升，可见工业、服务业生产端的部分制约因素正逐步解除，沿海运输需求在逐步上升。2024 年政府或将通过加大基础设施建设力度，拉动矿石需求，"保障房"为首的三大工程的建设或将加大地产投资对国内经济增长的贡献，恢复经济将被放在更重要的位置。因此，中国经济复苏加快，有望推动大宗散货的需求稳中向好，对沿海运价构成支撑。

煤炭长协机制调整，刺激沿海运输市场。2023 年 11 月，国家发展改革委正式发布《关于做好 2024 年电煤中长期合同签订履约工作的通知》，与 2023 年的电煤中长期合同签订履约工作方案相比，2024 年的中长期合同签约方式有两个主要新变化。第一，2024 年电煤中长期合同要求，每家煤炭企业任务量不低于自有资源量的 80%，其中 2021 年 9 月以来核增产能的保供煤矿核增部分 100%签订；集中签订完成后，剩余任务量资源接受政府部门调度。可见，2021 年 9 月以来核增产能的保供煤矿核增部分 100%签订，即保供政策还在延续，不过 2024 年没有明确的数量要求。第二，2024 年电煤中长期合同明确，需方包括统调公用电厂以及承担居民供暖任务的相关电厂，鼓励北方集中供暖相关省份根据实际情况组织签订中长期合同，供热企业不再强制签订长协。另外，2023 年要求电力企业长协全覆盖甚至 105%覆盖，2024 年的签约比率恢复至 80%~100%，对耗煤增量的限制相对放松，市场煤活跃度有望提高，对市场供需形势有改善作用。

船舶拆船数量上升，运力供需情况改善。2023 年 12 月，中国船级社（CCS）发布了《航运低碳发展展望 2023》报告。报告分析了国际海事组织（IMO）2023 年航运温室气体减排战略与最新减排政策。航运减排规则日趋严格，航运脱碳进程加快，意味着船舶绿色技术发展加快，而目前不少国内船公司船舶船龄较长，环保技术不达标，2024 年将加速老旧船舶的淘汰，船舶拆解数量上升将对沿海运力过剩问题有所缓解，可能在短时间内推高沿海运价。

国际市场表现良好，内外贸兼营保持在外。受国际政治局势影响，国际散货运输市场存在较大机遇，越来越多的船只从红海转向苏伊士运河，并通过绕过好望角的更长的路线，将有效增加 2024 年的吨海里增长率，降低船舶周转效率，提升国际航运市场运价。考虑 2023 年内外贸兼营船舶的国内航行时间已经处于历史最低位，这部分船舶有望继续保持在国外航行，同时新增散货船运力中，船东将更加倾向于投入国际市场运营，从而有效减轻国内市场供给压力。

（2）不利因素。

下游重点行业需求疲弱，仍然存在下滑风险。煤炭方面，在"双碳"背景下，沿海地区火力发电量维持低速增长，对沿海煤炭运输的支撑作用较弱，下游用煤行业中，建材行业耗煤量有所下降。铁矿石方面，国内钢铁行业"去产能"进程将持续推进，钢铁供需两弱难有改善，同时受外需收缩影响，钢材出口预计将面临下行压力，尽管 2024 年房地产投资拖累效应有望减弱，但总体上对钢材需求和铁矿石运输需求仍然缺乏支撑。

铁路运输途径运量提升，降低沿海运输需求。自 2022 年开始，浩吉铁路万吨重载列车正式开行，浩吉线运力得到明显提高。2023 年，浩吉铁路发运量接近 1 亿吨，发运量仍在迅速增长，荆州港等中转枢纽的吞吐量持续上升，煤炭沿海运输格局正逐步转变，对传统海进江煤炭中转运输模式的影响将进一步扩大。

船舶周转效率继续提升，供需格局保持宽松。2023 年，由于在港运力下降，船舶周转率加快导致运力供给潜在上升。2023 年（截至 12 月 18 日）秦皇岛锚地船舶数量日均值为 26 艘，较 2022 年均值减少 33.33%。同时年内大多数时间维持计划拉运，运输需求得不到集中释放，难以形成规模效应，供需紧平衡，对运价的综合支撑能力下降。此外，中国沿海散货船队中约有 30% 为内外贸兼营船舶，在 2023 年 EEXI 生效之后，部分老旧内外贸兼营船舶因无法经营外贸航线而回归内贸市场，将加大沿海散货运输市场供给过剩压力。预计 2024 年沿海散货运输市场供需仍将保持宽松，沿海船舶周转效率上升，贸易货量将被存续运力稀释，沿海运价上涨缺乏支撑。

供给增速高于需求增速，市场基本面难有明显好转。从整体供需角度来看：2024 年预计沿海散货运量增速为 1%～2%，运力增速为 4%～5%，运力过剩情况持续加剧。市场运输需求缺乏利好因素支撑，难以实现明显增长，甚至部分货种存在下滑风险。而在供给方面，近几年散货船舶新增订单数量和手持订单始终维持相对高位，未来短期内仍有大量待交付船舶投入市场，加上受全球地缘政治不稳定和环保法规影响，部分内外贸兼营船回流，供给压力进一步加大。整体来看，沿海运输市场 2024 年将处于供给宽松局面，市场运价持续处于较低水平，国内航运企业经营依旧艰难，但也不排除国际市场带来的短期机遇存在，总体预测保持谨慎乐观。

（作者：上海国际航运研究中心航运发展研究所 李倩雯 王 毅）

2023 年物流与供应链金融发展回顾
与 2024 年展望

2023 年 10 月 30 日至 31 日，中央金融工作会议在北京举行。会议首次提出了建设金融强国的目标，明确要做好科技金融、绿色金融、普惠金融、养老金融、数字金融"五篇大文章"。供应链金融强化数字科技应用，聚焦中小企业融资需求，践行普惠金融理念，是建设金融强国的重要组成部分。在各级政府的高度重视和市场各方的强力推动下，供应链金融在 2023 年取得一定突破。同时，在金融全域监管的要求下，供应链金融规范、健康地发展仍然是政策关注重点和行业研讨热点。

从金融市场整体看，2023 年我国金融行业整体稳健，金融市场运行平稳，金融业进一步加大对实体经济的支持力度，为经济回升向好营造了良好的金融环境。2023 年全年社会融资规模增量累计为 35.59 万亿元，比上年多 3.41 万亿元。全年金融机构对实体经济发放的人民币贷款增加 22.22 万亿元，比上年同期多增 1.18 万亿元。2023 年四季度末，商业银行的不良贷款余额为 32256亿元，与上季末基本持平；商业银行的不良贷款率为 1.59%，较上季末下降0.02 个百分点。

金融对中小微企业的支持力度进一步加大，贷款利率进一步降低，普惠金融得以持续推进。2023 年末，我国普惠小微贷款余额为 29.4 万亿元，余额同比增长 23.5%，全年增加 5.61 万亿元，同比多增 1.03 万亿元。全年企业贷款加权平均利率为 3.88%，创有统计以来新低。普惠金融的增长，反映了服务中小微企业的供应链金融在深耕产业场景方面取得初步成效。

一、2023 年物流与供应链金融发展回顾

（一）国家政策持续支持供应链金融发展

2023 年 2 月，中共中央、国务院印发了《质量强国建设纲要》，提到推动产业链与创新链、价值链精准对接、深度融合，统筹推进普惠金融、绿色金融、科创金融、供应链金融发展，提高服务实体经济质量升级的精准性和可及性。

2023 年 6 月，央行、国家金融监督管理总局等 5 部门发布《关于金融支持全面推进乡村振兴 加快建设农业强国的指导意见》，提出支持农产品加工流通

业做大做强，聚焦农产品加工业提升行动，积极开展订单、应收账款等质押贷款业务。鼓励供应链核心企业通过链条白名单确认、应收账款确权、设立购销基金等多种方式为上下游企业担保增信。

2023 年 8 月，工业和信息化部、中国人民银行、国家金融监督管理总局等发布的《关于开展"一链一策一批"中小微企业融资促进行动的通知》提到，规范发展供应链金融，鼓励银行业金融机构通过应收账款、票据、订单融资等方式加大对产业链上游中小微企业的信贷支持，通过开立银行承兑汇票、国内信用证、预付款融资，为产业链下游中小微企业获取货物、支付货款提供信贷支持，规范开展动产和权利质押融资。

2023 年 9 月，国务院印发《关于推进普惠金融高质量发展的实施意见》，要求规范发展小微企业供应链票据、应收账款、存货、仓单和订单融资等业务。拓展小微企业知识产权质押融资服务。鼓励开展贸易融资、出口信用保险业务，加大对小微外贸企业的支持力度。引导商业保理公司、典当行等地方金融组织专注主业，更好地服务普惠金融重点领域。

总结来看，一方面，国家政策大力支持供应链金融与产业融合，广泛服务于中小企业；另一方面，政策十分关注供应链金融的规范发展，防止发生系统性金融风险。

（二）地方政府竞相推出各方面支持政策

2023 年，地方政府推出了数量空前的供应链金融支持政策。据中物联金融委的不完全统计，2023 年各省市出台的供应链金融相关政策共计 140 项。按地区划分，华东、华南、西南地区排在前三位（见图 1）。

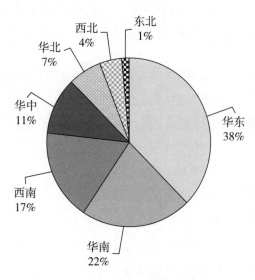

图 1 地方供应链金融政策分区域占比图

地方政府发展供应链金融以推动地方产业集群高质量发展为目的，更加注重与产业场景结合进行供应链金融模式创新。

一是关注产业链供应链融合，强调依托核心企业为上下游企业提供应收账款、保理、贸易融资等供应链金融服务。如《杭州市人民政府办公厅关于建设现代金融创新高地助力经济高质量发展的实施意见》鼓励金融机构与供应链核心企业开展合作，创新应收账款质押贷款、标准化票据、供应链票据等融资业务。《上海市助力中小微企业稳增长调结构强能力若干措施》支持供应链核心企业与金融机构合作开展应收账款质押贷款、标准化票据、供应链票据、保理等业务。

二是引导和支持供应链金融产品创新。如《上海银监局关于进一步完善金融服务　优化上海营商环境和支持经济高质量发展的通知》提出服务总部经济，建设供应链金融示范区。鼓励银行保险机构建设数字化供应链系统，探索供应链金融服务新模式，推出供应链金融服务新产品。围绕制造业高质量发展，重点支持集成电路、生物医药、人工智能、汽车制造等上海重点产业链核心企业。湖北省出台的《关于进一步深化制造业重点产业链链长制实施方案》，提出加大产业链协同和供应链金融产品创新力度，引导和支持金融机构加大应收账款融资、订单融资、预付款融资、存货及仓单质押等信贷服务力度。

三是探索核心企业白名单制度。如《广东省推动新型储能产业高质量发展的指导意见》探索推动金融机构建立储能设备厂商白名单及分级制度。《深圳市加快推进供应链创新与发展三年行动计划（2023—2025 年）》加大对供应链融资的支持力度，研究建立供应链企业融资白名单机制，定期收集企业有效融资诉求。《安徽省加快供应链创新应用行动计划（2023—2025 年）》建立全省供应链核心企业白名单制度并动态调整，指导金融机构对名单内企业实行供应链融资专项授信额度管理。地方供应链金融政策关注点占比见图 2。

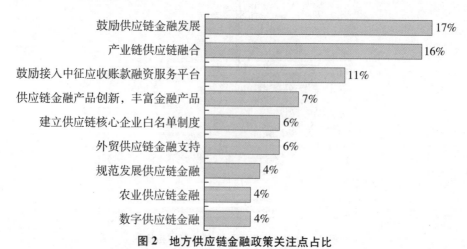

图 2　地方供应链金融政策关注点占比

（三）国资委"十不准"引发行业大讨论

近年来，国资监管部门持续加大对国有企业虚假贸易的监管力度，将虚假贸易纳入责任追究范围。2023 年 4 月，国务院国资委发布《关于做好 2023 年中央企业违规经营投资责任追究工作的通知》（国资厅发监责〔2023〕10 号）、《中央企业财务决算审核发现问题整改和责任追究工作规定》（国资发监责规〔2023〕25 号），对三令五申严禁的融资性贸易、"空转"、"走单"虚假业务问题"零容忍"。

2023 年 10 月，国务院国资委发布《关于规范中央企业贸易管理严禁各类虚假贸易的通知》（国资发财评规〔2023〕74 号），提出虚假贸易行为"十不准"：一是不准开展背离主业的贸易业务。二是不准参与特定利益关系企业间开展的无商业目的的贸易业务。三是不准在贸易业务中人为增加不必要的交易环节。四是不准开展任何形式的融资性贸易。五是不准开展对交易标的没有控制权的空转、走单等贸易业务。六是不准开展无商业实质的循环贸易。七是不准开展有悖于交易常识的异常贸易业务。八是不准开展风险较高的非标仓单交易。九是不准违反会计准则规定确认代理贸易收入。十是不准在内控机制缺乏的情况下开展贸易业务。管控进一步升级。

"十不准"政策进一步强化了对国有企业贸易行为的界定和管控，压缩了不规范贸易行为的操作空间。但同时，一些企业反馈合规业务也难免受到冲击，由此引发了行业的广泛讨论，目前尚没有结论。从长远来看，建立规范业务的界定标准，从制度上消除模糊空间，是较为可行的解决方案。

（四）供应链金融各细分领域平稳发展

保理业务方面，根据国家统计局数据，2023 年末，规模以上工业企业应收账款 23.72 万亿元，比上年增长 7.6%；应收账款平均回收期为 60.6 天，比上年增加 4.4 天。在营业收入基本持平、利润下降的背景下，我国规模以上工业企业应收账款却继续保持高速增长、账期进一步延长，严重影响企业现金流和经营预期。同时，应收账款保理需求快速增长，商业保理业务在第四季度出现小幅增长，发挥了加速企业应收账款回收和加快企业资金循环的作用。

融资租赁业务方面，2023 年融资租赁行业呈现下降趋势，截至 2023 年 9 月底，从企业数量看，全国融资租赁企业总数 9170 家，较上年底减少约 670 家。从业务总量看，全国融资租赁合同余额约为 57560 亿元，比上年底减少约 940 亿元。从发展趋势看，第三季度末租赁业出现触底反弹、缓慢回升迹象。

票据业务方面，2023 年，商业汇票贴现发生额 23.8 万亿元。截至 2023 年末，贴现余额 13.3 万亿元，同比增长 2.1%。贴现的中小微企业 32.0 万家，占全部贴现企业的 96.5%，贴现发生额 17.5 万亿元，占全部贴现发生额的73.5%。供应链票据得到央行的大力支持，截至 2023 年底，共有 24 家供应链平台接入上海票据交易所供应链票据平台；2023 年上半年，供应链票据实现贴现融资 128 亿元。

存货融资业务方面，据中国物流与采购联合会统计，2023 年全年社会物流总额 352.4 万亿元，同比增长 5.2%。据国家统计局数据，2023 年产成品存货6.14 万亿元，增长 2.1%，产成品存货周转天数为 19.3 天，比上年增加 0.9天。存货规模继续增加，存货占用资产相应增长，但存货融资业务仍在低位盘整，占存货总量的比例不足 2%。

（五）供应链金融模式创新有所突破

国家基础平台运营规模增长迅速。从动产融资统一登记平台和中征应收账款融资服务平台运营情况看，依靠各省市对企业连接两大平台的政策引导，平台的运营数据持续快速增长，平台影响范围进一步扩大。截至 2024 年 1 月，动产融资统一登记平台累计注册登记用户数 11 万余个，累计登记 3280 万笔，其中融资租赁 1892 万笔，应收账款质押及保理 1068 万笔。截至目前，中征应收账款融资服务平台的注册登记用户总数达到 46.98 万家，其中应收债权/债务人 42.31 万家，资金方 4.67 万家。应收账款融资成交 49.02 万笔，融资额21.26 万亿元。政府采购融资成交 18087 笔，融资额 378.56 亿元。

数字仓单和数字提单融资模式有所创新。6 月，"青岛自贸片区数字仓库联盟成立暨全球首单发布会"在青岛自贸片区举行，全球首单基于数字提单确权转数字仓单质押融资业务顺利落地，质押物是数字提单确权后的数字仓单。7 月，湖北交通投资集团有限公司成功落地大宗商品数字仓单质押融资业务，实现从采购发货、运输入库、授信申请、仓单签发、质押登记到融资放款全流程线上闭环管理，仓单数据自动采集、实时传输、交叉核验、智能溯源，并同步至武汉市公证协会存证。今年 2 月，建设银行与中国国家铁路集团有限公司签订合作协议，依托铁路货运 95306 平台，推出"铁路运费贷""信用证结算""铁路单证融资"三种铁路物流金融产品。

数字人民币供应链金融业务在多省落地。2 月，云南省首笔数字人民币供应链金融业务落地，由云南省国有企业云天化集团旗下企业与中国银行携手办理数字人民币放款业务。同月，工行上海分行携手上海欧冶金服发放上海地区首笔数字人民币供应链贷款。3 月，由宁波国富商业保理有限公司携手大型医药配送企业，通过农行宁波分行落地浙江省首笔"数字人民币+保理业务"。央行数据显示，截至 2022 年 8 月 31 日，数字人民币在 15 个省（市）试点地区累计交易笔数 3.6 亿笔、金额 1000.4 亿元，支持数字人民币的商户门店数量超过 560 万个。

众多供应链金融平台业务拓展效果明显。日照银行打造"621"数字金融服务体系，供应链融资突破 1000 亿元。徐工集团旗下徐工融票供应链金融平台，交易规模突破 1400 亿元，融票流转层级突破 10 级。比亚迪"迪链"开立规模突破 4000 亿元，四大银行等均已实现直连。华润守正供应链金融服务平台"润票通"业务票据贴现突破 1 亿元。国家能源集团能源供应链金融服务平台"国能 e 链"正式发布，已服务上中下游客户突破 40 万家。中国移动产业链金融平台服务规模超 1300 亿元，推出了到货单融资、结算单融资、票据贴现、合同订单融资、信用融资五大生态产品。中建集团司库供应链金融管理服务平台、横琴金投供应链金融服务平台、四川商投供应链管理有限公司"商云链"平台、中化学保理化学银信平台、河南投资集团特色供应链金融平台"汇融 e 链"、君乐宝乳业集团"金蝶效融"数字供应链金融 SaaS 服务平台、物产中大保理共富 E 信供应链金融平台、云南建投供应链金融共享服务平台、新疆丝路融链供应链金融服务平台等纷纷上线。

供应链金融各领域领先企业动作频频。京东科技发布《供应链金融科技重塑产业模式研究报告》《2023 供应链金融科技发展洞察白皮书》，并正式发布京东供应链金融科技平台 Lite 版。中远海运特运签发首张电子提单，成功打造数字化供应链产品。浙商银行中国首家银行系"供应链金融工厂"正式挂牌，通过数字化成果的深入应用，为行业提供定制化解决方案。华夏银行基于铁路货运物流产业大数据，运用数字化授信、数字化智能风控技术，推出"铁路货运企业数字化运费贷"。合肥维天运通信息科技股份有限公司正式登陆香港联合交易所主板。中企云链递交 IPO 招股书，拟在香港上市。

二、2024 年物流与供应链金融展望

（一）供应链金融的规范发展将有序快速推进

随着国资监管部门加强对虚假贸易的监管，相关政策从"严控"发展为"严禁"中央企业开展融资性贸易、"空转"、"走单"等虚假贸易，并将虚假贸易纳入责任追究范围。国有企业虚假贸易得到一定程度遏制，但是并未根除。从公开披露的国有企业涉嫌虚假贸易的司法判例、国有控股上市公司监管问询函以及审计反映的问题看，虚假贸易整个业务链条的参与主体及交易形式正在不断发生变化，呈现业务类型多元化、参与主体复杂化、资金流转金融化等新特征。

杜绝国有企业虚假贸易是规范发展供应链金融的一部分，也是目前最重要

最受关注的部分。在"十不准"等政策引发的舆论推动下，供应链金融的规范发展必将成为未来一段时间的热点。目前，政策要求与业务扩张之间的模糊空间已经被极限压缩，在监管部门、金融机构、市场主体各方的积极参与下，相关业务的标准、规范将快速建立，以尽可能强地管控系统性风险，同时尽可能小地降低对企业正常业务的冲击。

（二）供应链金融成为地方政府发展产业的重要抓手

一方面，从地方政府推出的供应链金融相关政策看，省市各级政府对供应链金融的认识明显加深。出台供应链金融相关支持政策曾限于直辖市或东部大型城市，目前向中等城市、向中西部蔓延的趋势明显，有些中西部省份更是在全省强力推动。初步估计，2023 年出台供应链金融支持政策的城市数量达到17 个。2024 年，将会有更多的中西部城市推出相关支持政策。

另一方面，各方出台的供应链金融政策针对性更强，支持措施更加具体。如厦门市提出设立 50 亿元的供应链协作基金，采取白名单管理方式，对链主及其协同企业提供融资支持；成都市鼓励金融机构将数字金融和供应链金融服务嵌入数字农业平台，加大中征应收账款融资服务平台推广运用，支持涉农企业通过供应链票据平台签发、流转、变现供应链票据。

较之行政手段，金融具有更直接的市场驱动力，地方政府越来越清晰地认识到，供应链金融在服务中小企业、活跃民营经济、做强产业链方面的巨大作用，供应链金融越来越普遍地成为地方政府发展产业、强链补链的重要抓手。

（三）供应链金融去核化趋势成行业共识

供应链金融去核化即供应链金融业务不再完全依赖核心企业，风险管控不完全依靠核心企业信用的传递，而是依靠生态合作平台、聚合多方数据，更多地依靠数据信用，形成综合风险管控模式。目前在政策端和市场端，供应链金融去核化加速发展的趋势明显。

中国人民银行、金融监管总局等 8 部门 11 月发布的《关于强化金融支持举措 助力民营经济发展壮大的通知》提出：银行业金融机构要积极探索供应链脱核模式，支持供应链上民营中小微企业开展订单贷款、仓单质押贷款等业务。地方政府也跟进推出相应政策，2024 年 2 月，重庆市发布的《重庆市制造业高质量发展投融资服务行动计划（2024—2027 年）》，提出探索以"核心企业交易数据+协助账户锁定+政府部门基本面数据"为核心，无需核心企业确权、不占用核心制造业企业授信额度的数据确权供应链融资新模式。

在市场端，数字科技的应用从点到面，数据信用逐渐被各类金融机构接受，银行相应降低了对核心企业主体信用的依赖，利用科技赋能实现供应链金融模式和产品的创新，供应链信用评价向融资主体信用、数据信用和物的信用拓展，供应链金融风险管控的灵活性增加，数字技术赋能下的订单贷、采购贷、动态折扣以及基于未来货权的供应链金融创新产品加快推出。

（四）农业和跨境贸易领域持续成为行业关注和发展热点

2023 年发布的《中国银保监会办公厅关于银行业保险业做好 2023 年全面推进乡村振兴重点工作的通知》《国务院关于推进普惠金融高质量发展的实施意见》等政策，要求健全农村金融服务体系，金融机构要发挥供应链金融作用，支持农业产业链各经营主体；提出发展农业供应链金融，重点支持县域优势特色产业。湖南、广东、黑龙江、四川等省发布了具体的支持政策，鼓励发展订单农业、大宗农产品仓单质押、活体畜禽质押、数字农业平台金融等涉农供应链金融服务。随着乡村振兴战略的深入实施，金融机构、科技企业、电商平台企业持续关注农业和农产品领域的供应链金融服务模式创新，不断推出供应链金融服务产品。未来这些产品将由点到面、从单一环节走向产业链，逐渐构建标准化、智能化、体系化的供应链金融服务产品矩阵。

国货出海成就了跨境贸易和跨境物流的火热，如何以供应链金融服务于跨境贸易链条上的中小企业，是地方政府和金融服务企业重点考虑的问题。国家和地方积极推出跨境供应链金融支持政策，如商务部、央行联合印发的《关于进一步支持外经贸企业扩大人民币跨境使用促进贸易投资便利化的通知》、四川省印发的《关于政策性金融支持外贸稳规模优结构八条措施》、重庆市发布的《重庆市推动外贸稳规模优结构若干措施》、山东省发布的《山东省跨境电商跃升发展行动计划（2023—2025 年）》，鼓励在外贸综合服务平台信贷支持、"多式联运"提单融资、保险增信，以及运费、存货、仓单、订单等供应链金融领域进行开发和创新。相对于国内贸易，出口贸易的链条更长，金融产品研发需要考虑的风险因素更多，经过几年时间的沉淀，金融机构、平台企业等多方不断试点和实践，跨境供应链金融将逐步进入产品落地和市场推广阶段。

（五）绿色供应链金融创新出更多市场产品

作为支持可持续发展的新型金融服务模式，绿色供应链金融迎来广阔的发展空间。金融机构将绿色理念融入供应链金融服务中，积极开展基于排污权、碳排放权、用能权、绿色电力证书等环境权益的抵质押融资，以支持绿色产业的发展。

12 月 31 日，国家数据局等 17 部门联合印发《"数据要素×"三年行动计划（2024—2026 年）》，选取工业制造、绿色低碳等 12 个行业和领域，提升数据供给水平，优化数据流通环境，为绿色制造和绿色物流应用供应链金融提供更好的数据支撑。如国网上海电力创新"碳评+"绿色金融服务模式，联合属地银行创设"碳评+金融服务"产品，通过碳评已为近40家企业建立绿色供应链金融专属服务渠道。

绿色供应链实现了供应链上碳排放的追踪和监测，同时也为供应链金融提供了为坚实的数据基础，因而绿色供应链可以无缝融合和嫁接金融服务，为链条上的中小企业提供风险可控的金融服务。随着绿色物流和绿色供应链的推进，绿色供应链金融产品将加速推出。

（作者：中国物流与采购联合会物流与供应链金融分会
肖和森　冯德良　王冰洁）

2023 年多式联运发展回顾与 2024 年展望

一、2023 年多式联运发展回顾

2023 年是全面贯彻党的二十大精神的开局之年，是三年新冠疫情防控转段后经济恢复发展的一年，习近平总书记在向全球可持续交通高峰论坛致贺信中指出，建设安全、便捷、高效、绿色、经济、包容、韧性的可持续交通体系，是支撑服务经济社会高质量发展、实现"人享其行、物畅其流"美好愿景的重要举措。这是习近平总书记对交通运输发展的战略部署与殷切期盼，也为多式联运高质量发展谋划了路径、擘画了蓝图。2023 年，随着疫情防控实现平稳转段，我国多式联运驶入发展快车道，《推进多式联运发展 优化调整运输结构工作方案（2021—2025 年）》纵深实施，一系列政策支持力度不断加大，基础设施硬联通、服务规则软联通、运营组织一体化加快推进，多式联运市场持续繁荣，企业创新活力不断释放，有力支撑经济回升向好，加快推进交通强国美好愿景化为现实。主要呈现以下特点。

（一）基础设施硬联通持续推进

一是骨干联运通道加快打通。国家综合立体交通网 6 轴、7 廊、8 通道主骨架建设稳步推进，立体网主骨架建成率达 90%，川藏铁路及其配套公路、西部陆海新通道（平陆）运河工程、小洋山北作业区集装箱码头等重大项目加快建设。西部陆海新通道累计发送集装箱 86.1 万标准箱，同比增长 13.8%，铁海联运班列辐射范围增至我国 18 省 70 市 144 个铁路站点，货物流向通达全球 120 个国家和地区的 473 个港口，畅联高效国内外运输网络。东北陆海大通道建设持续推进，锦州、朝阳、赤峰等出境联运通道日益畅通，内陆腹地出海需求得到较好满足。义甬舟开放大通道模式日益成熟，宁波舟山港依托通道开通集装箱海铁联运线路 100 余条，开行班列 24 条，辐射全国 16 个省 64 个地市，有效衔接融入国内国际双循环。

二是对外辐射能力不断增强。中欧班列战略通道作用不断凸显，累计开行 1.7 万列、发送货物 190 万标准箱，同比分别增长 6%、18%，通达欧洲 25 个国家 219 个城市，全程时刻表中欧班列稳定开行运输时间较普通班列平均压缩 20% 以上。中老昆万铁路跨境货物运量实现大幅增长，跨境货物列车每日开行数量增长至 14 列，开行"澜湄快线"国际货物列车达 400 列，辐射老挝、泰国、越南、缅甸等 12 个"一带一路"共建国家和国内主要城市。由国内铁路、跨境公路、跨境铁路组合的中吉乌铁路国际多式联运新通道正式打通，首趟廊坊"中吉乌"国际多式联运班列完成开行。国际道路运输累计与 22 个国家签署双多边国际道路运输协定，国际道路货运量明显增长。海上航线覆盖 100 多个国家，累计与 68 个国家签署双多边海运协定，与"一带一路"沿线国家海上连接更加紧密。中欧陆海快线已经开通希腊、克罗地亚、西班牙、意大利等 4 条通道，与陆上运输打通中国与欧洲的大循环。民航国际航线有序恢复，复航国家数量达到 2019 年的 89.2%，陆空联运大通道加快复苏。

三是联运枢纽体系日益完善。国家综合货运枢纽补链强链城市建设加快推进，支持两批 25 个枢纽城市，共 296 个货运枢纽项目和 125 个集疏运项目建设，枢纽多式联运服务功能不断提质扩面。125 个国家物流枢纽建设稳步推进，网络关键节点与骨干平台作用持续释放，"枢纽+通道+网络"物流运作体系加快成型。国家骨干冷链物流基地增至 66 个，已覆盖 29 个省，实现与上下游产业链转型升级深度融合，带动冷链物流规模稳步增长。首个高铁快运物流基地在四川广元竣工投运，广州、深圳、西安等机场改扩建工程加快推进，鄂州花湖机场正式投入运营，兰州、郑州等邮政快递分拨设施建设稳步推进，以枢纽设施为重点的集散、分拨、中转、联运枢纽体系正在加快建设。

四是设施衔接水平加快提升。港口、大型工矿企业、物流园区铁路专用线建设有序推进，沿海港口和长江干线主要港口铁路进港率超过 80%，建成铁路专用线 92 条，铁路运输"最后一公里"条件不断优化。沿海主要港口利用疏港铁路、水路、封闭式皮带廊道、新能源汽车运输煤炭及铁矿石的比例分别达到 91.8%、78.8%，货物"公转铁""公转水"不断加深。内蒙古自治区加快落实"十四五"铁路专用线实施方案，推进 10 余条铁路专用线建设，天津市完成 11 家大型工矿企业接入铁路专用线，辽宁、河北、山东、湖北等积极推进铁路专用线建设，多式联运发展条件不断优化。城市货运配送三级物流节点体系建设加快完善，"干线联运+区域分拨""外集内配+绿色联运"等加快推广应用。

五是联运装备加快升级。大宗货物"散改集"持续发力，敞顶集装箱在煤炭、粮食等运输领域广泛应用。国际标准集装箱全面普及应用，国内 50 英尺大尺寸集装箱完成广州国际港站、上海闵行站、长沙北站、昆明王家营西站始发，正式常态化投入使用，实现多式联运货运装备大型化升级。中车为沙特客户定制了双层集装箱平车，服务境外多式联运与绿色运输。中车对动车组列车进行适应性改造，开展整列动车组快运批量运输试点，高铁专用箱、专用包推广应用。内蒙古推进双挂汽车列车试点，投入运营的双挂汽车列车运输容积提升 50%，综合货物组合的运输单位成本平均可减少 34%。新能源及清洁能源车辆与吊装设备、载运机具在物流园区、港口等半封闭式场景中加快推广。新能源牵引车年销售超 1.8 万辆，同比增长 34%。

（二）服务规则软联通不断加强

一是扶持政策协同发力。交通运输部等 5 部门印发实施《推进铁水联运高质量发展行动方案（2023—2025 年）》，从提升设施联通水平、提升联运畅通水平、提高联运服务效能、营造良好发展环境出发，全面推动交通运输绿色低碳发展。交通运输部等 8 部门印发《关于加快推进多式联运"一单制""一箱制"发展的意见》，全方位指导多式联运"一单制""一箱制"发展。交通运输部组织开展综合运输服务"一单制"交通强国试点，批准 17 家企业推进 15 个试点项目建设，围绕"一单制"的单证应用、信息互联、组织模式、功能拓展等方面深入实践。湖北、河南、广东等 13 个省市组织开展了省级多式联运示范工程，为市场主体创新提供良好政策环境。江苏省率先推进运输结构调整示范市创建，对每个示范市给予 8000 万元支持资金。广西、江苏等加快培育多式联运品牌和重点线路。河北将多式联运作为物流强省建设重要内容，形成强有力政策保障。河南制定内河航运高质量发展规划，挖掘内河水运潜力，培育河江海联运发展模式。

二是服务规则加快健全。多式联运法规标准体系不断完善，交通运输法制修订研究有序推进，国家标准《多式联运货物分类与代码》《多式联运运载单元标识》相继发布实施，为多式联运"一单制""一箱制"的发展提供保障。铁路局、工信部、中国国家铁路集团有限公司等共同完善了新能源商品车铁路运输规则，明确了铁路运输新能源汽车不按危险货物管理，强化了铁路运输管理和安全监管的要求，有效解决了各地新能源商品汽车铁路发运难的问题。河南省交通运输学会发布并实施《多式联运经营人服务规范》《集装箱多式联运河港功能区布设规范》《多式联运经营人分类和评估指标》，广州物流与供应链协会发布《多式联运枢纽建设及运营服务规范》等团体标准，为行业监管和企业经营合作选择提供可参照依据。

三是示范效益逐步显现。辽宁、河南、湖北、江苏等 18 个交通强国试点深入探索多式联运创新举措，打造具有鲜明地方特色的多式联运新模式、新业态。19 个多式联运项目被正式命名为国家多式联运示范工程。全国已创建 116 个多式联运示范工程，覆盖 28 个省份及新疆生产建设兵团，与超过 80% 的综合交通枢纽城市形成有效联动，示范线路走向深度融入综合立体交通网建设。多式联运示范工程项目年累计完成集装箱多式联运量超过 800 万标准箱，在技术装备研发、组织模式创新、服务产品培育、标准规范制定等方面形成了一批可复制、可推广的经验做法与技术成果，取得了良好的经济效益和示范带动作用。

四是发展环境不断优化。铁路运输企业加快向物流企业转型，大力推进物流综保和合同制运输。铁路价格市场化改革稳步推进，量价互保、以量换价等服务方式加快推广，中铁南宁局对中老、中越铁路国际冷链货运班列实施铁路运价下浮50%的政策，有力带动了沿线经贸发展。高速公路差异化收费政策全面实施，货车通行成本继续下降。天津、内蒙古、山东、贵州等地持续优化差异化收费政策，开展新能源及清洁能源货车高速公路通行费优惠政策研究，天津对符合条件的新能源集装箱货车进出天津港予以减免高速费优惠。港口收费进一步规范，货主企业和船公司物流成本持续降低。各地积极落实公路超限超载治理常态化机制，公路货运环境持续优化。金融机构通过组织保障、货币政策工具、项目金融支持等方式为交通物流企业提供更有力的支持与更好的服务。

（三）运营组织一体化巩固突破

一是联运信息加快整合。内蒙古自治区围绕"一单制"试点工程试运行多式联运重点企业运行监测平台，切实推进对单证、流程、交易等信息的数字化监管。辽港集团持续健全多式联运智慧管理平台功能，逐步打通多式联运经营人与铁路、水运、公路、国内外场站等多方的信息壁垒。上海港进一步完善海铁联运信息系统平台，加快推进海铁联运"一单制"底层信息互联互通。南航物流积极推进一体化智慧物流平台建设，全面打通航空物流领域的信息孤岛，推动各类市场主体通过平台实现信息的互联互通和共享共用，形成了跨境电商、合同物流以及卡转空地联运三种业务产品。

二是"一单制"探索不断深化。山东、辽宁、内蒙古、福建等7个省份推进多式联运"一单制"试点，围绕单证格式、服务模式等加快创新。江苏引导多式联运经营人自起运地接收货物后即签发提单。宁波舟山港加快推进多式联运"一单制"信息数据共享互联，打通海铁联运物联网应用系统与海铁相关生产系统、国家交通物流公共信息平台及国铁电商系统的信息交换共享渠道，通过强化与铁路部门的紧密合作，已基本实现港口与铁路生产信息互联互通，实时查询、全程跟踪相关信息，达到"铁路+港口"全程物流跟踪服务。中远海运通过全球航运商业网络（GSBN）平台链接上下游合作伙伴，推出了区块链无纸化放货产品，目前已在国内主要枢纽港口部署使用，并推广到境外多个国家，将进口放货时间由原来的1~2天缩短至4小时以内。

三是运输组织模式创新不断强化。公铁联运、铁水联运、江海联运发展方兴未艾，港口集装箱铁水联运量完成1018万标准箱，同比增长15.9%。中韩在威海—仁川试运行多式联运整车运输，实现全国首例"海陆空一体+滚装整车"国际多式联运模式创新，较传统模式可提速5小时、降低物流成本约

30%。江西赣州在全国率先开通赣深新能源汽车多式联运通道，助力中国汽车出口。云南实施"云品出滇"全程冷链多式联运项目，推动鲜花、茶叶、果蔬特色产品出省。郑州、杭州、南宁等机场积极培育卡车航班，杭州萧山机场海关依托 7×24 小时全天候通关保障机制，制定卡车航班应急响应预案，实现卡车航班货物"当日入境、当日转运、当日运抵、当日通关"。

四是企业协同合作不断深化。中国国家铁路集团有限公司与中国建设银行在湖北、广西、重庆、四川、云南等省份合作开展铁路物流金融服务试点，依托铁路货运 95306 平台，推出"铁路运费贷""信用证结算""铁路单证融资"3 种铁路物流金融产品。东莞与香港机场管理局签订东莞—香港国际机场物流园暨空侧海空联运码头项目，正式运行全球首个直达机场空侧海陆空联运项目，带动大湾区货物国际通达性的整体提升。多式联运企业联盟合作趋势不断增强，东北三省一区组建多式联运发展联盟，搭建政企沟通平台；江苏省成立多式联运发展联盟，吸纳龙头企业、科技企业、金融企业、行业协会、高校及科研机构等28 家单位。

二、2024 年多式联运展望

2024 年是中华人民共和国成立 75 周年，是实现"十四五"规划目标任务的关键一年。当前，我国经济持续回升向好的基础还不稳定，有效需求不足，国内大循环存在堵点，国际循环存在干扰，纵深推进多式联运高质量发展势在必行。2024 年 2 月，习近平总书记在中央财经委员会第四次会议上指出，必须有效降低全社会物流成本，优化运输结构，强化"公转铁""公转水"。这是以习近平同志为核心的党中央深刻分析经济高质量发展面临的形势与挑战，为多式联运和运输结构优化谋划的关键路径和重点方向，必须因势利导、顺势而为，突出顶层设计。综合研判，预计 2024 年，我国货物多式联运量将延续较强增势，多式联运市场景气度持续向好，各地将围绕打通基础设施硬联通堵点、消除服务规则软联通痛点、解决运营组织一体化难点、补强产业物流供应链弱点、把握新技术模式创新拐点等方面采取更综合、更有力的措施，坚定不移地推动多式联运驶入高质量发展的快车道，为推进物流降本提质增效贡献力量。

展望一：多式联运全产业链发展潜力将继续释放。

三年新冠疫情对我国货运物流市场造成一定影响，其间多式联运展现出较强韧性和发展潜力，凭借安全、经济、可靠、高效、绿色优势得到市场更多关注。疫情平稳转段后，货运物流市场需求增长放缓与传统供给过剩的矛盾日益凸显，相比传统运输供给，高质量的多式联运供给将更具市场竞争力。综合研判，2024 年，随着我国经济回升向好，高质量发展扎实推进，我国多式联运市场需求有望进一步释放，港口集装箱铁水联运量延续较强增势，多式联运产业规模将持续扩大，与多式联运相关的设施装备、技术标准、服务规则、政策环境等全产业链体系将加快完善，各地政策支持力度将不断加大，为市场主体参与多式联运活动创造更有利的基础条件。铁路、公路、港航、航空、邮政快递等传统货运物流企业将加快向多式联运经营人转型，拓展整合跨方式、跨区域资源，创新培育高质量的多式联运服务供给，带动产业链上下游企业发展。

展望二：多式联运基础设施局部瓶颈将加快打通。

目前，我国铁路仍有瓶颈路段亟待打通、内河航道存在梗阻仍需消除，多式联运基础设施网络局部仍存在短板断点。2024 年，随着我国综合立体交通网主骨架建设稳步推进，主骨架建设有望提前完成预期目标，各种运输方式骨干网络将加快完善。在国家综合货运枢纽补链强链政策的支持下，枢纽港站及集疏运体系建设将不断完善，铁路专用线进港区、进大型工矿企业、进150万吨以上物流园区进一步强化，货物在港口码头、铁路站场、物流园区、机场、企业厂房等设施间转运的条件将明显改善，多式联运微循环不断畅通。京津冀及周边地区、晋陕蒙煤炭主产区、长三角地区、粤港澳大湾区等有望推进运输结构调整示范区创建，推进"公转铁""公转水"不断深化，多式联运基础设施短板断点将加快补齐。

展望三：多式联运装备创新应用将有效提升载运效能。

随着多式联运产业链不断完善，适应我国内陆多式联运发展的装备研发不断增多，应用场景持续拓展。运载单元方面，大尺寸集装箱将加快试验与推广，50 英尺集装箱将在公铁联运领域率先常态化应用，有效提升载货空间，降低物流成本；35 吨敞顶集装箱在大宗货物"散改集"中将发挥更显著的作用，推动多式联运向内陆地区延伸，与船舶、货车标准不适配问题将进一步缓解；航空集装器、高铁专用箱、标准托盘等加快普及，将进一步提升多式联运货物周转效率。载运工具方面，双层集装箱专用平车、驮背运输车、江海联运船型等装备技术日趋成熟，多式联运载运能力不断提升；整列动车组、货运高铁等装备研发应用不断深入，配套形成创新运输组织模式，将为客户带来更为丰富的多式联运产品选择。

展望四：多式联运"一单制""一箱制"规则体系将不断完善。

多式联运"一单制""一箱制"受到广泛关注，越来越多的骨干物流市场主体竞相加入"一单制""一箱制"实践中，"一次托运、一次结算、一次保险、全程负责"的服务模式正在化为现实。综合研判，随着多式联运"一单制""一箱制"顶层设计与产业实践不断强化，我国多式联运"一单制""一箱制"配套规则体系将加快完善，标准化的集装箱多式联运运单或在公铁联运中率先试行，将有助于引导多式联运单证格式统一，推动背后生产管理系统的变革升级。多式联运经营人基本条件和服务要求将不断提高，为行业监管和市场合作提供更有价值的依据。多式联运"一单制"业务流程将更为合理、逐步规范统一，依托单证开展的各类增值服务将加快探索；铁路、公路、航运、民航等领域单证电子化、无纸化进程将加快推进，多式联运数据交换机制和互联互通水平有望逐步建立和提升。

展望五：先进信息技术在多式联运领域将加快渗透应用。

我国多式联运已初步具备信息化基础，但数字化、智慧化程度仍然不高，方式间、企业间信息化水平参差不齐，多式联运信息互联共享机制不健全，"信息孤岛""信息壁垒"仍然存在。综合研判，2024 年，人工智能、物联网、区块链、云计算等先进信息技术将延续迅猛发展态势，将不断加深与多式联运的融合发展，智慧公路、智慧铁路、智慧航运、智慧港口、智慧园区、智慧枢纽等关键设施、关键流程、关键环节数字化升级将加快推进，无人配送、无人机、无人仓等先进技术将与多式联运加强衔接，为多式联运创造向智慧化决策转变的基础条件。企业集装箱多式联运管理系统建设将不断完善，实现对集装箱发运、在途、到达等的全链条管理，跨方式集装箱多式联运信息交换模式将进一步研究深化。单证电子化将在铁路、港航、航空等领域加深探索。

展望六：多式联运服务将向一体化供应链延伸发展。

我国对产业链供应链的要求持续提升，2024 年政府工作报告中明确提出，要推动产业链供应链优化升级，增强产业链供应链韧性和竞争力。多式联运在提升产业链供应链韧性、打造绿色供应链、服务产业降本增效方面具有天然优势。综合研判，2024 年，随着我国现代化产业体系建设不断完善，多式联运硬件与服务配置也将围绕产业链布局和供应链升级不断优化，多式联运经营人将更加全面精准对接产业链生产计划，不再只是提供简单的方式串联或环节拼凑式多式联运服务。多方式一体化集成服务、跨区域一体化联运服务、跨产业一体化融合服务等深度融入产业链供应链的多式联运产品与模式将加深探索，及时响应、准时交付、全程服务将成为多式联运竞争力的重要体现。新能源及清洁能源车船装备将加快在多式联运领域推广应用，城市绿色货运配送与多式联运将深度结合，进一步畅通"最后一公里"运输，打通绿色供应链。

（作者：交通运输部规划研究院 李云汉）

2023 年城市配送发展回顾与 2024 年展望

一、2023 年城市配送发展回顾

2023 年，是全面贯彻党的二十大精神的开局之年，是三年新冠疫情防控转段后经济恢复发展的一年。国际形势经历了复杂而深刻的变化，安全挑战与发展机遇并存，国内形势总体稳定，经济波浪式发展、曲折式前进，总体回升向好，高质量发展扎实推进，物流运行环境持续改善，行业整体恢复向好。市场需求规模恢复加快，高端制造、线上消费等新动能领域回升明显，城市货运配送行业需求不断上涨。

（一）国家积极促消费扩投资，降本增效政策持续发力

2023 年，我国坚定实施扩大内需战略，把恢复和扩大消费摆在优先位置，大力促进有效投资，全年出台多项物流降本增效政策，城市货运配送发展环境不断优化。

1. 中共中央、国务院《数字中国建设整体布局规划》

提出推动数字技术和实体经济深度融合，在农业、工业、交通、能源等重点领域，加快数字技术创新应用。推进移动物联网全面发展，大力推进北斗规模应用。此外，在优化数字化发展环境方面，该规划明确，要统筹谋划数字领域国际合作，建立多层面协同、多平台支撑、多主体参与的数字领域国际交流合作体系，高质量共建"数字丝绸之路"，积极发展"丝路电商"。

2. 国务院《空气质量持续改善行动计划》

提出优化交通结构，大力发展绿色运输体系。持续优化调整货物运输结构，重点区域内直辖市、省会城市采取公铁联运等"外集内配"物流方式。加快提升机动车清洁化水平，重点区域公共领域新增或更新公交、出租、城市物流配送、轻型环卫等车辆中，新能源汽车比例不低于 80%；在火电、钢铁、煤炭、焦化、有色、水泥等行业和物流园区推广新能源中重型货车，发展零排放货运车队；力争到 2025 年，重点区域高速服务区快充站覆盖率不低于 80%，其他地区不低于 60%。

3. 《国务院办公厅关于进一步构建高质量充电基础设施体系的指导意见》

提出到 2030 年，基本建成覆盖广泛、规模适度、结构合理、功能完善的

高质量充电基础设施体系，有力支撑新能源汽车产业发展，有效满足人民群众出行充电需求。大力推动在乡镇机关、企事业单位、商业建筑、交通枢纽场站、公共停车场、物流基地等区域布局建设公共充电基础设施。结合城市公交、出租、道路客运、物流等专用车辆充电需求，加快在停车场站等建设专用充电站。

4.《国务院办公厅转发国家发展改革委关于恢复和扩大消费措施的通知》

提出扩大新能源汽车消费，落实构建高质量充电基础设施体系、支持新能源汽车下乡、延续和优化新能源汽车车辆购置税减免等政策。完善农村电子商务和快递物流配送体系，完善县乡村三级快递物流配送体系，推行集约化配送。稳步推动产地销地冷链设施建设，补齐农产品仓储保鲜冷链物流设施短板，推动城乡冷链网络双向融合。

5. 国家发展改革委等部门《关于做好 2023 年降成本重点工作的通知》

提出推进物流提质增效降本。完善现代物流体系，加强国家物流枢纽、国家骨干冷链物流基地布局建设，提高现代物流规模化、网络化、组织化、集约化发展水平。调整优化运输结构，深入实施国家综合货运枢纽补链强链，推动跨运输方式一体化融合。继续执行公路通行费相关政策，深化高速公路差异化收费，严格落实鲜活农产品运输"绿色通道"政策。

6. 国家发展改革委、自然资源部、交通运输部、商务部、市场监管总局《关于布局建设现代流通战略支点城市的通知》

将 102 个城市纳入布局建设范围，流通支点城市将按综合型、复合型、功能型分类推进建设，覆盖全国 31 个省区市以及新疆生产建设兵团。布局建设流通支点城市有利于更好发挥相关城市流通发展基础好、辐射带动能力强的优势，从"大流通"高度推动商流、物流、信息流、资金流融合发展，促进生产消费紧密衔接，加快形成内畅外联的现代流通网络，更好服务以实体经济为支撑的现代化产业体系。强调了对流通基础设施建设的支持，包括优化物流和配送体系，提高供应链运行效率。

7. 工业和信息化部、交通运输部、发展改革委、财政部、生态环境部、住房城乡建设部、国家能源局、国家邮政局《关于组织开展公共领域车辆全面电动化先行区试点工作的通知》

在全国范围内启动公共领域车辆全面电动化先行区试点工作，提出试点领域新增及更新车辆中新能源汽车比例显著提高，其中城市公交、出租、环卫、邮政快递、城市物流配送领域力争达到 80%。提升车辆电动化水平，因地制宜开展多元化场景应用，鼓励在短途运输、城建物流以及矿场等特定场景开展新能源重型货车推广应用，加快老旧车辆报废更新为新能源汽车，加快推进公共领域车辆全面电动化。支持换电、融资租赁、"车电分离"等商业模式创新。

2023 年 11 月，公布了北京、深圳、重庆、成都、郑州、宁波、厦门、济南、石家庄、唐山、柳州、海口、长春、银川、鄂尔多斯等 15 个城市为第一批试点城市。

8. 国家数据局、中央网信办、科技部、工业和信息化部、交通运输部等 17 部门《"数据要素×"三年行动计划（2024—2026 年）》

提出推动协同制造，推进产品主数据标准生态系统建设，支持链主企业打通供应链上下游设计、计划、质量、物流等数据，实现敏捷柔性协同制造。提升服务能力，支持企业整合设计、生产、运行数据，提升预测性维护和增值服务等能力，实现价值链延伸。强化区域联动，支持产能、采购、库存、物流数据流通，加强区域间制造资源协同，促进区域产业优势互补，提升产业链供应链监测预警能力。提出培育新业态，支持电子商务企业、国家电子商务示范基地、传统商贸流通企业加强数据融合，整合订单需求、物流、产能、供应链等数据，优化配置产业链资源，打造快速响应市场的产业协同创新生态。

（二）城市货运配送需求持续扩大，专业化水平不断提升

2023 年，全国社会消费品零售总额 471495 亿元，比上年增长 7.2%。其中，城镇消费品零售额 407490 亿元，占社会消费品零售总额的比例为 86.4%，比上年增长 7.1%，消费潜力进一步释放，城区依然为城市货运配送的主要需求来源。

电商快递需求持续释放。全年实物商品网上零售额 130174 亿元，按可比口径计算，比上年增长 8.4%，比去年提高 2.2 个百分点，占社会消费品零售总额的比重为 27.6%。单位与居民物品物流总额 13.0 万亿元，增长 8.2%。全年快递业务量累计完成 1320.7 亿件，同比增长 19.4%；业务收入 12074 亿元，同比增长 14.3%；其中，同城快递业务量累计完成 136.4 亿件，同比增长 6.6%；异地快递业务量累计完成 1153.6 亿件，同比增长 20.5%。

专业化物流快速发展。国家物流枢纽、国家骨干冷链物流基地建设稳步推进，公布沧州港口型等 30 个国家物流枢纽、25 个国家骨干冷链物流基地建设名单。持续推进国家综合货运枢纽补链强链城市建设，太原、哈尔滨、长春、连云港-徐州-淮安（组合型枢纽城市，视为一个地市予以支持，下同）、长沙-株洲-湘潭（组合型枢纽城市）、西安、银川、兰州、西宁、乌鲁木齐（含兵团相关师市）共 10 个城市入选第二批支持范围。冷链等专业物流高效发展，数字化、标准化、绿色化物流设施装备研发应用加快推进。2023 年，我国冷链物流市场规模保持持续增长态势，冷链物流需求总量超 3.5 亿吨，同比增长 6.1%；冷藏车保有量约 43.2 万辆，同比增长 12.9%。

（三）加快城市货运配送体系建设，绿色化水平不断提升

各地以城市绿色货运配送示范工程为工作抓手，加快推动"集约、高效、绿色、智能"的城市货运配送服务体系建设，企业创新活力持续释放，市场影响力和示范带动作用不断增强，城市货运配送绿色化水平不断提升。

三级节点体系日益完善，城市货运运行更加集约高效。无锡市构建了有机衔接、功能明晰、配套协同的"6+12+200+"的三级城市绿色货运配送网络节点体系，形成了"干线运输+干支衔接+城市配送"三层分隔物流通道保护环。石家庄市盘活存量，用好增量，在充分利用既有配送场站资源的基础上，重点规划布局规模化、规范化配送场站，发展铁路运输与城市配送相结合新模式。南通市结合路网通道布局以及城市空间发展特点，打造"一带一城多终端"三级城市货运配送节点网络体系，其中以物流园区及综合物流中心为代表的 6 个干支衔接型货运枢纽，结合外围高速通道和沿江港口、铁路货场、机场，形成一级节点带。苏州市结合中环快速路打造便捷衔接网络，形成以公共配送（分拨）中心为代表的 20 个二级城市货运配送节点，主要包括冷链物流中心、商超百货仓储物流中心、邮政快递分拨中心、制造业原料产品中心、专业性共同配送中心、医药物流中心等类型。

运输装备绿色转型发展，新能源物流车实现快速增长。城市货运配送车辆标准化、专业化、厢式化、清洁化水平和外观形象不断提升。各地积极推广新能源城市货运配送车辆，引导枢纽园区至配送中心配送车辆、配送中心至社区配送网点配送车辆采用新能源车辆或末端配送电动三轮车，加大充电桩等配套设施建设力度。超过 50 个地方省市已经出台新能源车行业激励政策，新能源城市货运配送车辆实现快速增长，部分地市新能源城市物流车实现倍数级增长。台州对达到一定运营里程的微面、中面、微卡、轻卡、冷藏车五种车型给予 8000 元到 28000 元不等的奖补。各地积极推动冷链物流设施和技术装备标准化，提高冷藏运输车辆专业化水平，推广标准冷藏集装箱，促进冷链物流各作业环节以及不同交通方式间的有序衔接。济南市大力推动冷链物流与农业融合发展，以农产品保鲜储藏、冷链配送为核心，形成集收购加工、冷藏保鲜、包装储藏、冷链配送等功能于一体的冷链物流网络，大力推广应用冷藏集装箱、冷藏车、低温物流箱、移动冷库等标准化设备。

通行政策持续优化调整，城市配送"三难"问题进一步缓解。针对"通行难"问题，各地持续优化完善通行政策，针对不同时效、不同需求、不同类型的货运车辆，实施分级管控、精准施策，通行证网上办理范围不断扩大，新

能源物流车便利化通行政策陆续出台。太原市为优化城市配送车辆通行管理工作，设置 8 条货运通道，货运通道的通行时间为 22：00 时至次日 6：00 时，符合环保要求的各类货车，允许在货运通道通行，无需办理通行证。温州市在主城区范围内道路调整为允许全天通行，核心区调整为允许非高峰时段通行，确保允许通行时间不少于 16 个小时。珠海市加大对通行政策的引导，公安交警部门全面取消对核定载质量 5 吨（含）以下新能源货车高峰时段外的限行措施；不在限行时间、路段内通行的新能源货车，无需办理准行证件。针对"停靠难""装卸难"问题，各地积极围绕中心城区商业区、居住区、生产区、大型公共活动场地等区域布设专用卸货场地和道路范围内配送车辆的临时停车泊位。

运输组织提质增效，市场主体规模化专业化发展。各地积极发展"集中采购＋共同配送""集中仓储＋共同配送""连锁采购＋统一配送"等各类共同配送组织模式，大力推行"统仓统配""多仓共配"等仓配一体化等先进物流模式，推动城市货运配送多元化发展，满足居民个性化物流配送需求的同时，进一步促进物流降本增效。咸宁打造城配联盟供应网，创新发展"连锁采购＋统一配送""集中采购＋共同配送""集中仓储＋共同配送""网订店取（送）"等新模式，推动品牌商、零售商、经销商之间从供应链建立供应网。冷链、电子商务等专业化物流水平不断提高，南通推广"冷链直销＋冷链配送""生鲜电商＋冷链宅配""社会化冷链共同配送"等新型冷链物流运作模式，依托基地冷库、冷链车及具有智能保鲜冷藏功能的自提货柜实现生鲜食品全程冷链配送，打造了南通首家"以生鲜食品为主体的快消品"冷链配送商贸物流平台。

政策环境持续优化，货运配送信息资源互联互通。各地高度重视城市绿色货运配送发展，形成多部门协同联动工作机制，多措并举推动城市货运配送绿色集约发展。无锡通过政府扶持和市场引导，在城市配送行业培育形成了 44 家 3A 级（含）以上专业化城市货运配送企业，17 家配送中心建设型试点企业，1 家信息平台建设型试点企业，9 家先进组织模式应用型试点企业，5 家新能源车辆购置营运型试点企业，涵盖了快消品、农产品、医药、快递邮件等运输领域，在同行业内占据较大市场份额，有力推动了城市货运配送企业集约化发展。同时，各地积极开展城市货运配送公共信息平台建设工作，探索实施日常监测、车辆监管、绩效考核、数据统计分析等辅助决策支撑体系，整合三级节点、充电桩、临时停靠点、企业、车辆等资源，推动实现货运配送信息资源交互共享。南通市着力构建以城市货运配送公共信息服务平台为载体、各级网点数据为支撑、供应链上各企业为终端的信息互通体系，实现配送企业、新能源配送车辆、配送车辆专用临时停靠点、充电桩、干支衔接型货运枢纽、公共配送中心、末端公共配送站等各类感知信息的"聚""通""用"，绘就智能监管"一张图"。

二、2024 年城市配送展望

2024 年，我国国内生产总值增速预测为 5% 左右，"稳是大局和基础""进是方向和动力"，经济回升向好态势持续巩固增强，持续推动经济实现质的有效提升和量的合理增长，生活性服务业持续向高品质和多样化升级。总体来看，2024 年城市货运配送发展呈现以下几个特点。

交通物流降本提质增效，推动城市货运配送集约化发展。习近平总书记在 2024 年 2 月中央财经委员会第四次会议上强调，物流是实体经济的"筋络"，联接生产和消费、内贸和外贸，必须有效降低全社会物流成本，增强产业核心竞争力，提高经济运行效率。物流降成本的出发点和落脚点是服务实体经济和人民群众，立足于为生产和生活提供便捷高效的物流服务支撑。未来，物流园区、货运枢纽、配送中心等建设和改造力度将进一步加大，特别是多式联运物流园区、冷链物流基地等专业物流基础设施建设持续发力，各地将持续引导物流节点设施集约化发展和规模化运作，发挥枢纽节点资源集聚整合功能，加强和优化试点城市配送设施规划布局，引导市场逐步形成以重点物流园区分拨中心、公共及专业配送中心和城市末端配送网点为支撑的城市货运配送网络体系。

因地制宜发展新质生产力，推动城市货运配送智能化发展。习近平总书记在 2024 年 1 月中共中央政治局第十一次集体学习时强调，加快发展新质生产力，扎实推进高质量发展。新质生产力是创新起主导作用，摆脱传统经济增长方式、生产力发展路径，具有高科技、高效能、高质量特征，符合新发展理念的先进生产力质态；由技术革命性突破、生产要素创新性配置、产业深度转型升级而催生，以劳动者、劳动资料、劳动对象及其优化组合的跃升为基本内涵，以全要素生产率大幅提升为核心标志，特点是创新，关键在质优，本质是先进生产力。未来，人工智能、云计算、区块链、5G 等先进技术赋能城市货运配送行业的深度和广度将持续加大，自动化、无人化、智慧化物流技术装备以及自动感知、自动控制、智慧决策等先进管理技术推广应用不断扩大，各地将持续加大新业态新模式培育力度，积极发展与平台经济、低空经济、无人驾驶等结合的物流新业态新模式，加大共享仓储、共同配送、无人配送、智慧航运、高铁货运等模式的探索应用，推动建立物流周转箱、托盘、半挂车等设备循环共用体系。

实施设备更新行动，推动城市货运配送清洁化发展。2024 年 3 月，国务院印发《推动大规模设备更新和消费品以旧换新行动方案》，提出实施设备更新行动，支持交通运输设备和老旧农业机械更新，加快淘汰国三及以下排放标准营运类柴油货车。工业和信息化部等 8 部门组织开展的公共领域车辆全面电动化先行区试点工作，明确提出加快建设绿色低碳交通运输体系，在全国范围内启动公共领域车辆全面电动化先行区试点工作，城市物流配送新增及更新车辆中新能源汽车比例显著提高，力争达到 80%。未来，各地将持续加大新能源城市货运配送车辆推广应用力度，车辆购置、运营、路权保障及充换电、加氢、加气配套设施等支持政策体系不断健全。

（作者：交通运输部规划研究院　李弢　刘佳昆　周也方　角远韬）

2023 年仓储业发展回顾与 2024 年展望

　　2023 年是我国全面贯彻党的二十大精神的开局之年。在全球宏观环境复杂多变的这一年，受益于系列稳增长政策的持续推动，我国经济在面对有效内需不足、外需较弱等重重挑战下，稳健前行。2024 年，在宏观政策效应继续释放，产业转型升级稳步推进的情况下，我国经济有望延续向好态势。

　　总体来看，2023 年落地于仓储业板块的市场需求增长放缓，仓配企业分化发展越发明显，具备资源或服务优势的企业取得较好收益，而缺少竞争优势的企业则面临较大生存压力，加之头部企业并购事件频发，仓储配送行业洗牌呈加速态势。

　　过去一年，仓储物流企业面对现有存量市场的激烈竞争，一方面越发关注可持续发展，进一步加大在标准化、数字化、智能化、绿色化方面的投入；另一方面积极拓展新服务功能和服务业态，向产业链上下游延伸，由常温向冷链、2B 向 2C、传统电商向直播和兴趣电商、仓配一体化向端到端一体化供应链服务延伸，寻求更多发展机会。总体上，仓储业在市场需求放缓、行业内卷加重等重重挑战下，稳健前行，有效推动了行业向高质量发展。

　　据预测，未来一个时期，国内市场增长放缓，国际环境错综复杂，行业竞争将更加激烈，但仓储行业作为产业供应链发展重要支撑的地位不会变、高质量和现代化发展总方向不会变、提升自身服务能力和客户服务体验的发展要求不会变。

一、2023 年仓储业发展回顾

（一）仓储指数回顾与分析

　　中国物流与采购联合会发布数据显示，2023 年，中国仓储指数全年均值为 51.5%，较 2022 年提高 2.1 个百分点，增幅显著。显示出在我国经济保持相对稳定运行的背景下，仓储需求不断扩大，仓储行业呈现持续向好的发展态势。

　　分季度来看，2023 年，中国仓储指数四个季度的均值分别为 49.9%、51.9%、52.6%、51.6%，前三季度呈持续回升走势，第四季度略有回落，但均值仍位于扩张区间，向好态势未有改变。这显示，中国仓储需求不断扩大，仓储行业呈现持续向好的发展态势。

2023 年 12 月中国仓储指数为 51.6%，较上月回落 0.6 个百分点，仍保持在扩张区间，显示仓储行业整体保持良好运行态势。同时，业务活动预期指数有所回落，显示企业对后市保持谨慎乐观。分项指数中，12 月，业务量指数为52.9%，较上月回升 1.1 个百分点，表明随着市场需求恢复，仓储业务活动更加活跃，业务量呈现持续增长态势。分品种来看，大宗商品中的建材和消费品中的食品、棉麻、医药等品种业务量增长更加明显，表现较为突出。

（二）行业形势分析

1. 不利形势

进入 2023 年，疫情给仓储配送业发展带来的负面影响虽然在逐步减弱，但后疫情时代，消费理念发生变化、企业调整发展战略、全球经济面临严峻形势，行业仍面临诸多挑战。

从外部环境看，国际上，全球经济萎缩、国外制造业"回流"或迁出中国、合作贸易政策限制、海外订单减少等；在国内，电商增长放缓、居民消费谨慎、制造与商贸企业自身生存发展困难、产业处于转型升级的特殊时期等：均导致仓配需求很难有明显的增长，甚至有所减少。

从企业内部看，仓配服务型企业人力成本持续上升，同时客户为降低成本压低仓配服务价格，导致企业经营"两面承压"，服务功能单一、专业水平低、"微盈利"或"零利润"、回款周期长等经营问题将更加突出；仓储地产型企业，因市场需求增长放缓，将面临仓库空置率上升、租金水平下降的发展困境。未来一个时期，企业间的"价格战"将更为激烈，企业面临的生存环境将更加艰难。

2. 有利形势

从国家政策看，疫情防控期间，物流对国际国内生产生活的保障作用显露无遗，国家为保证供应链的持续稳定与安全，高度重视物流业发展。国务院办公厅印发《"十四五"现代物流发展规划》，在物流已有的"先导性、基础性、战略性"定位基础上，强化了其在"延伸产业链、提升价值链、打造供应链"方面的重要地位。该规划围绕资源整合集聚、服务数智化升级与创新、补齐农村短板、一体化运作衔接、绿色低碳发展、末端提档升级、健全国际网络等方面，对"十四五"时期仓配现代化发展提出要求，做出全局性、系统性、战略性部署，为仓配企业未来发展提供指引。

从发展机遇看，由于经济增长趋缓，生产制造与商贸流通企业开始过"紧日子"，会越发重视物流与供应链的效率和成本，开展精细化管理，追求上下游之间资源整合、高效协调等，这将为仓配企业在国内的发展带来新机会；同时，随着"一带一路"的建设，物流需求不断释放，为仓配企业在海外发展带来新的空间。

（三）2023 年仓储业发展大事

（1）中共中央、国务院印发《质量强国建设纲要》，提出发展智慧物流、供应链物流，为仓储配送行业发展指明方向。《质量强国建设纲要》明确持续增强产业质量竞争力、服务业供给有效满足产业转型升级和居民消费升级需要的发展目标，并提出要积极发展智慧物流和供应链物流、提高现代物流服务能力、增强产业链集成优势等重点任务。《质量强国建设纲要》围绕增强质量发展创新动能、树立质量发展绿色导向、强化基础设施质量、提升全面质量管理水平和服务专业化水平、提升服务质量效率等方面，进一步强调以互联网和供应链思维提升现代化能力的核心，对仓配行业推动实现高质量发展予以指导。

（2）"数智大模型"投入应用，为仓配发展带来变革。2023 年，多家企业相继发布物流领域"大模型"，其中，菜鸟供应链"天机 π"通过菜鸟算法+基于大模型生成的 AI 辅助决策，在销量预测、补货计划和库存管理等方面实现提质增效；"京东物流超脑"在交互、分析、决策上进行 3D 仓储布局，在运营异常时提供改善性建议以及为供应链计划进行辅助性决策；福佑卡车与腾讯合作的端到端 OCR 智能识别大模型，可实现物流货运证件和单据的智能识别与自动处理，并为货运物流需求预测和市场趋势分析提供支持、辅助做出更明智的决策。大模型在仓配领域的应用，彻底改变了人工"经验"决策方式，用数智化手段促进物流网络数实融合、推动仓配业务重塑，为提升仓配全链路运营效率、降低成本、提升服务体验和创新业务带来变革。

（3）电商仓配、即时配送、物流科技等领域出现"对手变队友"现象，在竞争中寻求合作共赢。2023 年，京东全面开放物流接口，极兔、申通等相继接入京东平台；美团外卖与顺丰同城、闪送、UU 跑腿合作，共建即时配送行业生态；海柔创新与旷视科技、壹悟科技合作，共同提供"托-箱-件"的柔性综合解决方案。在互联网背景下，跑马圈地、低价竞争的做法已不适用，企业之间取长补短、求同存异、相互协作才是可持续发展的道路。

（4）各级政府部门加大低碳发展力度，仓配绿色化成为行业大势。2023 年，国家部委、地方政府部门相继发布碳达峰、碳排放、碳交易等建议及工作方案 20 余项，绿色化已成为仓配企业高质量发展的重要内容。行业协会评价的绿色仓库已达 5000 万平方米；数十个光伏发电、绿色电力仓库投入市场。中国外运、宝湾、日日顺、京东、顺丰等 10 家上市物流企业陆续披露 ESG 报告；满帮上线货运领域首个"碳账户"平台，立专项资金，发放绿色权益，助推司机运输过程中减少碳排放量；京东物流发布供应链碳管理平台 SCEMP，基于运输工具的真实轨迹，可以最小颗粒度计算物流运输碳足迹。

（5）冷链仓储遭遇"冰火两重天"，部分冷链企业面临生存与发展困境。2021—2023 年，国家发展改革委、农业农村部、财政部、全国供销合作总社等多部门资金支持冷链设施建设，20 余个省发布冷链相关的专项规划或发展实施方案。在政策支持与资金加持的背景下，全国冷库建设进入井喷阶段，全国冷库规模增长明显，但因食品进出口贸易低迷、国内冷链消费需求尚未完全释放等因素共同作用，全国各地冷库不同程度地出现高空置率、低价恶性竞争的局面，与冷库基础设施建设火热形成鲜明对比。

（6）金融仓储领域首次发布生态图谱。2023 年 11 月，中国仓储与配送协会、华夏银行、中仓登数据服务有限公司在"2023 中国金融仓储创新发展大会"上，向行业发布金融仓储生态建设成果及计划，并首次发布"2023 金融仓储生态图谱"。图谱中明确了金融仓储业务所涉及的各类主体类型（包括金融仓储企业、金融机构、科技企业、供应链管理企业、交易所、支持性服务机构、地方政府等），厘清了业务主体之间的关系与责任边界，通过对金融仓储行业进行全景与结构展示，有效规避因主体多样导致职责责任不清晰等问题，让各类业务主体在金融仓储业务中明确自身的发展定位、找到未来发展路径。

（7）海外仓配领域头部聚集效应愈发明显，海外仓配企业向跨境物流全链路解决方案服务商发展。11 月 28 日，全球首个以供应链为主题的国家级展会"中国国际供应链促进博览会开幕式暨全球供应链创新发展论坛"成功召开，国务院总理李强提出共同构筑安全稳定、畅通高效、开放包容、互利共赢产业链供应链的倡议，坚定了发展国际产业链供应链的决心。经历 3 年疫情洗礼，部分中小海外仓配企业逐渐退出市场，纵腾集团、乐歌股份等海外仓配头部、腰部企业因强运营管理能力、抗风险能力等聚集效应愈发明显，服务功能逐步完善，服务水平不断提升，服务内容逐步向"集、运、存、销、送"全链路方向蓬勃发展。

（8）标准化物流容器循环共用进一步深化。路凯集团与集保中国对外宣布已完成了其在中国内地及香港的托盘、生鲜周转筐与汽车零部件包装等物流载具的循环共用业务合并，双方业务层面的融合正在稳步推进中。作为全球历史悠久的两家专业托盘循环共用服务商，路凯集团与集保我国的合并将最大化地实现规模效应和协同效应，打破边界、打通堵点，打造更具规模的标准循环载具共用池、更优化的营运网络布局以及更多元化的专业人才队伍，推动我国托盘市场从静态租赁模式向带板运输场景下动态流转模式的转变，加速推进我国托盘标准化（1200 mm×1000 mm 尺寸规格）以及托盘循环共用市场发展。

（四）2023 年仓储业市场发展特点

1. 仓储业面积持续增长

仓储物流行业的供给能力和供给质量都有所提升。有关数据显示，2023 年全国营业性通用仓库面积达到了 10.5 亿平方米，同比增长 5.3%。其中，智能仓库面积为 2.1 亿平方米，占比 20.0%，同比增长 15.0%。预计 2024 年全年全国营业性通用仓库面积将达到 11 亿平方米左右，同比增长 4.8% 左右。其中，智能仓库面积将达到 2.4 亿平方米左右，占比 21.8%，同比增长 14.3% 左右。

其中，新增仓库面积主要分布在东部地区，物联云仓数字研究院大数据平台数据显示，新建项目共有 14 起，供应面积达到 115.2 万平方米，环比下降 14.76%，较去年 6 月同比下降 14.65%。从新增面积的地区分布看，新增供应主要集中在东部地区（占比 92.26%），其次是中部地区（占比 4.04%）。

总的来说，仓储设施已出现结构性的供过于求，部分地区的普通库房增速应放缓。

2. 市场需求释放出利好信号

国家统计局发布的数据显示，2023 年全年社会消费品零售总额超 47 万亿元，达到 471495 亿元，比上年增长 7.2%。最终消费支出对经济增长的贡献率达 82.5%，消费对经济发展的基础性作用不断增强。

线上线下协同发展。网络零售保持较快增长，1—12 月，全国网上零售额 15.43 万亿元，同比增长 11.0%，其中实物商品网上零售额 13.02 万亿元，同比增长 8.4%，占社会消费品零售总额的比重达 27.6%。实体零售持续恢复向好，限额以上零售业单位中，百货店、便利店、专业店、品牌专卖店零售额同比分别增长 8.8%、7.5%、4.9% 和 4.5%。

但值得关注的是，从生产需求角度来看，商品库存周转次数意味着商品流通速度，在一定程度上可反映国民经济整体运行状况，商品周转越快，代表企业和行业发展形势越好。从 2023 年全年走势来看，中国仓储指数全年均值为 51.5%，较 2022 年提高 2.1 个百分点，增幅显著，显示出在我国经济保持相对稳定运行的背景下，仓储需求不断扩大，仓储行业呈现持续向好的发展态势。

3. 行业结构不断优化，电子商务依然是物流仓储需求的主要动力来源

随着电子商务、跨境贸易、冷链、医药等新兴领域的快速发展，以及制造业、零售业等传统领域的转型升级，物流仓储行业的需求结构和供给结构都发生了显著变化。从需求结构上分析，2023 年全年网上零售额 15.43 万亿元，同比增长 11.0%，连续 11 年成为全球第一大网络零售市场；实物商品网上零售占社会消费品零售总额的比重增至 27.6%，创历史新高。

4. 资本市场上的融资笔数和金额"双降"，智能仓储持续受热捧

截至 2023 年 10 月，根据 IT 桔子平台提供的"物流仓储"行业投融资事件，可以得出，2013—2017 年，我国仓储物流行业投融资热度持续升高，而 2018—2023 年，我国仓储物流行业投融资事件数量持续下降，已知投融资金额总体也呈现下降趋势。从 2023 年仓储物流行业上市公司的投资动向来看，投资方向集中在购置仓储地产和成立产业基金两大方向。购置仓储地产有利于公司直接扩大自身业务版图，而成立产业基金主要是从财务、投资角度支持公司长远发展。

从投融资事件的发生地点来看，仓储物流行业投融资发生地集中在北京、上海、广东三大地区，其次为浙江、江苏。总体来看，我国仓储物流行业投融资事件空间分布与区域经济发展水平紧密相关，长三角、珠三角地区以及北京市是行业投融资事件主要发生地。

从细分领域看，无人/自动驾驶、仓储机器人持续受资本青睐，融资笔数占比分别为 39.8% 和 20.3%。

5. 多头并举推进仓配融入供应链

一是政府部门深化推进供应链试点工作。商务部持续推动供应链创新与应用示范工作，进一步扩大示范范围、提高推广效果，强调维护重要产业供应链安全、助力增强国内大循环内生动力和可靠性、推动国际循环质量和水平提升的重要意义。

二是仓配企业强化与生产制造、商贸流通企业的战略合作，通过提供多元化服务助力生产制造、商贸流通企业优化供应链流程、提升数字化能力、提高设施质量与智能化水平、实现供应链效率提升与质量提升。京东物流与飞鹤乳业共建全国中央物流配送中心，使作业效率提高 40%，成本降低 25%；菜鸟与中石油昆仑好客合作升级供应链，在成本不增的情况下将门店订单满足率提升至 98%、统一配送满足率提高至 99%，送货时效缩短了 1 天。

6. 绿色化发展进入量化评估阶段，"零碳"焦点持续

自 2021 年国务院发布"双碳"工作意见和实施方案以来，仓配行业绿色发展取得有效进展。

在运营方面，交通运输部、公安部、商务部印发《城市绿色货运配送示范工程管理办法》，持续加快推动城市货运配送体系绿色低碳发展和加强示范工程管理工作规范化、制度化，保障示范工程建设有力有序推进。我国首个绿色运营国家标准《绿色仓储与配送要求及评估》（GB/T 41243）发布，提出仓储配送绿色化要求，并给出评估指标。京东物流、菜鸟、满帮等企业承诺碳减排目标、公开碳中和路径，标志仓配绿色化运营已进入量化评估的发展阶段。

在设施方面，普洛斯、万纬物流等企业探索更高阶绿色仓储设施，相继发布"零碳园区"报告，总结分享"零碳园区"在规划建设、运营方面的实践方案。

（五）2023 年仓储业重点领域发展情况

1. 数智仓储：增速明显，但仍有较大进步空间

现代仓储系统、分拣系统和自动化立体库技术在国内各行业开始得到应用，尤其以烟草、冷链、新能源汽车、医药、机械制造等行业更为突出。更多国内企业进入自动化系统领域，通过引进、学习世界最先进的技术以及加大自主研发的投入，中国智能仓储行业技术水平有了显著提高。

根据企查猫查询数据，近年来我国智能仓储行业快速发展，历年新注册企业数量快速增长。2013—2023 年，中国智能仓储行业企业注册量持续增长，其中 2022 年新注册企业数量创历史高峰，超 6100 家（见图 1）。随着智能仓储行业企业数量的不断增长，我国智能仓储行业供给将持续扩大。

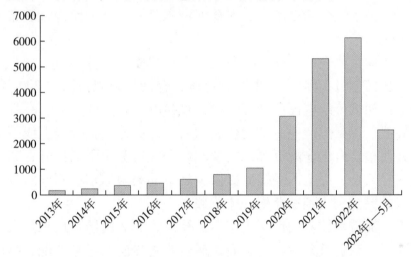

图 1　2013—2023 年中国智能仓储行业历年新注册企业数量
资料来源：企查猫、前瞻产业研究院。

但从智能仓储设备的渗透率来看，目前中国智能仓储行业渗透率较低，仍有很大进步空间。据京东物流研究院数据，目前约 49% 的企业未使用智能仓储设备。

2. 冷链物流：多部门资金支持冷链设施建设，10 余省出台冷链物流规划或实施方案

继《"十四五"冷链物流发展规划》发布后，相关部委及各级地方政府部门进一步加大对冷链物流发展的支持力度。

国家发展改革委下达 14 亿元城乡冷链和国家物流枢纽建设专项中央资金，支持公共冷库新建、改扩建、智能化改造及相关配套设施项目。为做好 2023 年城乡冷链和国家物流枢纽建设中央预算内投资项目申报工作，2023 年 1 月底，国家发展和改革委员会发布了《关于做好 2023 年城乡冷链和国家物流枢纽建设中央预算内投资项目申报工作的通知》，明确了支持范围、申报条件及

工作要求。3月26日，财政部、税务总局联合制发了《关于继续实施物流企业大宗商品仓储设施用地城镇土地使用税优惠政策的公告》（2023年第5号），规定"自2023年1月1日起至2027年12月31日止，对物流企业自有（包括自用和出租）或承租的大宗商品仓储设施用地，减按所属土地等级适用税额标准的50%计征城镇土地使用税"。

安徽、甘肃、江苏、浙江、辽宁、青海、江苏、福建、广东、安徽、海南等相继发布"十四五"冷链物流发展规划或发展实施方案，从冷链基础设施、技术装备、运输服务组织模式、冷链监管体系、政策支持保障等方面，加快建设冷链物流服务网络，推进冷链物流高质量发展。

3. 云仓模式：服务领域逐渐扩大，服务能力逐步提高

云仓模式最初在电商快递领域产生，逐步扩展到产业领域，通过数字化平台链接打通全国各地仓储设施，实现仓配资源高效协同、库存合理布局、就近发货、订单快速响应。

以电商快递为代表的云仓，逐渐扩大服务规模和服务领域，如京东云仓合作的云仓数量已超过2000个，中通云仓整合仓储设施规模已超200万平方米，服务场景由最初的传统电商向社交电商、直播电商、生产企业、品牌商家、连锁门店等扩展。以聚焦产业服务为代表的云仓，一方面整合线上线下全渠道需求，另一方面整合全国仓配资源，实现产业仓配服务水平的提升，如专注于酒水饮料的一号云仓，为全国经销商提供满足不同渠道需求、不同服务要求、不同计费模式的灵活到店到家仓配一体化服务。

近年来，随着新技术的创新应用，云仓模式的适用场景逐步扩展，由电商快递领域向垂直产业链延展，由电商快递企业主导向第三方仓配、物流及供应链企业多元化延伸、由面向C端消费向B端仓配一体化延伸、由以提升消费者服务体验为目的向为客户提供综合物流解决方案、优化供应链等延伸。

4. 金融仓储：标准化电子仓单融资获金融监管部门认可，全国性可流转仓单体系运营取得初步成效

中国银保监会、中国人民银行发布《关于推动动产和权利融资业务健康发展的指导意见》，提出支持银行机构接受监管方签发的标准化、格式化电子仓单，并开展融资。文件指出，仓储企业出具的标准化、格式化电子仓单具有融资属性，也是可以进行融资的"担保品"，为下一步信贷机构开展电子仓单融资打开"大门"奠定了基础。

目前，全国仓单信息登记平台进入正式运营阶段，并取得3个方面的成果：一是形成2个细分品类标准，接入4个仓单运营平台，登记200多份电子仓单；二是形成了"仓库档案、货权公示、仓单登记、企业自律"系列行业服务平台，为4500余个仓库建立电子档案，为300多家企业公示自律承诺书；

三是打造"货权管理服务平台"，为货物权利人保障其权利提供基础服务支持。

5. 海外仓储：海外仓企业向供应链一体化企业转型

据中国仓协海外仓分会统计调查，2023年海外仓建设仍保持稳步增长。目前，我国分布在全球的海外仓数量已超过2600个，同比增长30%；总面积超2000万平方米，同比增长25%。

京东物流洛杉矶和迪拜智能仓库投入使用、中国外运老挝万象箱管仓储中心正式运营、菜鸟以色列海外仓正式启用等，标志着海外仓储网络的进一步完善。

然而，地区冲突、国际贸易波动较大、跨境电商需求疲软等原因，导致北美及亚洲部分海外仓空置率有所上升。面对日趋不稳定的国际形势，有丰富运营经验的海外仓企业与拥有头程干线运输载具的国央企或拥有本土销售渠道的分销商，通过资源整合或并购重组等方式，向一站式供应链服务商转型升级，通过培育一体化服务能力，增强以海外仓为支点的跨境供应链的稳定性和柔韧性。

二、2024年仓储业展望

（一）市场竞争依然激烈

整体来看，中国仓储物流市场虽有一定的进入壁垒，但对于有一定地产资源的企业来讲，进入行业较为容易，叠加仓储物流行业部分细分领域发展较为迅速，同时区域间发展存在差异，未来将会有更多市场参与者参与进来，市场竞争加剧。我国仓储物流行业市场发展趋势见图2。

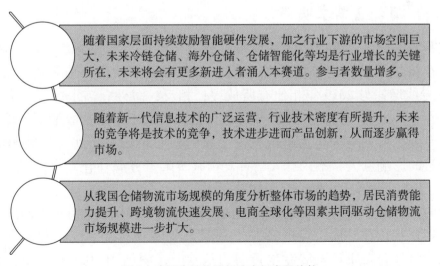

图2 我国仓储物流行业市场发展趋势

资料来源：前瞻产业研究院。

（二）数字化建设是大势所趋

推进物流数字化建设是大势所趋，这一趋势在 2024 年将持续并更加明显。未来，随着政策利好不断释放，智慧物流将迎来新机遇，数字化转型带来的模式变革和价值增量，将重塑物流与供应链产业结构，激发数字经济新潜能。

现阶段，仅头部仓配企业在探索数字技术应用与一体化平台搭建，大部分中小企业因未找到适合的应用场景、投资回报不明确、缺乏专业人员等因素，对数字化、智能化持观望态度，热情不高。但是，随着用工成本高、人员流动性大等问题的日趋严重，仓配企业应该使用技术改变生产力、提升效能，通过应用数字化技术和智能化设备优化内部作业流程，实现自身管理提升的同时，为客户和供应链创造价值。

物流数字化发展的机遇已经到来。对于物流企业来说，未来的竞争不再仅仅依赖于业务扩张和"价格战"，而是更加注重仓储智能化和平台信息化的深度发展。可以预见，数字化是物流企业实现资源整合、流程优化、组织协同和竞争力提高的必然选择。

（三）区域化协同发展明显

在国家区域协调发展战略的推动下，区域化协同将成为物流行业的重要发展趋势。深化区域合作与一体化发展，将有助于优化资源配置、降低成本、提高效率。同时，区域化协同也将促进各地区之间的经济交流与合作，推动区域经济的共同发展。

（四）海外仓需求明确

在跨境电商蓬勃发展的大环境下，近三年以来，不管是海外仓还是专线，数量都在持续增长。但疫情防控期间，在大量国际航班停航等特殊情况下，2020 年专线增速与 2019 年相比有所放缓；相反，海外仓需求爆发，大量物流商涌入建仓。以美国为例，2020 年，美国的海外仓不论是在数量上还是增幅上都高于专线，可见美国作为跨境电商卖家的核心市场，受到亚马逊 FBA 限制入仓政策的影响巨大，不仅有大量直发卖家转第三方海外仓发货，同时也有大量 FBA 卖家使用第三方海外仓中转补货。

近两年，海外仓的发展也在我国的发展规划中。例如，《"十四五"商务发展规划》提出在开展跨境电商"十百千万"专项行动、规则和标准建设专项行动、海外仓高质量发展专项行动的基础上，明确到 2025 年，要让跨境电商等新业态的外贸占比提升至 10%。

2024 年，企业将面临一系列新的挑战和机遇。在行业需求增长放缓的情况下，仓配企业在存量市场中面临巨大的竞争压力，要从追求规模增长向追求提质增效、高质量发展转变。

面对错综复杂的发展形势，行业未来发展势必要以把握新发展阶段、贯彻新发展理念、构建新发展格局为核心，走上高质量发展、现代化升级之路。

从基础物流服务到综合物流服务，企业需要不断拓展业务范围，满足客户的个性化需求。以精益化理念为核心，优化内部资源和流程，避免不必要的浪费，分析评估现有客户与服务内容，根据自身优势业务、专业和擅长领域，选定未来发展方向进行深耕。例如，提供定制化的仓储、配送服务，以及一体化的供应链解决方案等。多元化服务将有助于企业提高客户黏性和市场占有率。

规模小、实力弱的仓配企业可致力于成为仓配行业的"专精特新""小巨人"企业，以坚实的专业为基础，逐步扩大服务对象、服务领域和服务区域，成为供应链体系中不可替代的一环。

（作者：中国物资储运协会　李勇昭）

2023 年快递业发展回顾与 2024 年展望

一、2023 年快递业发展回顾

（一）2023 年快递业发展基本概况

2023 年，我国快递业务量累计完成 1320.7 亿件，同比增长 19.4%，快递业务收入 12074 亿元，同比增长 14.3%。快递业务量连续 10 年保持全球第一名，日均处理快件的能力达到 3.62 亿件，年人均消费快递量超过 90 件。2022—2023 年邮政行业寄递业务量比较见图 1。

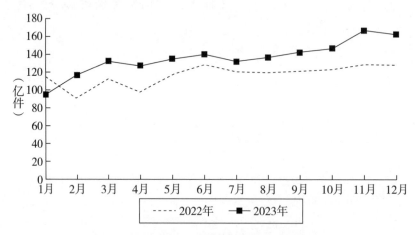

图 1　2022—2023 年邮政行业寄递业务量比较

2023 年，同城快递业务量累计完成 136.4 亿件，同比增长 6.6%；异地快递业务量累计完成 1153.6 亿件，同比增长 20.5%；国际/港澳台快递业务量累计完成 30.7 亿件，同比增长 52.0%。（见图 2）

2023 年，同城、异地、国际/港澳台快递业务量分别占全部快递业务量的 10.3%、87.3% 和 2.3%（见图 3）；业务收入分别占全部快递业务收入的 5.9%、49.7% 和 11.6%（见图 4）。与去年同期相比，同城快递业务量的比重下降 1.3 个百分点，异地快递业务量的比重上升 0.7 个百分点，国际/港澳台业务量的比重上升 0.5 个百分点。

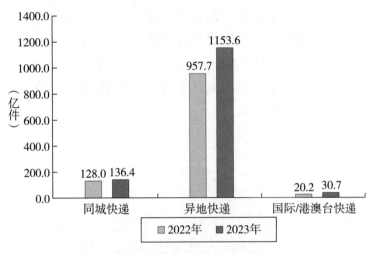

图2 分专业快递业务量比较

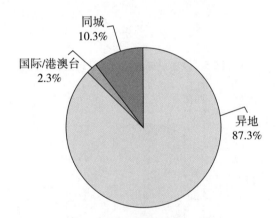

图3 快递业务量结构（分专业）

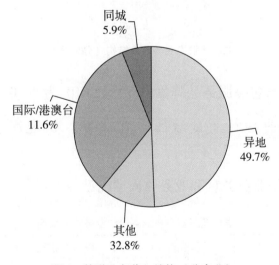

图4 快递业务收入结构（分专业）

2023年，东、中、西部地区快递业务量比重分别为75.2%、16.7%和

8.1%（见图5），业务收入比重分别为76.2%、14.1%和9.7%（见图6）。与去年同期相比，东部地区快递业务量比重下降1.6个百分点，快递业务收入比重下降1.4个百分点；中部地区快递业务量比重上升1.0个百分点，快递业务收入比重上升0.7个百分点；西部地区快递业务量比重上升0.6个百分点，快递业务收入比重上升0.7个百分点。

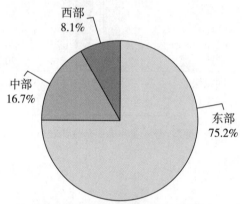

图5　快递业务量结构（分地区）

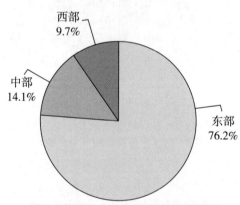

图6　快递业务收入结构（分地区）

2023年，快递与包裹服务品牌集中度指数CR8为84.0，与1—11月持平。

（二）2023年各省（自治区、直辖市）快递服务企业业务量和业务收入情况

分省快递服务企业业务量和业务收入情况见表1。

表1　　　　　　　　分省快递服务企业业务量和业务收入情况

单位	快递业务量（万件）	同比增长（%）	快递业务收入（万元）	同比增长（%）
全国	13207193.6	19.4	120739583.9	14.3
北京	227115.2	16.1	3110046.2	6.7

单位	快递业务量 （万件）	同比增长 （%）	快递业务收入 （万元）	同比增长 （%）
天津	145024.6	19.3	1574105.6	14.5
河北	660073.0	25.3	4640536.3	22.0
山西	110445.8	56.5	1102995.0	38.8
内蒙古	36570.5	51.0	633503.8	31.0
辽宁	218251.4	27.5	2002710.9	18.6
吉林	76909.0	32.2	831265.1	16.5
黑龙江	94611.7	30.3	1059756.0	18.4
上海	370311.3	29.6	20893619.4	13.2
江苏	994563.8	14.2	8947869.0	8.9
浙江	2631955.2	14.9	13058532.1	8.4
安徽	410386.5	16.2	2663482.9	12.2
福建	498673.2	17.0	3886669.4	9.5
江西	227930.8	25.1	1868015.4	15.5
山东	706967.5	22.5	5265683.5	16.5
河南	604600.4	35.8	4252916.8	28.4
湖北	376892.1	17.3	3073467.4	14.9
湖南	310053.4	33.8	2171791.8	21.5
广东	3456729.0	14.7	28265755.0	12.6
广西	129972.5	23.3	1308869.2	12.0
海南	21434.9	29.4	375450.8	25.3
重庆	140857.6	29.0	1357974.7	21.8
四川	349483.7	21.8	3243577.4	16.6
贵州	66135.7	34.4	895716.1	23.3
云南	109034.5	22.8	1140203.6	15.4
西藏	2192.0	79.8	60880.7	35.8
陕西	152267.6	35.0	1590640.3	27.1
甘肃	29225.0	49.2	522921.2	37.0
青海	4922.9	58.6	127070.1	53.0
宁夏	13098.8	32.2	193202.4	23.7
新疆	30504.0	88.1	620356.1	77.9

（三）快递业务量前 50 位城市情况

快递业务量前 50 位城市情况见表 2。

表 2 快递业务量前 50 位城市情况

排名	城市	快递业务量（万件）	排名	城市	快递业务量（万件）
1	金华（义乌）	1369413.7	26	合肥	133727.5
2	广州	1145019.1	27	绍兴	132630.0
3	深圳	636835.6	28	廊坊	116370.4
4	揭阳	407226.9	29	南通	115852.1
5	杭州	401163.0	30	中山	110307.3
6	上海	370311.3	31	青岛	102204.0
7	东莞	343032.6	32	南京	97890.9
8	汕头	297773.4	33	西安	96412.8
9	苏州	279315.2	34	沈阳	95373.5
10	泉州	247848.1	35	商丘	87546.0
11	北京	227115.2	36	潮州	85842.2
12	成都	215254.4	37	济南	84551.8
13	温州	195587.4	38	无锡	81818.3
14	长沙	188704.2	39	邢台	81791.6
15	武汉	188101.7	40	南昌	79453.8
16	郑州	182917.4	41	宿迁	72925.9
17	佛山	182708.3	42	惠州	69156.0
18	临沂	176770.5	43	徐州	69096.7
19	保定	157670.8	44	昆明	67069.2
20	石家庄	153800.9	45	湖州	64755.3
21	台州	148285.6	46	厦门	64119.8
22	天津	145024.6	47	哈尔滨	62469.8
23	宁波	143955.3	48	福州	61652.5
24	重庆	140857.6	49	漳州	57883.8
25	嘉兴	135629.9	50	潍坊	57728.9

（四）快递业务收入前 50 位城市情况

快递业务收入前 50 位城市情况见表 3。

表 3 快递业务收入前 50 位城市情况

排名	城市	快递业务收入（万元）	排名	城市	快递业务收入（万元）
1	上海	20893619.4	26	合肥	954372.9
2	广州	8921508.7	27	青岛	943284.5

排名	城市	快递业务收入（万元）	排名	城市	快递业务收入（万元）
3	深圳	6684097.5	28	石家庄	939385.3
4	金华（义乌）	3723169.1	29	济南	923242.7
5	杭州	3667164.6	30	中山	890959.4
6	东莞	3527809.6	31	沈阳	887554.8
7	北京	3110046.2	32	廊坊	870778.3
8	苏州	2778173.6	33	厦门	838110.5
9	佛山	2016872.3	34	临沂	789784.8
10	揭阳	2005611.0	35	南昌	765432.5
11	成都	1929324.4	36	南通	755710.1
12	武汉	1733370.4	37	福州	741675.4
13	郑州	1613038.1	38	台州	732516.0
14	天津	1574105.6	39	常州	651928.3
15	汕头	1500206.0	40	哈尔滨	641587.1
16	泉州	1403416.8	41	惠州	608190.4
17	重庆	1357974.7	42	昆明	604687.5
18	宁波	1312561.3	43	绍兴	598346.3
19	长沙	1245520.3	44	南宁	573563.4
20	温州	1188939.4	45	徐州	503446.3
21	嘉兴	1148526.8	46	长春	498705.3
22	南京	1047022.5	47	太原	434280.6
23	无锡	1036690.2	48	沧州	431295.3
24	西安	1015505.3	49	商丘	429415.6
25	保定	976301.1	50	潍坊	415456.3

二、2023 年快递行业大事记

1. 圆通航空集团有限公司成立

1 月 3 日，上海圆通蛟龙投资发展（集团）有限公司发布公告，成立圆通航空集团有限公司，注册资本 3 亿元，经营范围包括通用航空服务、公共航空运输、民用航空器驾驶员培训、国际货物运输代理等。

2. 国家邮政局公布我国快递示范城市

1 月，国家邮政局公布，经过城市申请、省级推荐、专家打分、社会公示等程序，原则同意廊坊、连云港、宿迁、湖州、嘉兴、安庆、阜阳、济南、潍坊、德州、商丘、荆州、佛山、中山、南宁、成都等 16 个城市，作为第三批中国快递示范城市开展新一批创建活动。中国快递示范地市总体规模扩大至 41 个。

3. 顺丰投资 30 亿元，打造高端物流无人机制造基地

2 月，顺丰控股公布，顺丰高端物流无人机制造基地项目正式备案，地址位于江西省赣州市南康区经济产业园，项目总投资 30 亿元。建设单位为江西丰羽顺途科技有限公司。主要建设生产八轴多旋翼（方舟）、垂起固定翼（MR）、100 KG 级垂起固定翼（大垂起）等中小型无人机的智能化生产线，及运 5、C42、山河 SA60L 改装大型无人机生产线。建成投产后，年产值可达到 50 亿元。项目开工时间为 2023 年，竣工时间为 2023 年。

4. 中通国际"中-老-泰"铁路往返班列顺利首发暨极兔国际联手中铁快运开行首趟中欧班列

2 月，极兔国际号首趟中欧班列从广州始发开往俄罗斯首都莫斯科，这是极兔国际联手中铁快运的首趟中欧班列。

2 月，中通国际在昆明经开区政府及中铁集团昆明公司的大力支持下，全程铁路往返班列在昆明中铁联集王家营中心站完成装载并顺利首发。

5. 2023 年中央一号文件要求加快完善县乡村电子商务和快递物流配送体系

2 月，新华社受权发布《中共中央 国务院关于做好二〇二三年全面推进乡村振兴重点工作的意见》，这是 21 世纪以来第 20 个指导"三农"工作的中央一号文件。文件明确，要完善农产品流通骨干网络，改造提升产地、集散地、销地批发市场，布局建设一批城郊大仓基地，支持建设产地冷链集配中心。

6. 菜鸟驿站追投 30 亿元发力送货上门

3 月，菜鸟公布，将追投 30 亿元补贴菜鸟驿站站点，继续强化送货上门服务。一直以来，菜鸟将站长成长与增收放在至关重要的位置，此次追投，意在向消费者提供送货上门服务的同时，继续提升菜鸟驿站站点的收入。截至目前，菜鸟驿站社区商业服务在全国开通约 20 个城市，30% 左右的菜鸟驿站站点参与社区服务。

7. 顺丰花湖机场国际货站正式启用

3 月，一辆装载货物的海关监管车辆由武汉海关所属鄂州海关施加关锁后驶出鄂州花湖机场顺丰国际货站，经卡口运往武汉天河国际机场，搭乘当日起飞的国际航班运往比利时。这是鄂州花湖机场顺丰国际货站正式启用后首批货物出口。

8. 总投资超 150 亿元，2025 投运，圆通嘉兴全球航空枢纽开工

4 月，圆通嘉兴全球航空物流枢纽东方天地港正式开工。项目总投资

152.2亿元，将于2025年上半年建成投运。项目将引入圆通商贸和圆通航空的两大板块全球总部，实现运全球、送全球，买全球、卖全球的愿景。预计到2030年，机场旅客和货邮吞吐量将分别达到180万人次和110万吨。

9. 多家快递公司开通国际航线

据统计，自2023年初至年底，顺丰、圆通、极兔、京东、中国邮政、菜鸟等先后开通了国际货运航线。其中，顺丰开通的国际航线最多。

10. 菜鸟、极兔、货拉拉、中通快运入围全球独角兽榜

4月，胡润研究院发布"2023全球独角兽榜"，在快递物流领域，共有42家独角兽企业，比一年前增加23家，总价值为9200亿元。其中，菜鸟网络、极兔速递、货拉拉、京东产发、丰巢科技、滴滴货运、日日顺、中通快运、准时达等中国企业纷纷入围。

11. 联邦快递宣布扩大中国地区国际快递服务覆盖范围

4月，联邦快递宣布，为了更好地服务客户、适应市场变化，联邦快递不断调整现有的操作模式和服务网络。自2023年5月1日起，联邦快递将扩大中国地区国际快递服务覆盖范围，涵盖泉州、镇江、唐山、株洲、湖州、烟台、秦皇岛及其他多个城市和地区的10000多个邮编。

12. 顺丰宣布同城半日达扩至80余城市

5月，顺丰宣布，同城半日达扩至全国80余城，"上午寄下午到、下午寄当天到"将成为稳定常态化时效。

13. 英国品牌金融评估咨询公司发布2023中国品牌价值500强

5月，Brand Finance发布"2023中国品牌价值500强"榜单。品牌总价值达到133108亿元。榜单显示，顺丰速运2023年排名第51位，品牌价值590亿元，品牌价值上涨15%，也是唯一上涨的物流公司；中国邮政2023年排名第68位，品牌价值454亿元；京东物流2023年排名第106位；韵达快递2023年排名第142位；中通快递2023年排名第196位；圆通速递2023年排名第222位；菜鸟2023年排名第233位；申通快递2023年排名第274位；嘉里物流2023年排名第263位。

14. 中铁快运推出高铁急送服务跨城当日达

5月，中铁快运宣布推出"高铁急送"服务，已同步上线官方微信小程序。该服务通过高铁来快速送达物品。据悉，"高铁急送"在国内主要城市间，以高铁载客动车组列车为干线运力，衔接同城取送货骑手，提供门到门当日达服务，平均4小时当日送达。跨城市群，平均8小时当日送达。9月，中铁快运宣布，自5月"高铁急送"正式上线以来，服务城市拓展到141个，日均单量超过百单。

15. 顺丰 11.83 亿元出售丰网业务，极兔速递接手

5月，国际化快递物流企业 J&T 极兔速递宣布，已与顺丰控股下属控股子公司深圳市丰网控股有限公司（简称丰网）签署《股权转让协议》。极兔速递下属子公司深圳极兔供应链有限公司拟以人民币 11.83 亿元的价格收购丰网控股全资子公司深圳丰网信息技术有限公司 100% 的股权。

16. 菜鸟推出自营快递菜鸟速递

6月，菜鸟集团宣布，推出自营的品质快递业务菜鸟速递。据悉，菜鸟速递历经六年的打造，由服务天猫超市的配送业务升级为全国快递网络，主打半日达、当次日达、送货上门和夜间揽收等品质服务，在全国近 300 个城市提供晚到必赔、破损必赔、不上门必赔、在途拦截和在途更改目的地等五个 100% 承诺。

17. 王卫、赖梅松双双入围中国最佳 CEO

7月，福布斯发布中国最佳 CEO 榜单，王卫排名第 9 位，赖梅松排名第 18 位。作为顺丰和中通的创始人，王卫和赖梅松带领各自的企业一路披荆斩棘、稳扎稳打，最终成为行业龙头。

18. 央行批准，"中通支付"正式获得第三方支付牌照

7月，央行批准"万通支付"正式变更为"中通支付"。这意味着，中通快递通过收购的方式，正式获得央行第三方支付牌照。中通快递此次拿下支付牌照，可以有效节约巨额通道成本。

19. 高铁送快递，整列高铁快运动车组列车试点开行

7月，随着 DJ882 次 4 时 32 分从昆明洛羊镇站、DJ881 次 4 时 40 分从成都双流西站双向始发对开，标志着利用整列动车组开展高铁快运批量运输试点工作正式实施。此后，整列高铁快运动车组列车每日按 2 列对开安排。

20. 杭州亚运会首批代表团物资由圆通速递承运

7月，杭州亚运会中国香港代表团首批参赛制服从杭州萧山国际机场通关，成功送达杭州亚运会物流中心。几乎同时，同样来自中国香港的帆板等竞赛物资抵达宁波舟山港。这标志着杭州亚运会首批代表团物资通过海空两路成功运抵入境。作为杭州亚运会官方物流服务赞助商，圆通速递也是这两批物资的承运人。通过主动沟通相关部门，空海联动，圆通速递为首批亚运代表团物资提供全链路物流保障。

21.《财富》发布中国 500 强

7月，《财富》杂志发布了 2023 年《财富》中国 500 强排行榜。今年上榜的 500 家中国公司在 2022 年的总营业收入达到 15 万亿美元，净利润达到 7171 亿美元。在快递行业中，有中国邮政、顺丰、圆通、韵达、中通、申通共 6 家企业上榜，具体来看，中国邮政以超 1102 亿美元营收排名第 28 位，顺丰以超

397 亿美元营收排名第 103 位，圆通速递以超 79 亿美元营收排名第 286 位，韵达控股以超 70 亿美元营收排名第 316 位，中通快递以超 52 亿美元营收排名第 379 位，申通快递以超 50 亿美元营收排名第 392 位。

22. 全球最具价值物流品牌 10 强出炉

8 月，全球知名品牌价值咨询公司 Brand Finance 发布 "2023 最具价值物流品牌"，前 10 名中：联合包裹（UPS）仍然是最有价值的物流品牌，凭借品牌价值 354 亿美元稳居第 1，联邦快递（FedEx）品牌价值 288.5 亿美元排名第 2；顺丰速运品牌价值 82 亿美元排名第 6；中国邮政品牌价值 63 亿美元排名第 9。

23. 郑州机场国际快件中心启用

8 月，河南机场集团正式启用郑州机场国际快件中心，解决国际快件、跨境电商业务快速发展对场地需求增加的问题，改善郑州机场国际快件、跨境电商货物的保障条件，推动郑州机场国际快件、跨境电商业务发展，助推郑州航空枢纽建设。截至 2023 年 8 月，郑州机场运营 7 座货站，年货邮保障能力为 110 万吨。

24. 我国乡村电商和快递服务站点累计建设超过 15 万个

8 月，商务部实施县域商业三年行动助力农民增收和农村消费专题新闻发布会上公布，近年来，商务部等部门持续推进电子商务进农村工作，取得了显著成效，已安排中央财政资金 200 多亿元，累计支持 1489 个县，建设 2600 多个县级电商公共服务中心和物流配送中心，超过 15 万个乡村电商和快递服务站点。

25. 2023 中国企业 500 强发布，邮政、顺丰、圆通等入围

9 月，由中国企业联合、中国企业家协会评选的 2023 中国企业 500 强揭晓。榜单显示，国家电网以 3.57 万亿元营收位列第 1 名，这也是国家电网连续三年夺冠。中国石油以 3.25 万亿元营收排名第 2 位，中国石化以 3.17 万亿元营收排名第 3 位。电商及物流领域上榜的企业包括：京东集团（第 15 位）、阿里巴巴（第 20 位）、中国邮政（第 27 位）、顺丰控股（第 101 位）、圆通速递（第 424 位）。

26. 顺丰航空机队规模增至 85 架

10 月，中国机队规模最大的货运航空公司顺丰航空宣布，最新接收的 B767—300 型全货机正式入列，标志着顺丰航空第 85 架全货机正式入列，这是顺丰航空于 2023 年投运的第 8 架全货机，也是顺丰机队迎来的第 22 架波音 767~300 型宽体机。

27. 2023 胡润百富榜发布，多家快递企业入围

10 月，胡润研究院发布 2023 胡润百富榜。此次快递领域，仅有顺丰总裁王卫上榜前 100 名，53 岁的王卫以 1250 亿元排名第 20 位。今年王卫身价较去

年缩水约 203 亿元（下降 14%），排名下降 6 位。同时，中通的赖梅松（385 亿元排名第 118 位）、圆通速递的喻渭蛟家族（255 亿元排名第 202 位）、韵达的聂腾云陈立英夫妇（195 亿元排名第 274 位）、中通的赖建法（130 亿元排名第 455 位）、极兔速递的李杰（110 亿元排名第 536 位）、中通的王吉雷（90 亿元排名第 669 位）、申通快递的陈德军（85 亿元排名第 706 位）、申通快递的陈小英（50 亿元排名第 1179 位）、德邦快递的崔维星（50 亿元排名第 1179 位）等也入围富豪榜当中。其中极兔速递的李杰首次入围榜单。

28. **圆通航空接收 2 架 ARJ21 客改货飞机**

10 月，圆通航空在广州正式接收编号为 B-3329 的国产 ARJ21 客改货飞机，成为此货机的全球首发用户，即标志着 ARJ21 货机即将投入航空货运市场。中国民航局华东管理局向圆通航空颁发国籍登记证、单机适航证、电台执照，ARJ21 客改货飞机正式宣布加入圆通航空机队。据悉，已交付的首批 ARJ21 客改货飞机最大设计商载 10 吨，设计航程 2778 公里，主要用于国内航线及短程国际航线上的货物、邮件和快递等运输业务。

29. **顺丰快递、中通快递上榜 2023 中国最佳品牌排行榜**

11 月，全球性品牌战略管理咨询与设计公司英图博略正式发布 2023 中国最佳品牌排行榜，顺丰快递和中通快递荣耀上榜。在这份备受关注的榜单中，顺丰快递以卓越的营收表现位列第 26 名，中通快递位列第 43 名。

30. **中通货运航司及相关产业项目落地长沙**

12 月，中通货运航司及相关产业项目在长沙签约，意味着湖南首家货运航空公司落地取得新进展。此次签约落地的中通货运航司及相关产业项目总投资 110 亿元，总用地规模约 750 亩，将在长沙自贸临空区打造集总部办公、生产、仓储、物流、跨境电商、金融服务等于一体的全产业生态圈。拟落地项目包括中通货运航司、中通快运华中总部项目、中通云商智谷产业园、中通跨境电商总部、中通金融业务及人才配套住宅项目等六大板块。项目将进一步壮大临空经济，丰富临空产业业态，为高质量发展增添新动能。

31. **中通快递创造新的世界纪录**

12 月 29 日 17 时 57 分，随着中通数智营运大屏显示的业务量数字首位从 2 跳转到 3，2023 年中通快递第 300 亿个包裹就此诞生。这不仅是中通快递新的里程碑，也再次创造了中国快递行业新的纪录，中通快递成为全球首家年业务量超 300 亿的快递企业。

三、2024 年快递业展望

2023 年，在我国快递业务量突破 1300 亿件，连续 10 年保持全球快件量第一的情况下，2024 年我国快递业的发展状况如何，有什么特色？

（一）2024 年我国快递业务收入增长率约为 15%~20%

快递业是现代服务业的重要组成部分，已经成为"电商+快递"拉动内需零售业的重要组成部分，"电商+快递"已经成为我国消费者的刚需之一。在我国的快递业务结构中，电商快递占 80% 以上。这是我国快递业连续 10 年成为全球快递业务量第一的最重要的基础。

消费新业态新模式直播带货的迅猛发展，大大激发了我国电商零售业的市场需求。预计 2024 年实物商品网上零售额的增长将超过 30%。

按照数学模型：电商网购商品的价格+快递费+购物时间成本高于实体店的价格时，网购会受到制约（这也是"欧美日"网购发达程度低于我国的主要原因，因为他们的快递费成本很高）；反之，网购就会发展得非常迅猛。这是我国快递业务量多年以来支撑和保持两位数字增长的底层逻辑。

预计 2024 年快递业务收入增长率为 15%~20%。

（二）快递业由进村工程向助推农民致富工程转型升级

国家邮政局在《"十四五"邮政业发展规划》中提出，建设一批农村电商快递协同发展示范区，打造 300 个快递服务现代农业示范项目，大力支撑农业转型、农品出村、农民增收。据了解，快递公司通过与地方政府合作，与农村电商快递产业园合作，通过培训、辅导让农户通过电商平台销售本地的农产品；很多快递公司采取集采的方式包销农户的农产品，直接销售给消费者。

2023 年，在整个快递业务量增长结构中，农村快递的业务量已达到 30% 以上，"快递+电商+农特产品+农户+农产品快递园区"模式已经形成，全国乡镇快递网点覆盖率达到 95% 以上，农村土特产通过快递渠道进城到户，减少了中间环节，实现了保质保鲜，其经济实惠的价格助推了农村电商快递的迅猛发展，增加了农户的收入。预计在 2024 年农村电商快递的增长率会高于城市电商快递的增长率，快递公司正在通过电商+快递产业园模式，通过农产品的分类、分级优质优价鼓励农民种植优质高附加值绿色农副产品，使快递进村工程向助推农民致富工程转型升级。

（三）快递业的绿色包装工程开始向源头供应链电商延伸

2023 年 11 月 23 日，国家发展改革委、国家邮政局、工业和信息化部、财政部、住房城乡建设部、商务部、市场监管总局、最高人民检察院在《深入推进快递包装绿色转型行动方案》中提出，到 2025 年底，快递绿色包装标准体系全面建立，禁止使用有毒有害快递包装要求全面落实，快递行业规范化管理制度有效运行，电商、快递行业经营者快递包装减量化意识显著提升，大型品牌电商企业快递过度包装现象明显改善，在电商行业培育遴选一批电商快递减量化典型，同城快递使用可循环快递包装比例达到10%，旧纸箱重复利用规模进一步扩大，快递包装基本实现绿色转型。电商平台企业引领行动。指导电商平台企业就其自营业务完善快递包装减量化规则，并制定快递包装减量化目标任务。

快递循环包装箱的使用需要具备四个条件：一是一般使用半径不超过300公里；二是回收成本低于使用现行包装箱的成本；三是特定的应用场景（如鸡蛋等易碎品、容易变形的产品、体积标准的商品等）；四是使用快递循环包装厢由一家快递公司完成"取、派、运"的全过程，并由特定的电商客户使用，消费者的协同配合，形成快递循环包装箱周转循环的闭环。否则，难以推广应用。快递循环包装箱应用推广的难度主要是回收成本太高，运输占用车厢空间。从能量守恒定律的角度来看，是把纸质等包装箱的污染转换成运输的燃油污染，并且增加了人工回收成本。现实的问题是，在消费者不在家的时候，会产生专程上门去回收循环包装箱的问题；如果共享快递循环包装箱存在商品体积小循环包装箱大浪费空间的问题。因此，这是一个电商和快递的系统工程问题，也是一个社会环境污染治理的系统工程问题，单靠一家快递公司和快递行业是不够的，需要消费者按照规则参与。

据了解，我国快递企业提供的包装箱占全部快件包装的5%左右，95%的包装箱是由电商提供的。因此，这是一个跨行业的系统工程，快递绿色包装和减量化包装的重点是源头电商企业，而不是快递企业。这是我国快递绿色包装认知和政策导向上的重大转折。

（四）快递业人工智能等新技术应用的范围进一步扩大，比例进一步提高

新技术的广泛普及应用是快递业数字化、自动化、智能化、标准化、品牌化、绿色化、国际化的关键。随着智能安检系统、智能视频监控系统、智能语音申投诉系统、通用寄递地址编码等产品的推广应用，互联网、大数据、人工智能、云计算、区块链、第五代移动通信、物联网、数字地图、北斗导航等先进技术开始与快递产业深度融合。预计，2024年快递无人接驳车、快递末端配送无人车、新能源城配接驳车、快递小型无人机、快递网点小型自动化分拣机、智能快递柜、装卸伸缩机、机器人码垛机械手等会得到普及和广泛使用。

（五）快递业与制造业深度融合助推其供应链模式转型升级

《"十四五"邮政业发展规划》中提出，促进快递业与制造业深度融合，

实施快递进厂工程。其实，早在 2005 年，快递业就已经与制造业的很多工厂进行了合作，主要是在工厂销售端的合作，手段是快递+代收货款服务。如今，按照国家邮政局《"十四五"邮政业发展规划》的要求对快递业提出了为制造业提供一站式解决方案的目标，主要是用"快递化"的方式让快递业融入制造业供应链采购端、生产环节的运输端、产品的销售端和售后服务端，以及产业链之间的"快递化"服务。对此，前不久国家邮政局已经发文指定部分快递企业实施快递进厂"5312 工程"试点。预计 2024 年开始，我国部分快递企业将与制造企业在产业链和供应链方面进行深度融合，包括提供"一站式 JIT"的快递物流解决方案，大大提升所服务制造业企业供应链的运营效率，降低其运营成本。

（六）快递业的提质增效进入了攻坚阶段

快递业的提质增效"难"表现在三个方面：一是快递末端配送不能满足客户的个性化需求，不能全部送上门；二是电商快件的作业全程还做不到快件不接触地面，快件表面存在灰尘附着的现象；三是目前电商快递的价格支撑不了快递小哥送上门服务的成本。深层次原因是快递行业的同质化竞争和电商利用"包邮"垄断了快递价格，也就是电商快递的快递品牌选择权和快递的定价权掌握在电商的手里。

现在需要国家有关部委建立快递服务的协调联动机制，通过建立电商快递服务的"规则"，由电商选择快递服务转变为消费者选择快递服务。如所有的快递公司在电商平台上进行报价：送上门多少钱？送到快递柜自取多少钱？送到驿站自取是多少？让消费者选择。

通过立法或者业委会委托物业把快递的末端服务纳入小区物业服务的范围，由物业按照业主的要求提供送上门或者送到快递柜服务。日本就是快递送上门+物业送上门+快递柜自取的模式。

（七）跨境电商快递将呈现爆发的态势

从 2018 年到 2023 年，中国跨境电商规模增长 10 倍。直到 2017 年，在中国的公共媒体上才出现"跨境电商"这个词，以前叫"中国制造"。"made in China"和"跨境电商"最大的区别是什么？"made in China"只生产商品，用 ODM（原始设计制造商）和 OEM（原始设备制造商）的方式为全球供应链服务。而"跨境电商"则是建构国内的品牌，建构自有品牌的海外仓和国内的供应链系统。如今，我们有自己的品牌，自有供应链，有国际陆海和铁路干线运输及末端快递渠道，这是跨境电商快递的基础实力。

跨境快递其实就是跨境电商快递，其方式一是从国内直接发货到国外收件人目的地，这种方式快递成本较高；二是把国内快件进行集包发到国外收件人的目的地，这种方式快递成本较低；三是在海外建仓，根据大数据选择购买频率高的商品，使用集装箱出口到海外仓，然后进行快递配送，也就是把国际快递转化为所在国的国内快递。我国的商品价格较低，性价比高，如果采用了"集包快递模式"和"海外建仓+快递"这两种模式在国外同行中具有强大的竞争力。目前，我国已经在东南亚国家、东北亚和俄罗斯以及欧美日国家和地区采用了这两种模式，效果很好。

从跨境电商快递的角度看，我们与三大国际快递品牌的模式形成了差异化。从目前的情况来看，我国自主品牌的国际化程度较低，国内快递的盈利能力不足以支撑快递国际化的扩张。从三大国际快递品牌扩张的路径和时间看，自主快递品牌的国际化是一个20年以上的过程。但是，利用"一带一路"和跨境电商快递的模式可以加快我国快递企业的出海速度。预计2024年我国的跨境电商快递将是集中爆发的元年，许多快递公司会加大投资力度与电商企业合作，加大跨境电商快递的建网布局，包括海陆空的运输方式。否则，就会失去跨境电商快递布局的机遇。

（八）冷链快递市场规模将进一步扩大

冷链快递所占的比重是一个国家消费文明的重要标志之一。这几年我国冷链快递发展迅猛，适用范围不断扩大，特别是分布式建立冷库的模式，不仅做到了节能减排，而且大大降低了食品的变质和药品的失效风险。

近几年，冷藏和冷冻的快递物品每年以30%以上的速度增长，现行的快递模式是，"干冰+商品+泡沫包装箱"与普通快递一并运输和配送，缺陷是一旦超时延误存在冷藏和冷冻物品变质的风险。据了解，冷藏车和冷冻车在干线运输中普遍使用，而在城配末端到户使用较少，主要受配送成本较高的制约。预计2024年冷链快递还会以30%以上的速度增长。

（九）"快递化"开始向物流供应链综合服务商转型升级

"快递化"就是提供门到门服务、限时服务和增值服务，正是因为"快递化"的这三个特性已经衍化出了外卖、同城应急快递服务、高铁快递服务、快运等。目前，公路运输"快递化"、铁路运输"快递化"、海运集装箱运输"快递化"、航空货运"快递化"已经开始。

根据欧美日快递公司的发展路径，专业的快递公司向综合物流服务商转型升级，进而向物流供应链综合服务商转型升级。从2024年开始，我国大型快递公司在快递细分市场布局的基础上，开始向物流供应链综合服务商转型升级，其重要特征之一就是利用 AI、数字化技术等为企业提供一站式快递物流供应链解决方案。如果没有在快递物流的主要细分市场布局，或者不拥有供应链集成商的综合实力，向物流供应链综合服务商转型升级只是口号而已。我国主要快递公司在快递暨快递衍生细分市场布局的情况见表 4。

表 4　　　　　　　　我国主要快递公司在快递暨快递衍生细分市场布局的情况

序号	快递暨快递衍生细分市场	布局的主要快递公司	备注
1	电商经济型快递	中通、圆通、申通、韵达、极兔、邮政、菜鸟、京东	占比 80% 左右
2	电商高端快递	顺丰、京东	高端是指快递费高、物品的货值高、时效要求高
3	高铁快递	中铁快递、顺丰、京东	
4	跨界电商快递	顺丰、极兔、菜鸟、中通、韵达、圆通、申通、京东	
5	航空快递+航空货运	顺丰、邮政、圆通、京东、菜鸟、民航快递、跨越、中通	包括自有全货机和包租全货机
6	快递仓配一体化	顺丰、京东、中通、圆通、申通、韵达、邮政、菜鸟	
7	同城急送快递	顺丰	
8	冷链快递	顺丰、京东、中通	含冷链库
9	商务文件快递	顺丰	
10	公务文件快递	邮政	政府文件邮政专营
11	地铁快递	顺丰、邮政	
12	快递柜	顺丰	
13	快递驿站	菜鸟、中通、圆通、韵达、申通	
14	主要机场航空快递收件站	顺丰	
15	快运（大件快递物流）	中通、德邦（京东控股）、邮政、中铁快递、顺丰	
16	中欧、中俄、中越等班列	顺丰、圆通	
17	供应链（项目物流）	顺丰	
18	国际快递	邮政、顺丰	
19	拥有航空枢纽机场	顺丰（鄂州）、邮政（南京）、圆通（嘉兴在建）、京东（南通在建）、中通（长沙在建）	

续　表

序号	快递暨快递衍生细分市场	布局的主要快递公司	备注
20	快递小型无人机应用	顺丰、中通、京东、圆通	
21	快递驳货派送无人车应用	顺丰、中通、京东、圆通、申通、韵达、邮政	
22	医药快递物流	顺丰、京东、邮政	

（十）提升快递业的产业集中度即将进入转折点

与欧美日对比，我国的快递产业集中度太低。如欧美日前 3 家快递公司的快递市场份额占到 90% 左右，竞争以服务为主。而我国前 8 家快递公司的快递市场份额在 90% 以上，突出的特点就是单一的电商经济型快递服务供大于求引发的同质化竞争即"价格战"。

快递的服务产品单一和快递市场单一，即电商市场（日常消费）的快递占了 80% 以上。

快递的加盟模式支撑了快递的"价格战"，因为一个快递品牌的几万家加盟商都有各种快递的定价权。产业集中度的最大特点之一就是行业有定价权的公司普遍存在。

发件量多的电商企业具有电商快递的定价权。他们利用自己的货源优势和"包邮"，利用快递公司同质化竞争和"价格战"打压快递价格，利用快递服务供大于求掌控快递品牌的选择权，并赚取快递费差价

快递的"黄牛"助推了快递的"价格战"。快递的"黄牛"利用快递公司抢占市场份额的目标和电商希望快递价格不断下降的目的，整合集中部分电商快件逼迫快递公司降价，从降价的空间里抽取提成。

电商企业和消费者对价格的敏感程度较高，也助推了快递的"价格战"持续发展。

快递的"价格战"会持续多长时间？只要快递的产业集中度不高，快递的定价权分散、电商控制快递的定价权，快递的市场份额必然会处于分散的状态。与此同时，快递的市场定位单一，快递的产品单一，必然会存在同质化竞争的现象，那么快递的"价格战"就会一直持续下去。

预计 2024 年开始，我国的快递企业会深入探讨产业集中度低给快递企业带来的各种负面影响。从国内外各行业的经验和案例来看，兼并重组、合并重组和优胜劣汰是提升我国快递产业集中度的主要模式。一是强弱重组、优势互补重组、差异化重组；二是通过自然竞争，即持续的"价格战"和规模收益持续下降而产生的优胜劣汰。可以借鉴的案例有，我国家

电行业、钢铁行业、海运行业、高铁制造行业、水泥行业等都经历了兼并重组、合并重组和优胜劣汰从而提升了产业集中度和在国内外市场的竞争力。

（作者：快递物流咨询网 徐勇）

2023 年物流园区发展回顾与 2024 年展望

一、2023 年物流园区发展回顾

2023 年是全面贯彻党的二十大精神的开局之年，是 3 年新冠疫情防控转段后经济恢复发展的一年。我国物流园区经营情况稳中向好，在基础设施建设、互联成网、绿色低碳、智慧升级、国际物流等方面扎实推进，不断提升园区建设、运营和服务水平，为现代物流业高质量发展提供了重要支撑。

（一）物流园区经营状况有所好转

2023 年，我国经济运行整体回升向好，国内生产总值超过 126 万亿元，同比增长 5.2%。物流运行环境持续改善，行业恢复整体向好。市场需求规模恢复加快，全年全国社会物流总额为 352.4 万亿元，同比增长 5.2%，增速比 2022 年提高 1.8%。从行业整体货运量来看，各种运输方式运量都有不同程度的提升，2023 年全年货物运输总量近 557 亿吨，同比增长 8.1%。其中，民航货运得到有效恢复，货邮运输量同比增幅达 21.0%，公路、水路货运量分别同比增长 8.7% 和 9.5%，铁路货物总发送量同比增长 1.5%。从重点园区企业运营情况看，2023 年，已纳入国家物流枢纽建设名单的 125 家物流枢纽货物吞吐量比 2022 年增长 5.9%，物流业务收入同比增长 8.1%。从部分物流地产头部企业运营情况看，企业经营收入也有较快增长，如：普洛斯中国 2023 年总营业收入同比增长 8.1%，宝湾物流控股有限公司 2023 年营业收入同比增长 12.2%，深国际 2023 年总收入同比增长 32.2%，万纬物流的物流业务（含非并表项目）经营收入同比增长 17.2%。

尽管行业整体形势呈现稳中向好态势，但是有效需求不足仍然制约园区发展，区域之间发展态势存在分化。据调查，2023 年，125 家国家物流枢纽中，约 16% 的物流枢纽货物吞吐量出现不同程度下降，而市场需求不足是影响物流枢纽业务规模的重要因素。需求不足也导致物流园区内仓库租金有所下降，部分一线城市和多数二、三线城市枢纽内常温库房平均租金约为 0.8 元/平方米·天，较 2022 年同比下降 15.5%，部分地区甚至跌破成本价。

（二）物流基础设施网络布局稳步推进

按照《"十四五"现代物流发展规划》《"十四五"现代流通体系建设规划》等相关要求，国家发展改革委等部门继续从国家层面推进物流枢纽布局，充分发挥核心节点的网络协同和联动带动效应，打造"枢纽+通道+网络"的运行体系。2023年6月，国家发展改革委印发《关于做好2023年国家骨干冷链物流基地建设工作的通知》，发布新一批25个国家骨干冷链物流基地建设名单，累计三批共66个国家骨干冷链物流基地被纳入年度建设名单。7月，国家发展改革委、自然资源部联合印发《关于做好第四批示范物流园区工作的通知》，确定第四批22家示范物流园区名单。自示范物流园区工作开展以来，国家发展改革委会同自然资源部等有关部门共分四批确定了100家示范物流园区，覆盖全国29个省（自治区、直辖市），圆满完成有关目标任务。7月，国家发展改革委发布2023年国家物流枢纽建设名单，将沧州港口型等30个国家物流枢纽纳入2023年度建设名单。截至2023年底，累计共125个国家物流枢纽被纳入年度建设名单，实现31个省（自治区、直辖市）、5个计划单列市和新疆生产建设兵团全覆盖。8月，国家发展改革委会同自然资源部、交通运输部、商务部、市场监管总局印发《关于布局建设现代流通战略支点城市的通知》，部署现代流通战略支点城市布局建设工作，将102个城市纳入布局建设范围。交通运输部、财政部发布《2023年国家综合货运枢纽补链强链支持城市公示》，将太原等10个城市纳入政策支持范围。

（三）互联互通模式创新持续发力

加强物流园区互联互通，合作共赢，打造"通道+枢纽+网络"的运行体系，是物流基础设施布局的应有之意。2023年，各地物流园区积极转变思路，不断完善园区间干线物流通道网络，深化园区间业务协同、政策协调和运行协作。串接不同运输方式的多元化国际物流通道逐步完善，畅联国内国际的物流服务网络更加健全。

在海运方面，临近海港的物流园区与内陆物流园区联动，畅通陆海联动大通道。2023年，26个港口型国家物流枢纽通过集装箱海铁联运方式运输货物平均超过39万标箱，同比增长14.8%。部分园区通过合资方式，加大合作紧密度。如：浙江海港与金华市政府携手共建，成立金华—宁波舟山港金义"第六港区"浙中运营平台公司，共同推进"两港如一港""两关如一关"。出口集装箱进入义乌铁路口岸视同进入宁波舟山港区，出口企业可在铁路口岸完成报关、查验、放行等所有海关手续，实现了"一次申报、一次查验、一次放行"。广州港物流有限公司、重庆公路运输（集团）有限公司及重庆果园港国际物流枢纽建设发展有限公司合资组建的重庆渝穗港铁国际物流有限公司，重点建设和运营"果园港—南沙港"铁海联运班列，加强粤港澳大湾区和成渝双城经济圈、长江经济带的紧密联系。

在航空运输方面，着力扩大辐射范围和加大运行频次。2023 年，13 个空港型国家物流枢纽平均货邮吞吐量 97.5 万吨，同比增长 10.3%；共开行货运航线 759 条，同比增长 35.5%。着力拓展货源腹地，广州、深圳、郑州、杭州、上海、青岛、南京等空港型国家物流枢纽均设置异地货站，延伸机场功能，提升物流集散能力。如：广州空港与广州港口型国家物流枢纽协同，建立广州白云机场南沙异地货站（粤港澳大湾区机场共享国际货运中心）。货物在南沙口岸"一站式"办理通关查验手续后，可便捷快速运至机场出口。

在陆运方面，各地物流园区不断提升班列干线运输组织能力，加强与其他园区的分工协作和有效衔接，形成"干支结合、枢纽集散"的高效集疏运体系。特别是成都、合肥、郑州等地采取"中欧班列+"模式，开行城际班列，通过集拼集运模式，在物流园区内开展补货、补轴作业，进一步加强集聚效应。

中国物流与采购联合会也在积极发挥桥梁纽带作用，在促进物流园区互联成网方面不断努力。2023 年，中国物流与采购联合会与山东省港口集团，联合山东省发展和改革委员会、山东省交通运输厅、山东省商务厅、青岛海关、济南海关、中国铁路济南局集团有限公司、山东省港口集团有限公司、山东省物流与采购协会、济南市口岸和物流办公室等单位共同发起《关于建立黄河流域现代物流工作协调推进机制的倡议》，邀请沿黄九省区政府（含省级、省会城市和重点城市）物流工作相关部门、行业协会、海关和铁路系统及重点物流企业（枢纽、园区）共同参与，为区域发展、地方协调建立起沟通顺畅的现代物流工作协调推进联系机制。

（四）园区绿色低碳发展步伐加快

自《中共中央 国务院关于完整准确全面贯彻新发展理念做好碳达峰碳中和工作的意见》和《国务院关于印发 2030 年前碳达峰行动方案的通知》公布以来，各部委和职能部门陆续制定了各行业的碳达峰实施方案，同时出台了科技支撑、财政支持、生态碳汇、统计核算、标准计量等支撑保障政策，将"双碳"工作向更深层次推进。物流园区也深入贯彻绿色低碳发展理念，积极开展绿色转型。

一方面，大力发展多式联运。加强铁路专用线、联运转运设施建设，有效衔接多种运输方式，125 家国家物流枢纽中，96 家有铁路接入。同时，不断创新业务模式，强化多式联运组织能力。如：南宁海关、钦州港海关、南宁铁路局、中铁联合国际集装箱广西公司、北部湾港集团等单位多方协作，提出"海铁联运一体化"解决方案，拆除钦州自动化码头和铁路集装箱中心站之间的隔离围网。两片区归入同一海关监管区、同一作业区，实现信息联通、计划协同、作业协同、卡口联通，海铁联运货物无需再绕行进出码头卡口，可快速进入铁路作业线，实现海铁联运无缝对接。鹤壁现代煤炭物流园区开展煤炭管带输送工程，在园区和电厂间设置管带机，煤炭在管状皮带内全封闭运输，减少损耗和电厂内转运环节费用；占地不到同距离铁路的 30%，节约用地约 65.3 万平方米；相比汽运，年节省柴油 2180 吨，减排二氧化碳 6746 吨，节省标煤 1500 吨。

另一方面，物流园区积极开展绿色设施设备应用。如：浙江德清临杭物流园将园区 45 万平方米库区顶部安装光伏太阳能板，已建成 32 兆瓦太阳能光伏发电工程，实现库区作业电能自给自足，累计发电总量已达 9700 多万千瓦时。四川宜宾临港国际物流园推进充电基础设施建设，园区各类充电接口累计达到 1597 个；推进重卡换电示范站建设，已建成投运 5 座；推进出行场景电动化替代，推广应用电动重卡 320 辆。天津港口型枢纽全部滚装码头实现"零碳"运营，第二集装箱码头等 3 家码头完成风电、光伏并网发电，全港风机、光伏年发电能力约 1 亿千瓦时。

（五）智慧升级激发园区创新活力

2023 年 2 月，中共中央、国务院印发《数字中国建设整体布局规划》，提出推动数字技术和实体经济深度融合，在交通等重点领域，加快数字技术创新应用。工业和信息化部等 4 部委启动智能网联汽车准入和上路通行试点，全国首批无人驾驶货运车辆路测牌照发放。交通运输部制定《自动驾驶汽车运输安全服务指南（试行）》。在各项政策的扶持下，物流园区不断激发创新活力，提升科技创效水平，加快科技创新成果转换，强化数字化科技赋能，加快自动化仓库、自动化码头、智慧园区等新型基础设施建设，用新技术改造提升物流产业，打造物流园区的新质生产力。

一是推动智能仓储和场站建设。目前，125 家国家物流枢纽中，已有 86 家枢纽建有自动化立体仓库；26 家港口型枢纽中，近一半已建成自动化码头或开展智能化改造。如：湖北港口集团阳逻港推进智能化升级改造，进入"智慧港口 2.0"模式运营，远控岸桥、无人集卡、无人卡口、半自动化龙门吊投入运行，港区自动化作业线路形成闭环；完成 16 个闸口智能改造，车辆平均过闸时间从 160 秒缩短至 30 秒。浙江杭州深国际华东智慧物流城（简称杭州深国际物流港）建设 5000 平方米的自动化拣选仓储中心，投入 60 台智能拣选机器人，采用货轨料箱与蜘蛛拣选机器人相结合的方式作业，能够实现高密度存储、3D 作业以及智慧调度，可为客户节约超过 69% 的仓储面积，增加存储件数 330%，增加箱位数 440%，增加作业面积 270%。

二是优化综合信息服务平台能力。如：山东港口烟台港首创件杂货码头"智慧理货+智慧配载"系统，实现件杂货从工厂到烟台港、从烟台港到目的港间全流程全要素智慧管控，集港效率提升 20% 以上，压缩理货时间 30% 以上；同时利用 80 多种专用工属具搭配出上百种工法，可为不同企业量身定制"万能接口"。

三是探索物流作业自动化。如：一汽物流智慧园开发自动驾驶技术，投放自动驾驶物流倒运车，进行商品车下线离地自动驾驶倒运，解决工厂与园区间人工跑倒运模式差错率高、事故频发、成本偏高等管理问题；投放自动驾驶牵引车，实现物流库房到车间的自动转运，转运效率提升 60%，推动劳动密集型枢纽向科技型枢纽转变。

（六）国际物流业务拓展取得新进展

2023 年是共建"一带一路"倡议提出 10 周年。"一带一路"合作从亚欧大陆延伸到非洲和拉美，150 多个国家、30 多个国际组织签署共建"一带一路"合作文件，成立了 20 多个专业领域多边合作平台，为物流园区提升国际物流发展水平创造了有利条件。

一是跨境电商服务能力持续升级。2023 年，我国自由贸易试验区数量已扩大至 22 个，合计进出口 7.67 万亿元，增长 2.7%，占进出口总值的 18.4%；海南自由贸易港建设深入推进，年度进出口连续 3 年保持两位数增长。2023 年，中国跨境电商进出口 2.38 万亿元，增长 15.6%，占外贸进出口比重达 5.7%，已经成为中国外贸发展的一个重要有生力量。跨境电商服务时效也持续升级，"全球 5 日达"国际快线等跨境物流产品陆续上线，海外仓、综试区等跨境物流基础设施加快布局，助力中小企业"出海"拓展国际市场。

二是"走出去"步伐加快。物流园区在中欧、中亚、东盟多向发力，通过开行国际铁路班列、建设海外仓等方式布局国际物流网络，拓展辐射范围。2023 年，10 个陆上边境口岸型国家物流枢纽平均口岸过货量 1059.6 万吨，同比增长 15.2%。其中，国际货运班车通过量增幅显著，平均开行货运班车超过 10 万辆，增幅达 57.9%。2023 年，国家物流枢纽共开行中欧班列 1.65 万列，占全国中欧班列总开行量 1.7 万列的 97%。中老铁路运行取得突破，定点、定时、定线、定车次的中老铁路"澜湄快线"国际货物列车首次开行，跨境货物运输时效不断提升，"中老铁路+中欧班列"等国际运输新模式也正在积极探索，实现中老铁路与中欧班列国际物流大通道有效衔接，使老挝、泰国等国家至欧洲铁路直达运输时间缩短至 15 天。

三是服务质量不断提升。物流园区结合市场需求，不断迭代服务产品，提供效率更优、成本更低、质量更好的"国际物流解决方案"。西安、成都等地物流园区联合中国国家铁路集团有限公司不断提升中欧班列服务水平，陆续开通境内外全程时刻表中欧班列，实现从国内到欧洲全程定站点定线路、定车次、定时刻、定价格运输，打造高品质精准时效中欧班列产品。义乌国际陆港为解决拼箱货物"因一票货物被查验导致整柜货物无法放行"的痛点，落地数字化监管集拼仓，推动货物从"先装后检"向"先检后装"转变。通过避免二次查验降低货物短驳滞留成本，使集拼仓整体运行效率提升 25%。乌鲁木齐海关在阿拉山口创新实施"公路口岸＋属地直通"模式，公路口岸通关时间压缩 85.5%、企业口岸通关成本降低 20%，日通行能力由 300 车增加到 1000 车。

二、2024 年物流园区展望

2024 年是实现"十四五"规划目标任务的关键一年。习近平总书记在中央财经委员会第四次会议上指出，必须有效降低全社会物流成本，会议还特别要求统筹规划物流枢纽，优化交通基础设施建设和重大生产力布局，大力发展临空经济、临港经济，对物流园区发展提出新的任务和要求，也为行业高质量发展带来良好发展机遇。

（一）加强产业融合，发展枢纽经济

随着物流基础设施网络快速布局，发挥国家物流枢纽、示范物流园区等的辐射广、成本低、效率高等优势条件，推动现代物流和相关产业深度融合创新发展，促进区域产业空间布局优化，打造具有区域集聚辐射能力的产业集群成为下一步的发展重点。利用物流园区、国家物流枢纽自身的规模效应、集约效应和品牌效应，结合对物流、商流、资金流、信息流的掌控程度，采取不同模式切入供应链，向采购、生产、销售、回收等环节延伸，提升产业链价值链能级。围绕资源集聚、通道发运、产业培育、对外开放等需求，因地制宜制定枢纽产业发展政策，提升枢纽产业发展吸引力。打造具有区域集聚辐射能力的产业集群，建设国家物流枢纽经济区。

（二）重视科技创新，培育新质生产力

去年年底召开的中央经济工作会议明确提出，要以科技创新推动产业创

新，特别是以颠覆性技术和前沿技术催生新产业、新模式、新动能，发展新质生产力。2024 年习近平总书记在中共中央政治局第十一次集体学习时再次强调，发展新质生产力是推动高质量发展的内在要求和重要着力点，新质生产力已经在实践中形成并展示出对高质量发展的强劲推动力、支撑力。2023 年 12 月，交通运输部发布《关于加快智慧港口和智慧航道建设的意见》，要求有序推进集装箱码头、大宗干散货码头作业自动化；商务部等 12 部门联合印发《关于加快生活服务数字化赋能的指导意见》，要求加强生活服务和物流、仓储、配送等基础设施规划与建设，完善城乡一体化仓储配送体系，支持立体库、分拣机器人、无人车、无人机、提货柜等智能物流设施铺设和布局。以科技创新为新的发展动力，为物流园区转型升级提供新的契机。物流园区也将因地制宜，紧密结合本地资源禀赋、产业基础、科研条件等开展新模式、新技术、新业态的试点培育和创新；拓展智慧物流在枢纽内的应用场景，促进自动化、无人化、智慧化物流技术装备以及自动感知、自动控制、智慧决策等智慧管理技术的应用；加快高端标准仓库、智慧立体仓储设施改造和装备技术更新。

（三）落实"双碳"战略，推动绿色转型

2023 年 12 月，国务院印发《空气质量持续改善行动计划》，要求到 2025 年，铁路、水路货运量比 2020 年分别增长 10% 和 12% 左右；晋陕蒙新煤炭主产区中长距离运输（运距 500 公里以上）的煤炭和焦炭中，铁路运输比例力争达到 90%；重点区域和粤港澳大湾区沿海主要港口铁矿石、焦炭等清洁运输（含新能源车）比例力争达到 80%。2024 年 1 月，中共中央、国务院印发《中共中央 国务院关于全面推进美丽中国建设的意见》，提出要坚持做到全领域转型。大力推动经济社会发展绿色化、低碳化，加快交通运输等领域绿色低碳转型，加强绿色科技创新，增强美丽中国建设的内生动力、创新活力；强调大力推进"公转铁""公转水"，加快铁路专用线建设，提升大宗货物清洁化运输水平。推进铁路场站、民用机场、港口码头、物流园区等绿色化改造和铁路电气化改造，推动超低和近零排放车辆规模化应用、非道路移动机械清洁低碳应用。交通运输部也牵头推进多式联运高质量发展，助力运输结构调整。2023 年 1 月，交通运输部等 5 部门印发《推进铁水联运高质量发展行动方案（2023—2025 年）》，提出到 2025 年，长江干线主要港口铁路进港全覆盖，沿海主要港口铁路进港率达到 90% 左右，全国主要港口集装箱铁水联运量达到 1400 万标箱，年均增长率超过 15%。从中央到部委，多方位的支持政策和清晰具体的任务目标，也会推动物流园区低碳基础设施建设改造、物流业务创新绿色化升级、运输结构优化调整。

（四）加大投资力度，助力设施设备升级

2023 年 12 月，国家发展改革委发布修订版《城乡冷链和国家物流枢纽建设中央预算内投资专项管理办法》，对国家物流枢纽、国家骨干冷链物流基地和国家级示范物流园区范围内的基础性、公共性、公益性设施补短板项目，冷链物流设施项目，城郊大仓基地项目的具体支持范围、补助标准以及项目管理等内容进行规范。本次修订版的管理办法，在上一版基础上，将国家级示范物流园区和城郊大仓也纳入支持范围，对物流基础设施建设的支持力度进一步加大。2024 年 2 月，国家发展改革委就《民间投资引导专项中央预算内投资管理暂行办法（征求意见稿）》公开征求意见，明确了支持范围，包括基础设施、社会事业等领域有民营资本参与的具有公益属性的经营性项目，激发民间投资活力。2024 年 3 月，国务院印发的《推动大规模设备更新和消费品以旧换新行动方案》要求"大力推动生产设备、用能设备、发输配电设备等更新和技术改造"，提出"到 2027 年，工业、农业、建筑、交通、教育、文旅、医疗等领域设备投资规模较 2023 年增长 25% 以上"的目标。在政策的大力推进下，物流相关基础设施投资将继续保持在较好水平，园区基础设施水平也将得到有效提升。

（五）补齐功能短板，完善网络建设

按照《"十四五"现代物流发展规划》要求，新的一年，将继续完善以国家物流枢纽为核心的骨干物流基础设施网络，建设"通道+枢纽+网络"的运行体系。一方面，按照"十四五"既定目标，继续开展国家物流枢纽、国家骨干冷链物流基地等项目的布局建设工作。另一方面，在应急、民生保障等方面，补齐功能性基础设施短板。2023 年底，国家发展改革委印发《城郊大仓基地建设实施方案》，要求统筹发展和安全，以超大特大城市为重点，建设一批集约布局、规模运作、融合发展的城郊大仓基地，打造"国家骨干冷链物流基地（国家物流枢纽）+城郊大仓基地"的生活物资物流设施网络，促进城市消费物流体系完善和应急能力提升。此外，应急管理部等 4 部门联合印发了《"十四五"应急物资保障规划》，提出到 2025 年，建成统一领导、分级管理、规模适度、种类齐全、布局合理、多元协同、反应迅速、智能高效的全过程多层次应急物资保障体系。

（作者：中国物流与采购联合会物流园区专业委员会　杨宏燕　宫士博）

2023 年物流地产业发展回顾与 2024 年展望

2023 年，面对复杂严峻的国际环境和艰巨繁重的国内改革发展稳定任务，国民经济回升向好，高质量发展扎实推进。全年国内生产总值 1260582 亿元，按不变价格计算，比上年增长 5.2%。分季度看同比增长，一季度 4.5%，二季度 6.3%，三季度 4.9%，四季度 5.2%。与 2022 年相比，2023 年全年增长较为平稳，没有出现大幅度波动。

在国民经济实现恢复发展的背景下，2023 年我国物流业总体运行平稳，物流需求稳步复苏。具体来说，全年全国社会物流总额为 352.4 万亿元，按可比价格计算，同比增长 5.2%，增速比 2022 年全年提高 1.8 个百分点。全年物流业总收入为 13.2 万亿元，同比增长 3.9%。社会物流总费用与 GDP 的比率为 14.4%，比上年下降 0.3 个百分点。截至年末，全国 A 级物流企业达到 9600 家，比上年底增加近千家；物流企业前 50 强的物流业务收入合计超过 2.3 万亿元，其中有 5 家企业已达到千亿级规模。物流行业的恢复增长为物流地产业的发展提供了良好支撑，行业整体有望持续保持高质量发展。

一、2023 年物流地产业发展回顾

2023 年是三年新冠疫情防控转段后经济恢复发展的一年，国民经济在持续承压中回升向好，逐步复苏，经济社会发展主要指标有明显改善。在此基础上，我国物流运行总体保持稳中有进，物流业务总量增长平稳，物流活跃度得到提高。物流业景气指数[①]（LPI）稳中有升，全年平均为 51.8%，高于上一年度 3.2 个百分点。从月度数据来看，除了 2023 年 1 月，全年各月 LPI 均处于扩张区间，稳中向好态势明显。此外，物流相关行业固定资产投资保持增长，但增速有所回落。受到新增供应高峰的冲击，仓储市场整体空置率较高，平均月租金下降。在国家政策规划的引领下，冷链物流发展迅速，冷链物流基础设施建设布局加快。在投资领域，仓储物流类基础设施公募基金（REITs）表现相对稳健，底层项目的租赁率较高。

---

① 物流业景气指数 LPI 反映物流业经济发展的总体变化情况，以 50% 作为经济强弱的分界点，高于 50% 时，反映物流业经济扩张；低于 50%，则反映物流业经济收缩。

（一）物流相关行业固定资产投资保持增长，增速有所回落

据中华人民共和国国家统计局数据，2023 年全国固定资产投资（不含农户）503036 亿元，根据可比口径计算，比上年增长 3.0%，总体增速比上年下降 2.1 个百分点。图 1 展示了全国固定资产投资（不含农户）同比增速的月度变化趋势。

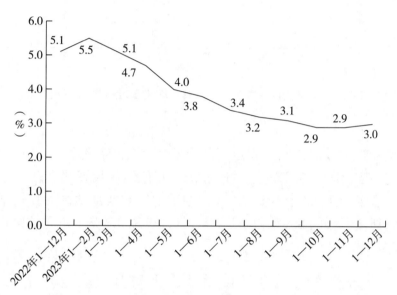

图 1　2023 年 1—12 月全国固定资产投资（不含农户）同比增速

数据来源：国家统计局。

全国交通运输、仓储和邮政业固定资产投资额增速保持增长，由上年的 9.1% 上升到 10.5%。其中，铁路运输业投资额增速较快，由上年的 1.8% 增长到 25.2%，而道路运输业投资额比上年下降 0.7%。2018—2023 年全国交通运输、仓储和邮政业固定资产投资累计增长情况如图 2 所示。

根据交通运输部发布数据，2023 年 1—11 月，完成交通固定资产投资 3.6 万亿元，同比增长 2.9%。其中完成铁路投资 6407 亿元，公路投资 2.6 万亿元，水运投资 1828 亿元，民航投资 1058.9 亿元。新建高速铁路 1700 公里、新改（扩）建高速公路超 7000 公里、新增及改善高等级航道 1000 公里、新颁证民用运输机场 2 个，新增城市轨道交通运营里程超过 360 公里。截止到 2023 年底，我国综合交通网络总里程超过 600 万公里：铁路 15.9 万公里，其中高铁 4.5 万公里；公路 544.1 万公里，其中高速公路 18.4 万公里；内河航道 12.8 万公里，其中等级以上航道 6.8 万公里；港口生产性码头泊位 21905 个，其中万吨以上的码头 2883 个；民用运输机场达到 259 个。

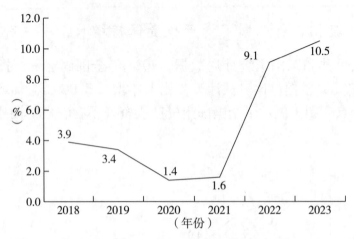

图 2　2018—2023 年全国交通运输、仓储和邮政业固定资产投资累计增长情况
数据来源：国家统计局。

从地区分布来看，各地区固定资产投资额增速差异较大。与上年相比，东北地区投资不增反降，东部地区增速加快，其他地区投资增速放缓。东部地区投资增速从上年的 3.6% 上升到 4.4%，中部地区和西部地区的投资增速均有较大下降，分别从上年的 8.9% 和 4.7% 降到 0.3% 和 0.1%，东北地区投资比上年下降 1.8%。

（二）市场整体空置率保持高位，平均月租金整体变化不大

2023 年，在经济形势恢复回暖的大环境下，我国仓储物流行业需求较为稳定，市场波动幅度较小。而供给侧方面，我国物流地产行业在 2023 年度出现了供应高峰。仲量联行数据显示，2023 年，全国 24 个主要城市的物流地产市场新增供应共计 1179 万平方米，同比上升 22%；物流仓储市场净吸纳量总和达到 732 万平方米，同比上涨 48%。在新增供应的冲击下，2023 年全年，全国约有一半城市的空置率同比上升，约有三分之二城市的年末月租金低于上年同期。物联云仓数据显示，相较 2022 年，全国通用仓储市场的平均月租金下降，整体空置率上升（见图 3）。

具体来看，各城市的发展状况存在差异。图 4 中列出了 2023 年部分城市高标仓平均月租金情况。可以看出，北京的平均月租金要远高于其他城市，上海、东莞、深圳三个城市紧随其后位于第二梯队，第三梯队的广州、惠州则远超其他二线城市。从与上年相比较的变化来看，一线城市的平均月租金有涨有跌，但变化幅度均较小，其中北京、上海、深圳略有上涨，广州略有下降；由于各地供应增加量不一，空置率变化区别较大，其中北京新增供应较少，广州受益于跨境电商的旺盛需求，两个城市的空置率均有所下降，而上海新增供应量较多，空置率上升。二线城市中，东莞和惠州分别在深圳和广州

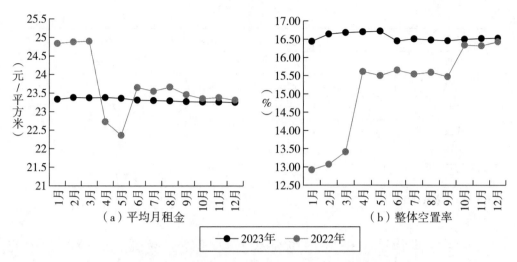

图 3　2023 年全国通用仓储市场的平均月租金及整体空置率

数据来源：物联云仓。

两个一线城市的都市圈内，受到转移需求的刺激，平均租金有所上升，其中东莞空置率变化不大，惠州受到新增供应量的冲击，空置率有较大上升；重庆、武汉和成都的空置率和平均月租金均有所下降（见表 1）。

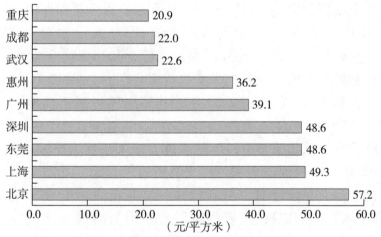

图 4　2023 年部分城市高标仓平均月租金

数据来源：世邦魏理仕。

表 1　　　　　　　　　　　　**2023 年部分城市平均月租金及空置率变化情况**

城市	平均月租金	空置率
北京	+0.9%	↓（15%）
上海	+0.5%	↑（14.4%）
广州	−2.3%	↓（2.5%）

续　表

城市	平均月租金	空置率
深圳	+2.6%	↑（3.6%）
东莞	+3.2%	↓（0.1%）
惠州	+2.2%	↑（37.2%）
武汉	−6.1%	↓（33.2%）
重庆	−2.3%	↓（20.8%）
成都	−1.1%	↓（7.9%）

数据来源：世邦魏理仕。

（三）仓储物流类基础设施公募表现稳健，受到投资者持续看好

2023 年全年，在整体经济的持续承压之下，REITs 稳步推进，仓储物流类 REITs 的市场表现相对稳健，进一步推动了 REITs 常态化发行、加快形成存量资产和新增投资的良性循环。截至 2023 年 12 月 31 日，市场已发行 29 只 RE-ITs 产品，发行规模 964.52 亿元，其中，仓储物流类 REITs 有 3 只，发行规模 94.32 亿元。

红土创新盐田港 REIT 和中金普洛斯 REIT 均发行于 2021 年，2023 年均已得到扩募。红土创新盐田港 REIT 的底层项目属于高标仓和保税仓，截至 2023 年末，首次募集投资和扩募新购入项目的平均租赁率分别为 95.23% 和 100.00%。中金普洛斯 REIT 的底层项目以高标仓和非保税仓为主，截至年末，首次募集投资和扩募新购入项目的平均租赁率分别为 94.89% 和 81.47%。嘉实京东仓储基础设施 REIT 发行于 2023 年，其底层项目属于高标仓，截至 2023 年末的租赁率达到 100%。

市场持续看好仓储物流类 REITs 的表现，未来还将有更多仓储物流类 RE-ITs 加入投资市场。中国证监会和沪深交易所官网显示，2023 年有 3 只仓储物流类 REITs 已获得交易所受理，分别是中航易商仓储物流 REIT、华夏深国际 REIT 和华泰宝湾物流 REIT，三者的底层资产均为所属原始权益人的仓储物流园。

（四）冷链物流发展迅速，政策助力冷链物流基础设施建设布局

疫情防控转段以来，我国冷链物流进入快速发展阶段。中国物流与采购联合会冷链物流专业委员会公布的数据显示，2023 年，我国冷链物流需求总量达到 3.5 亿吨，同比增长 6.1%；冷链物流总收入达到 5170 亿元，同比增长 5.2%。我国冷链物流企业数量也在持续增加。根据天眼查数据，截至 2023 年 11 月底，全国新增冷链物流企业 3200 余家，与 2022 年同期相比增加 2.4%。

2023 年是冷链物流基础设施建设步伐加快的一年。全年全国冷链物流基础设施建设投资约 585.5 亿元，同比增长 8.2%。冷藏车保有量达到 43.2 万辆，同比增长 12.9%，其中新能源冷藏车得到进一步普及利用。冷库总量约达到 2.28 亿立方，同比增长 8.3%。其中高标准冷库占比提高到 62%。果蔬、肉类、水产品等农产品产地低温处理率分别为 23%、78% 和 80%，均高于 2022 年水平。

2023 年也是冷链物流发展政策集中出台的一年。根据中国物流与采购联合会冷链物流专业委员会的不完全统计，2023 年，国家层面发布了 23 项涉及冷链物流发展的相关政策文件。2023 年 6 月，国家发展改革委印发了《关于做好 2023 年国家骨干冷链物流基地建设工作的通知》，旨在高质量推进国家骨干冷链物流基地建设，为构建新发展格局创造更好条件。2023 年 7 月，商务部等多部门联合印发了《全面推进城市一刻钟便民生活圈建设三年行动计划（2023—2025）》，从需求端支持冷链基础设施建设布局。截至 2023 年底，国家发展改革委已经批准建设了 3 批 66 个国家骨干冷链物流基地。2024 年初，国务院发布了中央一号文件，指出要做好 2024 年及今后一个时期的"三农"工作，推进乡村全面振兴。在推动农村流通高质量发展方面，要优化农产品冷链物流体系建设，加快建设骨干冷链物流基地，布局建设县域产地公共冷链物流设施。未来，我国冷链物流基础设施建设布局的步伐将进一步加快。

二、2024 年物流地产业展望

2024 年是实现"十四五"规划目标任务的关键一年。2023 年底，中央经济工作会议指出，2024 年要坚持稳中求进、以进促稳、先立后破，要围绕推动高质量发展，突出重点，把握关键，扎实做好经济工作。联合国在《2024 年世界经济形势与展望》中指出，全球经济将持续受到利率高企、冲突升级、贸易疲软等因素的影响，经济增长率将从 2023 年的 2.7% 放缓至 2024 年的 2.4%。受到需求变化和贸易局势的影响，2024 年中国经济增长率预期可能放缓至 4.7%，这一预期仍高于对东亚经济体的预期增长率（4.6%）。2024 年 1 月 9 日，中国科学院预测科学研究中心发布了《2024 中国经济预测与展望》，预测 2024 年我国经济将平稳运行，全年 GDP 增速为 5.3%，并呈现前低后高态势；固定资产投资（不含农户）全年名义增长 4.7%；全年平均物流业景气指数（LPI）为 51.98%，社会物流总额将达到 333.35 万亿元，社会物流总费用与 GDP 的比率为 14.57%。

在此背景下，预计 2024 年全年，物流行业固定资产投资将持续扩大，物流地产行业整体保持平稳发展。消费的回暖将拉动生产制造，进而持续提升我国高标仓需求，一线都市圈内的高标仓仍将是投资的热点。跨境电商的蓬勃发展，推动了海外仓和国内中心仓的建设需求。此外，ESG 理念逐步受到投资者的关注和认可，物流地产行业的未来发展需要满足绿色低碳需求。

（一）物流行业固定资产投资持续扩大，行业整体平稳发展

2024 年，预计物流行业固定资产投资将持续扩大，物流地产行业整体将继续平稳发展。随着疫情防控平稳转段，我国经济保持回升向好、长期向好的基本趋势，现代化交通基础设施体系建设加快。

全国各省市积极响应 2024 年中央经济工作会议精神，聚焦高质量发展首要任务，用投资稳定经济增长。2024 年，浙江省将"确保完成 3500 亿元交通投资"；陕西省"计划完成综合交通投资 700 亿元"；江西省"计划完成综合交通固定资产投资超 1148 亿元"；四川省计划"完成高速公路投资 1500 亿元，计划建成通车高速公路 500 公里、新开工 500 公里，上半年实现全省高速公路通车总里程突破 1 万公里"；山西省计划"完成交通固定资产投资 600 亿元，建成高速公路 177 公里，总里程将达 6510 公里"；河北省"计划完成港口投资 75 亿元，港口新增泊位 2 个，新增通过能力 360 万吨、达到 11.89 亿吨"；广西壮族自治区"力争全年完成综合交通固定资产投资 2000 亿元，新建成高速公路通车里程约 900 公里"；广东省计划完成"铁路建设投资 1200 亿元，公路水路投资超 2300 亿元，加快推进续建高速公路 48 项约 1927 公里，新改建农村公路超 5000 公里"；福建省计划完成"公路水路投资 1000 亿元，一季度确保完成投资 290 亿元，其中高速公路 70 亿元、普通国省干线公路 116 亿元、港航工程 22 亿元"；北京市将"落实京津冀核心区铁路枢纽总图规划，以高铁和城际铁路建设为重点，推进雄商、雄忻、津潍高铁、轨道交通 R1 线等跨区域重大轨道交通基础设施建设"；吉林省计划"建设高速公路 683 公里，新增通车里程 382 公里，新改建农村公路 3500 公里，改造危旧桥梁 110 座，新增 144 个自然屯通硬化路、8 个乡镇通三级及以上公路，新建农村物流服务网点 1807 个"。2024 年 1 月，湖南省在 2024 年重大项目集中开工仪式上启动了 8 个重大交通项目，总投资达到 331.4 亿元。

（二）高标仓具有极大市场潜力，一线都市圈需求提高

预计，2024 年中国高标仓市场潜力较大，将受到投资者的持续看好。世邦魏理仕《2024 中国投资者意向调查》数据显示，2024 年中国商业地产投资热度回升，47% 的投资者持有更积极的投资态度，比上一年增加了 13 个百分点。其中，工业物流依然是投资者最看好的类型，而在青睐工业物流的投资者中，看好主要城市高标仓投资的占比为 63%。目前，我国高标仓规模约有 1.2 亿平

方米，不到美国的三分之一，仍具有极大的扩容空间和投资潜力。

从需求端来看，受到电商及第三方物流蓬勃发展、制造业转型升级、新兴行业培育加快的拉动，我国高标仓需求旺盛。2023 年，我国电子商务交易额比上年增长 9.4%，电商物流指数均值为 110.1 点，比上年同期提高 4.2 点。制造业技术改造投资比上年增长 3.8%，高技术制造业、装备制造业占规模以上工业增加值的比重分别升至 15.7%、33.6%。规模以上工业新能源汽车、风力发电机组、充电桩产量分别比上年增长 30.3%、28.7%、36.9%。2023 年，我国新能源汽车产销分别为 958.7 万辆和 949.5 万辆，同比分别增长 35.8% 和 37.9%。我们预计，2024 年电商及第三方物流、制造业等行业对高标仓的需求将进一步增加。

在行业需求持续增加的大环境下，仓储物流业租赁方同样有动力增加仓储物流面积，特别是一线都市圈的高标仓需求高升。世邦魏理仕《2023 中国仓储物流租户调研》报告数据显示，有 59% 的租户将在未来三年增加物流设施面积。分行业来看，64% 的第三方物流企业和 45% 的制造业租户有增加物流设施面积的需求，其中 27% 的第三方物流企业预期面积增幅超过 30%。82% 的租户有意向未来三年内在一线都市圈扩张，2021 年时，仅有 55% 的租户有此意向。从具体需求来看，76% 的租户计划未来三年增加市区内高标仓面积，而相对比来看，只有 20% 的租户对市区内普通仓有增加面积的需求。

（三）跨境电商持续蓬勃发展，海外仓/国内中心仓需求增大

跨境电商作为全球贸易的新势力，已成为我国促进外贸增长的重要动能。2023 年全年，我国进出口总值 41.76 万亿元，同比增长 0.2%，对共建"一带一路"国家进出口 19.47 万亿元，同比增长 2.8%。我国跨境电商进出口 2.38 万亿元，同比增长 15.6%，其中，出口 1.83 万亿元，同比增长 19.6%；进口 5483 亿元，同比增长 3.9%。

国内众多电商平台加大跨境电商业务的开展，跨境电商的出口迎来爆发式增长。2023 年全年，上海空港口岸作为跨境电商出口的重要通道，承接出口跨境电商的申报量高达 4.4 亿票，同比增长近 2 倍，出口总值超 850 亿元。其中，拼多多、TikTok、希音这三个新兴电商平台在该口岸的出口申报量总额同比增长超过 10 倍，申报出口量占据该口岸跨境电商出口申报者总量的 30% 以上。

各省市政府纷纷加大对跨境电商的支持力度。青岛为了推动跨境电商发展，建立了"9+2"跨境电商产业合作交流机制和黄河流域跨境电商联盟，覆盖了新疆、云南以及沿黄九个省区。2023 年，青岛海关监管跨境电商出口清单 1.1 亿单，同比增长约 80%。宁波已累计培育了 53 个省级跨境电商出口品牌，2023 年实现跨境出口 2013.2 亿元，同比增长 15.4%。

跨境电商的爆发式增长对跨境电商物流供应链提出了更高的要求，因此推动海外仓和国内中心仓需求旺盛。我们预计，2024年，海外仓和国内中心仓将仍是物流地产行业的投资热点。

（四）ESG理念受到投资者的持续关注

近年来，投资者越来越关注和认可ESG理念。ESG理念考虑了绿色环保、可持续发展、企业社会责任、企业组织稳定性和利益相关者等多种因素，能够更综合地衡量企业运营的可持续性。世邦魏理仕《2024中国投资者意向调查》数据显示，91%的投资者已经或者计划在投资决策中考虑ESG，近七成的投资者接受ESG资产在一定程度上存在溢价。2024年2月8日，上海证券交易所、深圳证券交易所、北京证券交易所同时发布了"上市公司自律监管指引——可持续发展报告（试行）（征求意见稿）"，采取强制披露和自愿披露相结合的方式，引导上市公司披露可持续发展信息。该指引明确了上市公司ESG的披露议题和信息框架。

绿色低碳是ESG理念中的重要概念，也是ESG评级的重要指标。绿色低碳一直是物流业的关注热点，也是物流地产行业健康可持续发展要遵循的准则。2023年12月，中国物流与采购联合会在第一届绿色物流与供应链发展大会上，正式推出了物流行业公共碳排计算器，推动我国碳排放互认工作发展。2023年12月，国务院发布了《空气质量持续改善行动计划》，提出要大力发展绿色运输体系。2023年12月，《中共中央　国务院关于全面推进美丽中国建设的意见》发布，要求加快交通运输等领域的绿色低碳转型，加快形成以实现人与自然和谐共生现代化为导向的美丽中国建设新格局。

从需求端来看，仓储物流是供应链碳排放的重要环节。近年来，仓储物流租户逐渐加大了对绿色建筑的关注度。世邦魏理仕《2023中国仓储物流租户调查》报告显示，超过90%的受访者关心仓储物业是否具有绿色建筑资质，而与此相对应的，只有11%的受访者表示其大部分仓储物业组合具有绿色建筑资质。

从供给端来看，国内仓储物流企业不仅加快绿色建筑认证步伐，还纷纷加大了对新能源运输车辆、屋顶光伏等绿色能源设施的投资和利用。普洛斯中国承诺2022年以后的新建仓储物流都必须达到可持续建筑认证标准，并已为30%的现有园区配备了新能源充电设施。截至2023年5月，万纬物流已通过绿色认证面积超过560万平方米。京东物流预计将至2030年实现100%新能源物流运输车。菜鸟物流同样计划在2030年之前实现电动车对所有短途物流车辆的替换。希杰物流计划2030年将公司自有车辆全部替换为零排放车辆。中外运在2022年度已实现新能源叉车占比75%以上。安能物流同样在2022年度已实现分拨中心电动叉车占比 96% 以上。在 2024 年，我们预计投资者会更加关注 ESG 信息披露，物流地产行业参与者需要采取更多的措施来满足投资者对 ESG 的要求。

［本项研究获国家社科基金重大项目（20&ZD053）的支持；并得到过程管理与效率工程教育部重点实验室和中国（西安）数字经济发展监测预警基地的支持］

（作者：西安邮电大学经济与管理学院　尤晓岚；
西安电子科技大学经济与管理学院　徐金鹏；
西安交通大学管理学院　冯耕中）

2023 年应急物流发展回顾与 2024 年展望

2023 年，在疫情平稳转段和国际形势日渐复杂的情况下，中国应急物流加快发展与调整，在《"十四五"现代物流发展规划》《"十四五"国家应急体系规划》《"十四五"应急物资保障规划》等规划政策的支持下，在现代物流和新一代信息技术蓬勃发展的带动下，踏上"新征程"的应急物流迈出了坚实的步伐。展望 2024 年，应急物流迎来崭新的发展机遇，在中国式现代物流体系全面、高质量发展中同步成长壮大。

一、2023 年应急物流发展回顾

2023 年，国际局势复杂多变，美国继续在贸易、科技、外交等领域对我施压遏制，地缘冲突、局部战争此起彼伏，乌克兰危机旷日持久，巴以冲突不断升级，疫情影响逐渐减小，国内产业链、供应链逐步恢复畅通，但全球"脱钩断链"风险依旧存在。尽管受到国际国内等多重超预期因素的反复冲击，应对各类突发事件，应急物流响应及时、保障有力，有力地支撑了产业链供应链循环畅通，保障了民生顺畅有序，我国应急物流事业携战"疫"胜利之势开启新征程。

（一）"后疫情时代"应急物流加速开创新局面

随着我国新冠疫情防控进入"乙类乙管"常态化防控阶段，2023 年疫情影响减弱，叠加 2022 年低基数作用，新经济政策发力等因素，我国经济进入"后疫情时代"。疫情过后，宏观经济处于恢复性增长期，面临需求收缩、供给冲击、预期转弱三重压力，"后疫情时代"的来临凸显了发展应急物流的迫切性。疫情防控平稳转段后，经济形势企稳回升，在相关物流政策的加持下，全行业发展态势得到改善，应急物流发展迎来新的局面。2023 年底发布的多项数据显示，物流业景气指数、民航运输总周转量、大宗商品指数等多项物流指标在上半年的基础上取得平稳回升，我国宏观经济带动应急物流发展逐步迈上"新台阶"。

3 月 8 日，习近平主席在解放军和武警部队代表团全体会议上重点强调，巩固提高一体化国家战略体系和能力，加快构建大国储备体系。4 月 25 日至 27 日，第十一届军事物流与应急物流研讨会在重庆市举办，300 余名代表围绕"贯彻国防（应急）要求，畅通军事（应急）物流"主题，就现代军事（应急）物流体系建设重难点问题、建设思路和实现路径等重大课题展开了深入研讨交流，并举行了战"疫"应急物流保障优秀论文（案例）颁奖，CCTV"国防军事"、新华社"新华军事"、人民日报新媒体平台、中国军视网等多家中央媒体进行了全程报道，高度评价"会议在提高一体化国家战略体系和能力、构建大国储备体系、物流智能化技术应用等方面，形成了一系列新见解、新成果""已成为业界引领理论创新、促进军地交流，协同推进中国式现代物流体系和现代军事物流体系建设高质量发展的重要平台"，取得了较大影响，仅新华社"新华军事"的点击量就超过126万。9月18日，在第七届中国—东盟物流合作论坛期间，广西物流与采购联合会应急专业委员会举行成立大会并举办"打造韧性供应链体系，提升应急供应链的协同和预见力"分论坛。

9月25日，习近平主席向全球可持续交通高峰论坛致贺信，提出建设"安全、便捷、高效、绿色、经济、包容、韧性"的可持续交通体系。2023年，贯彻以人民为中心的发展思想，围绕产业链供应链安全稳定，着力保基本、兜底线、促公平，我国继续深化供给侧结构性改革，重点开展强链补链行动，加快发展现代物流，完善城乡快递物流配送体系，重点支持应急物流相关的交通、水利、能源、信息等基础设施和民生工程建设，紧紧依靠创新提升应急物流发展水平，推动高质量共建"一带一路"，加强境外风险防控，不断提升应急物流公共服务水平。

（二）积极有效做好各类突发事件应急物流保障

2023年，突发洪涝、地震等自然灾害相互叠加，对中国应急物流不断提出新的需求和严峻挑战。针对华北、黄淮、东北等地出现极端降雨等灾害，习近平总书记多次对防汛救灾工作作出重要指示，要求进一步提升我国防灾减灾救灾能力。面对突发的灾情，应急物流及时响应，迅即启动，重点应对6月底7月初重庆暴雨洪涝和地质灾害、7月底8月初京津冀地区暴雨洪涝灾害、8月初东北地区暴雨洪涝灾害、9月中旬江苏盐城等地风雹灾害、12月甘肃积石山6.2级地震等突发事件。应急物流在全年保通畅、保稳定中发挥了重要作用，展现了十足的韧性，通过应急措施创新和转运模式调整，有力保障了民生需求和抢险救灾任务顺利完成。

7月底8月初，特大暴雨突袭京津冀地区，引发海河上游60年来最大洪水灾害，即海河"23·7"流域性特大洪水，对京津冀物流体系造成了局部重大冲击。与雨洪前（7月17日）相比，雨洪中（7月31日）京津冀发出物流量、到达物流量分别下降了71.3%和62.3%，应急物流在承受巨大的压力下高效运作，有力支撑了防汛抢险和民生保障任务。与雨洪中（7月31日）相比，雨洪后（8月14日）京津冀发出物流量、到达物流量分别上升了238.0%和157.8%，绝大部分区县应急物流系统韧性较好，91个区县的物流恢复速度在3天以内，但雨洪冲击对于不同区县的影响出现分化。在高频高损灾害冲击进入"新常态"的背景下，应急物流的气候包容性和供应链韧性成为重要特征，以确保事先能力储备、事中抵抗冲击、事后快速恢复。

国家电网从天津、冀北、山西、山东、湖北、河南、辽宁、蒙东、陕西、甘肃电力等10家单位抽调骨干力量组建支援团队，携带应急发电车、小型发电机等装备物资支援北京、河北，全力打通抗洪抢险救灾"生命线"。顺丰集团捐赠1000万元，并紧急调拨20台救援车辆，装载60余吨矿泉水和食品等急需物资，优先解决灾区紧缺物资、生活安置等应急需求，为灾后重建提供帮扶与支持。京东集团捐赠3000万元物资，为河北涿州、涞水、阜平以及北京房山、门头沟等多地提供方便食品、饮水设备、米面粮油、消毒用品、照明设备、衣物等生产生活物资，京东物流开放周边10余仓源支援涿州受灾图书商家就近转仓分仓。

12月18日，甘肃临夏州积石山县发生6.2级地震。财政部、应急管理部紧急向甘肃、青海两省预拨中央自然灾害救灾资金2亿元。国家防灾减灾救灾委员会、应急管理部会同国家粮食和物资储备局，在前期已向甘肃灾区调拨4.25万件中央救灾物资的基础上，向甘肃省紧急增调第二批4.75万件中央救灾物资，包括棉帐篷2500顶、棉大衣（防寒服）2万件、棉被5000床、折叠床5000张、防潮垫1.5万张、场地照明设备30台；紧急向青海省调拨2.15万件中央救灾物资，包括棉帐篷1500顶、棉大衣5000件、棉被5000床、棉褥5000床、折叠床5000张、场地照明设备20台。截至12月19日9时，累计向甘肃、青海两省地震灾区调拨中央救灾物资11.15万件，全力支持灾区做好受灾群众临时安置和生活救助工作。交通运输部启动Ⅱ级应急响应，当地政府相关部门和邮政部门应急响应，全国物流行业企业紧急驰援。

中国物流集团第一时间发出通知，要求所属企业心系灾区，全力以赴配合国家和地方有关方面开展抗震救灾工作，履行好中央企业社会责任。中储智运成立应急响应专班，组成抗震救灾救援小组，调取平台数据为25家平台合作企业和15名司机提供慰问和帮助，同时开通24小时灾区服务专线为受困卡友解难纾困，协调平台对运输应急捐赠物资的车辆进行运费减免。京东集团第一时间成立应急响应专班，快速启动应急救援预案，从多个就近仓库中紧急调拨饮用水、食品、御寒衣物等物资，以专人专车方式运往灾区，京东物流也积极帮助有关捐赠机构运送救灾物资。顺丰集团、顺丰公益基金会密切关注当地受灾情况，紧急启动应急响应机制，向地震灾区提供救援，棉衣、帐篷、炉子、被褥等灾区急需物资第一时间运往灾区一线，并临时增加"无锡—兰州"全货机航班，为运输物资提供便捷的空中通道。阿里巴巴迅速启动应急机制，联合公羊救援队、蓝天救援队等救援力量展开救援行动，捐赠的首批帐篷、棉衣等物资跟随救援队紧急运往灾区。菜鸟迅速启动应急机制，联合中国红十字基金会等机构，第一时间开展应急物资运输等工作，并开通地震救援应急保供运输通道，以及应急物资采购服务。极兔速递积极参与地震后的社会救助行动，于19日下午完成棉被、棉鞋等抗寒保暖用品和纯净水、食品及急救医用包等首批紧急救助物资采购，同时，储备救灾车辆并在各分拨中心开通救灾物资运输通道。此外，申通、中通、圆通、韵达等物流企业，紧急采购、运输救灾物资驰援灾区，永昌、飞腾物流等企业对发往灾区的救援物资提供免运费服务。

2023年12月，中央经济工作会议强调，必须坚持高质量发展和高水平安全良性互动，以高质量发展促进高水平安全，以高水平安全保障高质量发展，发展和安全要动态平衡、相得益彰，要求在应急物流领域，积极开展国家交通物流"生命线"分级分类规划，提高关键应急物流基础设施建设标准，建立国家综合立体应急物流网络时空大数据系统，多方协同完善应急物资保障体系建设等，全面提升应急物流保障能力，有效完成民生所需、生产所求、行业所盼。

（三）应急物流相关规划政策加快落地落实

自2022年"十四五"规划发布以来，中央和各地政府应急产业支持政策措施密集出台，为应急产业包括应急物流发展提供了良好的外部环境，为应急物流体系建设提供了基本遵循，明确了目标要求，抓好抓实应急物流一系列方针政策和决策部署有效落地成为重中之重。

1月，交通运输部等4部门发布《关于进一步提升鲜活农产品运输"绿色通道"政策服务水平的通知》，细化了规范车辆查验及政策落实相关工作，对应急条件下物流"绿色通道"提供了政策借鉴。2月，应急管理部等4部门联合印发《"十四五"应急物资保障规划》，提出了"十四五"时期应急物资保障体系建设五个方面的主要任务和六个重点建设工程项目。其中主要任务包括：完善应急物资保障体制机制法制、提升应急物资实物储备能力、提高应急物资产能保障能力、强化应急物资调拨能力、加强应急物资保障信息化建设。3月，交通运输部等5部门联合印发关于《推进铁水联运高质量发展行动方案（2023—2025年）》的通知，铁水联运高质量发展步入快车道，为应急物流高活性运行奠定了基础。8月，国家发展改革委会同自然资源部、交通运输部、商务部、市场监管总局印发《关于布局建设现代流通战略支点城市的通知》，提出建设24个综合型、29个复合型和49个功能型流通支点城市，明确依托流通支点城市，打造若干设施高效联通、产销深度衔接、分工密切协作的骨干流通走廊，形成内畅外联现代流通网络，为应急物流的发展与运转奠定了坚实的基础。

同时，各地也注重强化应急物流体系建设，从不同维度规划部署应急物流体系建设任务，加大政策引领力度，推动应急物流体系建设规划落地落实。11月，重庆市口岸和物流办公室、重庆市邮政管理局等9部门联合印发《重庆市推进应急物流体系建设三年行动计划（2023—2025年）》，提出：到2025年，基本形成应急物流通道畅行高效、设施功能明确、装备技术智能、队伍响应快速、信息传达及时、运行响应精准的应急物流体系；充分利用铁路、公路、航空、水路、邮政、仓储配送等的社会物流资源，聚焦自然灾害、重大突发事件、重大卫生事件等突发事件下的应急物资保障需要，建立一个政府统筹、企业运营、平战一体、全社会共同参与的应急物流体系。甘肃、新疆、青海、西藏四省（区）签订《四省（区）公路保通保畅合作框架协议》，推动建立路网保通保畅协同联动机制，共同构建路网运营服务、交通执法、养护管理、应急救援等多维度协同管理体系，全面提升区域路网保通保畅能力。

12月26日，华中区域应急物资供应链与集配中心项目在湖北省鄂州市临空区动工，建设应急物资储备中心、应急救援装备集配中心、应急物资供应链中心、捐赠物资管理平台"三中心一平台"，打造立体化、现代化应急物流网络重要节点，形成"立足湖北、辐射华中、支援全国、通联全球"的应急物资集散地。项目建设目标旨在"凭借国内国际多式联运体系，1.5个小时应急物资保障能覆盖半个中国""通过信息化平台整合接入省、市、县三级应急物资实物储备实时信息，应急物资生产企业实物储备和产能储备实时信息，以及物流企业、运输企业、救援队伍等实时信息，建立应急物资生产、储存、运输一体化供应链服务"。

（四）应急物流相关法规标准建设有力推进

2023年，随着全面依法治国方略在国家应急管理各方面事业中的贯彻推进，应急治理立法修法、技术标准建设继续推进，应急物流事业的法治化、标准化、规范化不断取得进展。

2月13日，国家粮食和物资储备局、应急管理部、财政部印发《中央应急抢险救灾物资储备管理暂行办法》。3月17日，国家市场监督管理总局、国家标准化管理委员会发布GB/T 42500—2023《即时配送服务规范》、GB/T 42501—2023《逆向物流服务评价指标》、GB/T 42502—2023《医药物流质量管理审核规范》、GB/T 42503—2023《农产品产地冷链物流服务规范》等物流领域国家标准。7月7日，国家发展改革委发布WB/T 1133—2023《企业应急物流服务能力评估指标》行业标准，自8月1日起正式实施。8月21日，由中国物流与采购联合会提出，中国物流与采购联合会团体标准化技术委员会归口的《突发公共卫生事件应急物资中转站服务能力与运营管理要求》团体标准（项目计划编号 2023-TB-003）向社会公开征求意见等。

同时，中国物流与采购联合会应急物流专业委员会携手广西物流与采购联合会、重庆市国防与应急物流技术创新战略联盟，分别于 9 月 18 日在第七届中国—东盟物流合作论坛、12 月 1 日在重庆市国防与应急物流技术创新战略联盟年会上，开展了 WB/T 1133—2023《企业应急物流服务能力评估指标》行业标准宣贯和解读。WB/T 1072—2018《应急物流仓储设施设备配置规范》、WB/T 1099—2018《应急物流服务成本构成与核算》行业标准复审工作按期开展。

二、2024 年应急物流展望

2024 年，是"十四五"规划承上启下的关键一年，应急物流在中国式现代物流体系建设全局中迎来新机遇，迈开新步伐，呈现新气象，展现新作为。

（一）应急物流相关法规、规划、标准等加紧推进实施

《"十四五"现代物流发展规划》《"十四五"国家应急体系规划》《"十四五"应急物资保障规划》等应急物流相关的政策规划，将在年度计划和工作中逐步推进落实，中国应急物流事业发展相关标准规范支撑逐渐完善，立足现代物流体系与现代军事物流体系军地协同推进的大国储备体系逐渐形成，中国式应急物流体系建设不断深入发展。

WB/T 1133—2023《企业应急物流服务能力评估指标》等应急物流相关标准将进一步加快宣贯推广和落地应用，应急物流相关标准体系将不断健全完善，全面贯彻应急物流相关标准的应急物流标准示范库建设试点工作积极推进。

（二）先进设施、装备、技术、模式创新赋能应急物流

2 月 23 日，中央财经委员会第四次会议强调，降低全社会物流成本。优化运输结构，强化"公转铁""公转水"，深化综合交通运输体系改革，形成统一高效、竞争有序的物流市场。优化主干线大通道，打通堵点卡点，完善现代商贸流通体系，鼓励发展与平台经济、低空经济、无人驾驶等结合的物流新模式。统筹规划物流枢纽，优化交通基础设施建设和重大生产力布局，大力发展临空经济、临港经济。《"十四五"国家应急体系规划》强调加强应急通信和应急物流信息化建设，包括构建基于天通、北斗卫星互联网等技术的卫星通信

管理系统，实现应急通信卫星资源的统一调度和综合应用，实施智慧应急大数据工程，升级应急物流管理云计算平台，强化应急管理应用系统开发和智能化改造，构建"智慧应急大脑"。

随着网络化、数据化和智能化时代的来临，5G、物联网、大数据、云计算、区块链、人工智能、移动互联网等新技术进一步拓展在应急物流领域的应用场景，亟待突破一批应急物流重点领域核心关键技术和"卡脖子"技术，进一步推广智能驾驶、无人配送、无人货机、无人码头、物流机器人等"无人化"技术装备应用，依托网络货运、数字仓库、无接触配送、即时配送等"互联网+"高效物流新模式新业态创新应急物流保障方式。创新发展应急物流相关设施、装备、技术、模式等，不断提升应急运输调度和物流配送效率，有效提高防灾减灾救灾和重大突发公共事件处置保障能力，满足日益增长的安全应急需求。

（三）"乌卡"时代应急物流全域保障任务复杂繁重

当前，世界百年未有之大变局加速演进，新一轮科技革命和产业变革深入发展，局部冲突和动荡频发，世界进入新的动荡变革期，各种可预见和难以预见的风险因素明显增多。《2020全球风险报告》作出预测，按照发生概率排序，未来10年全球前5位的风险为：极端天气事件（如洪灾、暴风雨等）、气候变化缓和与调整措施失败、重大自然灾害（如地震、海啸、火山爆发、地磁风暴等）、重大生物多样性损失及生态系统崩溃、人为环境损害及灾难。"乌卡"时代即指日趋充满易变性（Volatility）、不确定性（Uncertainty）、复杂性（Complexity）以及模糊性（Ambiguity）的时代，对应急物流提出了严峻的考验，保障任务更加复杂繁重。聚焦地震和地质灾害、洪水灾害、城市内涝灾害、冰雪灾害、森林草原火灾、城市特殊场景火灾、危化品安全事故、矿山（隧道）安全事故、紧急生命救护等场景应用，以人民为中心的安全，生命至上、人民至上，对应急物流保障提出了新的更高要求。

随着国家利益、国民安全利益的拓展，中国制造业大国产能的输出，着眼人类命运共同体的大国形象担当，国内国际双循环的新发展格局，跨国跨境应急物流服务保障任务将日益繁重。随着更高水平的对外开放，"一带一路"倡议、区域全面经济伙伴关系协定（RCEP）的推进实施，东盟、中俄、中亚等国际物流大通道和网络的建设，一些具有国际竞争力的现代物流和供应链服务企业，跟随"中国制造""中国基建""走出去"，发展全货机、跨境直达运输、"门到门"物流，并加快海外仓、海外基地等境外物流网点铺设，建设国际快递物流服务网络，深化与国外物流企业的合作，更加紧密地融入国际物流网络，跨境应急物流服务保障能力不断增强。

（四）应急物流保障产业链供应链安全使命不断强化

随着社会物流规模的不断扩大、实力的不断增强，广大物流行业企业参与应急物流服务保障和应急物流体系建设的积极性、主动性和使命责任意识不断提升，服务保障能力水平极大提升，包括中国国家铁路集团、中国物流集团、中国邮政集团、中国远洋海运集团在内的大型央企国企，具备承担国家应急物流服务保障任务的良好条件，以顺丰、京东、菜鸟、"四通一达"等为代表的大型民营物流企业，在提高应急物流效率和专业化运作方面凸显各自优势。

围绕产业链供应链安全稳定，提高产业链供应链韧性弹性，立足重点企业"白名单"，依托重点产业链供应链协调平台，提升产业链供应链韧性和安全水平，应急物流对防灾减灾救灾和重大突发公共事件处置保障的支撑作用将日趋增强，使命向保障产业链供应链韧性和安全不断拓展深化，为保障和促进物流行业高质量发展，推进中国式现代化贡献应急物流力量。

（作者：中国物流与采购联合会应急物流专业委员会　吴量　范学兵）

2023 年绿色物流发展回顾与 2024 年展望

2023 年是全面贯彻党的二十大精神的开局之年，是 3 年新冠疫情防控转段后经济恢复发展的一年，是全面建设社会主义现代化国家新征程的起步之年，今年以来，《碳达峰碳中和标准体系建设指南》《新产业标准化领航工程实施方案（2023—2035 年）》《碳排放管理员国家职业标准》《国家发展改革委等部门关于加快建立产品碳足迹管理体系的意见》《市场监管总局关于统筹运用质量认证服务碳达峰碳中和工作的实施意见》等围绕碳达峰碳中和的政策相继出台，为推进物流与供应链领域绿色低碳发展提供良好的政策引领和支撑保障。

一、2023 年中国社会经济和物流发展形势

2023 年，俄乌冲突持续、巴以爆发新一轮冲突、西方国家政治极化空前严重，国际动荡迹象显著增多，凸显世界百年未有之大变局加速演进。面对复杂严峻的国际环境和艰巨繁重的国内改革发展稳定任务，中国着力扩大内需、优化结构、提振信心，国民经济回升向好，高质量发展扎实推进。根据《中华人民共和国 2023 年国民经济和社会发展统计公报》（以下简称"公报"），2023 年中国 GDP 达到 126.06 万亿元，比上年增长 5.2%。年末全国人口总量达到 14.10 亿人，城镇化率达到 66.2%。2023 年新产业新业态新模式较快成长，新能源汽车产量 944.3 万辆，比上年增长 30.3%；太阳能电池（光伏电池）产量 5.4 亿千瓦，增长 54.0%。这一年，绿色低碳转型深入推进，水电、核电、风电、太阳能发电等清洁能源发电量 3.19 万亿千瓦时，比上年增长 7.8%。

根据中国物流与采购联合会通报 2023 年全国物流运行情况，2023 年全国社会物流总额 352.4 万亿元，按可比价格计算，同比增长 5.2%。从构成看，工业品物流总额 312.6 万亿元，占比为 88.71%，按可比价格计算，同比增长 4.6%；农产品物流总额 5.3 万亿元，占比为 1.50%，增长 4.1%；再生资源物流总额 3.5 万亿元，占比为 0.99%，随着国家绿色发展理念的指引和循环经济的发展，其增速高达 17.4%；单位与居民物品物流总额 13.0 万亿元，占比为 3.69%，增长 8.2%；进口货物物流总额 18.0 万亿元，占比为 5.11%，增长 13.0%。2023 年，全年货物运输总量 556.8 亿吨，货物运输周转量 24.8 万亿吨公里，货运量和货物运输周转量同比增长 8.1% 和 6.3%，其中民用航空货运

量增长 21.0%。全年港口集装箱吞吐量 3.10 亿标准箱，增长 4.9%。全年快递业务量 1320.7 亿件，比上年增长 19.4%。

二、2023 年中国物流业能源消耗和二氧化碳排放发展形势

公报显示，2023 年中国能源消费总量 57.2 亿吨标准煤，比上年增长 5.7%。国际能源署《2023 年二氧化碳排放》显示，2023 年全球与能源相关的二氧化碳排放量达到 374 亿吨，比上年增加 4.1 亿吨，增幅为 1.1%，由于异常干旱影响了水电，去年全球与能源相关的二氧化碳排放量有所增加，但由于太阳能、风能和电动汽车等技术的发展，增量低于 2022 年的 4.9 亿吨。2023 年全国万元国内生产总值二氧化碳排放与上年持平，全年水电、核电、风电、太阳能发电等清洁能源发电量 31906 亿千瓦时，比上年增长 7.8%。

鉴于分行业能源消耗数据比国家统计年鉴数据晚两年，我们重点分析总结 2021 年中国物流业能源消耗和二氧化碳排放数据。在经济发展对物流高需求驱动下，2021 年我国物流业能源消耗量和二氧化碳排放量分别为 4.22 亿吨标准煤和 9.48 亿吨，同比增速分别为 7.50% 和 7.73%，其占我国能源消耗总量和二氧化碳排放总量的比重分别为 8.06% 和 9.01%。2021 年物流业直接排放量（范围一）和能源相关间接排放量（范围二）分别为 7.89 亿吨和 1.59 亿吨，比重分别为 83.2% 和 16.8%；从碳排放来源分析，2021 年，运输及配送活动、装卸搬运及仓储活动、辅助生产活动占我国物流业的比重分别为 83.19%、12.21% 和 4.60%。

三、2023 年中国绿色物流发展回顾

1. 2023 年中国绿色物流发展的"势"

（1）"双碳"目标下的绿色物流发展达成初步共识。

为应对全球气候变化，各国都在积极行动。《2023 全球碳中和年度进展报告》指出，全球已有 151 个国家提出碳中和目标，覆盖 92% 的 GDP（PPP）、89% 的人口和 88% 的排放。2023 年底，《联合国气候变化框架公约》第二十八次缔约方大会（COP28）就《巴黎协定》首次全球盘点，达成"阿联酋共识"，该协议文本指出，各方认识到需要大幅、快速和持续地减少温室气体排放，以达成《巴黎协定》所设定的，将全球平均气温上升幅度努力控制在 1.5 摄氏度之内的目标，呼吁各国采取多项行动，其中包括：到 2030 年，全球可再生能源装机容量增加两倍，全球年均能效增加一倍；在能源系统中，以公

正、有序和合理的方式从化石燃料"转型"；尽快取消低效的化石燃料补贴等。

在全球绿色低碳发展背景下，绿色物流也逐步成为物流行业绿色低碳发展的主要共识。2023年12月1—3日，第一届绿色物流与供应链发展大会及绿色低碳物流展在浙江杭州召开，本次大会以"共谋绿色物流新格局，共建供应链协同新生态"为主题，聚焦绿色物流与供应链领域优秀成果、前沿技术与发展趋势，展示绿色化、低碳化、数字化、智能化相关的新技术、新产品、新模式、新业态，着力打造绿色物流发展的新格局，构建更开放的供应链协同新生态。来自物流及供应链企业、生产制造企业、信息服务企业、能源企业、金融机构、院校及研究机构、行业协会、国际组织、新闻媒体等组织机构的800多名行业翘楚、专家学者、商界精英参加大会。大会同时召开"双碳引领，赋能绿色供应链未来"，"绿色循环，物流+制造深度融合"，"标准先行，助力行业高质量发展"，"创新驱动，绿色供应链物流国际化科技创新"，绿色物流大讲堂暨"双碳"人才培养论坛等分论坛。本次大会发布了《中国绿色物流发展报告（2023）》（完整版和简版）、《中国物流行业ESG发展报告》、物流行业公共碳排计算器、《物流企业绿色物流评估指标》（WB/T 1134—2023）和《物流企业温室气体排放核算与报告要求》（WB/T 1135—2023）两项行业标准、《绿色物流理论与实验》书籍等。

（2）发达国家绿色新政驱动绿色物流发展。

2023年4月25日，欧盟委员会通过了绿色新政"Fit for 55 package"一揽子提案，其中包括五项关键法案，即扩大欧盟碳市场、海运排放、基建排放、征收航空燃油税、设立碳边境税（CBAM，也称碳边境调节机制）等。此举将使欧盟减少主要经济部门的温室气体排放，同时为居民和小微型企业提供有效支持，以确保实现欧盟到2030年将温室气体净排放量较1990年水平至少减少55%的目标，并在2050年实现碳中和。其中，①碳边境调节机制要求在欧盟境外生产的货物，根据其生产过程中的碳排放，在进入欧盟市场时支付碳价格，涵盖钢铁、铝、电力、水泥、化肥、化工（氢）六大行业。为平稳实施法案，欧盟设定从2023年10月至2026年1月的过渡期，从2026年至2034年将逐步实施碳边境税。②2023年8月17日，欧盟《电池与废电池法规》（新电池法案）正式生效，其是针对电动汽车电池（EV电池），轻型交通工具电池（LMT电池），汽车启动、照明和点火用蓄电池（SLI电池），工业电池，便携式电池（<5kg家用和手机电池等）共5类电池的全生命周期进行规范的法律文件，内容涵盖电池碳足迹、电池护照、生产者责任延伸与废旧电池收集要求、电池材料回收要求、循环材料比例、供应链尽职调查等，其中电池碳足迹对于电池物流碳排放有明确要求；③欧盟内部及出入欧盟港口的航运业纳入欧盟碳排放交易体系（EU ETS）管控，这意味着船舶在欧盟港口必须

支付碳排放费用，即涉及欧盟航线的航运公司将为其船舶碳排放支付履约成本，如目前船公司纷纷推出碳附加费，其对海运成本的影响将从 3.5% 逐渐提升到 10%。

2023 年 1 月 10 日，美国为实现到 2035 年确保 100% 清洁电网和到 2050 年净零碳排放目标的战略性蓝图，出台《美国运输脱碳国家蓝图》，该蓝图的主要目标是到 2030 年，乘用车新车销量的 50% 实现零排放，中重型卡车新车销量的 30% 实现零排放；到 2040 年加速清洁解决方案实施，确保支持清洁技术所需的基础设施部署到位，完全融入清洁能源系统；到 2050 年，所有联邦采购车辆中均为零排放车辆，实现净零排放。2023 年 2 月 10 日，日本内阁批准"实现绿色转型的基本方针"，计划未来 10 年日本政府和私营部门投资将超过 150 万亿日元（约 1.1 万亿美元），构建绿色转型、去碳化和稳定供应的体制，促进交通绿色转型和扩大以脱碳为目的的数字投资。

发达国家绿色政策和法律的出台，内容逐渐由间接转向直接提出绿色物流发展要求。

（3）国际国内温室气体排放标准指引绿色物流发展。

2023 年，在全球"碳中和"发展需求的驱动下，国际标准 ISO 14068（Climate change management — Transition to net zero—Part 1：Carbon neutrality，气候变化管理——向净零排放过度——第一部分 碳中和）正式发布，该标准通过量化、减少和抵消碳足迹来实现和证明"碳中和"的原则、要求和指南，为全球提供实现"碳中和"的统一的方法和原则。同年，备受期待的国际标准 ISO 14083（Greenhouse gases—Quantification and reporting of greenhouse gas emissions arising from transport chain operations，核算和汇报来自运输链运营过程中的温室气体排放）正式发布，涵盖了陆路、铁路、海运、水路和航空，也包括所有运输工具例如船舶、车辆或管道等，以及运输枢纽的运营，还考虑了运输过程中客运和货运的空驶情况，适用于运输链的所有阶段，也提供了全球首个通用的物流温室气体排放核算方法。

在中国，2023 年 4 月，国家标准委等 11 部门印发《碳达峰碳中和标准体系建设指南》，该体系覆盖能源、工业、交通运输、城乡建设、水利、农业农村、林业草原、金融、公共机构、居民生活等重点行业和领域的碳达峰碳中和工作，满足地区、行业、园区、组织等各类场景的应用（见图 1），并提出到 2025 年，制修订不少于 1000 项国家标准和行业标准（包括外文版本），主要行业碳核算核查实现标准全覆盖，重点行业和产品能耗能效标准指标稳步提升，实质性参与绿色低碳相关国际标准不少于 30 项，绿色低碳国际标准化水平明显提升。2023 年 11 月，《国家发展改革委等部门关于加快建立产品碳足迹管理体系的意见》（发改环资〔2023〕1529 号）提出，到 2025 年，国家层面出台 50 个左右重点产品碳足迹核算规则和标准，一批重点行业碳足迹背景数据库初步建成，国家产品碳标识认证制度基本建立，碳足迹核算和标识在生产、消费、贸易、金融领域的应用场景显著拓展，若干重点产品碳足迹核算规则、标准和碳标识实现国际互认。以上国际国内温室气体排放标准，以及国内《碳排放管理员国家职业标准》的发布为物流行业落实"双碳"战略提供重要指导。

2. 2023 年中国绿色物流发展的"行"

（1）搭建绿色物流标准工作体系，推进标准制修订与实施。

标准是经济活动和社会发展的技术支撑，是国家基础性制度的重要方面，完善绿色物流标准工作体系是指导物流行业推进绿色物流标准化工作的顶层抓手。2023 年，两项行业标准《物流企业绿色物流评估指标》（WB/T 1134—2023）和《物流企业温室气体排放核算与报告要求》（WB/T 1135—2023）正式发布实施。为推动《物流企业绿色物流评估指标》的实施，一方面，积极推进绿色物流企业贯标达标活动，另一方面，加强与地方政府合作，如开展"浙江省绿色物流先行企业"征集和评选活动，最终共有 64 家企业参与并完成绿色物流星级评估。此外，《物流企业温室气体排放核算与报告要求》也作为中国物流与采购联合会推出的物流行业公共碳排计算器组织层级的理论基础，得到供应链上下游企业的广泛应用。

2023 年，在绿色物流标准体系的指导下，三项国家标准《绿色产品评价 物流周转箱》《物流行业能源管理体系实施指南》《物流企业能源计量器具配备与管理要求》和一项行业标准《物流企业碳排放管理体系实施指南》也进入报批和公开征求意见阶段。已报批的国家标准中，《绿色产品评价 物流周转箱》（GB/T 43802—2024）以绿色低碳和全生命周期理念为指导，规定物流周转箱生产企业和产品的基本要求与鼓励性要求，对周转箱产品绿色评价指标进行定性和定量并规定指标的判断依据，为开展物流周转箱绿色产品认证提供理论依据；《物流行业能源管理体系实施指南》是围绕物流企业能源管理体系建设、能源绩效及体系持续改进目标而展开的标准攻坚，其用体系化的方法将物流企业的能源管理业务流程链条穿起来，实现过程运行有章可循、证据可追溯，以提升效率和持续改进。此外，随着国家"双碳"战略实施、数字化驱动、新能源和新设备加速落地以及运营模式创新，2018 年发布实施的国家标准《绿色物流指标构成与核算方法》也进行复审并启动修订，此次修订积极响应社会和企业最新发展趋势，赋予绿色物流新内涵与新要求。

（2）中国物流与采购联合会发布物流行业公共碳排计算器。

在全球应对气候变化、国家实施"双碳"战略、市场建立产品碳足迹管理

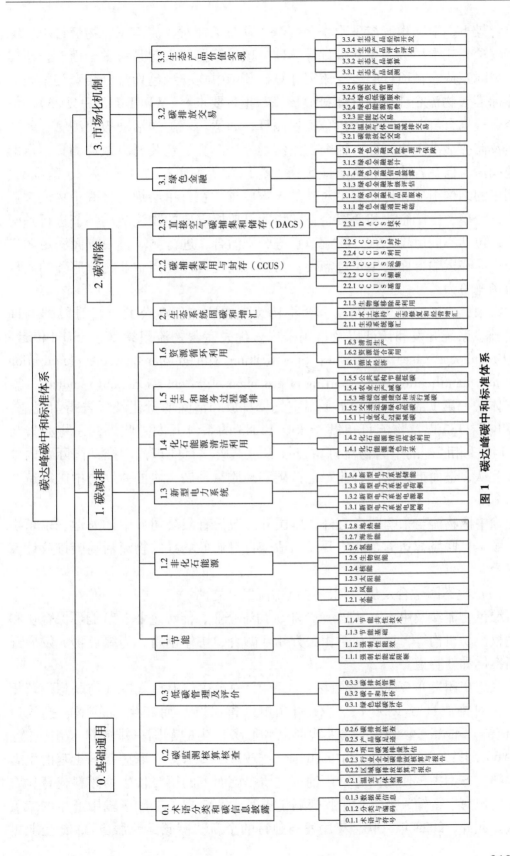

图 1 碳达峰碳中和标准体系

体系背景下，中国物流与采购联合会牵头发布了针对物流组织、物流订单、绿色低碳项目三个层级的公共碳排计算器。该计算器的宗旨是科学全面、公益实用、国际互认。在项目层级，该碳计算器基于中物联绿色物流分会牵头编制的行业标准《物流企业温室气体排放核算与报告要求》（WB/T 1135—2023），帮助企业根据自身业务特点进行分板块测算，如运输及配送活动板块测算、装卸搬运及储存活动板块测算、辅助物流活动板块测算、包装材料板块测算，帮助企业摸清自己在各业务板块的减碳潜力，以及了解碳排放在范围一、范围二、范围三的结构组成，进而满足对外的披露要求。在订单层级，将基于物流企业的商务订单、生产企业和商贸企业的作业订单所需要的物流活动环节进行搭配组合，包括不同运输方式、物流节点等分别组合，进行测算，一方面满足客户所需产品在运输方面的碳足迹需要；另一方面也可以提高企业物流服务的质量和市场竞争力。

未来，中国物流与采购联合会将持续完善物流行业公共碳排计算器的理论基础、系统开发和认证以及市场推广。优先完善物流组织基于 ISO 14064-1（Greenhouse gases — Part 1: Specification with guidance at the organization level for quantification and reporting of greenhouse gas emissions and removals，温室气体——第 1 部分：组织水平温室气体排放和清除的量化及报告指南规范）和 WB/T 1135 以及物流订单基于 ISO 14083 的系统开发。此外，还将完善与 ISO 14083 相匹配的中国物流订单以及绿色低碳项目的理论，推动国际国内碳排放互认，进而推进物流行业绿色低碳和高质量发展，协同并助力中国制造企业出海。

除中国物流与采购联合会外，中国外运股份有限公司、中远海运、京东物流、顺丰、联晟智达等企业均开发出适合自身业务场景的物流活动碳排放计算器平台。

（3）生态圈融合发展，创新绿色物流发展之路。

绿色物流涉及甲方（生产）企业、物流企业、能源企业、节能环保企业和环境权交易机构等，这些利益相关方相互融合、协作创新，为绿色物流发展开拓新案例和新赛道。

联想集团发布 2030 气候目标：①范围一+范围二温室气体（与联想运营相关）绝对排放量减少 50%；②使用联想已售出产品而产生的范围三排放量（价值链）平均减少 35%；③采购商品和服务产生的范围三排放量（供应链）减少 66.5%；④物流运营产生的范围三排放减少 25%。在联想与马士基的生态运输解决方案中，使用由废食用油等物质提炼而成的第二代生物燃料代替化石燃料实现海上运输，第二代生物燃料能够减少 80% 以上船舶运输中产生的二氧化碳。此外，2023 年，联想集团发布独特的全新"减碳运输服务"，让企业可以选择在空运 IT 设备时降低碳排放，即客户可以购买"可持续航空燃料"（SAF）积分，并将由此产生的减排收益归属于购买 IT 设备，从而最低减少 70%的二氧化碳排放量，促进客户可持续发展。

百威集团早在 2018 年就提出了 2025 年可持续发展目标，从水资源管理、可循环包装、智慧农业和气候行动四个方面推动业务可持续发展，百威中国也提出到 2025 年减少 40%的物流碳排放。百威中国积极加强与上下游合作商的联合创新，于 2022 年底与嬴彻科技正式签署自动驾驶绿色物流战略合作协议，双方将充分结合各自资源，发挥嬴彻科技在自动驾驶技术研发和商业运营方面的领先优势，发挥百威中国在绿色智能物流系统建设和运营方面的全球智慧与领先经验，共同开启干线物流自动驾驶示范线路的常态化运营。2023 年 11 月，百威中国与空气产品公司签署战略合作协议，双方将在氢气供应服务、氢燃料电池车辆的落地及示范运营推广等方面探索开展深度合作的机会，推进绿色物流在不同领域和实际应用场景内的发展，强化协同创新和产业协作，从而为百威亚太 2040 年全球范围内实现全价值链净零排放的目标提供助力。

中国外运股份有限公司（简称中国外运）于 2023 年 4 月正式发布《中国外运绿色物流白皮书》（以下简称"白皮书"），指出中国外运把握绿色物流所蕴含的发展商机，积极探索服务绿色产业链相关客户的解决方案，携手上下游合作伙伴共同打造高效协同的绿色低碳供应链体系。白皮书发布中国外运"双碳"目标，即不晚于 2030 年实现企业自身运营碳达峰，力争不晚于 2060 年实现企业自身运营碳中和。中国外运从行业标准制定、数字化和低碳科技应用、供应链管理模式优化等方面全面规划，形成点、线、面、体不同维度的全景图谱和绿色物流解决方案。2023 年 7 月，中国外运联合中兴通讯、汉莎货运航空在国际物流生态链绿色物流领域的"端到端"碳中和解决方案落地，实现了中兴通讯成品从南京智能制造基地到西班牙马德里仓库的全链路碳中和绿色运输，整个案例融合了绿色能源解决方案（包括使用电动城配车、电动叉车等）、碳管理解决方案和碳补偿解决方案［包括使用 SAF 燃油、根据 VCS 自愿碳减排交易进行碳抵消和根据 I-REC 国际绿证（电力）进行碳减排］，同时保障了运输各环节"碳足迹可测算、可验证、可认证"。

（4）物流新能源、新技术、新设施设备、新模式加速落地。

近年来，港口、机场、道路、天空、水面、货场、车站、库房、工厂、流通加工中心等将采用越来越多的电能、氢能、太阳能、风能、生物质能、核能等新能源物流设施设备，例如氢燃料或者电动汽车、飞行器、水上交通工具、微型物流车、智能机器人、叉车等设备，大风量低转速（HVLS）节能工业风扇或者高转速低风量（HSLV）节能风扇也将在大型仓库等设施中得到更多采用。自动驾驶、物联网、大数据、人工智能、区块链、云计算、机器人等技术，无人机、无人车、电动卡车、甲醇船舶、智能调度系统等设施设备，在越来越多的绿色物流场景中得到应用。生物降解材料、碳纤维材料、纳米包装材料、植物纤维材料、陶瓷材料、水性油墨等材料，智能传感器、智能标签等具有感知、响应、控制等功能的智能材料，在运输过程中不会产生垃圾污染问题的水溶性缓释膜材料、可用于物流中高效去除有害气体和液态废弃物的微米纳米多孔吸附介质等材料开始被更多的物流企业采用。

在新能源重卡方面，续航里程和装载量一直是电动重卡实际应用中较难破解的难题。随着三一魔塔 1165、奔驰 eActros 600、特斯拉 Semi 等大电量重卡的出现，续航里程突破了 500 km，将推动电动重卡在长途干线领域的发展。三一重卡于 2018 年开启大电量长续航电动重卡攻关工作，破解大电量布置、整车热管理、电芯可靠性管理等五大技术难题，2023 年 6 月，成功打造整车 1165 度电、续航超 800 公里电动重卡产品，代表中国制造实现中国长续航电动重卡"零"的突破。

在自动驾驶方面，2024 年 2 月，中国外运发布 L4 自动驾驶跨省商业运营首发仪式，此次自动驾驶跨省商业运营经京津塘高速从天津港到北京马驹桥物流园，是由中国外运、招商公路、小马智行三位一体推进的公路干线货运新模式，是助力数字中国与京津冀一体化建设的具体体现，也标志着在京津冀地区物流协同发展迈出了关键性一步。中国外运依托自身优势，拓展商业运营业务场景，组织筹备两地业务货源；小马智行凭借自动驾驶技术经验，为货运商业运营提供技术保障；招商公路提供道路测试和示范运营期间所需的路侧基础设施、清障救援保障服务，形成三方在"商业试运行业务+技术+场景"的协同合作。

在运输模式方面，国家长期推动运输结构调整优化，2023 年 9 月 22 日，交通运输部、国家发展改革委命名中欧班列集装箱多式联运信息集成应用示范工程等 19 个项目为"国家多式联运示范工程"，旨在支持相关企业在运输组织模式优化、联运信息互联共享、专业技术装备研发、联运服务规则衔接、推广应用"一单制""一箱制"等方面不断取得新突破。例如，借助中老铁路的开通，顺丰打通了泰国—老挝—中国公（昆曼大通道）铁（中老铁路）多式联运新通道，为东南亚特色进口产品运输提供综合物流解决方案，极大地提升了运输时效和品质，让国内的广大消费者能更好地享受到来自东南亚的美味。2023 年底，京东物流联合赣西国际港全力打造一个高效衔接铁路港、水港的现代综合公路港物流园区，在产业上行、物资下行与智慧园区方面发力，形成以多式联运功能为依托，以综合物流服务功能为支撑，促进保供内循环的城市智能物流枢纽。

在循环包装载具方面，IBC 中型散装容器，被广泛运用于包装、仓储和运输散装货物，其可以帮助实现包装、配送、仓储供应链的标准化，提升配送和仓储效率，降低了包装和物流的综合成本。深圳中集易租科技有限公司一方面推广 IBC 共享租赁模式，另一方面新开发塑料折叠 IBC 产品，其 IBC 产品通过了中国船级社质量认证公司的碳足迹认证，结论认为：租赁运营 1 个 TC-IBC 产品，生命周期内可实现减少碳排放 12.99 吨二氧化碳当量，相当于约 168 个传统钢桶的生命周期排放。2023 年，深圳中集易租科技有限公司在 EcoVadis 可持续发展认证评级中荣获铜牌奖章，取得全球参与评估的 85000 家企业中百分排比第 61 名的好成绩，同时也是同行业中唯一荣获此荣誉的企业。

在碳普惠平台方面，满帮集团推出了"满运碳路计划"，该计划通过联动千万货车司机共建碳普惠平台，货车司机将在"满运碳路计划"中拥有个人碳账户，平台会持续跟踪记录运输过程中与碳排放相关的实载率、驾驶行为等数据，科学地测算出碳减排基准线，建立货车司机绿色成长体系和权益兑换平台。为货车司机打造看得见、可兑现的碳资产，从行业供给端来减少公路货运行业的碳排放量。6 月 5 日世界环境日当天，满帮集团推出面向千万货车司机群体的碳账户，这是目前中国公路货运领域首个司机碳账户体系。碳账户首期中，满帮集团为平台 3000 余名货车司机开通了碳账户，设立专项资金，发放绿色权益，助推有效运输里程增加，降低单位碳排放量。

四、2024 年中国绿色物流展望

2024 年是中华人民共和国成立 75 周年，是实现"十四五"规划目标任务的关键一年。开年之时，多项绿色物流利好政策频发。

2024 年 1 月 22 日，全国温室气体自愿减排交易市场正式启动，其与全国碳排放权交易市场相互衔接、相互补充，将成为物流业进入碳交易市场的重要渠道。2 月，《碳排放权交易管理暂行条例》（国令第 775 号）正式发布，更好地规范碳排放权交易及相关活动，加强对温室气体排放的控制，积极稳妥推进碳达峰碳中和。

绿色物流被首次正式纳入《绿色低碳转型产业指导目录（2024 年版）》，并在四方面推动工作：①绿色物流枢纽、绿色物流园区建设和运营；②绿色仓储设施（含冷库）建设；③绿色粮食仓储物流设施建设和运营；④绿色物流技术设备应用。

2024 年 2 月 23 日，习近平主持召开中央财经委员会第四次会议，指出物流是实体经济的"筋络"，联接生产和消费、内贸和外贸，必须有效降低全社会物流成本，提高经济运行效率；要实行大规模设备更新和消费品以旧换新，推动大规模回收循环利用，加强"换新+回收"物流体系和新模式发展。

为推进现代物流低碳绿色发展，围绕低碳绿色物流打牢"理论基础"和打通"市场互认"，2024年展望和建议如下。

（1）完善绿色物流标准体系，系统做好市场所需标准制修订、宣贯和落地实施，加快向法律法规和国际标准转化。依托行业协会等第三方机构，开展绿色物流企业对标贯标达标活动。

（2）完善物流能源和碳排放在计量、统计、核算、报告、市场化等方面的管理，夯实行业数据基础，积极开展节能诊断，提高物流能源和碳排放精细化管理和节能降碳能力。

（3）依托行业协会打造科学全面、公益实用和国际互认的物流行业公共碳排计算器，积极构建适用于组织层级、订单层级、项目层级的计算工具，沉淀中国物流碳排放因子。

（4）加强物流业与制造业创新供应链的协同，打造两业融合低碳绿色供应链。推动低碳绿色物流与节能环保、绿色金融、环境权交易产业的融合发展，积极构建绿色低碳发展生态圈。

（5）强化低碳绿色物流试点示范引领作用，推广一批节能低碳技术设备，创建一批绿色物流企业、绿色物流枢纽、绿色物流园区、低碳/碳中和仓库，梳理低碳绿色物流方法并打造绿色物流项目库。

（6）加强科技创新，重视数字化与绿色化协同发展，推广节能低碳技术、设备和产品，及先进管理模式和业务组织模式，适当扩大新能源和清洁能源的供应和使用，发展绿色产业和循环经济。

（7）研究制定中国氢能源技术路线，确定我国氢能源制、储、运、加、用的主流技术路线，支持研究机构及企业在主流技术路线上加强研发与产业化，防止由于技术路线方向错误造成浪费。

（8）研究制定新能源商用车的技术路线，支持适应中国市场各种物流场景，切实减少全生命周期燃油消耗和碳排放的混动、增程等技术的创新和合理应用，防止新能源简单化和纯电一刀切。

（9）探索符合我国国情的逆向物流发展模式，针对产品包装、物流器具、汽车及废旧动力电池、电商退换货等，建立线上线下融合的逆向物流服务平台和网络，促进产品回收和资源循环利用。

（10）紧跟市场人才需求，开展储能、氢能、碳排放管理、自动驾驶等低碳绿色物流相关领域产教融合和从业人员能力建设，完善《碳排放管理员国家职业标准》在物流行业教材、课程等中的开发和实施。

（11）加强国际交流与合作，积极参与国际标准化活动，推动绿色物流国际标准制定。统筹运用低碳绿色质量认证服务，支持国际互认互信，帮助中国企业走出去。

（12）构建制度支撑体系，确保低碳绿色物流在土地、人才、资金、路权、碳市场等方面获得资源保障。强化物流周转箱绿色产品和绿色物流服务等绿色采购、绿色金融、绿色包装等方面的政策保障。

（13）政策制定坚持科学发展观，尊重科学发展规律，重点支持低碳物流新技术车辆、装备的创新、迭代，防止不成熟产品流入市场造成隐性浪费与无效碳排放，促进物流装备技术的高质量发展。

（中国物流与采购联合会绿色物流分会、物资节能中心
赵洁玉　刘哲　崔丹丹　曹惠蕾　刘然　蒋浩）

第二章

行业物流

2023 年制造业物流发展回顾与 2024 年展望

一、2023 年制造业发展主要特点

2023 年是三年新冠疫情防控转段后经济恢复发展的一年。我国制造业的运行逐渐恢复，总体坚持稳中求进的基调，并呈现出以下几个特征。

（一）工业制造业稳定发展，新动能作用日益凸显

2023 年，工业制造业呈现稳中向上、回升向好的态势。根据国家统计局数据，2023 年的规模以上工业增加值达到 42.0 万亿元。从工业增长的角度来看，规上企业工业增加值同比增长 4.6%，其中制造业规模以上工业增加值达到 35.2 万亿元。从经济运行的角度来看，工业增加值占 GDP 的比重达 38.3%，较上年增长 4.7%，且工业对经济增长贡献率达到 33.9%，拉动经济增长 1.3 个百分点。

不仅如此，全国规模以上工业增加值实现了省份、行业增长面"双扩"。其中，从省份来看，广东、浙江、江苏、山东等四个工业大省合计拉动规上工业增长 2.0 个百分点，贡献率超过四成；从行业来看，在工业 41 个大类行业中，28 个行业增加值实现增长，增长面为 68.3%。

2023 年，工业经济运行总体稳中向好，新动能成长壮大。一是制造业稳步推进"高端化"，尤其是装备制造业生产保持良好态势，全年增加值比上年增长 6.8%，助力工业产业不断优化结构、迈向高端。二是科技创新助力"智能

化"，比如智能设备制造有关行业生产保持高速增长，自动化相关行业生产较快增长。三是新能源产品引领"绿色化"，新能源汽车、太阳能电池、汽车用锂离子动力电池等"新三样"相关产品产量较快增长，绿色新能源产品引领绿色未来，日益成为新增长点。2017—2023 年工业增加值年度增长率见图 1。

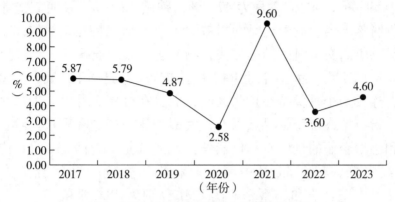

图 1　2017—2023 年工业增加值年度增长率

数据来源：国家统计局历年国民经济和社会发展统计公报。

（二）PMI 呈波动上升趋势，制造业下行压力减弱

制造业采购经理指数（PMI）是通过对企业采购经理的月度调查结果统计汇总、编制而成的指数，涵盖了企业采购、生产、流通等各个环节，是国际上通用的监测宏观经济走势的先行性指数之一。当 PMI 高于 50.0% 时，反映制造业经济扩张；低于 50.0%，反映制造业经济收缩。

2023 年制造业 PMI 全年均值为 49.9%，逼近荣枯线，较 2022 年全年均值上升 0.8 个百分点，呈现一定程度的增长趋势。结合制造业 PMI 走势来看，尽管 10—12 月的景气水平稍有回落，但整体来看，从 5 月开始，当前经济呈现波动上升情况，制造业下行压力减弱（见图 2）。

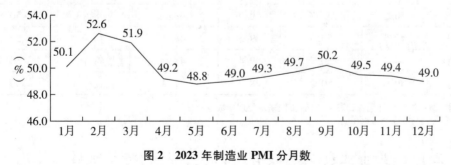

图 2　2023 年制造业 PMI 分月数

数据来源：国家统计局。

从 PMI 的构成指数来看（见表 1），生产指数除 1 月和 5 月外，其余月份

均处于 50.0% 以上，高于临界点，表明制造业生产延续扩张。新订单指数在 4、5、6、7、10、11、12 月，均处于 50.0% 以下，表明制造业市场需求有所下降。原材料库存指数全年均在荣枯线以下，表明制造业主要原材料库存量有所减少，企业信心减弱，生产经营活动较为谨慎。从业人员指数，除 2 月外，其余月份均低于 50.0%，尤其 12 月为 47.9%，跌破 48.0%，表明制造业企业用工景气度有所回落。供应商配送时间指数除 1 月，均保持在荣枯线以上，表明制造业原材料供应商交货时间继续加快，物流运输较为通畅。

从企业层面来看，大型企业 PMI 保持扩张。截至 12 月底，大型企业 PMI 为 50.0%，连续 7 个月保持在扩张区间，而且在今年 5 月以来大型企业生产指数和新订单指数始终位于临界点以上，大型企业的产能和需求持续释放。但是中型企业和小型企业的景气水平仍然偏低。尤其是 11 月和 12 月，中小型企业的 PMI 持续走低，其中 11 月中型企业和小型企业的 PMI 分别为 48.8% 和 47.8%，12 月中型企业和小型企业的 PMI 分别为 48.7% 和 47.3%，均低于临界点。

表 1　　　　　　2023 年中国制造业 PMI 及构成情况　　　　单位：%

月份	PMI	生产指数	新订单指数	原材料库存指数	从业人员指数	供应商配送时间指数
1 月	50.1	49.8	50.9	49.6	47.7	47.6
2 月	52.6	56.7	54.1	49.8	50.2	52.0
3 月	51.9	54.6	53.6	48.3	49.7	50.8
4 月	49.2	50.2	48.8	47.9	48.8	50.3
5 月	48.8	49.6	48.3	47.6	48.4	50.5
6 月	49.0	50.3	48.6	47.4	48.2	50.4
7 月	49.3	50.2	49.5	48.2	48.1	50.5
8 月	49.7	51.9	50.2	48.4	48.0	51.6
9 月	50.2	52.7	50.5	48.5	48.1	50.8
10 月	49.5	50.9	49.5	48.2	48.0	50.2
11 月	49.4	50.7	49.4	48.0	48.1	50.3
12 月	49.0	50.2	48.7	47.7	47.9	50.3

数据来源：国家统计局，2023 年 12 月中国采购经理指数运行情况。

（三）工业企业利润总额有所回暖，结构持续改善

2023 年是全面贯彻落实党的二十大精神的开局之年，在以习近平同志为核心的党中央坚强领导下，全国掀起推进新型工业化的热潮，工业经济总体呈现

回升向好态势，高质量发展扎实推进。

2023 年我国工业企业效益呈现向好趋势。具体来看，工业生产向好推动企业营业收入连续回升，2023 年 1—11 月，全国规模以上工业企业营业收入同比增长 1.0%，增速较 1—10 月加快 0.7 个百分点。在营收恢复的带动下，全国规模以上工业企业利润加快回升，连续 4 个月实现正增长。从累计看，2023 年 1—11 月，全国规模以上工业企业利润延续 2023 年 3 月以来逐月收窄走势，利润降幅年内首次收窄至 5%以内。

加快恢复的利润离不开我国工业结构的不断优化。从结构看，尤其是装备制造业利润增长加快，拉动作用增强。2023 年，装备制造业生产保持良好态势，全年增加值比上年增长 6.8%，高于全部规上工业平均水平 2.2 个百分点，对全部规上工业增长贡献率接近五成；占全部规上工业增加值比重为 33.6%，比上年提高 1.8 个百分点。

（四）科技与创新提供强劲支撑，高质量发展成效显著

2023 年是我国工业发展史上具有里程碑意义的一年，尤其是在 2023 年 9 月党中央召开全国新型工业化推进大会后，全国掀起推进新型工业化的热潮。科技创新持续驱动我国制造业建设，高质量发展的成效显著。主要体现在以下三个方面。

第一，高水平科技自立自强推进制造业高质量发展逐渐高端化。2023 年，装备制造业助力工业产业迈向高端，提高了供给体系水平，扩大了规模，释放和创造新的巨大需求，推动制造业迈向"高端化"高质量发展，比如 C919 国产大飞机开启了商业运营，时速 600 公里高速磁浮试验样车成功试跑。此外据统计，汽车、电气机械行业增加值实现两位数增长，分别增长 13.0%、12.9%，较 2022 年加快 6.7、1.0 个百分点。我国高水平科技自立自强迈出新步伐，带动制造业高端化进程。

第二，智能设备制造助力制造业高质量发展逐渐智能化。2023 年，制造业"智能化"持续推进，带动自动化相关行业制造增加值的增长，比如电子元器件与机电组件设备制造增加值比上年增长 29.8%；智能设备制造有关行业的生产也保持高速增长，比如智能无人飞行器制造增加值增长 20.5%。与此同时，智能化也深入生活，服务机器人、3D 打印设备等智能化产品产量分别增长 23.3%、36.2%。总之，科技与创新助力制造业向信息化与智能化发展方向演进，进一步促进产业转型升级，为经济高质量发展注入强劲动力。

第三，绿色新能源建设引领制造业高质量发展逐渐绿色化。从供应链体系来看，绿色制造体系基本构建，我国目前已培育建设 3657 家绿色工厂、408 家绿色供应链企业，正逐步构建起从基础原材料到终端消费品的全链条绿色产品

供给体系。从产品来看，绿色制造产业已初具规模，据统计，新能源汽车、太阳能电池、汽车用锂离子动力电池等产品产量较快增长，比上年分别增长30.3%、54.0%、22.8%。

二、2023年制造业物流发展主要特点

2023年，我国物流业需求逐步复苏，运行总体保持稳中有进，物流活跃度进一步提高，并呈现出以下特征。

（一）物流需求逐步复苏，物流行业景气水平回升

2023年物流需求稳步复苏，中国仍然是全球需求规模最大的物流市场。货畅其流展现中国经济蓬勃活力，既反映出生产消费热度的回升，又为需求进一步释放提供了支撑。2023年我国物流业迎来恢复性增长，随着政策效力的持续发挥和产业创新动能的不断增强，全年全国社会物流总额为352.4万亿元，按可比价格计算，同比增长5.2%，增速比2022年全年提高1.8个百分点。分季度看，一季度、二季度、三季度、四季度分别增长3.9%、5.4%、4.7%、5.4%，呈现前低、中高、后稳的恢复态势，全年回升势头总体向好。综合来看，2023年我国物流业保持向好基本面，发展动力稳健。

物流业景气水平保持企稳回升态势，稳中向好发展基础进一步稳固。2023年12月，中国物流业景气指数为53.5%，环比回升0.2个百分点（见图3），主要指标中业务总量指数、新订单指数、资金周转率指数、固定资产投资完成额指数、从业人员指数、业务活动预期指数均处于扩张区间，反映物流业务量保持平稳增好。从全年走势来看，2023年全年物流业景气指数稳中有升，大部分分项指标年度均值高于上年同期，稳中有进发展态势进一步稳固。具体表现

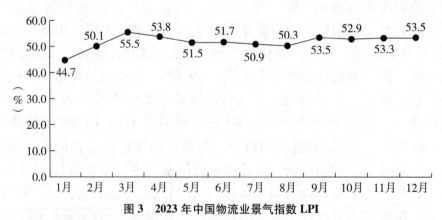

图3　2023年中国物流业景气指数LPI

数据来源：中国物流信息中心。

为，2023 年物流业景气指数全年均值达到 51.8%，比上年提高 3.2 个百分点。业务总量指数和新订单指数前低后高，2023 年全年均值分别比 2022 年提高 3.2 和 2.5 个百分点。业务活动预期指数全年均值为 56.2%，比上年提高 2.5 个百分点，其中，2023 年三、四季度业务活动预期指数连续高位，反映出行业经营预期和企业发展信心稳步提升。

（二）工业物流总体稳定，供应链一体化成效明显

物流运行延续平稳恢复势头，工业品物流总体保持稳定恢复态势。具体表现为，工业领域物流稳中有进。2023 年工业品物流总额 312.6 万亿元，同比增长 4.6%，增速比上年提高 1.0 个百分点。各季度呈连续回升态势，特别是四季度回升明显（见图 4），11、12 月两个月增长均超过 6.0%，创年内增速新高。多数行业物流需求保持增长，结构性变化明显。基础产业、升级产业双向驱动，支撑工业品物流持续恢复。前三季度，工业品物流总额约 220.0 万亿元，比上年增长 4.0%。超过六成行业实现增长，工业物流基本面进一步稳固。其中，工业新动能领域保持快速增长，电子工业专用设备制造、飞机制造、智能消费设备制造等新一代高端装备、信息技术领域的物流需求快速增长，行业物流总额增速均在 10.0% 到 27.0%。

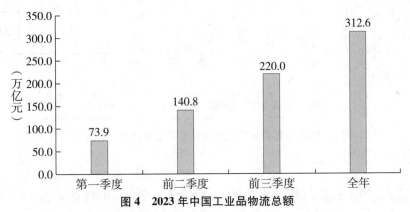

图 4　2023 年中国工业品物流总额

数据来源：中华人民共和国国家发展和改革委员会。

供应链上下游向常态化运行轨道回归，供应链一体化成效明显。供应链上下游协同性持续改善，显示物流企业业务发展与上游需求恢复基本同步。国家战略推进供应链的数字化、智能化升级，引导多方市场主体参与供应链基础设施的规划和建设，实现统一规划、多元主体供给。从数据层面来看，2023 年物流业总收入为 13.2 万亿元，同比增长 3.9%，物流收入规模总体延续扩张态势。随着产业向高端延伸、向绿色转型，相关领域物流需求保持较快增长，供应链一体化服务能力进一步提升。

（三）市场利润空间压缩，制造业成本控制压力增大

市场需求不足问题仍然突出，整体利润空间受到一定程度的压缩。由于国内市场需求连续弱势运行，国际经济下行压力持续较大，带动我国制造业产品市场价格连续下降，从而引起市场利润空间压缩。从数据来看，2023年，全国规模以上工业企业实现利润总额76858.3亿元，比2022年下降2.3%，降幅比1—11月收窄2.1个百分点，其中，制造业实现利润总额57643.6亿元，下降2.0%。规模以上工业企业实现营业收入133.44万亿元，比2022年增长1.1%；发生营业成本113.10万亿元，增长1.2%；营业收入利润率为5.76%，比2022年下降0.20个百分点，2023年各月具体营业收入利润率如图5所示。当前需要进一步加快构建双循环新发展格局，强化国内国际大循环主体作用。

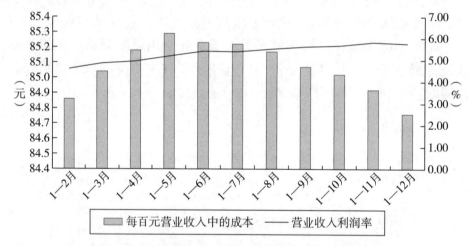

图5　2023年各月累计利润率与每百元营业收入中的成本

数据来源：国家统计局。

大宗商品价格上涨，制造业成本压力增大。2023年制造业原材料价格增速明显高于出厂价格增速的问题仍然存在，2023年规模以上工业企业每百元营业收入中的成本为84.76元，比2022年增加0.04元；每百元营业收入中的费用为8.56元，比2022年增加0.20元。12月，红海局势紧张冲击全球供应链，导致国际贸易在一定程度上受阻，国际大宗商品市场价格上涨。我国制造业原材料价格在采购量收缩的情况下仍加快上升，购进价格指数为51.5%，较11月上升0.8个百分点，结束了连续2个月的下行态势。但产品销售价格由于需求端偏弱而加快下降，出厂价格指数为47.7%，较11月下降0.5个百分点。比较来看，制造业原材料与产成品价格指数差有所扩大。

（四）制造业"走出去"受阻，物流低碳减排压力激增

国际外部环境依然复杂，制造业"走出去"受阻。在国际经济下行压力不断加大，俄乌冲突、红海局势等地缘政治冲突持续的情况下，外部需求持续收缩会严重影响制造业的发展。2023 年全年新出口订单指数处于收缩区间的月份较多。2023 年初有所回升，2 月新出口订单指数为 52.4%，较上月上升 6.3 个百分点，在连续 21 个月运行在收缩区间后回到 50.0% 以上，尽管全球经济下行态势缓解，但仍处于相对偏低水平。外部因素影响制造业"走出去"的脚步，出口恢复不确定性因素较多，新出口订单指数 2 月短暂回升，3 月再次下降，下降势头连续了 5 个月。此外，异军突起的拼多多等企业的跨境贸易持续推出价格补贴策略，以价格超低模式挤压传统制造业在国际市场上的份额。结合来看，当前经济恢复动能不足，国外需求也加快下降，市场需求不足带动企业生产活动放缓，制造业"走出去"受阻。

欧盟启动碳边境调节机制，物流低碳减排压力激增。碳边境调节机制是欧盟于 2023 年 10 月 1 日正式试运行的一项针对碳排放的政策举措，通过引入碳关税或其他形式的调整措施，对从第三国进口的产品进行评估和调整，旨在解决由于碳定价不同导致的碳泄漏和气候成本不平等问题。这意味着，供应链上任何一个环节的高碳排放，都将导致出口产品付出更多的碳管制成本。钢铁、铝、化工、纺织、印刷等制造行业将承受碳边境调节机制和自身节能减排的压力，这也引致物流企业的碳减压力较大。然而，我国企业绿色发展基础较弱，势必要求物流企业加快进行技术升级，加大绿色发展投资，给物流企业带来巨大的资金压力，物流企业"走出去"减碳压力日益增大。

（五）两业融合创新发展继续强化，两业深度融合走深走实

制造业与物流业深度融合创新发展是制造业物流提质增效和高质量发展的重要抓手。2020 年以来，国家发展改革委先后在全国范围内遴选出 40 个区域和 80 个企业，组织开展了两批国家级两业融合试点，取得明显成效。2023 年，国家发展改革委发布的《两业融合——推动先进制造业和现代服务业深度融合发展的探索与实践》展示了多个两业融合试点区域以创新为动力、以产业链为枢纽，结合自身优势产业，全力推进产业数字化、高端化、服务化和融合化发展，积极探索两业融合的新模式新路径，显著提升了区域优势产业的智能化水平和两业融合集群发展水平。

两业融合步伐不断加快，程度不断加深，相互促进、互利共赢的融合发展格局正在不断深化。目前，物流业与制造业致力于建立高度协同的供应链体系。信息化、自动化技术趋于成熟，助推产业链各环节的信息能够更加准确、

便捷、高效地实现信息资源共享，减少了"信息孤岛"现象，这反映了延伸产业链、提升价值链正在稳步推进。2023年，中国新增建设30个国家物流枢纽，国家物流枢纽达到125个，空间布局持续向中西部地区扩展（见表2），功能上也和现代服务业、先进制造业深度融合。供应链上下游企业越来越多地倾向于通过风险共担、利益共享共同探索转型升级新路径，这种从全链视角出发，高效协同的新生态将大大加快"两业"融合步伐。

表2　　　　　　　　2023年国家物流枢纽建设名单

所在地	国家物流枢纽名称
河北省	沧州港口型国家物流枢纽
	保定商贸服务型国家物流枢纽
山西省	临汾陆港型国家物流枢纽
内蒙古自治区	呼和浩特陆港型国家物流枢纽
	包头生产服务型国家物流枢纽
黑龙江省	哈尔滨生产服务型（陆港型）国家物流枢纽
	牡丹江商贸服务型国家物流枢纽
上海市	上海空港型国家物流枢纽
江苏省	无锡生产服务型国家物流枢纽
	徐州陆港型国家物流枢纽
浙江省	杭州空港型国家物流枢纽
安徽省	合肥生产服务型国家物流枢纽
福建省	福州港口型国家物流枢纽
江西省	鹰潭陆港型国家物流枢纽
山东省	潍坊陆港型国家物流枢纽
青岛市	青岛空港型国家物流枢纽
湖北省	武汉—鄂州空港型国家物流枢纽
	襄阳生产服务型国家物流枢纽
湖南省	长沙生产服务型国家物流枢纽
广东省	珠海生产服务型国家物流枢纽
	湛江港口型国家物流枢纽
深圳市	深圳生产服务型国家物流枢纽
海南省	洋浦港口型国家物流枢纽
重庆市	重庆商贸服务型国家物流枢纽
四川省	泸州港口型国家物流枢纽

续　表

所在地	国家物流枢纽名称
贵州省	贵阳生产服务型国家物流枢纽
云南省	大理商贸服务型国家物流枢纽
陕西省	西安商贸服务型国家物流枢纽
新疆维吾尔自治区	哈密陆港型国家物流枢纽
	喀什—红其拉甫商贸服务型（陆上边境口岸型）国家物流枢纽

三、2024 年制造业物流展望

2023 年制造业物流发展取得显著成就，但未来的发展仍将受制造业产业链韧性不足、绿色壁垒日益加重等因素的限制，预计 2024 年将呈现以下几个特点。

（一）全球经济不确定性影响持续，产业供应链韧性加速强化

2024 年初，世界经济论坛发布的《首席经济学家展望》报告中显示，超过半数受访经济学家认为，2024 年全球经济前景充满不确定性。地缘政治冲突、金融环境收紧和人工智能的快速发展等都是全球经济发展的外部挑战。具体而言，乌克兰危机、巴以冲突、红海危机等地区安全问题变成各国高度关注的敏感问题。大国平衡地区冲突的力量被削弱，这也是现在全球经济面临的重大不确定性和外部挑战之一。地缘政治冲突引发的巨大的溢出效应使得全球经济、产业链、供应链面临很大的冲击和不确定性。人工智能、新兴技术的发展，在推动全球经济社会发展的同时，也在重塑全球安全格局。因此，需要全球加强宏观政策的协调，来推动全球治理体系的变革，以应对巨大的不确定性。

在经济下行压力持续增大的背景下，预计 2024 年我国制造业产业链供应链韧性将加速强化，主要体现在以下三个方面。第一，加快补齐关键核心技术短板，实现制造业产业链供应链的自主可控，降低关键技术、核心零部件、高端设备"进口依赖"带来的"断链"风险，为打造产业链供应链韧性夯实基础。第二，维护供应链公共产品属性，推进制造业产业链供应链国际合作，进一步提升贸易自由化便利化水平，促进产业链供应链互联互通，推动供应链韧性不断加强。第三，抓住数字经济发展机遇，不断提升制造业产业链供应链数字化核心能力，利用大数据、云计算、工业互联网等先进信息技术提高产业链供应链智能水平，推进建造数字化平台，提升我国制造业产业链供应链快速响应能力，进一步增强制造业供应链韧性。

（二）高新技术助力融合发展，制造业物流服务能力增强

2023 年，大量新兴技术不断得到使用，大数据、云计算、5G 等新一代信息技术的飞速发展，使得数字技术赋能成为各产业链供应链增长的重要驱动力。自动化、数字化、智能化成了制造业物流的主要发展趋势。华为采用射频（RF）、电子标签拣货系统（PTL）、货到人挑选（GTP）、旋转式传送带（Carrousel）等多种先进技术，集物料接收、存储、挑选、齐套、配送功能于一体，构建松山智能仓库。安歌科技实现了堆垛机、AGV、RGV、WMS/WCS 等核心智慧硬件、数智大脑软件的自研自产，覆盖智造物流全链路所需，并率先将人工智能、数字孪生等新兴技术应用到智能仓储领域，形成了智能存储系统、智能拣选系统、智能搬运系统以及智能分拣系统组成的四大核心系统。

2024 年，预计随着大量企业进行人工智能、5G 等新技术的融合发展，制造业物流服务能力将进一步提升。一方面，不断加大自动化立体仓库、无人化搬运设备等智能物流装备的应用，提高制造业供应链自动化水平，提升制造业物料运输、货物装卸的运行效率。另一方面，加强基于新一代信息技术的智慧供应链系统应用和平台的搭建，提升制造业供应链全流程服务能力。随着数字技术的赋能，制造业物流和供应链将继续向自动化、数智化、高效化发展，驱动产业转型升级，提升供应链内在韧性和运行效率，例如，上海海尔洗衣机互联工厂入选 2023 年度智能制造优秀场景，整个工厂建筑面积达 12 万平方米，总投资 10 亿元。新工厂包含 4 条智能总装线、4 个智能模块加工区及 2 套智能物流系统，全流程引入 36 类行业先进制造技术，是全球首个以数字孪生技术建设的物联网大规模定制标杆工厂。

（三）两业融合持续深入，制造业供应链创新发展取得新的进展

自 2020 年《推动物流业制造业深度融合创新发展实施方案》发布以来，我国物流业与制造业不断融合发展，2023 年两业融合持续推进，已涌现一批优秀融合案例。波司登通过推进 5G+工业互联网数字化智能工厂建设，加强生产制造单元与前端设计研发、市场营销、顾客经营，以及后端售后服务、智能配送等联动，形成优质快反柔性供应链核心竞争力。波司登智慧供应生态平台具有基于市场动态智慧决策的特性，形成"数据集成—实时可视—智能分析—快速决策"的高效闭环，可实现按市场需求柔性生产、动态交付、库存周转平衡，生产交付周期缩短至 7~14 天。

预计 2024 年制造业将持续深化两业融合，不断着力解决融合层次不够高、融合范围不够广、融合程度不够深等问题，从而驱动制造业供应链不断创新发展。具体而言，持续聚焦大宗商品物流、生产物流、消费物流等 6 个重点领域

和主攻方向。着力加强信息技术在两业融合中的应用，推广应用物流机器人、智能仓储等新型物流技术装备等，提高制造业物流阶段的数字化、自动化、智能化水平，提升信息在制造企业和物流企业间的传递效率，推动制造业物流的智能化转型，从而加强物流企业服务能力，加强一站式和定制化供应链解决能力，推进制造业供应链创新发展。

（四）绿色发展理念深入贯彻，制造业物流低碳发展持续推进

近年来，我国强调绿色发展，2023 年 2 月，印发《国家发展改革委等部门关于统筹节能降碳和回收利用 加快重点领域产品设备更新改造的指导意见》，旨在加快发展方式绿色转型，深入实施全面节约战略，扩大有效投资和消费，逐步分类推进重点领域产品设备更新改造。物流业作为重要的移动排放源，肩负着节能与碳减排的重要使命。同时，"走出去"的制造企业所受的碳减排压力不断加大，制造企业的碳排放压力将倒逼物流企业规范运作模式，降低运输成本，减少运输碳排放。

预计 2024 年低碳建设将持续推进，构建可持续制造业供应链体系。一方面，做好能源替换与设施设备升级的相关工作，加大风电、光伏发电等可再生能源及氢能等清洁能源在制造业物流中的应用，加快推动制造业供应链中各环节的节能降碳改造升级。另一方面，新兴技术的使用也将进一步提升物流业的运行效率，通过物联网、大数据、人工智能等技术的运用，形成端到端的绿色智慧物流，帮助制造业供应链全流程提质增效和低碳减排，从而减少制造业物流各个环节的碳排放。

（五）数字化转型步伐加快，智慧物流模式升级加力提速

2023 年 2 月 27 日，中共中央、国务院印发了《数字中国建设整体布局规划》，提出，到 2025 年基本形成横向打通、纵向贯通、协调有力的一体化推进格局，夯实数字基础设施和数据资源体系"两大基础"，推进数字技术与经济、政治、文化、社会、生态文明建设"五位一体"深度融合，整体提升应用基础设施水平，加强传统基础设施数字化、智能化改造。2023 年 9 月，交通运输部印发《交通运输部关于推进公路数字化转型加快智慧公路建设发展的意见》，要求提升设计施工、养护业务、路网服务、政务服务、技术标准、基础支撑的数字化水平，推动智慧建造、智慧养护、智慧出行、智慧治理、标准升级，筑牢数字底座。

预计 2024 年，智慧物流在国家政策的推动下，将进入快速发展阶段。一方面，设施设备将快速升级，智能仓库、自动分拣系统、无人仓、无人码头、无人配送车、物流机器人、智能快件箱等技术装备加快应用，在新兴技术的推

进下，智慧物流升级加速。另一方面，在国家政策的支持下，大量企业加快数字化转型，制造业物流业融合程度加深，有助于供应链全链条优化，无人运输、电子货单的实施更加顺畅。同时，《智慧物流服务指南》（GB/T 41834—2022）的实施也将为智慧物流建设提供强大助力，IEEE P2934《智能工厂中的物流运作流程标准》以及 IEEE P3145《智能工厂辅助仓库通用技术要求》也将引领国内的相关企业加强智慧物流运作规范。

［本文受国家社科基金重大项目"物流业制造业深度融合创新发展的政策与路径研究"（No. 22&ZD139）资助］

（作者：天津大学管理与经济学部　刘伟华　邱靖程　兰蕊　黄艳娇）

2023 年钢铁行业物流发展回顾
与 2024 年展望

　　2023 年是钢铁行业极具挑战的一年。面对严峻的市场形势，钢铁物流业贯彻新发展理念，以提升钢铁物流业竞争力、创新力、控制力、影响力、控风险能力这"五力"为目标和落脚点，继续聚焦现代物流发展重点方向，推进钢铁物流与供应链高质量发展。

一、2023 年钢铁行业物流发展回顾

（一）钢铁行业运行情况

1. 钢铁生产强于消费，品种优化满足了下游需求

　　前 11 个月，全国钢产量 9.52 亿吨，同比增长 1.5%；生铁产量 8.10 亿吨，同比增长 1.8%；钢材产量 12.53 亿吨，同比增长 5.7%；折合粗钢表观消费量 8.74 亿吨，同比下降 1.9%。2023 年，全国钢产量约 10.2 亿吨，同比基本持平；粗钢表观消费量约 9.4 亿吨，同比略降。钢材消费结构发生变化，绿色低碳驱动的新能源用钢等钢铁新需求增长，汽车、造船、家电等传统用钢需求提质。钢铁行业积极调整品种结构，满足了下游需求。前 11 个月，我国钢筋、线材（盘条）产量分别同比下降 2.2%、0.4%，电工钢、不锈钢产量同比增长 14.6%、13.3%。

2. 钢材出口增长，缓解了国内外市场阶段性供需矛盾

　　前 11 个月，我国出口钢材 8266 万吨，同比增长 35.6%，出口钢坯 302 万吨，同比增长 214.1%；进口钢材 698 万吨，同比下降 29.2%，进口钢坯 273 万吨，同比下降 56.0%；折合净出口粗钢 7960 万吨，同比增长 63.8%。2023 年，我国钢材出口超 9000 万吨，仅低于 2014—2016 年出口规模；进口约 760 万吨。钢材出口增长是企业按照市场化原则积极参与国际竞争的体现，缓解了国内外市场阶段性供需矛盾，但在当前世界经济贸易形势下，也面临贸易摩擦加剧的风险，需引起企业重视。中国钢铁坚持以满足国内需求为主的定位，不鼓励普通产品出口，保持一定比例高附加值产品出口，以促进行业在联接世界、参与高水平竞争与服务中不断发展。

3. 钢材价格同比下降，进口铁矿石价格仍居高位

前 11 个月，中国钢材价格指数（CSPI）平均值为 111.48 点，同比下降 9.83%。其中，长材指数平均值为 114.89 点，同比下降 11.07%；板材指数平均值为 111.51 点，同比下降 8.73%。同期，CRU 国际钢材价格指数平均值为 220.1 点，同比下降 19.9%，降幅大于国内价格指数降幅。从原燃料端看，前 11 个月，我国进口铁矿石 10.8 亿吨，同比增长 6.2%，进口均价为每吨 112.4 美元，同比下降 3.8%，降幅比钢价降幅小 6 个百分点；重点统计企业进口铁矿粉采购成本同比上升 1.98%，国产铁精矿（干基）、炼焦煤、冶金焦、废钢采购成本同比分别下降 0.15%、19.17%、22.63%、15.09%。

4. 企业效益同比下降，行业盈利水平持续低位

前 11 个月，重点统计会员钢铁企业营业收入 5.98 万亿元，同比下降 0.25%；营业成本 5.64 万亿元，同比增长 0.55%；利润总额 788 亿元，同比下降 23.92%；平均销售利润率 1.32%，同比下降 0.41 个百分点；亏损面 40.22%，同比下降 5.43 个百分点。从月度数据看，重点统计会员钢铁企业虽各月均保持盈利，但利润水平持续低位，销售利润率在工业行业中排名靠后。截至 11 月末，重点统计会员钢铁企业资产负债率为 62.55%，同比上升 0.43 个百分点；应收账款 1803 亿元，同比下降 1.27%。行业总体资产状况仍处于较好水平，经营较为稳健，有抵御阶段性风险的基础和实力。

5. 加大节能环保投资，钢企环境绩效持续提升

前 11 个月，重点企业节能环保类投资 443 亿元，比上年增加 6%；钢协会员企业吨钢耗新水同比下降 1.88%，外排废水总量、化学需氧量排放量、氨氮排放量、二氧化硫排放量、颗粒物排放量和氮氧化物排放量分别同比下降 9.69%、11.83%、11.92%、10.11%、6.76% 和 5.14%，钢渣、高炉渣和含铁尘泥利用率同比提高 0.34、0.28 和 0.15 个百分点，高炉煤气、转炉煤气和焦炉煤气利用率分别同比提高 0.43、0.21 和 0.03 个百分点。钢铁行业环保投入加大、环境绩效提升，为持续深入打好蓝天碧水净土保卫战做出了贡献。

（二）钢铁行业物流发展的主要特点

1. 加强精益管理，以钢铁物流标准化提升产业竞争力

制造业是精益的起点，到目前为止，仍然是精益策略最受欢迎的行业。精益管理有助于减少或消除钢铁物流业几乎可以想象的环境中的浪费，所以钢铁物流的高质量发展第一步是实施精益管理，然后是标准化、数字化、绿色化、国际化逐步展开。钢铁物流业在精益管理基础上，以钢铁物流标准化提升产业竞争力。

一是，以精益改善项目为抓手，促进价值链各环节的不断完善。钢铁物流业不断改进管理、突破瓶颈，通过精益项目推进，在成本控制、质量提升、市场拓展等方面得到突破，主要业务在基础管理、信息化建设、主要经营指标等方面均得到了改善，提升了自身价值创造能力，稳步推进了高质量发展进程。如，包头钢铁铁捷物流公司创造的"包钢集团公路铁路运输准时化拉动项目"主要针对如何在运输过程中通过精益过程管理提高公路、铁路运输的标准化和准时化水平；"降低捆带水性漆消耗项目"主要围绕如何在生产过程中降低包装捆带水性漆消耗，降低生产成本；"利用铁路信息货运定制系统提升信息化水平项目"旨在通过提高铁路运输信息化水平，提升铁捷物流公司运输效率，不断提高客户满意度。又如，唐山松汀钢铁公司的物流中心通过精益管理在车辆维修过程中获得良好的经济效益。鞍山钢铁"基于 AGV 技术的物料智能运输系统"应用到"基于人工智能的钢铁板材检测实验室"极大地提高了工作效率，搬运路线可以随着生产工艺流程的调整及时调整，大大提高了生产的柔性和企业的竞争力。

二是，标准化重点项目研发，助力打造物流服务平台创新高地。在政治责任上服务国家战略、维护产业链供应链安全。如，结合发展改革委和中物联 2023 年重点研究的物流业制造业两业深度融合创新发展工作制定团体标准《物流企业与制造企业融合 物流企业融合能力评价指南》；申报国家标准《物流企业与制造企业融合 业务流程融合指南》《智慧供应链 储存运营风险控制系统技术要求》；编制了行业标准 JT/T 1476—2023《台架式集装箱运输卷钢类货物技术规范》等。在社会责任上，绿色物流带动区域发展。如，完成国家标准《绿色产品评价 物流周转箱》《物流行业能源管理体系实施指南》的报批稿；国家标准《物流企业能源计量器具配备和管理要求》的征求意见稿；编制了行业标准《物流企业绿色物流评估指标》《物流企业温室气体排放核算与报告要求》；申报了国家标准《物流企业碳排放数字化指南》、行业标准《物流订单温室气体排放量化和报告要求》；编制了团体标准 T/SSEA 0266.2—2023《钢铁企业环境、社会和治理（ESG）第 2 部分 评价要求》。在经济责任上提高发展质量和效益。如，国际标准 ISO 21763《钢铁行业智能制造指南》、IEEE P3145《智能工厂辅助仓库通用技术要求》的在研，国家标准 GB/T 28580—2023《口岸物流服务质量规范》、GB/T 42501—2023《逆向物流服务评价指标》，团体标准 T/CFLP 0060—2023《钢材数字化仓库基本要求》、T/CFLP 0061—2023《煤炭数字化仓库基本要求》的研制和推广应用。

三是，以标准实施应用推广为主，增强服务创新发展新动力。

一方面，2023 年鞍山钢铁集团有限公司（以下简称"鞍山钢铁"）构建并实施的"钢铁行业智慧供应链方向智能制造标准应用试点"项目被国标委、工信部评为国家级标准应用试点项目，这将更有利于钢铁物流业发挥标准支撑引领作用，凝聚智能供应链发展共识、汇聚智能供应链发展资源，洞察智能供应链发展规律，推动智能供应链在更广范围、更深程度、更高水平上创造新价值。另一方面，钢铁物流业积极参与到中物联归口的相关物流标准的贯标工作中提升竞争力。如，从 2020 年中物联全国数字化仓库企业试点工作启动至今，中物流物联网分会已组织完成了 7 个批次、332 个试点企业的评估工作。其中，钢材数字化仓库试点已达到 127 个。另外，依据团标《网络货运平台服务能力评估指标》（T/CFLP 0024—2019）获得服务能力认可和通过复审的"德邻陆港"、"物泊科技"等 14 家 3A 级至 5A 级钢铁物流服务平台企业在企业的平台基本信息、平台服务能力、系统支撑能力、平台管理能力和安全与风险管理能力五个方面继续深耕细作，服务能力进一步提升。再者，鞍山钢铁在实施标准应用中所聚焦的"钢铁企业厂内智慧铁运标准化"成功被评为辽宁省标准化试点项目，项目的实施将会带动同行业智慧铁运标准化能力的提升。

2. 聚焦价值创造，以钢铁物流数字化赋能产业创新

2023 年钢铁行业物流体系聚焦价值创造，以数字技术赋能物流持续创新，以数字化创新推动钢铁物流服务的高质量发展。

科技创新方面，中冶京诚工程技术有限公司主导的"冶金原料场绿色数智管控关键技术的研发与应用"项目、鞍山钢铁主导的"钢铁物流标准技术研发与应用"项目（含数智物流）分别获得冶金科技进步奖二等奖和三等奖。哒哒智运（黑龙江）物联科技有限公司主导的"钢铁智慧物流园区及厂内物流智能化应用"项目、河北物流集团金属材料有限公司主导的"面向金属材料仓储的智能化管控关键技术研发及产业化应用"项目、机科发展科技股份有限公司主导的"智慧冶金重载钢卷输送系统关键技术研究、成套装备研制及应用"项目、德邻陆港供应链服务有限公司主导的"第三方物流协同平台"项目、鞍山钢铁主导的"鞍钢智慧物流冶金运输调度指挥系统的开发应用及其标准化"项目、普天物流技术有限公司主导的"钢材绿色物流智能存储系统"项目、成都积微物联集团股份有限公司主导的"货易通智慧供应链服务平台"项目、大连中集特种物流装备有限公司主导的"多式联运可折叠集装化装备"项目分别获得中物流科技进步奖一等奖、二等奖、三等奖。鞍山钢铁主导的"FAD 型货运战场机车自动驾驶系统研发""智能铁路调度集控系统研究"被立为辽宁省交通运输行业科技项目。鞍山钢铁参与的"物流周转箱绿色低碳发展路径研究""物流企业碳排放管理体系建设研究"（含数字技术赋能）获得中国物流与采购联合会优秀课题三等奖。

物流数字化优秀案例方面，鞍钢钢水无人化运输系统达到行业领先水平，为冶金行业及相关企业铁路运输提供全新方案；本钢首次将无人驾驶技术应用于厂内短途倒运，实现降本增效，开创国内钢企先河；攀钢数智化物流一体化

管控平台实现了跨区域协同、全要素资源统筹、辅助决策等，为高质量发展提供了强大物流保障，大幅提高物流效率，为钢企保供、保产、降本提供强力支撑；鞍钢集团工程技术有限公司提出采用预应力管桁架与网架相结合的三连跨钢结构，解决超限大规模钢结构建筑的难题，设计计算程度复杂，采用 AI 识别、智能高效超细雾炮等技术构建原料场粉尘超低排放智能化控制系统，智能化抑尘降尘满足国家环保超低排放要求，为鞍钢股份鲅鱼圈打造"外控内抑"一体化超大智能环保料场提供了有力支撑，对钢铁行业实现绿色低碳具有重要示范意义，以上物流数字化转型项目被选入"2023 年钢铁行业智能制造十大要闻"。上海宝信软件股份有限公司主导的"智能铁水运输 SmartHIT 系统"项目、酒钢集团信息自动化分公司主导的"钢铁智造无人抓渣装车解决方案"项目、重庆赛迪奇智人工智能科技有限公司主导的"智慧铁水运输系统"项目、莱芜钢铁集团电子有限公司主导的"基于深度学习协同规划技术的鱼雷罐自动出铁系统（2022）"项目、云南昆钢电子信息科技有限公司主导的"智能化有轨运输系统技术研究"项目、北京首钢自动化信息技术有限公司主导的"中厚板轧后线智能物流管控"项目、河南金数智能科技股份有限公司主导的"热处理钢板库 5G 无人行车及库区智能化管理方案"项目、北京佰能盈天科技股份有限公司主导的"多终端协同融合智能仓库管理系统"项目、南京科远智慧科技集团股份有限公司主导的"板卷无人行车及库区调度系统"项目、扬州泰富特种材料有限公司主导的"散货港口智能应用的研究与实践"项目、酒钢集团宏兴钢铁股份有限公司主导的"碳钢冷轧 2#库智能化库房项目"项目、山信软件股份有限公司主导的"智慧物流智能管理解决方案（2022）"项目、西安天智数字科技信息有限公司主导的"智慧物流协同管理平台 2021"项目、宝山钢铁股份有限公司主导的"智慧出厂物流解决方案 2021"项目、酒泉钢铁（集团）有限责任公司信息自动化分公司主导的"钢铁企业智慧物流+智能库房一体化解决方案"项目、首钢京唐钢铁联合有限责任公司主导的"钢铁企业智慧物流管控平台建设与应用"项目、云南省物流投资集团有限公司主导的"宝象智慧供应链云平台"项目分别进入了钢铁行业智能制造供应商联盟组织的优秀案例决赛中。

管理创新成果方面，欧冶链金再生资源有限公司主创的"构建珠三角地区加工废钢与目标钢厂高质量循环回收模式的探索与实践"项目（含逆向物流）、山东泰山钢铁集团有限公司主创的"基于三重定位技术的车辆大数据风险控制与管理"项目、青岛特殊钢铁有限公司主创的"基于数字底座的智能物流高效协同平台"项目、德邻陆港供应链服务有限公司主创的"打造钢铁产业'全链条、一站式'现代供应链服务体系的探索与实践"项目、马钢集团物流有限公司主创的"构建'安全、智慧、整洁、绿色'基地物流服务新模式的实践与应用"项目、宝山钢铁股份有限公司主创的"打造极致效率的物流运输体系建设的管理创新"项目分别获得第二十一届（2023 年）冶金企业管理现代化创新成果一等奖、二等奖和三等奖。河钢物流公司主创的"智慧铁运系统在钢铁物流业务整合中的应用"项目、"大型钢企新建码头生产作业管理与优化"项目、"港口企业绿色低碳高效发展模式的构建与实施"项目、"以保障生产物资供应为核心的物流管理模式创新与实践"项目分别获得河北省管理创新成果奖一等奖、二等奖和三等奖。

3. 深化改革赋能，以两业融合协同化强化产业控制力

2023 年钢铁物流业与制造业两业深度融合创新发展围绕降本增效开展了大量协同创新工作。

一是，以降本增效为目标，构筑服务新格局基础保障。

2023 年钢铁行业纷纷整合物流资源成立相应物流集团公司或物流一体化管理机构，并同社会物流公司协同为钢铁主业服务，彰显了规模效益下的良好绩效。如，本钢物流管理中心成立 4 个月后，本钢集团实际吨钢物流成本比上年降低 70.27 元，降幅达 14.1%，降本增效总额 4 亿元。攀钢西部物联充分发挥物流专业化整合优势，制订《攀钢集团有限公司 2023 年物流降本工作实施方案》，牵头成立攀钢物流降本工作组，通过项目分解、费用梳理、开展立项、深度沟通等措施，确定供应物流降本项目 25 个、生产物流降本项目 11 个、销售物流降本项目 23 个，并制订项目清单，挂图作战，确保项目落地落实。一季度实现物流降本 2.54 亿元，同比降幅 15.54%，为全年实现物流降本 6.54 亿元打下了坚实基础。中储智运智慧运输管理系统，帮助安丰钢铁实现了物流各节点的自动化、线上化操作；通过大数据智能配对算法模型，中储智运为安丰钢铁实现了资源的高效配置，其供应链下游 600 多家客户都可在平台自动发单，实现运输业务的笔笔招投标；运输成本降低 8%。重庆钢铁物流运输部坚持"算账经营"，聚焦价值创造，运用"加减乘除法"，挖掘内部潜力，追求极致效率，2023 年 1 月至 10 月实现物流全成本降低 3133 万元。

二是，以多式联运为突破口，推动物流模式跨越升级。

多数钢铁物流企业或钢铁物流部门通过多式联运创新，推动物流模式跨越升级。如，包钢铁捷物流公司以推进多式联运发展调整优化运输结构、实现交通可持续发展及物流降本增效为总目标，以钢材、煤炭、矿石等大宗货物"公转铁""散改集"为抓手，着力发展先进运输组织模式、建立互联共享信息平台、优化联运枢纽布局，打造"枢纽支撑、数字赋能、物流链产业链融合、绿色智慧高效"多式联运"一单制"试点工程，构建立足包头及自治区，面向华东、华南、西南的"一次委托、一次结算、一次保险、货物全程负责"的多式联运服务体系。天津荣程联合钢铁集团有限公司（简称荣程钢铁）与阿帕数字（Arpa）达成合作协议，通过打造多式联运解决方案实现物流与供应链的数字化转型升级。阿帕数字（Arpa）依托 PaaS＋中台＋SaaS 的技术架构，通过 Sarpa 开放平台，搭建多式联运一体化管控平台，提供硬件、软件对接服务。通过 Arpa OMS 以订单管控为核心要素串联供应链上下游，通过对企业订单全链条业务数字化营运，驱动物流运输高效作业，提升仓配协同能力。基于 Arpa ETE（一单制管理系统）各企业通过一单制系统编码管理系统的嵌入，来打通计划、采购、生产、配送、退货场景中涉及的承运人、托运人、货代公司、网络货运企业等，实现企业之间的单证信息的互通共享，解决企业内多系统间单证信息流转及共享互认的问题，打通荣程钢铁全链条业务场景，共同促进钢铁行业数字化供应链转型升级。五矿集团、五矿物流、五矿龙腾云创产业互联网（北京）有限责任公司等企业开展"中国五矿金属矿产多式联运一单制"服务创新；鞍山钢铁、中远海运、营口港等企业开展卷钢集装箱一箱制服务创新。

三是，以供应链综合服务为要点，彰显物流价值。

服务型制造是制造与服务融合发展的新型制造模式和产业形态，发展服务型制造是现代制造业的发展趋势，也是拓展盈利空间、重塑竞争优势的必由之路。鞍山钢铁"德邻陆港智慧供应链服务平台"是德邻陆港自主研发的服务于全钢铁产业链的平台，可以为产业链上下游客户提供集采购、销售、仓储加工、物流配送、金融服务、财务结算、风险管控等为一体的综合性供应链服务。凭借企业的自主核心技术与关键工艺、定制方案服务能力与场景创新水平在本行业或相关领域内的领先优势，德邻陆港的"德邻陆港智慧供应链服务平台"光荣入选工业和信息化部发布第五批服务型制造示范名单；未来，鞍钢集团将充分发挥服务型制造示范平台的示范引领作用，为现代制造业的高质量发展贡献鞍钢智慧和力量。2023 年 11 月 23 日，江西欧冶新钢供应链有限责任公司首次股东会暨第一届董事会第一次会议在"红色钢城"新余胜利召开，见证欧冶云商与新钢集团凝心聚力，在产成品物流专业化整合上共同迈入新篇章。

4. 服务两个市场，以钢铁物流国际化提升产业影响力

钢铁企业向上下游拓展和延伸其实就是钢铁企业要建立自己的物流产业链，发展现代钢铁物流。而现代钢铁物流的发展方向，一方面是钢铁企业新型营销模式服务定位向加工、配送转化，另一方面是钢铁企业新型采购模式向外围资源基地延伸，采购、仓储、运输，三位一体。2023 年，钢铁物流业的国际化服务也逐步拓展。如，2023 年河钢 1.3 万吨高强镀锌板卷随船驶离天津港，河钢国际提供钢材海外物流延伸至欧洲、南美和非洲，实现对海外用户的"门到门"服务。建发钢铁依托全球网络布局、行业领先的风控体系和专业运营团队，整合物流、信息、金融、商品、市场五大资源，摒弃传统贸易博弈理念，积极融入国内国际"双循环"开拓"双市场"，为海外 100 多个国家和地区的钢铁产业链上下游客户提供"LIFT 全球供应链服务"，帮助客户降本增效，既保障钢铁供应链业务的快捷与安全，又提升了钢铁供应链业务的弹性与韧性。云南钢友工贸有限公司与腾晋物流股份有限公司，携手开展公铁联运东南亚钢铁国际物流合作。这两家企业依托各自的资源优势，共同打造多条公铁联运国际物流通道。通过铁路与公路的有机结合，实现货物在国内外的顺畅流通，进一步提高物流效率、降低运输成本。以提升物流效率、提升客户体验，进一步推动产业升级。这一合作模式的创新，不仅有助于云南钢友工贸有限公司更好地满足客户需求，提升服务品质，同时也为腾晋物流股份有限公司提供了更广阔的发展空间，实现互利共赢。此次战略合作的达成，也将为整个物流行业树立新的标杆，引领行业朝着更高效、更安全的方向发展。

5. 坚持创新驱动，以钢铁物流绿色化保障抗风险能力

河钢加速氢能交通商业化应用，打造钢铁绿色物流运输"新样板"。2023年河钢工业技术联合未势能源打造的新一批氢能重卡投入运营，河钢工业技术已累计投入运营 255 辆氢能重卡，行驶了 389 万公里，完成减碳 3851 吨。河钢工业技术聚焦唐山钢铁行业碳减排需求，联合未势能源签署氢能产业战略合作协议，以 200 辆氢能重卡示范运营为切入点，先行先试开展氢能应用及产业链深度合作，促进钢铁行业深度降碳减排，助力唐山打造全国钢铁清洁生产示范基地，并在京津冀区域打造具有"唐山特色"的氢能示范应用标杆场景。目前，河钢工业技术已与数十家企业建立了合作关系，加速了氢能产业布局，投运规模仍在持续扩大。

中冶宝钢积极响应国家"双碳"战略，坚持"研发+品牌"发展理念，聚焦"中冶重机"品牌，推进"新能源"技术在冶金大物流装备制造领域应用，围绕钢厂清洁运输课题，成功研制出国内首台 EPBC-260 型纯电驱动铁水车，在新能源冶金装备制造领域取得重大新突破。EPBC-260 型纯电驱动铁水车额定载重 260 吨，最大载重 280 吨，是国内最大载荷的电驱动铁水车，满载爬坡能力 4%以上，车体单侧回转安装平面小，整车回转平面度精度高，适用于国内外各大钢铁企业高温铁水转驳运输作业，可进一步减少特种车辆尾气污染、降低钢厂综合运营成本、实现环保和经济价值"双提升"。

敬业集团积极构建绿色低碳物流体系，开通铁路专用线实现"门到门"运输。一改以往的公路运输方式，工作人员将通过敬业集团铁路专用线把这些成品钢卷运送至黄骅南站。这条铁路专用线总投资 47 亿元，全长 22.5 公里，是敬业集团连接国能朔黄铁路的货运专用线。以前采取公路运输的方式，厂区每天大约聚集 3000 辆卡车，会释放大量的二氧化碳。如今利用电气化铁路进行产品和原料的运输，可以大幅度减少运输能源消耗、空气污染物排放。统计数据显示，该集团实现每年"公转铁"物料运输达 4500 万吨，每年减少约 130

万辆次重型货车通行，减少约 40 万吨二氧化碳排放。

二、2024 年钢铁行业物流展望

2024 年 1 月 31 日，习近平在中共中央政治局第十一次集体学习时强调，加快发展新质生产力，扎实推进高质量发展。钢铁物流业将完整、准确、全面贯彻新发展理念，坚持走中国特色新型工业化道路，以科技创新驱动产业创新，加快建设制造强国，加快推进新型工业化，建立高质量的现代化产业体系。

（一）深入实施《国家标准化发展纲要》重点任务服务新质生产力

一是，以习近平新时代中国特色社会主义思想为指导，深入实施《国家标准化发展纲要》重点任务，加快构建推动钢铁行业物流高质量发展的标准体系，以先进适用标准更好服务中国式现代化建设，贡献标准化力量。二是，加强钢铁物流领域标准研制，以高标准引领高质量发展。积极参加 ISO/TC344 创新物流标准的编制，展现钢铁物流价值创造能力；细化钢铁物流技术研究，从风险控制、体系架构等多维度研究相关标准的编制；促进产业链上下游标准有效衔接，推进标准化助力钢铁物流业建设发展。三是，强化标准实施应用，提升钢铁物流标准化水平。加快标准在实施应用后的科技成果总结；拓宽标准实施应用后推广范围，要助力中小微企业应用相关标准提高发展水平。

（二）完善资源保障体系建设发展新质生产力

稳步推进铁资源开发计划中的物流骨干网建设，及时评估三大铁资源发展趋势，保障供应安全。研究与钢铁生产低碳流程变革相匹配的钢铁物流资源保障体系建设，建立集"通道+枢纽+网络"为一体的现代物流运行体系战略保障机制。将物流新技术和新生产力因素纳入再生钢铁原料标准修订，争取用好国内国际两种资源、两个市场，配合推进废钢产业健康发展。进一步加强与铁矿、煤矿企业的沟通，促进中长期合作行稳致远和行业采购保供降本的物流力量。

（三）以科技创新为引领赋能新质生产力

现代物流的发展，不仅仅是物流体系的建设，更重要的是物流能力的提升，钢铁物流业将联合国内产学研检用各界，开展产业技术发展方向及战略研究，促进关键核心技术协同攻关，引导钢铁物流技术创新方向，组织推进世界前沿低碳技术开发，通过物流科技来推动物流由大到强的高质量发展。在以下几点深耕，准确把握物流科技力量。一是，物流科技的关键是通过技术的应用来推动物流数字化的进程。二是，通过物流数字化的共生特征，拓展发展空间，形成共生生态。三是，通过物流数字化，提升整个物流甚至整个供应链的整体创新能力，实现组织协同能力的提升，实现物流的柔性和敏捷服务能力，保障整个产业链、供应链的韧性和安全，实现低碳绿色、可持续发展。

（四）持续推进减污降碳驱动新质生产力

研究推进中国钢铁物流绿色转型的一揽子计划，重点探讨改进和构建钢铁绿色物流话语体系。完善钢铁行业 EPD 平台中物流部分的建设，鼓励企业积极参与 EPD 评估，持续推动上下游及国际采信。巩固钢铁物流碳排放因子研究，开展碳数据研究，加快低碳钢铁物流标准研制并重点推动标准发布和国际互认。加快发展新能源和清洁能源车船，加快构建便利高效、适度超前的充换电网络体系；根据企业区位、原燃辅料采购区域、产品销售区域、厂区总图布局及生产工艺的特点，编制宜铁则铁、宜水则水等多式联运方案；对于厂内物流，要不断优化，尽量采用皮带、管道、辊道、轨道等清洁运输方式。

（五）加强国际交流合作构筑新质生产力

继续加强与国际同行的交流，扩大共识、深化合作，积极参与全球钢铁物流的治理。联合钢铁物流业、钢铁企业、科研院所参与钢铁物流国际标准制修订，扩大标准的国内应用和国际推广。推动国内钢铁"走出去"的国际物流保障体系建设，保障钢铁供应链安全稳定。借鉴成功经验，谋划"一带一路"进程的钢铁物流要素。加大正面宣传，利用好会展平台和多双边交流机制，展示中国钢铁物流高端智能绿色新形象。

（作者：鞍山钢铁集团有限公司　侯海云）

2023 年汽车物流行业发展回顾
与 2024 年展望

一、2023 年汽车物流行业发展回顾

2023 年是全面落实党的二十大精神的开局之年，是全面建设社会主义现代化国家新征程的起步之年。2023 年，我们告别了三年疫情，在党中央和国务院的领导下，在各级政府主管部门的指导下，广大汽车与汽车物流行业企业同心聚力，创造出令人瞩目的业绩，多项指标创历史新高，推动汽车行业实现了质的有效提升和量的合理增长，成为拉动工业经济增长的重要动力。随着汽车市场的增长，2023 年汽车物流行业整体运行稳定，主要表现在以下几个方面。

（一）我国汽车物流市场运行总体稳定

一是全年汽车产销突破式增长。据中国汽车工业协会统计，我国汽车产销总量连续 15 年稳居全球第一。2009 年，中国汽车产销量首次双突破 1000 万辆大关，成为世界汽车产销第一大国。2013 年双突破 2000 万辆，2017 年产销量达到阶段峰值，随后市场连续三年下降，进入转型调整期，2021 年结束"三连降"开始回升。2023 年我国汽车产销量均突破 3000 万辆，汽车产销分别完成 3016.1 万辆和 3009.4 万辆，同比分别增长 11.6% 和 12.0%。与上年相比，产量增速提升 8.2 个百分点，销量增速提升 9.9 个百分点。纵观 2023 年汽车市场，整体市场销量呈现出"低开高走，逐步向好"的特点。2023 年初，受传统燃油车购置税优惠和新能源汽车补贴政策退出、春节假期提前、部分消费提前透支等因素影响，汽车消费恢复相对滞后，前两个月累计产销较同期明显回落；3—4 月，价格促销潮对终端市场产生影响，汽车消费处于缓慢恢复过程中，汽车行业经济运行总体面临较大压力；5—10 月，在国家及地方政策的推动下，加之地方购车促销活动等措施延续，市场需求逐步释放，"金九银十"效应重新显现；11—12 月，市场延续良好发展态势，叠加年末车企冲量，汽车市场向好态势超出预期。全年汽车产销量创历史新高，实现两位数较高增长。作为汽车产业的重要支撑，受汽车市场的影响，2023 年我国汽车物流市场运行总体稳定。

二是乘用车市场涨幅明显，创历史新高。我国乘用车产销量连续 9 年均超

过 2000 万辆。在转型调整过程中，自 2020 年以来，乘用车销量呈现稳步增长的态势。2023 年，乘用车竞争加剧，同时伴随市场日趋回暖，购车需求进一步释放，我国乘用车市场形势逐渐好转，回归正常节奏，有效拉动了汽车增长。

据中国汽车工业协会统计，2023 年，我国乘用车产销分别完成 2612.4 万辆和 2606.3 万辆，同比分别增长 9.6%和 10.6%。从各月销量情况来看，乘用车市场开年受到政策切换与价格波动影响，市场承受了较大压力。二季度，在中央和地方促销政策、轻型车国六实施公告发布、多地促销活动、新车大量上市等的共同拉动下，市场需求逐步恢复，上半年累计实现较高增长；下半年，乘用车市场持续走强，消费者购车需求进一步释放，继重迎"金九银十"后，年底再现市场热销现象。2023 年，乘用车国内销量 2192.3 万辆，同比增长 4.2%，尚低于 2017 年最高点 215.6 万辆；乘用车出口 414.0 万辆，同比增长 63.7%。其中，2023 年传统燃油乘用车国内销量 1404.3 万辆，比上年同期下降 109.4 万辆，同比下降 7.2%。2023 年乘用车市场延续良好增长态势，对于稳住汽车消费基本盘发挥了重要作用，同时也带动汽车物流行业服务效率与质量的快速提升。

三是新能源汽车市场保持产销两旺。我国新能源汽车近 2 年来高速发展，连续 9 年位居全球第一。在政策和市场的双重作用下，2023 年，新能源汽车持续快速增长，新能源汽车产销分别完成 958.7 万辆和 949.5 万辆，同比分别增长 35.8%和 37.9%，市场占有率达到 31.6%，高于上年同期 5.9 个百分点。其中，新能源商用车产销分别占商用车产销的 11.5%和 11.1%；新能源乘用车产销分别占乘用车产销的 34.9%和 34.7%。2023 年，新能源汽车国内销量 829.2 万辆，同比增长 33.5%；新能源汽车出口 120.3 万辆，同比增长 77.6%。细分来看，在新能源汽车主要品种中，纯电动汽车、插电式混合动力汽车和燃料电池汽车产销仍然保持高速增长。2023 年，纯电动汽车销量 668.5 万辆，同比增长 24.6%；插电式混合动力汽车销量 280.4 万辆，同比增长 84.7%；燃料电池汽车销量 0.6 万辆，同比增长 72.0%。近年来，在政策和市场的双重作用下，新能源汽车持续快速增长，产销均突破 900 万辆，市场占有率超过 30%，成为引领全球汽车产业转型的重要力量，且伴随充、换电基础设施的不断完善，新能源汽车得到长足发展，为新能源汽车物流发展提供了更大的机遇。

四是商用车市场企稳回升。近年来，我国商用车市场销量跌宕起伏。2020 年，受国Ⅲ产品淘汰、治超趋严以及基建投资等因素拉动，商用车市场大幅增长，产销达到峰值；随后 2021 年市场需求出现下降；2022 年跌落谷底，为 2009 年以来的最低水平；2023 年，受宏观经济稳中向好、消费市场需求回暖因素影响，加之各项利好政策的拉动，商用车市场谷底回弹，实现恢复性增长。2023 年，商用车产销分别完成 403.7 万辆和 403.1 万辆，同比分别增长

26.8%和22.1%。在商用车主要品种中，与上年同期相比，货车、客车产销均快速增长。2023年，货车产销均完成353.9万辆，同比分别增长27.4%和22.4%；客车产销分别完成49.8万辆和49.2万辆，同比分别增长22.5%和20.6%。分燃料情况来看，汽油车产销分别完成14.7万辆和14.6万辆，同比分别增长20.8%和21.5%；柴油车产销分别完成36.3万辆和36.4万辆，同比分别下降8.4%和7.2%。

五是二手车市场发展重回快车道。据中国汽车流通协会统计，2023年我国二手车累计交易量为1841.33万辆，同比增长14.88%，与上年同期相比增加了238.5万辆。在细分市场方面，基本型乘用车累计交易1089.67万辆，同比增长14.42%；SUV共交易237.84万辆，同比增长16.68%；MPV共交易114.14万辆，同比增长17.77%；交叉型乘用车共交易36.07万辆，同比增长2.85%。全年二手车转籍总量达到501.83万辆，同比增长25%；转籍率为27.25%，增加2.2%。2023年是我国二手车新政全面落地执行的第一年，制约因素被清除、堵点被打通，政策效应正在显现，二手车市场进入全新发展阶段。目前来看，与国际先进的发达国家市场相比，中国二手车的交易比例相对比较低，而中国的汽车市场起步相对较晚，二手车消费起步更晚，目前二手车市场正处于快速崛起阶段，未来发展潜力巨大，这也为汽车物流企业提供了更多的发展机遇。

（二）整车物流运输结构持续优化

近年来，我国整车运输结构持续优化，公铁水路运输各自发挥其优势，逐渐形成高效节能的汽车整车综合运输网络。2023年，汽车整车铁路发运超过680万辆，同比增长了6.9%。汽车整车滚装运输量325万辆，同比增长了5.1%。公路运输主要集中在短途支线运输，其在干线运输的份额逐渐缩减，且平均运距进一步缩短。

公路方面，2023年，中物联汽车物流分会对行业内整车物流承运商的自有运力进行了调查，共有126家整车物流承运商参与统计调查。经统计，126家调查样本共有20073辆自有车辆运输车，其中平头车1467辆，同比增长27.6%，约占调查总车辆的7.3%；尖头车1723辆，同比下降35.4%，约占调查总车辆的8.6%；中置轴车16886辆，同比增长38.4%，约占调查总车辆的84.1%。年发运量超过100万台车的企业有11家，约占调研企业数量的8.73%；年发运量在50万~100万台车的企业有22家，约占调研企业数量的17.46%；年发运量在10万~50万（不含）台车的企业有52家，约占调研企业数量的41.27%；年发运量在5万~10万（不含）台车的企业有26家，约占调研企业数量的20.63%；年发运量在5万台车以下的企业有15家，约占调研企业数量的 11.90%。在企业自有车辆数量方面，拥有 400 台以上车辆的企业，约占调研企业数量的 9.2%；拥有 200~400 台车辆的企业，约占调研企业数量的 16.5%；拥有 100~200（不含）台车辆的企业，约占调研企业数量的 38.4%；拥有 50~100（不含）台车辆的企业，约占调研企业数量的 19.4%；拥有 50 台以下车辆的企业，约占 16.5%。调研中，有 57% 的企业，其单车单趟平均运距小于 500 公里，较去年增长了约 3%。未来，将有越来越多的整车物流承运商将业务集中在短途支线运输，公路运输在干线运输的份额将逐渐缩减。

铁路方面，截至 2023 年底，作为我国整车铁路运输的主要承担者，中铁特货物流股份有限公司在全国拥有商品汽车装卸作业点 200 余个，55 个物流基地，总面积近 500 万平方米。目前拥有 JSQ5、JSQ6、JSQ7、JSQ8、JNA1 等商品汽车专用运输车近 2 万辆，能够匹配各类商品汽车运输需求，年运输能力达 700 万台以上。

水运方面，截至 2023 年底，我国滚装船共计 88 艘，其中江船 52 艘，海船及远洋滚装船 36 艘，在役船舶总计 15.36 万车位数。其中 2023 年无新增下水船舶，2 艘船舶退出市场（1 艘江船拆解退出、1 艘海船出售退出）。此外，滚装船在建工程 56 艘，受中国汽车出口强劲增长的影响，远洋滚装船需求极为迫切，滚装船在建工程全为远洋滚装船，总计约 42 万车位数，计划于 2024 年开始陆续交付，其中 2024 年交付 10 艘，2025 年交付 30 艘，2026 年交付 16 艘。

随着铁水运输装备数量的逐年增加、运能的持续扩大，我国整车物流综合运输体系将快速发展。

（三）汽车供应链服务体系逐渐完善

我国汽车产业正迎来重要发展机遇期，相关汽车供应链管理服务需求持续释放。其中，作为保障汽车生产制造顺利进行的重要一环，零部件物流服务尤为重要。由于汽车零部件种类庞杂且包装不规则，同时具备涉及行业面宽、供应商数量多、分布区域广等特点，如何打造更加安全、稳定、高效的汽车零部件供应链服务体系，成为行业企业的重要研究课题。

一是快速变化的汽车零部件供应商格局。2023 年，我国共有 13 家汽车零部件供应商进入全球零部件百强企业名单，较去年增加 3 家。新上榜的中国企业为宁德时代、均胜电子、宁波华翔电子和精诚工科汽车系统。其他上榜的 9 家中国企业为延锋、北京海纳川、中信戴卡、德昌电机、敏实集团、诺博汽车系统、德赛西威、宁波拓普集团和安徽中鼎密封件。其中宁德时代更是位列榜单第 5 名，是前 10 家企业中唯一的中国企业。其他前 4 名的企业是博世、电装、采埃孚和麦格纳国际。2023 年榜单上的 100 家企业分别来自 16 个国家，日本共有 22 家企业入围；美国共有 18 家企业上榜；德国共有 15 家企业上榜；中国共有 13 家企业上榜；韩国有 11 家企业上榜；法国有 4 家企业上榜；加拿大、瑞士、西班牙各有 3 家企业上榜；英国有 2 家企业上榜；爱尔兰、奥地利、巴西、墨西哥、瑞典和印度则各有 1 家企业上榜。

近年来，我国汽车零部件产业规模逐步扩大和产品质量明显提高，正向全球汽车价值链的中高端不断迈进。而随着全球新能源汽车市场的蓬勃发展，全球汽车零部件供应商的格局正在快速发生变化，新势力和传统主机厂都在争夺快速增长的新能源汽车市场，零部件供应链的竞争也在加剧，这在为我国汽车零部件物流市场带来增长的同时，也带来机遇与挑战。

二是汽车零部件物流智慧化发展。汽车零部件物流被国际公认为最复杂、最具专业性的物流。在全球工业智能化趋势下，随着工业物联网、云计算、大数据和人工智能等技术的成熟及在各行各业的应用，汽车零部件物流行业以新技术、新装备提升服务，以数据化、智能化提高效率，朝着智慧化方向快速发展，尤其是在以人员密集型著称的零部件物流行业，实施自动化、智能化作业更是势在必行。近几年，行业内通过无人驾驶技术、自动化立体库、自动装卸技术、关节式机器人等机械化与自动化设备替代人工的案例，通过自动化、智能化装备提升物流效率。汽车零部件物流企业积极创新，深入实践，推动汽车零部件物流从传统劳动密集型产业转型升级为智慧化产业。

三是汽车售后服务备件物流大有可为。汽车后市场行业的发展与汽车产业紧密相关，庞大的汽车保有量是汽车后市场发展的基础。据公安部统计，2023 年全国机动车保有量达 4.35 亿辆，其中汽车 3.36 亿辆。我国已成为全球汽车保有量最大的国家。虽然汽车保有量持续增加，但我国千人汽车保有量远不及发达国家。这表示在未来较长时间内，我国汽车市场仍有较大发展空间，为我国汽车后市场的发展以及汽车售后服务备件物流的发展创造了良好的条件。巨大的汽车存量市场对售后服务备件物流也提出了更高的要求。相较于其他汽车物流细分领域，汽车售后服务备件物流具有以下特点：一是需求预测与供应链管理的难度大，其品种种类多且随汽车个性化程度提高快速增长，同时单品种消费频次低；地域、分销渠道、消费理念与习惯以及汽车本身都在快速发展变化。二是仓储设施规模大、建设投资高、仓储与配送成本高，备件重量、体积、形状、性状、价值等差异大，存储、搬动、包装专业化程度高；部分备件生产工艺及原材料相对复杂，供应链长，备件供应能力受产能及外部中断的影响度高，需要较高库存保证供应交期。三是物流标准亟待统一，尤其是编码规则和编码标准没有在供应链各环节统一，导致了在组织物流配送时难度增加，降低了服务质量和效率。上述高标准要求使汽车售后服务备件物流业务进入门槛不断提高。由于汽车售后服务的复杂性、专业性要求，产业链上下游需要有效协同、融合发展，随之带来的多样化、高要求的物流需求对于我国汽车售后服务备件物流发展有着积极的推动作用，这也是汽车物流企业重要的发展机遇。

（四）拓展海外汽车市场，提升国际物流服务能力

在汽车产业全球化趋势加强、分工日益深化、产业链高端价值环节竞争不断加剧的背景下，我国积极参与全球汽车产业分工，不断提高自主研发能力和服务水平，汽车物流企业在保障汽车产业链供应链畅通运行的同时，全面提升国际竞争力，为我国汽车出海保驾护航。

一是海外汽车市场创历史新高。海关总署数据显示，2023 年我国汽车出口量为 522.1 万辆，同比增长 57.4%，我国成为全球最大的汽车出口国，有效拉动行业整体增长。从细分车型来看，2023 年我国乘用车新车出口量为 414 万辆，同比增长 63.7%；商用车新车出口量为 77 万辆，同比增长 32.2%。从燃料形式来看，2023 年传统燃油汽车新车出口量为 370.7 万辆，同比增长 52.4%；新能源汽车新车出口量为 120.3 万辆，同比增长 77.6%。2023 年我国汽车出口量前十的国家分别是，俄罗斯、墨西哥、比利时、澳大利亚、沙特阿拉伯、英国、菲律宾、泰国、阿联酋和西班牙。其中，我国对俄罗斯的出口量同比增长 5 倍。中汽协数据显示，2023 年整车出口量前十位的企业分别是上汽、奇瑞、吉利、长安、特斯拉、长城、比亚迪、东风、北汽和江汽。其中，上汽、奇瑞、吉利 2023 年新车出口量分别为 109.9 万辆、92.5 万辆和 40.8 万辆。2023 年，我国整车与零配件出口合计 1892 亿美元，占机电产品出口比重的 9.56%。其中汽车零配件出口额为 876.6 亿美元，同比增长 9%。整车出口的强劲态势同样带动了相关零部件走出国门，为我国汽车国际供应链发展提供了广阔的市场空间。

2023 年汽车出口呈现几大特征，一是中国汽车产业链韧性强，实现出口和内需的良好供给保障；二是新能源汽车贡献增大，目前自主品牌经济型纯电动汽车出口市场贡献巨大；三是自主品牌企业出口表现优秀；四是出口全面发展，随着智能化的加持，效果逐步凸显，未来中国汽车出口潜力巨大。

二是继续提升国际汽车物流服务能力。目前，我国汽车出口主要有远洋汽车滚装船、集装箱船、特种船只（纸浆船+框架）、中欧班列、铁路专用车、公路汽车等运输方式，以远洋滚装运输为主。2023 年我国汽车通过滚装运输方式出口的数量约为 328 万辆，占全年汽车出口总量的 62.8%；通过铁路运输方式出口的数量约为 71 万辆，占全年汽车出口总量的 13.6%；通过海运非滚装

方式（海运集装箱与特种船只）出口的数量约为 12 万辆，占全年汽车出口总量的 2.3%。值得注意的是，其中通过中资滚装运输方式出口的数量约为 35.5 万辆，仅占远洋滚装运量的 10.8%；通过外籍滚装运输方式出口的数量约为 292.5 万辆，占远洋滚装运量的 89.2%。

与蓬勃发展的海外汽车市场相比，我国海运能力不足的短板十分明显。我国车企、船公司和汽车物流企业抓紧布局远洋滚装船市场，提升国际物流服务能力。比亚迪、奇瑞、上汽、广汽等车企及旗下物流公司纷纷组建远洋船队，加速进入"自主船运"新阶段。2021 年，上汽集团成立了滚装船航运子公司。2022 年，奇瑞集团在威海打造汽车运输船建造基地。广汽商贸与招商局轮船也投资成立了广州招商滚装运输公司。未来，随着各主机集团海外战略的实施，配套物流企业提前规划布局，我国汽车国际物流能力将得到快速提升，汽车出口物流水平也将迅速增长。

三是铁路运输成为汽车国际供应链的稳定器。作为共建"一带一路"的旗舰项目和标志性品牌，中欧班列近年来不断开拓创新，开辟了亚欧大陆陆路运输新通道和经贸合作新桥梁。中国国家铁路集团有限公司数据显示，2023 年中欧班列全年开行 1.7 万列、发送 190 万标箱，同比分别增长 6%、18%；西部陆海新通道班列全年发送 86 万标箱，同比增长 14%。截至 2024 年 3 月，中欧班列累计开行已超 8.5 万列，通达欧洲 25 个国家 219 个城市。

除中欧班列外，2023 年我国通过铁路笼车（JSQ 型）运输形式出口汽车 59.3 万辆。笼车车厢是专为商品车运输设计的，每节车厢可装载 9 辆至 10 辆汽车，前后厢门打开后可实现整列首尾贯通，商品车能直接驶入车厢，具有运载能力强、装卸速度快、费效比高、安全可靠的特点，为我国汽车出口提供了重要的支持与保障。

受连日来红海局势持续紧张影响，有海上"咽喉要道"之称的苏伊士运河船舶通行量降幅明显，运输不确定性大增，许多企业面临生产中断和交货延迟的风险。由于当前复杂严峻的外部环境，国际航运仍面临巨大的不确定性。铁路运输凭借全天候、大运量、绿色低碳、高效便捷等优势，以及快速高效和安全稳定的特点，成为国际产业链供应链的"稳定器"，众多企业国际运输的优选项。随着未来亚欧大陆铁路运输基础设施日益完善、通关标准更加协调便捷，铁路运输优势将进一步凸显，为全球汽车贸易注入更多稳定性。

（五）行业企业深化合作互利共赢

近年来，汽车物流行业企业发展迅速，规模持续扩大。2023 年共有 2 家企业入选"2023 年度中国物流企业 50 强"，分别是上汽安吉物流股份有限公司和一汽物流有限公司；2家企业入选"2023年度中国民营物流企业50强"，分别是保定市长城蚂蚁物流有限公司和北京长久物流股份有限公司；还有多家企业获评"A"级以上物流企业，涌现一批行业优质企业，行业内良好的竞争格局已经形成。同时，行业内企业积极开拓外部合作，如长安民生物流与招商局能源运输股份有限公司签署战略合作协议，发挥各自的资源和能力优势，在零部件集装箱运输、汽车物流仓储服务、汽车物流生态圈、绿色物流、合资合作、海外资本市场等领域深化合作；广州远海汽车船运输有限公司与长安民生在广州签署2023—2027年COA协议，双方将进一步深化合作，共同打造安全、稳定、优质的汽车出口物流产业链；一汽解放、中通智运及一汽物流完成战略合作落地签约，签署千余辆车辆采购订单；日日顺供应链与东风物流再度达成战略合作，双方将聚焦汽车零部件入厂环节，进一步拓展合作的服务品类及服务范围。通过企业间的深化合作，能够最终达到拓展业务、扩大服务范围、提高服务质量、互利共赢的目的。

（六）汽车物流标准体系不断完善

2023年，汽车物流行业标准工作持续推进，《电动汽车动力蓄电池物流服务规范》（WB/T 1132—2023）、《汽车零部件入厂物流质损判定及处理规范》（WB/T 1131—2023）完成报批，正式发布实施。另有团体标准《乘用车集装箱装箱与拆箱作业要求》通过标准审查，即将报批，国标《汽车零部件物流塑料周转箱尺寸系列及技术要求》已经提交修订申请。今年还对已发布的3项标准，包括《乘用车仓储服务规范》（WB/T 1034—2018）、《汽车物流统计指标体系》（WB/T 1070—2018）两项行业标准，《汽车物流信息系统基本要求及功能》（T/CFLP 0004—2017）团体标准进行了实施情况评估，并依据《中华人民共和国标准化法》以及国家发展改革委《关于对开展物流行业标准复审工作的复函》的相关规定，完成了标准复审工作。汽车物流标准体系的持续完善，有利于推动汽车物流行业健康有序发展。

二、2024年汽车物流行业展望

2024年是实现"十四五"规划目标任务的关键一年，是扎实推进中国式现代化建设的重要一年。"十四五"时期，我国物流业发展仍将处于重要战略机遇期，但机遇和挑战都有新的发展变化。如今国际经济环境并不稳定，为汽车市场带来了诸多不确定因素，未来我国汽车物流行业面临巨大的挑战。我们要以构建现代汽车物流体系为目标，持续推动我国汽车物流高质量发展。

（一）汽车市场稳中向好，汽车物流发展迎来机遇

作为我国经济的重要支柱产业之一，汽车产业在"出口、投资、消费"三驾马车中发挥了重要作用，且取得了多项创历史新高的成绩。步入2024年，我国汽车产业将更加深入地推进转型升级，实现高质量发展。在今年我国经济社会发展主要预期目标中，明确强调要巩固扩大智能网联新能源汽车等产业的领先优势，提振智能网联新能源汽车等大宗消费。随着相关政策措施的实施，我国市场主体和消费活力将进一步被激发，预计2024年汽车市场将继续呈现稳中向好的发展态势。作为汽车产业的重要支撑，2024年汽车物流行业将抓住机遇，积极提升服务能力，保障汽车供应链稳定顺畅地运行。

（二）新能源汽车物流需求旺盛

新能源汽车是当今世界汽车工业发展的重点方向。作为战略性新兴产业的新能源汽车，对经济社会全局发展具有重要的引领和推动作用，这充分体现出新能源汽车产业新质生产力的特性。近年来，我国新能源汽车产业发展态势良好，在全球层面已初步形成综合竞争优势。这主要得益于我国建立了结构完整、有机协同的新能源汽车产业体系，产销量逐年攀高，形成了新能源汽车与相关行业互融共生、合作共赢的良好发展局面。未来，我们要抓住历史机遇，继续充分发挥市场机制作用，广泛合理利用全球产业链资源，有效管控供应链风险，加强新能源汽车及供应链企业间的国际合作，完善国际物流体系，提升海外服务能力，把我国新能源汽车产业打造成为新的经济增长引擎，使之成为一张"中国名片"。

（三）车企加速海外布局，赋能汽车物流转型升级

2023年我国汽车出口超500万辆，创历史新高。但当前我国汽车出口呈现的较快增长是阶段性态势，在发展质量和效益方面仍有较大提升空间，在运输保障、金融服务、海外售后等方面仍存在一些困难和问题。未来，随着我国汽车在海外的热销，汽车产业链加速实施"走出去"战略，我们要统筹国际业务布局，探索建设海外制造基地，持续优化渠道布局和本地化能力建设，为进入成熟市场不断积累经验。推动以新能源汽车动力电池、轮胎、汽车底盘等为代表的汽车供应链上下游企业向欧洲、东南亚和美洲等地区的汽车产业集群地加速出海。培育一批具有国际竞争力的汽车物流企业，提升一体化供应链综合服务能力，为汽车国际物流供应链的畅通运行保驾护航。

（四）汽车供应链数字化加速升级

党的二十大报告指出："加快发展数字经济，促进数字经济和实体经济深度融合，打造具有国际竞争力的数字产业集群。"近年来，我国经济以高质量发展为主线，以数字产业化、产业数字化为主攻方向，加快推进数字基础设施建设，数字经济的新业态和新模式不断涌现，数字经济和实体经济深度融合正成为提升我国经济发展活力的新引擎、新动能和新优势。以物联网、大数据、云计算、人工智能为代表的数字技术已经从多方向、多维度渗透进汽车供应链中，不断赋能重塑产业竞争新格局，为汽车供应链转型升级带来新契机。未来，汽车物流行业将继续向专业化、协同化、智能化、绿色化方向快速发展，推动汽车产业链供应链高质量发展，助力中国从"汽车大国"向"汽车强国"迈进。

（五）向绿色低碳的供应链体系迈进

2024 年政府工作报告指出，深入践行绿水青山就是金山银山的理念，协同推进降碳、减污、扩绿、增长，建设人与自然和谐共生的美丽中国。要积极践行"两山"理论，切实把习近平生态文明思想落实在汽车产业链供应链中，推动中国汽车供应链向绿色低碳的供应链体系迈进。在行业中从汽车零部件、原材料开始着手进行"绿色供应链"布局，同时持续推进汽车及零部件"零碳工厂"建设，推动以多式联运、物流包装循环共用为代表的绿色物流模式发展，将为汽车产业实现"双碳"目标带来崭新的局面。

（作者：中国物流与采购联合会汽车物流分会　王萌）

2023 年冷链物流市场发展回顾
与 2024 年展望

一、2023 年冷链物流发展回顾

1. 冷链物流发展环境

（1）冷链物流行业经济环境总体恢复向好。

2023 年是全面贯彻党的二十大精神的开局之年，是三年新冠疫情防控转段后经济恢复发展的一年。中国经济顶住多重压力实现量的合理增长，在爬坡过坎中经济实现质的有效提升，全年经济运行呈现前低中高后稳态势。国内生产总值 1260582 亿元，比上年增长 5.2%。人均国内生产总值 89358 元，比上年增长 5.4%。国民总收入 1251297 亿元，比上年增长 5.6%。

2023 年，物流运行总体恢复向好，社会物流总额增速稳步回升。全国社会物流总额 352.4 万亿元，同比增长 5.2%，增速比上年提高 1.8 个百分点。物流需求规模持续恢复向好，增速稳步回升。从构成看，农产品物流总额 5.3 万亿元，同比增长 4.1%；工业品物流总额 312.6 万亿元，增长 4.6%；进口货物物流总额 18.0 万亿元，增长 13.0%；再生资源物流总额 3.5 万亿元，增长 17.4%；单位与居民物品物流总额 13.0 万亿元，增长 8.2%。

（2）冷链物流政策环境支持有力。

①冷链政策引导高质量发展。

2023 年，各级政府继续鼓励支持并落实冷链物流高质量发展。整体来看，集约高效、绿色低碳、智慧畅通、转型升级、融合联动、优化服务、创新新业态、培育新经济等为高频关键词，指明发展方向。

国家层面，2023 年中央一号文件 19 次提及冷链物流相关内容；各部委发布《农业农村部办公厅关于继续做好农产品产地冷藏保鲜设施建设工作的通知》《全国现代设施农业建设规划（2023—2030 年）》等规划文件继续引导冷链高质量发展。2023 年国家层面发布的部分冷链物流相关政策见表 1。

地方层面，据不完全统计，2023 年，冷链直接相关政策、规划超过 23 项，主要以补齐冷链物流设施短板、布局三级冷链物流体系、加强冷链物流全流程监管体系为核心，逐步实现各地区冷链物流高质量发展，聚焦国家骨干冷链物流基地、地方冷链体系建设、优势农产品冷链基地建设、冷链物流标准化和绿色化等方向。其中，浙江、江苏、天津等 10 多个省市纷纷出台冷链物流发展行动方案；营口、盘锦等地市级，深圳市盐田区、邢台市信都区等县（县级市、区）出台冷链物流高质量发展三年行动方案、建设实施方案或者扶持措施等落实和引导各区域冷链有序建设（见表 2）。

表 1   2023 年国家层面发布的部分冷链物流相关政策

序号	成文/发布时间	发布机构	政策名称	内容摘要
1	2023 年 1 月	中共中央、国务院	《中共中央 国务院关于做好二〇二三年全面推进乡村振兴重点工作的意见》	完善农产品流通骨干网络，改造提升产地、集散地、销地批发市场，布局建设一批城郊大仓基地。支持建设产地冷链集配中心。推动冷链物流服务网络向乡村下沉
2	2023 年 2 月	农业农村部	《农业农村部关于落实党中央国务院 2023 年全面推进乡村振兴重点工作部署的实施意见》	在重要流通节点建设产地冷链集配中心；推进国家级农产品产地市场建设，加强大型冷藏保鲜、仓储物流等保供公益性基础设施建设
3	2023 年 6 月	国家发展改革委	《关于做好 2023 年国家骨干冷链物流基地建设工作的通知》	布局建设大型冷链物流基础设施，集聚冷链物流资源、优化冷链物流运行体系、促进冷链物流与相关产业融合发展
4	2023 年 6 月	农业农村部	《冷链物流和烘干设施建设专项实施方案（2023—2030 年）》	以建设提升产地仓储保鲜冷链物流设施为重点，全面补齐设施农业产业链配套设施装备短板，有效减少粮食和"菜篮子"产品的产后损失和流通环节浪费
5	2023 年 7 月	农业农村部办公厅	《农业农村部办公厅关于继续做好农产品产地冷藏保鲜设施建设工作的通知》	完善产地冷藏保鲜设施网络；推动冷链物流服务网络向乡村下沉；培育一批农产品产地流通主体；创新一批农产品冷链物流运营模式
6	2023 年 7 月	商务部等 9 部门办公厅（室）	《县域商业三年行动计划（2023—2025 年）》	加强跨区域农产品批发市场、干支线冷链物流、农产品仓储保鲜设施和产地冷链集配中心建设，提高农产品冷链流通效率

表 2　　　　　　　　　　　2023 年地方发布的部分冷链物流相关政策

序号	成文/发布时间	发布机构	政策名称	内容摘要
1	2023 年 6 月	天津市发展和改革委员会、天津市商务局	《天津市推动冷链产业高质量发展的工作方案》	重点打造"两基地、三枢纽、多节点"的冷链产业发展布局
2	2023 年 5 月	浙江省发展和改革委员会	《浙江省冷链物流高质量发展三年行动计划（2023—2025 年）》	提升骨干冷链物流基地支撑衔接能力；补齐以山区海岛为重点的产地冷链物流设施短板；优化满足城乡差异化需求的销地冷链物流设施布局
3	2023 年 4 月	江苏省发展和改革委员会	《江苏省推进冷链物流高质量发展三年行动方案（2023—2025 年）》	打造枢纽节点，构建冷链物流骨干网；健全城乡冷链配送体系
4	2023 年 7 月	云南省农业农村厅	《云南省农产品产地仓储保鲜冷链物流建设三年行动方案（2023—2025 年）》	推进农产品产地冷藏保鲜设施建设；推进农产品产地冷链集配中心建设；推动农产品骨干冷链物流基地建设
5	2023 年 11 月	宁夏回族自治区人民政府办公厅	《宁夏回族自治区冷链物流高质量发展实施方案（2023—2027 年）》	以争创国家骨干冷链物流基地、建设产地冷链集配中心、推动冷链设施扩容升级为重点任务，完善冷链物流网络体系
6	2023 年 10 月	新疆维吾尔自治区人民政府办公厅	《自治区推进冷链物流高质量发展实施方案（2023—2025 年）》	构建内外联通冷链物流通道，建设以疆内循环为主、联通国内大循环的冷链物流通道，以及"外向型"国际冷链物流通道
7	2023 年 8 月	黑龙江省商务厅等 12 部门	《黑龙江省商贸冷链物流建设行动方案》	补足冷链各环节设施，发展对俄跨境商贸冷链物流，引进培育龙头企业，发展"智慧+"商贸冷链物流，推进商贸冷链物流标准化建设，加速商贸冷链物流绿色低碳化
8	2023 年 3 月	浙江省农业农村厅	《浙江省农产品产地仓储保鲜冷链物流建设规划（2023—2027 年）》	推进建设产地冷藏保鲜设施，产地冷链集配中心、产地冷链物流基地相互有效衔接，整体构建功能衔接、上下贯通、集约高效的产地冷链物流服务体系

续　表

序号	成文/发布时间	发布机构	政策名称	内容摘要
9	2023 年 1 月	梅州市人民政府办公室	《梅州市推进冷链物流高质量发展实施方案》	构建"8+X"冷链物流设施网络，加快完善建设冷链物流重要节点和产地设施，健全销地分拨配送体系
10	2023 年 3 月	保山市人民政府办公室	《关于加快发展冷链物流保障食品安全促进消费升级的实施意见》	鼓励区域性农产品批发市场建设冷藏冷冻、流通加工冷链设施，在重要物流节点改造升级或适度新建一批冷链物流园区
11	2023 年 7 月	盘锦市人民政府办公室	《盘锦市冷链物流高质量发展三年行动方案（2023—2025 年）》	推动冷链物流设施建设，加快建设产销冷链集配中心，补齐产销两端冷链物流设施短板功能，着力构建以产销冷链集配中心和两端冷链物流设施为支撑的冷链物流节点设施网络
12	2023 年 3 月	营口市人民政府办公室	《营口市冷链物流高质量发展三年行动计划（2023—2025 年）》	推进基础设施建设，完善冷链物流网络；提高运输服务质量，促进冷链增效降本；加强冷链全链条监管
13	2023 年 12 月	济南市人民政府办公室	《济南市冷链物流发展三年行动计划（2023—2025 年）》	优化布局"4 个集散基地+11 个集配中心+N 个采供网点"三级节点网络体系，发展重点品类和特色品类冷链物流体系
14	2023 年 3 月	深圳市盐田区工业和信息化局	《盐田区关于加快推进冷链产业高质量发展扶持措施》	搭建冷链科技平台，提高智慧发展水平；拓展进口冷链贸易，打造区域交易中心
15	2023 年 4 月	邢台市信都区人民政府办公室	《邢台市信都区加快建设物流强区行动方案（2023—2027 年）》	提升农产品冷藏保鲜能力，加强基础设施建设

②冷链标准水平持续提高。

我国已颁布标准中，与农产品冷链物流相关的标准有 400 余项，涉及术语、管理与技术、设施设备等多个方面，为我国冷链物流产业健康发展、保障农产品供应、推动交易方式创新提供了技术和工程保障。总体要求方面，有

GB/T 18354—2021《物流术语》和 GB/T 28577—2021《冷链物流分类与基本要求》；设备要求方面，有 QCT 449—2010《保温车、冷藏车技术条件及试验方法》和 GB 50072—2010《冷库设计规范》；信息管理方面，有 GB/T 36088—2018《冷链物流信息管理要求》和 GB/T 28843—2012《食品冷链物流追溯管理要求》；具体要求方面，有 GB/T 42503—2023《农产品产地冷链物流服务规范》、GB 24616—2019《冷藏、冷冻食品物流包装、标志、运输和储存》和 GBT 22918—2008《易腐食品控温运输技术要求》等。另外，首个食品冷链国家强制性标准 GB 31605—2020《食品安全国家标准 食品冷链物流卫生规范》已自 2021 年 3 月 11 日正式开始实施，标志着冷链行业新监管、新门槛时代已经到来。除了国家层面，各地方政府也出台了系列地方性法规和规章，对冷链物流管理标准做出了更加详细的规定。例如，为推进京津冀协同战略发展实施，天津市商务局、北京市商务局、河北省商务厅、天津市市场监督管理委员会、北京市市场监督管理局、河北省市场监督管理局共同组织制定《冷链物流温湿度要求与测量方法》《水产品冷链物流操作规程》《畜禽肉冷链物流操作规程》等系列标准，助推农产品冷链物流标准体系建设。

农产品冷链物流标准化管理机制方面，采取政府主导的协调一致和分工协作相结合的管理模式。县级以上地方人民政府标准化行政主管部门统一管理本行政区域内的标准化工作，"标准化行政主管部门"与"有关行政主管部门"共同承担标准化工作的开展、考评、激励和监督等管理职责。目前，我国已建立部级、省级、市级以及县（区）级等多层级政府标准化工作的协调机制，提出促进标准化改革发展的方针政策，强化标准化工作各部门间的协作配合，统筹协调行政区域内标准化工作。同时，加强区域标准化工作的合作交流，如京津冀建立标准化议事协调机制，陕西、甘肃等 6 省份和新疆生产建设兵团质监局成立"新丝路标准化战略联盟"，华北 5 省份成立"华北区域标准战略联盟"，上海、南京、广州等 9 个城市建立"城市标准化创新联盟"，共同探索区域内标准互认和资源共享，制定相关领域团体标准或城市间联盟标准。

此外，我国冷链物流在标准领域的国际影响力也不断提升。从参与 ISO《间接温控冷藏配送服务：具有中间转移的冷藏包裹陆上运输》《B2B 冷链物流服务—仓储和运输的要求和指南》等国际标准的制定，再到 ISO/TC 315 冷链物流技术委员会的建立，在国际舞台上展现中国在冷链物流领域的标准化水平。近年来，ISO/TC 315 冷链物流技术委员会积极推动国际冷链物流标准化工作，先后制定《冷链物流术语》《温控仓库和道路车辆的温度验证方法》等多项国际标准。随着国际标准化工作的不断深入，将进一步提升我国冷链物流标准国际化水平。

2. 冷链物流市场需求

（1）冷链物流总体市场需求。

2023 年，我国冷链物流市场整体处于承压前行、需求逐步企稳回升的震荡发展局面。冷链物流需求总量约 3.5 亿吨，同比增长 6.1%。

2023 年我国冷链物流总额为 8.9 万亿元，同比增长 4.7%。

2023 年，我国冷链物流市场总规模为 5170 亿元，比 2022 年增长 254 亿元，同比增长 5.2%，仍保持稳定增长态势。

2023 年，全国冷藏车市场保有量达到 43.20 万辆，较上年增长 4.97 万辆，同比增长 13.0%。

2023 年全国冷库总量约为 2.28 亿立方米，较上年增加 0.18 亿立方米，同比增长 8.6%。

（2）"6+1"细分品类冷链市场需求及趋势研判。

①蔬菜。我国是全世界蔬菜生产和消费的第一大国，占据世界蔬菜产量的半壁江山。近年来，蔬菜需求逐渐从数量型向质量型转变，尤其是对绿叶菜的需求增长较快。2023 年，我国蔬菜总产量约为 8.21 亿吨，同比增长 2.6%。但是产地低温处理率仅为 11%，商品化处理能力弱，蔬菜采后损失较大。据测算，蔬菜冷链需求量约为 1.2 亿吨。随着消费者对优质、新鲜蔬菜需求的提升，贮藏保鲜能力大幅度提高，对自动化、现代化、智能化的蔬菜预冷库、保鲜贮藏库、冷藏车等设施设备的需求也将不断增加。

②水果。2023 年，我国水果总产量约 3.29 亿吨，同比增长 9.0%。但是，产地基础设施建设仍不完善，存在分选、分级、预冷、冷藏运输和保鲜等采后处理问题，产地低温处理率仅为 23%，损失率超 30%。据测算，水果冷链需求量约为 4935 万吨。此外，国内人均年水果消费量为 82.3 公斤，是发达国家的一半，有较大增长空间，其冷链需求也将持续提升。

③肉类。2023 年，我国猪牛羊禽肉产量 9641 万吨，比上年增长 4.5%。猪肉和禽肉产量占比维持在 86% 左右，牛羊肉占比相对较为稳定。猪肉 5794 万吨，增长 4.6%；牛肉 753 万吨，增长 4.8%；羊肉 531 万吨，增长 1.3%；禽肉 2563 万吨，增长 4.9%。据测算，肉制品冷链物流需求量为 4049.22 万吨。目前，我国肉类产地低温处理率为 70%。"运猪"模式逐渐转变为"运肉"模式；消费者越来越青睐冷鲜肉，冷鲜肉逐步在畜禽肉市场上占据主导地位，助推其冷链物流需求快速增长。

④水产品。2023 年，全国水产品总产量达到 7100 万吨，比上年增长 3.4%。我国作为世界上主要的水产品消费国，随着餐饮市场回暖以及消费者高质量蛋白摄入需求增加，水产品需求将持续增长。随着水产品种类、产量和消费量的不断增长，其冷链市场需求将日益提高。据测算，水产品冷链物流需

求量为 3408 万吨。

⑤乳制品。2023 年，我国乳产品产量为 4197 万吨，同比增长 6.7%。据测算，我国乳产品的冷链需求量为 2895.93 万吨。随着国民健康意识的普及，科学饮食和营养均衡意识的增强，乳制品消费量近十年来连续正增长，乳制品行业发展进入新时期，行业发展空间仍在不断扩大，各品类发展持续分化，常温白奶迎来复苏式增长，巴氏奶方兴未艾，企业加速布局，酸奶产品整体略有承压，但是常温、低温产品均在持续创新，冷链需求将进一步增加。

⑥速冻食品。有研究显示，2023 年我国速冻食品的市场规模约为 2260 亿元。在速冻食品市场中，速冻米面制品和速冻火锅料占据了较大的市场份额，其中，速冻米面制品约 40%；速冻火锅料约 28%；其他约 32%。速冻食品未来有很大的发展空间。一是，随着经济发展，消费水平提升，城镇化持续推进，速冻食品成为更多人日常饮食的一部分。二是，餐饮行业中，以火锅为代表的大众化消费需求不断提升，带动速冻火锅料快速发展。三是，随着外卖猛增，扩大了速冻食品的消费半径，迎来加速发展期。四是，根据锐观咨询研究结果，目前我国速冻食品人均消费量高于 1980 年的日本，尚不及当时的美国和部分欧洲国家。此外，美、欧、日速冻食品品类均保持在 2500 种以上，而我国仅有 600 种，增长空间很大，预计 2025 年我国速冻食品行业市场规模将达2873 亿元。

⑦医药产品。经中物联医药物流分会不完全统计，2023 年我国医药冷链市场规模持续上涨，超过 6200 亿元，我国医药冷链物流费用总额约为 269 亿元。近年来，伴随着国家陆续发布利好政策、人们对医药安全的重视，"电商+医药""外卖+医药"等多样化消费业态簇生，医药冷链市场规模将持续扩大，医药冷链快速发展。

3. 冷链物流行业装备技术环境

（1）设施设备及技术发展概述。

以农产品冷链为例，我国农产品冷链物流技术包括产地冷加工、冷藏储存、冷藏运输、冷藏销售、全程冷链等 5 个一级技术类型。第一，产地冷加工主要包括预冷和冷冻加工。在果蔬预冷加工方面，以浸入和喷淋的预冷方式为主，肉类主要采用螺旋预冷机进行预冷。在速冻环节，基于液氮的直接接触式速冻技术装备应用最为广泛。果蔬冷冻冷藏的自动化程度要高于肉类，但仍存在很多问题。第二，冷藏储存技术包括智能识别登记、冷库环境精准监测、可再生能源利用技术等，整体提升空间很大。第三，冷藏运输装备技术包括运输全程监控和绿色环保运输技术，此环节是目前制约我国冷链发展的关键因素，冷链运输断链现象普遍存在。冷藏运输方式以陆地公路运输为主，随着"一带一路"倡议和 RCEP 等战略的实施，生鲜电商、预制菜、跨境食品贸易等市场的崛起，铁路、水路、航空等冷藏运输方式将发挥更大作用。第四，冷藏销售技术包括低能耗冷柜和智能生鲜柜技术。第五，全程冷链技术主要指基于区块链技术的农产品冷链物流全流程溯源技术。

装备方面，目前虽然老旧冷库和冷藏车仍占多数，但是已进入冷库和冷藏车节能新时代。制冷技术、节能技术、自动化控制技术等方面都有了显著提升，使得冷库设备的稳定性、可靠性等得到很大程度的提高。同时，制冷压缩机、冷凝器、膨胀阀、控制系统等设备种类日益丰富，不断满足不同客户不同场景的需求。未来，朝着绿色环保、智能化、模块化与标准化、高度集成、（移动）共享化和多元化应用方向发展。此外，制冷剂对于冷库是至关重要的因素，现在主要是氟利昂。在充分考量对全球环境的影响和安全的基础上，积极研发推广和应用高效制冷剂，科学推动氨、二氧化碳等制冷剂的安全应用。

（2）行业人才支撑和需求概况。

我国中职、高职院校均已设立冷链物流专业，但本科院校还没有冷链物流专业，其大多属于物流管理专业的一个方向。因此本科层面，缺乏直接冷链方面专业人才教育。此外，有文献研究表明，冷链物流人才需求增速超过行业发展增速，人才缺口较大，并且冷链物流人才的需求增速远高于物流大类人才需求的平均增速。冷链物流高职毕业生的需求最大，远超中职和本科毕业生。

据中物联冷链委研究，国内冷链物流人才需求同冷链物流发展分布基本一致，呈现地区分布不均的局面，需求岗位多集中在北京、上海、广州、深圳等大中城市群以及济南、合肥、郑州、武汉、成都、青岛、苏州等其他二类城市。城市消费水平较高，冷链物流需求量较大，冷链物流产业相对集中。

冷链物流行业的技术技能岗位群主要包括冷链采购与供应链管理、冷链运营、冷藏库管理、冷链运输、质量控制、物流信息管理及流程优化等，都要求人才具备相应的能力。但实际情况是很多冷链从业人员是从物流、市场营销、电子商务、信息技术、管理甚至工科领域转行来的，因此无法完全满足实际需求。随着冷链物流进入高质量发展新阶段，冷链上下游融合趋势明显，市场化体系化特征更加明显，这就要求全链条管理、运营、技术等方面的综合型人才。

4. 冷链物流行业市场主体

（1）基本情况。

当前，我国冷链物流百家重点企业中，民营企业仍是主要组成部分，另外还有国有、外资和合资企业。冷链作为热门行业，吸引了更多的企业入局冷链赛道。根据中物联冷链委近几年的调研，每年都有新晋百强的企业，主要集中在后段二十名，前段和中段企业相对稳定，企业发展呈现出逐步成长、逐渐做大做强的态势。在区域分布上，华东、华北、华中、华南整体变动较大，东北、西南及西北相对稳定。

（2）业务布局。

冷链物流百家重点企业中业务重点布局前三名为：冷链仓储、干线运输和城市配送。为满足市场需求，冷链物流企业拓展多元业务提升自身综合实力。一方面，大部分冷链物流企业涉及 3~6 项业务，多轮驱动的发展模式更有利于企业增强韧性，抵御经营风险，实现可持续发展；另一方面，受消费升级、城市化进程、电商发展和政策红利等因素影响，城市配送业务快速增长。

（3）集中度。

冷链物流百家重点企业前 5 名的营收能占到百家重点企业总营收的近一半；前 50 名的营收占到百家重点企业总营收的近九成。说明中小企业多而不强，冷链物流行业"散、小、杂"的局面尚未摆脱。

5. 2023 年冷链物流行业分析

（1）冷链物流行业发展现状。

①冷链产业环境持续改善。

2023 年整体政策聚焦于高质量发展主题，主要关注基础设施建设、下沉乡村、体系化建设、绿色发展、链接国际等方面。在资金支持方面，继续安排专项债券支持建设冷链物流设施，明确支持国家物流枢纽、农产品批发市场等城乡冷链物流设施建设等。标准方面，制定国际标准、国家标准、行业标准及团体标准，有效提升行业准入门槛，促进行业规范发展。其中，《冷链物流分类与基本要求》和《食品冷链物流交接规范》两项国家标准正式实施。《质量分级及"领跑者"评价要求 食品冷链物流服务》团体标准的制定、发布与实施工作已完成。国际标准《冷链物流术语》正式立项，团体标准《冷库低碳评价指标》正式启动。

②冷链物流基础设施初具规模，初见成效。

2023 年冷链基础设施建设约投资 585.5 亿元，同比增长 8.2%；虽然冷库新建速度放缓，但高标准冷库比例提高。冷链三级基础体系建设取得了诸多成就，已建设 66 个国家冷链骨干物流基地，覆盖 29 个省市，农业农村部也积极筹备农产品骨干物流基地建设；产销冷链集配中心和产地"最初一公里"与销地"最后一公里"冷链设施建设也在不断完善。冷库总量约 2.28 亿立方米，同比增长 8.3%，增速比 2022 年上升 1.5 个百分点；果蔬、肉类、水产品等农产品产地低温处理率均高于 2022 年水平。

③经济复苏提升冷链物流活力。

2023 年社会消费品零售总额超 47 万亿元，同比增长 7.2%。其中，餐饮总收入首次突破 5 万亿元，表现亮眼，冷链需求明显回升。同时，网经社电子商务研究中心联合数字零售台发布的《2023 年上半年中国生鲜电商市场数据报告》显示，2023 年生鲜电商交易规模预计达 6427.6 亿元，同比增长 14.74%，带动冷链需求大幅增长。"生鲜电商+冷链宅配""中央厨房+食材冷链配送""直播带货"等服务模式和消费业态的变革，推动冷链物流市场需求继续扩张。

④预制菜等成为冷链新的需求点。

中国餐饮连锁报告和艾媒咨询数据显示，2023 年，预制菜市场规模为 5434 亿元，2026 年将升至万亿元级别。预制菜不仅被食品企业视为第二增长曲线，也被地方纳入新一批"千亿产业集群"规划。2022 年以来，广东、山东、福建、河北等地先后出台预制菜产业发展政策，瞄准万亿产业前景，争夺"预制菜之都""千亿产业集群"或"单项冠军企业"。预制菜产业热度从市场、资本向政策端延伸，此产业飞速发展，将进一步激发冷链物流新增量市场活力。

⑤投融资方面，更关注企业的科创能力及平台整合运营能力。

例如，瑞云冷链宣布完成 5 亿元人民币 A 轮融资，主要用于夯实冷链零担全国网络、数字化运力平台技术研发、行业整合并购。数字冷链平台运满满完成了数亿元人民币的 B 轮融资，平台将货主端和运力端进行高效匹配和智能调度，提升交易效率、降低交易成本。冷链云工厂平台粤十机器人获得数千万元天使轮融资，将用于加快推动海外产品的研发和市场拓展。

（2）冷链物流行业存在的问题。

①缺乏规划统筹，局部建设供大于求，重复建设导致资源浪费。

近几年，在政策、财政、金融、社会资本等多因素的推动下，各地冷库增长速度过快，超过冷链需求增速，导致局部冷库过剩，存在冷库空置率高、价格一跌再跌等问题。且由于前期缺乏统筹规划，使得结构性失衡现象严重，比如冷冻库多、冷藏库少，产地冷库少、销地冷库多，高标冷库少、不达标冷库多。

②相关法规标准执行不到位，有效监管缺失，行业规范程度不高，劣币驱逐良币。

冷链物流新基建快速发展，一方面建设形成了一批高标准现代化、多功能、新模式冷库等一系列基础设施；另一方面又未对市场上资质证照不全的冷库进行有效监管，导致不合规冷库及冷藏车在市场中大量存在，不仅安全事故频发，而且成为行业价格战的最大"杀手"。冷链物流行业这种劣币驱逐良币的现象，对行业的健康发展造成不利影响。此外，相关政策法规标准等执行不到位，例如，强制性国家标准《食品冷链物流卫生规范》发布至今，因缺乏配套监管制度、有效监管不足，执行企业很少。

③冷链物流"脱冷断链""伪冷链"等问题频发。

我国冷链物流行业仍处于企业规模小、竞争较分散的阶段。缺乏规模化、全国性的龙头企业，市场鱼龙混杂，服务品质良莠不齐。冷链物流货主企业因其货物品类、企业规模、成本考量等方面的影响，对冷链服务的要求不尽相同，采用不合规车辆进行运输、租用普通仓库进行储存，且仓储作业、物流跟踪、温度监控、装卸交付等环节运作不规范，造成冷链"不冷"和"断链"问题突出。

④绿色低碳和科技创新体现不足，亟待提档升级。

当前老旧高能耗冷库和制冷设施设备依然很多，节能改造不足，节能诊断推广不够，新能源冷藏车的占比很小，田头移动预冷库、冷库等设施设备利用率不高，绿色低碳新材料新技术的研发应用短缺，冷链废弃物处置及逆向物流体系不完善等问题突出，亟需着力改善。

⑤冷链物流服务跟上下游产业融合度不够，同质化服务普遍。

当前，冷链仓干配类企业绝大多数以仓库租赁、干线（零担）运输及城市配送业务为主，或者通过平台实现仓运配一体化发展，处于存量市场的同质化竞争中，生存空间越来越小。链接上游现代农业和食品加工等的业务不够，普遍缺乏拓展冷链后服务市场的意识。在现存空间越来越小的情况下，融合创新是寻求新增量的重要途径。

二、2024 年冷链物流展望

国内层面，在乡村振兴、高质量发展、区域联动、数字中国、美丽中国等战略深入实施之下，冷链物流作为基础性、战略性、先导性产业，已深度融合到我国现代农业、食品工业和现代医疗等的高质量发展过程中。在全球层面，可持续发展是全球性的价值共识，中国正以生态外交和"一带一路"拓展战略空间，参与全球经济竞争。

2024 年是国民经济进入常态化恢复的第一年，是《"十四五"冷链物流发展规划》实施的攻坚之年。冷链物流作为提高人民生活质量、减少农食产品浪费、可持续发展的朝阳产业，其市场增量空间清晰可见。随着高品质、精细化、个性化的冷链物流服务需求日益增长，进口冷链产品、生鲜电商、社区团购、直播电商、预制菜等新业态促生的"新增量"不断涌现，快消食品及冷链等企业积极布局海外寻求"新增量"，都促使冷链赛道继续创新发展，对冷链物流全流程、全环节、全场景，对创新新业态、培育新经济等提出了更高的发展要求。

因此，国家可以重点在做好顶层设计与统筹，加快构建现代冷链体系，促使冷链行业朝着产业链融合、业态创新、数字赋能、降本增效、绿色可持续及加速全球化等方面努力，同时引导行业规范化标准化发展，明确职责、加强冷链全链条的有效监管，促进冷链物流行业安全、高效、健康地发展。

第一，体系建设。我国要夯实冷链物流"三级"基础设施网络（完善国家骨干冷链物流基地布局，加强产销冷链集配中心建设，补齐两端冷链物流设施短板），加快推进"321"冷链物流运行体系，高质量推进城乡冷链物流体系建设，促进全国统一大市场的建设，推动冷链与现代农业、食品工业等融合发展，支撑构建国内国外循环新格局。具体通过完善建设"四横四纵"冷链物流骨干通道网络，提高国家骨干冷链物流基地间供应链协同运行水平，推动基地间冷链物流规模化、通道化、网络化运行。此外，建立全国统一的冷链物流体系，可以有效解决冷链物流系统资源重复配置、管理条块分割、市场区域割据、城乡渠道不畅等弊端。

第二，标准引领。未来将会加强对冷链物流过程的标准化管理，提高冷链物流的服务质量和效率。包括建设标准化的农产品冷链物流设施，提高物流效率和安全性；建立健全服务标准体系，规范物流服务行为，提高服务质量；优化物流流程，提高物流效率和降低运营成本；建立完善的质量追溯系统，实现对冷链产品生产、加工、储存、运输等各环节的质量控制和可追溯，提高产品的质量安全水平，提高客户信任度，以规范冷链物流市场秩序。

第三，融合创新。一是重点聚焦"6+1"重点品类，强化冷链供应链一体化服务能力，深耕产地链、产业链和价值链。二是冷链物流与种植业、养殖业、加工业、交通运输业、零售业等多业态深度融合，簇生产业发展新业态新模式。三是人民日益增长的高质量、多样化消费需求及"直播带货""预制菜"等新消费形式，将对冷链物流新业态新模式新场景提出更高的要求。

第四，协同共享。要实现冷链体系下沉乡村、全社会物流体系降本增效，协同共享是必要手段。一是在产地预冷端和配送末端，冷链资源更加分散，空置率较高，通过资源协同、共享整合，可有效缓解下沉市场紧缺的冷链需求，提升预冷及保鲜库的利用率。二是提高冷库、冷藏车、冷链园区等资源的共享利用率，能够有效促进冷链零担和共配等业务的增长，从"竞争"到"协同""共享"，实现降本增效。三是多数平台通过共享资源，实现物流资源优化配置，提升系统效率，减少资源浪费，降低物流成本。

第五，绿色低碳。可持续发展是全球性的价值共识，中国正以生态外交、美丽中国建设等战略拓宽国际战略空间。我国已作出"力争在2030年前实现碳达峰，2060年前实现碳中和"的庄严承诺，印发《"十四五"冷链物流发展规划》等顶层政策，冷链行业和个体都在为此而努力。冷链物流行业需要从冷库建设、冷链运输、园区建设、装备制造、运营管理等环节，力争做到节能减排、低碳零碳和降本增效，其中，新能源冷藏车、低碳冷库和零碳园区等是绿色低碳的重要抓手。

第六，数字赋能。科技创新和数智转型是冷链物流发展的新动力。物联网、大数据、人工智能等先进智能化技术可以为冷链物流各领域、各环节赋能。冷链物流行业要建立冷链信息共享机制，加强产业链上下游信息交流，实现科学布局和供需信息实时对接，完善物流信息网络，以及全过程智能化监测产品、调控设备、优化流程，提高冷链体系的质量效率、透明度和精准度，有效促进冷链物流业态模式创新和行业治理能力现代化。

第七，链接国际。随着"一带一路"倡议全面带动效应的体现，国内自贸区试点扩大及 RCEP 等政策不断深化，大量食品企业和冷链物流企业开始布局海外市场，寻求"第二条增长曲线"。随着政策的推动和实施，进出口生鲜品类和数量大幅提升，由此与之配套的海外冷链物流需求激增。未来，更多的冷链物流企业会加快海外冷链物流布局，提升相关口岸国内外冷链通道衔接和组织能力，推动国内外冷链双循环格局构成。

（作者：中国物流与采购联合会冷链物流专业委员会 秦玉鸣）

2023 年医药物流市场发展回顾与 2024 年展望

2023 年是全面贯彻落实党的二十大精神的开局之年，是为全面建设社会主义现代化国家奠定基础的重要一年。在新时代的浪潮下，全球供应链正在经历快速而深刻的变革。大国之间的贸易争端、科技的飞速发展以及全球性的健康危机等复杂因素相互交织，共同推动了我国产业链供应链格局的快速重塑，医药供应链呈现诸多新特点。医药物流行业产生了新变化、新趋势。

一、2023 年医药物流市场发展回顾

（一）医药供应链主要发展特点

1. 医药工业市场规模回归常态

2023 年，随着推动经济持续回升向好的各项政策措施落地显效，我国医药工业生产回归常态化。根据国家统计局数据，2023 年规模以上医药工业企业营业收入 25205.7 亿元，按可比口径计算，同比下降 3.7%（见图 1）；利润总额 3473.0 亿元，同比下降 15.1%。

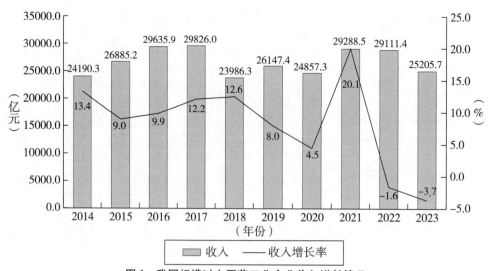

图 1　我国规模以上医药工业企业收入增长情况

数据来源：国家统计局。

注：增长率按可比口径计算。

2023 年全年规模以上医药工业企业营业收入和利润总额均出现负增长，但与疫情前 2019 年对比，规模以上医药工业企业总体营业收入、利润均回归正常水平。医药产品降价、医药出口放缓等非疫情相关因素将持续长期影响医药行业发展，医药工业企业将持续提升供应链管理、协同能力，以降低经营成本、提高供应链效率。

2. 医药流通行业平稳发展

商务部数据显示，2022 年全国药品流通市场销售总额约为 2.75 万亿元，扣除不可比因素同比增长约 6.00%，预计 2023 年全国药品流通市场销售总额将达 2.90 万亿元，增速趋于平稳（见图 2）。

图 2 我国药品流通市场销售总额统计

数据来源：商务部、中物联医药物流分会。

注：增速按可比口径计算。

医药流通行业市场规模扩大，市场集中度提高，行业整合提速。医药流通企业物流能力进一步增强，将持续优化网点布局和提升服务能力，数智化将赋能医药供应链物流体系持续降本增效、协同发展。

3. 医药终端市场中公立医院居于绝对主导地位

从三大终端的销售额分布来看，市场结构基本稳定，由于对医药流通企业议价能力较强，且对患者也有绝对的用药处方权，公立医院终端一直占据大于 60% 的市场份额，居绝对主导地位。

米内网数据显示，2023 年上半年，公立医院药品销售额占比为 62.8%，较 2022 年增长 1.0%；零售药店药品销售额占比为 27.6%，较 2022 年下降 1.4%；公立基层医疗机构药品销售额占比为 9.6%，较 2022 年增长 0.4%（见图 3）。

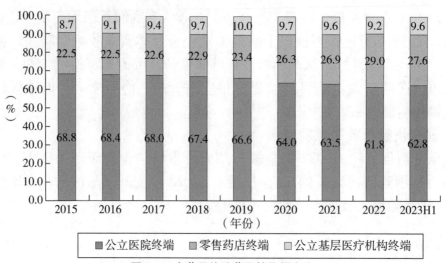

图3　三大药品终端药品销售额占比

数据来源：米内网。

4. 零售药店市场中网上药店销售额大幅增长

医药零售行业在满足群众用药需求方面一直发挥着重要作用。在我国居民消费水平提高、人口老龄化加深、新一轮医药改革等因素的推动下，我国医药市场持续扩容，消费端需求日益提升，进而带动医药零售行业的较快发展。

2023年上半年，零售药店终端增长稳定，药品销售额达2668亿元，同比增长12.4%。其中，实体药店药品销售额达2336亿元，同比增长9.4%，网上药店药品销售额达332亿元，同比增长39.1%（见表1）。

表1　　　　2016年至2023年上半年三大药品终端销售额及增长率

年份	零售药店终端		其中：实体药店		其中：网上药店	
	销售额（亿元）	增长率（%）	销售额（亿元）	增长率（%）	销售额（亿元）	增长率（%）
2016	3375	8.5	3327	8.1	48	50.0
2017	3647	8.1	3577	7.5	70	45.0
2018	3919	7.5	3820	6.8	99	41.4
2019	4196	7.1	4058	6.2	138	39.4
2020	4330	3.2	4087	0.7	243	76.1
2021	4773	10.2	4405	7.8	368	51.5
2022	5209	9.1	4702	6.7	507	37.6
2023H1	2668	12.4	2336	9.4	332	39.1

数据来源：米内网。

5. 医药电商市场规模高速增长

随着药品消费者人群的年轻化，以及线上购物已经成为我国社会生活的组成部分，医药电商的时代已经到来。预计2023年医药电商市场交易规模达2593.8亿元（见图4），渗透率稳步提升。

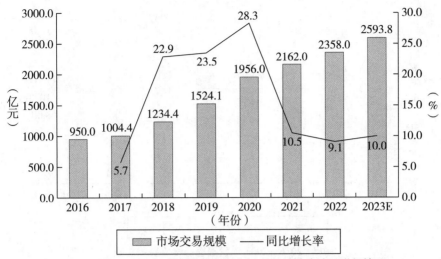

图 4　2016—2023 年我国医药电商市场交易规模统计及增长情况

数据来源：米内网。

近几年国家大力发展"互联网+医疗健康"，相关部门出台了各项规定、措施，不断给予医药电商扶持。根据商务部出台的《商务部关于"十四五"时期促进药品流通行业高质量发展的指导意见》，"十四五"期间我国药品流通企业与电子商务平台的融合发展会产生智慧供应链、智慧物流、智慧药房等新形态，助力药品零售企业通过互联网技术手段改善服务，为促进健康中国战略作出应有贡献。

同时，医药电商也将迎来严格监管。2023 年 9 月 6 日，国家药监局综合司就《药品网络交易第三方平台检查指导原则（征求意见稿）》对外公开征求意见。这份文件是继自 2022 年 12 月起实施的《药品网络销售监督管理办法》之后，药监局专门针对药品网售第三方平台发布的检查文件。

（二）新格局下医药物流发展变化

1. 医药物流总额持续增长

医药物流规模快速增长，业务需求多样化、订单碎片化、配送末端化、物流降本增效、一体化解决方案等需求特征对物流服务提出更高的要求。随着医药制造业、医药流通业全面稳定增长，医药电商持续蓬勃发展，2023 年我国医药物流费用总额约 1001 亿元，同比增长约 5.36%。

医药物流行业将保持稳定增长的态势，产品+服务、BC 一体化、高效低成本需求、整体解决方案能力将成为行业发展重点，呈现出多元化、智能化、绿色化、国际化等特征。

2. 医药物流基础设施投资更加理性

为提高医药物流效率和质量，我国大力推进医药物流基础设施建设。目前

图 5　2016—2023 年我国医药物流费用总额

数据来源：中物联医药物流分会。

已形成了以医药物流中心、仓储设施、医药物流车辆、医药物流信息系统等为主体的医药物流体系。同时，一些大型医药企业开始布局全国范围内的医药物流网络，以扩大药品配送的覆盖面，提高服务水平。

（1）医药物流中心。

在政策与市场的双轮驱动下，我国掀起兴建大型医药物流中心的热潮。商务部数据显示，全国医药物流直报企业不同类型的医药物流中心数量逐年递增，预计 2023 年达到 1338 个。初步预计，2023 年医药物流仓储规模进一步扩大，有望达到 2500 万平方米。

（2）医药物流车辆。

2023 年，我国医药物流运输自有车辆数量约为 44877 辆，同比增长 3% 左右，增速较小。主要是疫情防控期间诸多医药物流公司储备了车辆，2023 年行业车辆增长幅度不大。医药运输车辆向轻量化、大空间、温控精准、安全环保、易于操作、多温区等方向发展。

（3）医药物流信息系统。

2023 年，预计各类信息管理系统使用率将继续提升。医药流通企业基本已经根据业务和管理需求上线所需要的信息系统，还有部分企业自主研发管理系统，整体上，行业企业已基本完成企业内部的信息建设。但是，信息系统覆盖率有待进一步提高，进一步提高医药物流整体信息化水平，才能实现行业整体高效率、高水平发展。

3. 药品第三方物流行业稳步发展

自 2016 年国务院出台《关于第二批取消 152 项中央指定地方实施行政审批事项的决定》取消了"从事药品第三方物流业务批准"的行政审批

事项以来，药品第三方物流行业快速发展。根据全国各省市发布的相关公告进行不完全统计，我国药品第三方物流企业已达到 377 家。为了使行业规范有序发展，全国已有 19 个省份陆续出台了适用于本省的药品第三方物流相关政策。

目前，我国药品第三方物流业务放之全国是以省区为单位进行监管，而各省区之间又存在标准缺失、标准尺度不一的现象，对受托的药品第三方物流企业资质要求不同，对药品第三方物流企业硬件软件和机构人员的要求不同，部分地区对于药品第三方物流企业从业资质有要求等。因此药品第三方物流业务并没有形成全国性的运作模式。

2023 年 9 月，国家市场监督管理总局发布了《药品经营和使用质量监督管理办法》（简称《办法》）。为推动药品流通行业高质量发展，构建全国统一大市场，《办法》明确了委托储运、异地设库等工作的要求，在坚持属地监管原则的基础上，进一步强化跨省监管协同。《办法》明确，从事药品第三方物流业务必须具备现代物流条件，必须具有相应的软硬件设备和信息系统；同时可以跨省开展委托储运业务，且监管责任也得到了明晰；这就意味着药品第三方物流业务可以在全国范围内合规开展。相信随着本次《办法》的正式实施，国内将有一批企业面临药品现代物流体系升级的问题，药品第三方物流业务也将在全国层面成为一种常态化的经营模式。

4. 医药冷链物流总额持续增长

近年来，伴随着国家陆续发布利好政策、人们对医药安全的重视、医药冷链产品需求的增加，我国医药冷链快速发展。经分会不完全统计，预计 2023 年我国医药冷链物流费用总额达到 269.00 亿元（见图 6）。

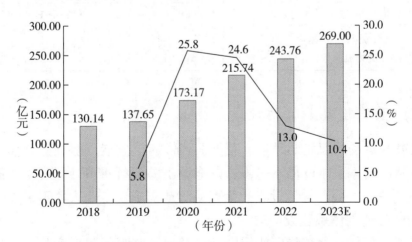

图 6　2018—2023 年我国医药冷链物流费用总额

数据来源：中物联医药物流分会。

5. 医药物流行业标准化建设日趋完善

截至目前，全国物流标准化技术委员会医药物流分技术委员会已牵头制修订13项医药物流标准，涉及设施设备验证、药品物流、药品冷链物流、医药产品冷藏车、阴凉箱、保温箱、质量管理审核、医药物流从业人员等方面（见表2）。这些标准的发布、实施、修订，有效提高了我国医药物流标准化水平。

表2　　　　中物联医药物流分技术委员会医药冷链相关标准制修订情况

标准类型	标准名称	标准编号（项目编号）	制定情况（发布日期）	实施日期
国家标准	《医药产品冷链物流温控设施设备验证 性能确认技术规范》	20232423-T-469	修订阶段	—
	《药品冷链物流运作规范》	GB/T 28842—2021	2021-11-26	2022-6-1
	《药品物流服务规范》	GB/T 30335—2023	2023-9-7	2023-9-7
	《医药物流质量管理审核规范》	GB/T 42502—2023	2023-3-17	2023-3-17
	《药品冷链物流追溯管理要求》	20232390-T-469	编制阶段	—
行业标准	《药品阴凉箱的技术要求和试验方法》	WB/T 1062—2016	2016-10-24	2017-1-1
	《药品冷链保温箱通用规范》	WB/T 1097—2018	2018-7-16	2018-8-1
	《道路运输 医药产品冷藏车功能配置要求》	WB/T 1104—2020	2020-5-11	2020-6-1
	《疫苗储存与运输服务规范》	—	编制阶段	—
	《网络零售药品配送服务规范》	—	编制阶段	—
团体标准	《医药冷藏车温控验证性能确认技术规范》	T/CFLP 0013—2018	2018-4-11	2018-5-1
	《医药物流从业人员能力要求》	T/CFLP 0034—2022	2022-4-11	2022-4-20
	《质量分级及"领跑者"评价要求 药品冷链物流服务》	T/CFLP 0045—2022 T/CSTE 0119—2022	2022-9-1	2022-9-5

（三）医药物流面临的挑战

在政策和市场的双轮驱动下，我国医药供应链发展形势向好，但仍面临挑战，如药品追溯体系建设仍不完善、设施设备验证标准尚不统一、"最后一公里"有待进一步发展、异地设仓政策有待落地实施、专业人才不足等。

（1）药品追溯体系建设问题。

近年来，药品风险在临床使用中日益增加，监管部门对产品上市后的监控要求也在不断提高。药品信息化建设存在系统种类较多，多种编码共存，操作标准不一，需要多重操作，数据安全顾虑等现象，给企业增加了一些不便与负担。

（2）药品冷链物流设施设备验证标准不一。

由于药品冷链物流设施设备的类型、品牌、型号、使用环境等因素的不同，其验证标准和要求也不同，存在重复验证的现象，产生验证成本较高、及时性差等问题。不同国家和地区对于药品冷链物流设施设备的验证标准也可能存在差异，导致在跨国或跨地区进行药品冷链物流时，出现验证标准不一致的情况。

（3）"最后一公里"仍面临挑战。

医药电商的蓬勃发展对药品同城即时配送体系、履约时效、服务质量提出了更高的要求。小批量、多批次的物流特点，以及终端各作业环节标准不统一所带来的医患纠纷导致履约难等问题，使 C 端"最后一公里"配送的服务能力和物流成本面临巨大挑战。

（4）异地设仓有待进一步落实。

2023 年，国家市场监督管理总局发布的《药品经营和使用质量监督管理办法》明确了委托储运、异地设库等工作的要求，指出在坚持属地监管原则的基础上，进一步强化跨省监管协同。但目前部分省（市）缺乏政策落实细则，各省政策执行标准不一，企业多仓联动、异地设仓有待进一步落实。

（5）医药物流专业人才仍然不足。

随着医药物流行业的快速发展，企业对专业人才的需求迅速增长。然而，由于医药物流行业对人才的要求具有特殊性，而这种复合型的人才在市场上相对较少，导致了人才供给不足。此外，医药物流行业人才的教育培训体系仍不完善，人才培养又需要一定的时间和资源投入，导致无法及时满足需求。

二、重点政策对医药物流行业的影响

2023 年，国家层面涉及医疗、医药、医保、医改的政策有 200 余条，省级层面发布相关政策 1400 余条，涵盖医保目录、药品集采、医疗反腐、一致性评价、两会专题等细分领域。2023 年医药供应链相关重要政策见表 3。

表 3　　　　　　　　　　2023 年医药供应链相关重要政策

名称	发文/成文月份	发文机构
《关于进一步加强中药科学监管促进中药传承创新发展的若干措施》	1 月	国家药监局

续　表

名称	发文/成文月份	发文机构
《关于进一步深化改革促进乡村医疗卫生体系健康发展的意见》	2 月	中共中央办公厅、国务院办公厅
《中医药振兴发展重大工程实施方案》		国务院办公厅
《医疗保障局办公室关于做好 2023 年医药集中采购和价格管理工作的通知》	3 月	国家医疗保障局办公室
《健康中国行动 2023 年工作要点》		健康中国行动推进委员会办公室
《2023 年纠正医药购销领域和医疗服务中不正之风工作要点》	5 月	国家卫生健康委等 14 部门
《关于开展全面提升医疗质量行动（2023—2025 年）的通知》		国家卫生健康委、国家中医药局
《国家卫生健康委关于发布"十四五"大型医用设备配置规划的通知》	6 月	国家卫生健康委
《关于印发深化医药卫生体制改革 2023 年下半年重点工作任务的通知》	7 月	国家卫生健康委等 6 部门
《药品经营和使用质量监督管理办法》	9 月	国家市场监督管理总局
《药品现代物流规范化建设的指导意见（征求意见稿）》	10 月	国家药监局综合司
《产业结构调整指导目录（2024 年本）》	12 月	国家发展改革委

如《药品经营和使用质量监督管理办法》涵盖完善药品经营许可管理、夯实经营活动中各相关方责任、加强药品使用环节质量管理、强化药品经营和使用全过程全环节监管等方面的内容。其中明确了委托储运、异地设库等工作要求，充分调动、发挥药品第三方物流的资源和优势，推动共建覆盖城乡的高效药品供应链网络，在坚持属地监管原则的基础上，进一步强化跨省监管协同。《药品现代物流规范化建设的指导意见（征求意见稿）》加强了药品现代物流规范化建设，未来传统医药供应链将面临前所未有的行业格局大调整和市场洗牌，将面临物流仓储、物流成本、效率提升、药品监管追溯、服务多元化等方面的更高服务要求，驱动医药物流向数智化升级。

在利好政策和市场需求的驱动下，医药供应链呈现出敏捷、柔性、韧性等新特点，对专业化的医药物流服务需求愈加迫切。未来，行业将涌现一批资源要素聚集、网络布局合理、辐射带动明显、多仓高效协同、可构成多层次物流网络的典型现代医药物流企业或联盟，提供差异化、定制化、一体化的医药供应链服务，持续推进我国医药产业链供应链实现高质量发展。

三、2024 年医药物流展望

医药物流作为我国医药行业的重要组成部分，面临巨大的发展机遇。在新时代背景下，医药物流将向数智化、绿色化、现代化、国际化方向转型发展。以数智化发挥医药物流的规模效应并提高作业效率，以绿色化推动企业走可持续发展之路，以现代化提升我国医药企业行业竞争力与规范化水平，以国际化提升我国医药产业在全球市场的地位，实现成本降低、风险可控、质量安全，使客户有良好的服务体验。

1. 数智物流模式逐渐成熟

随着互联网、物联网、大数据、云计算等技术的广泛应用，医药物流行业的信息化水平不断提高，医药供应链与互联网深度融合，企业边界被打破，信息技术倒逼产业链强化供应链协同，实现了药品的全程可追溯、可监控、可调度，提高了药品的安全性和质量。

未来，随着信息技术的不断进步，医药物流行业将加快信息化与智能化升级。构建统一的信息化平台，实现各环节信息的无缝对接和共享，提高医药物流的协同效率。同时，借助物联网、人工智能等技术手段，实现对药品仓储、运输等环节的实时监控和智能调度，提升医药物流的精准度和时效性。绿色高效、深低温温控新技术将不断被研发，自动立体库、高速分拣系统、电子标签拣选系统、WMS 仓储系统与 TMS 运输管理系统等现代化设施设备将被广泛应用。数智化将推动医药物流行业运营管理标准化、经营决策科学化、预警防范精确化，加快形成成本降低、风险可控、质量安全的智慧医药物流体系。

2. 绿色物流理念日益深入

为应对日益严重的环境问题，绿色物流将成为未来医药物流行业的重要发展方向。以绿色供应链为抓手，推动落实"双碳"战略，是药企实现转型升级和可持续发展的关键，也是企业社会责任担当的重要体现。数据显示，2023 年披露 ESG 相关报告（含 ESG 报告、社会责任报告和可持续发展报告）的 A 股医药行业上市公司有 121 家，披露率为 36.45%，绿色物流理念日益深入。

未来医药物流企业将积极研发和推广绿色环保包装材料，以替代传统的高污染、高能耗材料，采用合理的包装方式，减少废弃物的产生；通过信息技术实现药品运输全程可视化，从而优化运输路线和方式，减少能源消耗和排放；加速推广循环利用和回收利用，过期药品逆向物流回收体系将逐步建立，从而提高资源利用率，促进绿色低碳的发展。通过智能制造、绿色生产等举措，打造药品全生命周期的绿色链条，彰显绿色发展典范力量，实现经济、社会和环境效益的协同发展。

3. 现代物流体系逐步搭建

随着"两票制""医药分开"的推行，医药分销渠道越发扁平化，上下游企业对供应链的要求日益趋严，促进了传统物流向现代物流的不断转变。

2023 年 10 月，国家药监局综合司组织起草了《药品现代物流规范化建设的指导意见（征求意见稿）》，旨在进一步推动药品现代物流规范化建设，提升我国医药物流现代化水平，助力我国医药供应链打造全球化竞争新优势；随着《药品经营和使用质量监督管理办法》的实施，全国的医药流通企业普遍进入换证和升级建设的趋势中。未来，新开办药品批发企业、从事医药第三方物流业务的企业、换证药企，均要达到"药品现代物流"标准。未来，医药物流将聚焦"集约化、规模化、规范化"目标要求，加快药品供应链与物流体系融合发展，推动现代化医药物流的发展，依托信息化平台的建设，实现药品物流智能化和一体化管理，降低配送成本，提高服务质量。

4. 国际物流加速海外布局

2023 年是提出共建"一带一路"倡议的 10 周年，10 年间，中国与"一带一路"合作伙伴的经贸关系日益密切，贸易往来持续活跃，进一步推动医药产业出海。在传统原料药、仿制药走出国门的背景下，疫苗、生物创新药等药品的出海速度也在加快。众多药企纷纷布局国际市场，加快国际化战略的实施，推动医药外贸强势发展。

新冠疫情以来，国家高度重视我国国际供应链产业链的安全稳定，提出统筹推进现代流通体系建设，加快增强我国国际航空货运能力，支撑构建新发展格局，大力推进国际医药物流发展。医药物流行业将逐渐提高对全球政治经济不确定性的应变能力，提高国际医药物流服务品质，构筑全球医药物流新战线。在国家政策的支持和引导、消费者需求的多样化和个性化、技术创新的推动和驱动下，跨境医药物流也将持续发展，通过互联网平台，实现跨国或跨地区的医药产品在线销售，深化互联互通，有效融合国际国内市场。

（作者：中国物流与采购联合会医药物流分会　郭威）

2023 年危化品物流市场发展回顾
与 2024 年展望

2023 年，我国经济处于从恢复性增长向逐步回暖转换的时期，经济恢复呈现出波浪式发展、曲折式前进的状态，各行各业包括石油化工产业也随之呈现出震荡式发展状态，但国内外环境仍然复杂多变，地缘政治冲突仍在加剧，存量需求释放后新增需求不足、动力不强是阶段转换的难点。我国危化品物流行业发展已处关键期，当前在业界对行业未来发展仍普遍缺乏信心的大背景下，整个行业向着"安全、绿色、数智化"转型升级的发展方向没变；危化品物流企业实现了"四个保持"：整体行业市场规模得以保持；多数危化品物流企业相对稳定的营收结构得以保持；头部企业的规模化优势得以保持；近半危化品物流企业对未来预期向好的信心得以保持。

一、2023 年危化品物流市场发展回顾

（一）我国石油化工行业发展情况

1. 石油化工行业经济运行总体呈现低位回升、稳中有进态势

根据国家统计局数据，2023 年石化行业实现营业收入 15.95 万亿元，同比下降 1.1%；利润总额 8733.6 亿元，同比下降 20.7%；进出口总额 9522.7 亿美元，同比下降 9.0%。2023 年，规模以上企业工业增加值比上年增长 8.4%，增速比 2022 年回升 7.2 个百分点，比同期全国工业高 3.8 个百分点，行业经济运行整体呈现稳中有进态势。三大板块的情况为：油气板块实现营业收入 1.44 万亿元，同比下降 3.9%；实现利润 3010.3 亿元，同比下降 15.5%。炼油板块实现营业收入 4.96 万亿元，同比增长 2.1%；实现利润 656 亿元，同比增长 192.3%。化工板块实现营业收入 9.27 万亿元，同比下降 2.7%；实现利润 4862.6 亿元，同比下降 31.2%。

2. 上半年石化行业经济运行的三个"双下降"、三个"双增长"

石化行业运行的三个"双下降"：第一是收入、利润"双下降"，石化全行业收入、利润"一升、一降"的年份居多；第二是进口额、出口额"双下降"，下降背后的主要原因是，原油及主要石化产品的市场价格今年上半年同比下降幅度较大；第三是产品价格同比、环比"双下降"。

石化行业运行的三个"双增长"：第一是多数产品的产量、消费量"双增长"；第二是原油产量、加工量"双增长"；第三是规上企业数量、投资"双增长"。

（二）我国危化品物流行业发展情况

2023 年我国物流市场实现恢复增长，全年全国社会物流总额为 352.4 万亿元，按可比价格计算，同比增长 5.2%，增速比 2022 年全年提高 1.8 个百分点。分季度看，一季度、二季度、三季度、四季度分别增长 3.9%、5.4%、4.7%、5.4%，呈现前低、中高、后稳的恢复态势，全年回升势头总体向好。2023 年，全年物流业总收入为 13.2 万亿元，同比增长 3.9%，物流收入规模总体延续扩张态势。

1. 危化品物流市场规模增长略微下降，短期承压，长期呈现增长趋势

受国内外经济形势、油价及市场需求紧缩的影响，2023 年危化品物流市场规模略微下降，约为 2.38 万亿元（见图 1），行业呈现量增利减的发展状态。但行业企业仍在努力拓展市场，近半数企业有采购车辆设备及仓库建设计划，多数企业仍有扩张发展期待。

图 1　2015—2023 年危化品物流市场规模及增速

我国危险货物运输市场情况基本与去年持平，运输总量保持在 18 亿吨左右，其中道路运输占比仍超过 60%，仍是主要运输方式，铁路运输近年来徘徊在 1.6 亿吨左右，水路运输在 4 亿吨左右，航空运输量非常少。但随着石化产业集群逐渐往沿海地区聚集，成本更低的水运渗透率逐渐提升。近年我国危险货物运输方式变化见图 2。

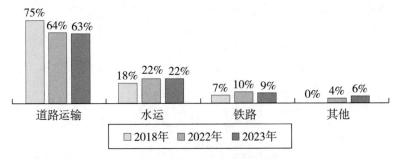

图 2　近年我国危险货物运输方式变化

2. 多式联运发力，道路运输仍是主力

得益于石化行业对于化工物流的项目需求拉动作用以及道路运输需求的增长，初步测算，2023 年全国危险货物运输总量依然保持在 18 亿吨左右，其中道路运输占 63%。2023 年度，道路运输服务价格持续处于较低水平。

（1）从业户数。

截至 2023 年上半年，危险货物道路运输从业户数共计 14563 户，其中经营性 14348 户，非经营性 215 户。较 2022 年略有增长，大部分是中小型企业，运输户数排名前三位的省份依次为辽宁、广东、山东，西藏、海南、青海从业户数较少，排名靠后。2014—2023 年我国危化品运输户数变化情况见图 3。

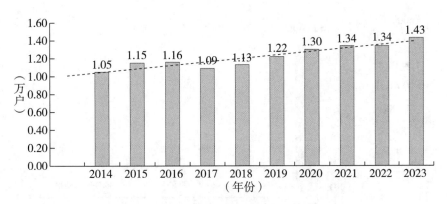

图 3　2014—2023 年我国危险品运输户数变化情况

从事第三类危险货物运输的货物最多，达到 9853 户，其次是第二类危险货物的运输，户数为 8822 户。

（2）人员结构。

截至 2023 年上半年，我国共有道路货物运输驾驶员约 1484.5 万人，从事危险货物运输的相关工作人员共计约 173.4 万人。其中，危险货物运输驾驶员约 79.7 万人，危险货物运输押运员约 88.4 万人，危险货物运输装卸管理员约

5.3 万人，分别占比 46.0%、51.0% 和 3.0%（见图 4）。

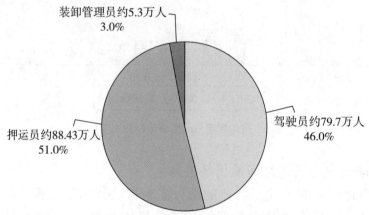

图 4　各工种危险货物从业人员比例

综合来看，得益于装卸环节技术水平的提升和智能装备的升级，装卸环节从业人员呈现逐年减少趋势，同时，驾驶员和押运员数量在逐年递增。

（3）货车数量及吨位。

截至 2023 年上半年，我国道路危险货物运输货车数量总计 169981 辆，吨位达到 1536368 吨。大型车辆 115315 辆、吨位 1435980 吨，中型车辆 15263 辆、吨位 52488 吨，小型车辆 39403 辆、吨位 47900 吨（见图 5）。

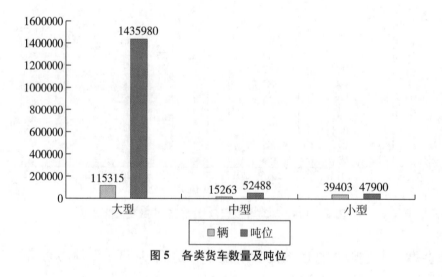

图 5　各类货车数量及吨位

（4）挂车数量及吨位。

截至 2023 年上半年，我国共有道路危险货物运输挂车 256610 辆、吨位 7809757 吨。其中，大型挂车 255081 辆、吨位 7804896 吨，中型和小型车辆分别仅有 1412 辆和 117 辆，吨位分别为 4682 吨和 179 吨，占比非常低（见图 6）。

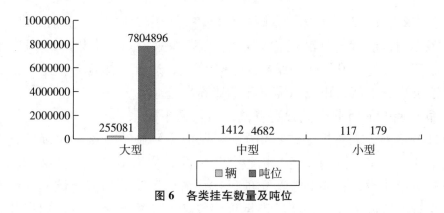

图 6　各类挂车数量及吨位

（5）安全管理水平仍需持续提升。

2023 年 1—9 月，据可知（有资料可查）数据统计，我国危化品道路安全事故共 213 起，比去年同期降低 17.8%。位列前三位的是：追尾碰撞 47 起、占比 22.1%，侧翻侧滑 41 起、占比 19.2%，爆胎/爆炸起火 27 起、占比 12.7%，虽然事故数量明显降低，但死亡人数仍超过 10 人。

3. 我国水路运输市场占比短期持稳，长期有望提升

化学品船运整体市场与国际关系和全球经济发展情况高度相关，大宗化学品的价格波动影响也带动了化学品船运景气度。同时，随着国内经济的恢复增长，"散改集""陆转水"持续推进，多式联运不断发展，及"十四五"阶段大型炼化项目相继落地投产，近两年航运市场对于内贸化学品船运业务的需求有所提升。

（1）油船。

截至 2023 年 6 月 30 日，沿海省际油船（含原油船、成品油船，不含油品、化学品两用船）共计 1185 艘、1167.6 万载重吨（部分船舶经检验后变更了载重吨，总计核减 0.1 万载重吨），较 2022 年底减少 9 艘，但吨位增加了 25.4 万载重吨，吨位增幅 2.2%。2023 年上半年新增运力 36 艘、38.7 万载重吨；共有 45 艘、13.2 万载重吨船舶提前退出市场。

（2）化学品船。

截至 2023 年 6 月 30 日，沿海省际化学品船（含油品、化学品两用船，下同）共计 284 艘、143.4 万载重吨，较 2022 年底减少了 3 艘，但吨位增加了 3.5 万载重吨，吨位增幅 2.5%。2023 年上半年新增运力 12 艘、7.0 万载重吨，共有 15 艘、3.5 万载重吨船舶提前退出市场。

（3）液化气船。

截至 2023 年 6 月 30 日，沿海省际液化气船共计 81 艘、29.1 万载重吨，较 2022 年底艘数增加 1 艘、0.3 万载重吨，吨位增幅 1.0%。2023 年上半年新增运力 1 艘、0.3 万载重吨，没有强制报废船舶和提前退出市场船舶。

综合来看，2023 年上半年受国内外经济下行压力增大，国际市场需求不确定性增多影响，液货危险品运输市场需求总体偏弱，下半年多方因素整体回升，运输需求企稳回升，运力结构进一步优化，运价整体相对稳定，部分货物及航线运价略有上涨，市场供需处于紧平衡状态。

4. 危化品仓储行业严监管高壁垒，供需紧平衡

2021 年 3 月，《中华人民共和国长江保护法》施行，该法明确禁止在长江干支流岸线一公里范围内新建、扩建化工园区和化工项目。存储液体化学品的储罐一般沿岸建设，石化储罐新建项目往往需要码头和物流仓储用地两类受严格政策监管的资源的配合，项目审批程序复杂、监管严格、建设周期长，同时码头岸线又为不可再生资源，因此，强监管要求及项目用地供给有限构成了石化仓储行业进入的高壁垒。

综合来看，2023 年我国危化品仓储行业市场规模保持稳定增长态势，危化品仓储行业市场规模达到 1500 亿元，同比增长 6.5%。预计未来几年，我国危化品仓储市场规模将继续保持稳定增长态势，年均增长率约 5.5% 左右。

（1）化工品固体库。

2023 年中物联危化品物流分会调研的化工品固体库区 107 个，分布区域为华东 77 个、华南 11 个、华北 7 个、东北 5 个、西南 4 个、华中 3 个（见图7）。

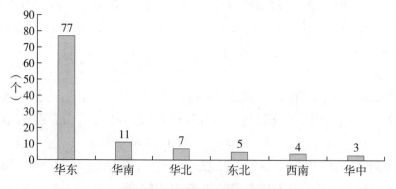

图 7 我国化工品固体库区数量区域分布

其中，甲类 383270.18 平方米，乙类 576156.86 平方米，丙类 1449525.42 平方米，分别占库区总容量的 16%、24% 和 60%（见图8）。在具体库型的区域分布上，华东区甲类库占比 56.6%、乙类库占比 60.1%、丙类库占比 81.5%，整体占比最高。

（2）化工品储罐。

2023 年分会调研的化工品储罐区现有 177 个，化工品储罐总容量约 4337 万立方米，分布区域为华东 115 个，华南 35 个，华北 12 个，华中 6 个，东北 6 个，西南 3 个。

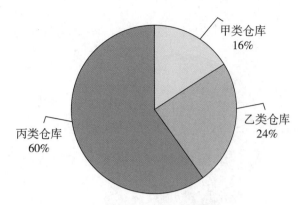

图 8　我国化工品仓库类型占比

从储罐容量分布上看，华东占比 71.9%，华南占比 20.5%，华北占比 3.6%，东北占比 2.1%，华中占比 1.1%，西南占比 0.8%。其中罐区容积 100 万立方米以上的企业占比 2.2%，罐区容积 10 万~50 万立方米（不含）之间的企业占比为 48.3%；罐区容积 50 万~100 万立方米的企业占比 11.4%。

有报告分析得出，国家级危险品仓储行业初步形成了"东部沿海集聚、中部沿江联动、西部特色发展"的空间格局。目前危化品经营企业的数量越来越多，总体来说，东部发达地区危化品仓储能力相对较强，且大多分布在大中城市和能源产地，地域性集中分布的特点非常明显。

5. 化工园区已成为化工行业的主要发展阵地

根据中国石油和化学工业联合会化工园区工作委员会所做的全国性调研统计，截至 2023 年 12 月，由各省公布的已认定化工园区为 630 家；国家级化工园区（包括位于国家级经济技术开发区、高新区、保税区、新区中的园中园）58 家。从产值来看，全国已形成石油和化学工业产值超过千亿元的超大型园区 21 家；产值在 500 亿~1000 亿元的大型园区 43 家，100 亿~500 亿元（不含）的中型园区 261 家，产值小于 100 亿元的小型园区 305 家（见图 9）。目前，化工园区产值占行业总产值的比重已达到 62% 左右，随着化企入园、化工园区改扩区、企业园区化等进程的加快，有望实现 6 部委提出的"2025 年化工园区产值占行业总产值 70% 以上"的目标。

据 BHI 不完全统计，21 个省份 88 个化工园区有规划环评进展；2023 年省重点项目中，25 个省份涉及各类园区的项目约 4990 个，其中 20 个省份有化工园区相关项目 325 个。

"十四五"是我国石油和化工行业由量变到质变的关键过渡期，我国化工产业布局调整主要围绕化工园区展开。在产业升级过程中，东部沿海省份的化工企业，逐渐向中西部、东北地区转移发展，化工产业将形成新格局。

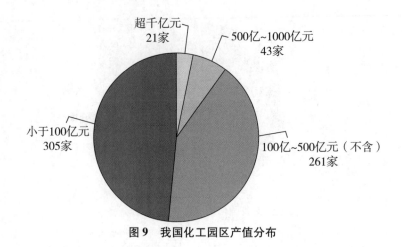

图9 我国化工园区产值分布

尽管我国化工园区取得了显著的发展成果，但也存在一些亟待解决的问题：一是产业结构不合理，低端产品过剩，高端产品依赖进口。我国化工园区的产品结构还以基础化工和传统化工为主，精细化工和新材料等高附加值产品占比较低，与国际先进水平有较大差距。二是创新能力不强，核心技术受制于人。我国化工园区的创新能力还较弱，主要表现在基础研究不足，原创性成果缺乏，关键技术和装备依赖外国，自主知识产权保护不力等方面。三是环境压力大，节能减排任务重。我国化工园区的环境压力仍然较大，主要表现在资源消耗高，污染物排放多，循环利用率低，安全风险高等方面。四是协同发展不足，区域协调性差。我国化工园区的协同发展水平还较低，主要表现在园区之间缺乏有效沟通和协调机制，产业布局不合理，重复建设现象严重，市场竞争激烈，利益冲突频发等方面。

二、2024 年危化品物流展望

化工产业是国民经济的支柱产业，党的十八大以来，我国化工产业实现飞速发展，化工产业成绩满满。这十年间，我国化工产业结构正在发生着翻天覆地的变化。淘汰落后产能成果持续巩固，战略性新兴产业加快成长，产业结构调整助推竞争优势显著增强。作为实现化工产业卓越发展中重要的一环，化工物流也得到了充分的发展。在行业发展的十年间，运载工具不断升级换代，信息化水平显著提高，智能化应用逐步落地，绿色化进程稳步推进，物流组织模式持续创新，贸易支撑日益强化。同时行业内一些系统性、根本性的问题尚未解决，需要产业链供应链上游与下游联动，共同推动化工行业发展。2024 年危化品物流行业发展将呈现出更加专业化、规范化、自动化、安全化、绿色化、智能化的发展趋势。

（一）安全全面升级

危化品物流行业所面临的运营风险、安全隐患等众多问题引发社会各界高度关注。十年间，我国相继出台以及修订了一系列化工物流安全管理的法律法规，如《中华人民共和国安全生产法》《危险化学品安全管理条例》《危险货物道路运输安全管理办法》等，为化工物流安全管理提供了明确的指导与规定，为行业安全保驾护航。在任何发展时期，无论运营成本压力有多大，企业始终应将"运营安全"作为首要目标。随着石化企业及行业产品品类不断增加、产品不断升级，附加值不断增高等对危化品物流的高精需求，以及政策的层层严控，高素质从业人员的培养及装备设备技术的迭代升级，都将推动我国整个危化品物流行业的安全升级。

（二）多元化服务模式

在上游需求日益多元化、个性化的当下，物流服务的发展处于机遇与挑战并存的时代，新时期供应链的发展和新技术的应用，不断创造出新的增值服务，实现各类资源的可持续发展。全面建设"多元化"服务体系，实现物流服务再增值，以产品化体系真正为客户提供个性化、定制化服务，深化服务理念，优化服务质量，充分开发整合各类资源，增强企业间深度协同，助力企业极大地提升物流运输效率，真正做到以服务企业需求为根本、以助力企业长远发展为目标。

（三）信息化、智能化

智能化转型是提升制造业核心竞争力的重要途径，基于 AI、云计算、大数据、物联网等新一代技术，将智能化贯穿到研、产、销、服等全链条，解决化工物流行业痛点，挖掘价值，推动行业资源的有效整合，利用多种创新手段实现跨越升级。同时，通过智能化技术手段深度制造，积极推动工业化与信息化、数字化、智能化深度融合，积极深化互联网在化工物流的深度应用，努力建设基于数智化控制、安全生产信息化管理、能源应用的数智化管理以及智慧物流体系，助力企业实现整体效益的提高和运营模式的转型，深入供应链，实现全链透明、可视、可追溯、可持续输出，提高生产率降低成本。

（四）绿色生态化发展

中国化工产业的发展方式由粗放型增长转变为质量效益型增长，并将绿色低碳发展列入优先地位，绿色低碳、循环经济等关键词成为化工产业的重要标签。在当前背景下，越来越多的国家和地区要求化工产品具备绿色环保、低碳减排的特点，对高碳、高污染产品进行限制和排斥。化工物流走向绿色、低碳可持续发展道路，也已经成为全球关注的焦点。"双碳"目标是我国贯彻新发展理念，推动高质量发展的必然要求。实现"双碳"目标，有助于推动经济结构绿色转型，加快形成绿色生产方式，助推行业高质量发展。建立绿色供应链体系，加大绿色化工物流技术研发力度，促进绿色能源发展。

（五）新型物流模式

我国传统单一化的第三方危化品物流发展得到了长远发展，企业数量行业占比较高。随着化工产业链供应链韧性与安全水平的提高，对危化品物流企业的供给能力和结构优化提出了新的要求，特别是在企业数字化、智能化、绿色化及全程供应链高质量一体化服务方面。随着化工企业向大型化、规模化方向发展，自建物流、第四方物流以及一体化物流服务成为行业重要的产业模式。

（六）数字化技术驱动

有效降低全社会物流成本，需要加快物流数字化转型，建设低成本、高效率的化工物流服务体系离不开数字技术的全面支撑。目前，中小型物流企业仍是化工物流业发展的主要力量，也是建设现代化工物流体系的重要基础，如何助力企业推进数字化转型，并在转型后能稳定运营长足发展，成为企业数字化转型最重要的关注点。依托现代化信息技术，打造安全高效、智慧绿色的现代化工物流体系，把握数字化、智能化发展方向与趋势，利用信息化手段加强危化品安全监管，建设数字化监管平台，实现危化品生产、储存、运输等各环节的数字化监管，助力整体产业链的效率提升。

（作者：中国物流与采购联合会危化品物流分会　刘宇航）

2023 年服装物流市场发展回顾
与 2024 年展望

2023 年，服装销售市场保持良好态势，市场活力持续回升。服装企业积极开拓直播电商、跨境电商等新型电商渠道业务，为服装物流行业带来了新的生机与活力。

一、2023 年服装物流市场发展回顾

（一）服装行业经济运行情况

1. 服装生产下滑

2023 年，受外需收缩、内需增长乏力、成本上涨等因素影响，我国服装行业生产规模有所下降。根据国家统计局数据，2023 年 1—12 月，服装行业规模以上企业工业增加值同比下降 7.6%；规模以上企业完成服装产量 193.9 亿件，同比下降 8.69%。

2. 内销市场持续回暖

2023 年，国内社会经济全面恢复，居民收入增长，就业形势稳定，为消费回暖提供保障。叠加产业供给不断优化、新业态新模式刺激潜在消费需求以及扩内需促消费政策落地显效等因素的有力拉动，我国服装内销市场实现较快增长，市场活力持续回升，消费需求逐渐释放。根据国家统计局数据，2023 年 1—12 月，我国限额以上单位服装类商品零售额累计 10352.9 亿元，同比增长 15.4%，增速比 2022 年同期提升 23.1 个百分点；穿类商品网上零售额同比增长 10.8%，增速比 2022 年同期提升 7.3 个百分点。四季度，受"双十一"购物节、秋冬装换季热销、节日需求集中释放以及低基数效应的拉动，11 月、12 月限额以上单位服装类商品零售额增速分别达 25.9% 和 30.5%，全年限额以上单位服装类商品零售额和穿类商品网上零售额增速分别比前三季度加快 2.6 个和 1.2 个百分点。

3. 服装出口规模下降

2023 年，国际市场需求收缩，我国服装出口下行压力加大，出口规模明显下降。根据中国海关数据，2023 年 1—12 月，我国累计完成服装及衣着附件出口 1591.4 亿美元，同比下降 7.8%，增速比 2022 年同期放缓 11 个百分点。在

圣诞节、新年等节日消费需求提升等因素的作用下，年末两月服装出口明显向好，11 月降幅收窄至 2.8%，12 月服装出口恢复正增长，同比增长 1.9%，全年服装出口降幅比前三季度收窄 1.0 个百分点。

2023 年，服装市场活力持续提升，服装销售保持增长，尤其是线上服装零售稳定增长，服装物流市场需求较稳定。

（二）服装物流行业的主要特点

1. 电商物流需求快速增长

近年来，随着我国电商行业的迅猛发展，以及"618""双十一""双十二"等电商活动的带动，服装行业在电商平台的市场份额不断扩大，服装电商物流需求增速明显加快。同时，直播电商、直播课堂、社交电商等新业态、新模式的迅猛发展，推动了服装产业链从消费端到生产端全方位变革，服装电商物流市场需求进一步扩大。目前，在我国电商平台所销售的货物类型中，有40%为服装产品；而服装在销售过程中，有40%通过电商平台进行销售。总体而言，目前我国服装传统物流需求增速放缓，而电商物流需求快速增长，物流企业竞争愈发激烈，企业面临结构调整和转型升级。

2. 企业更加注重数字化、自动化、智能化物流技术装备的升级应用

为满足消费者的个性化消费需求，企业线上线下的销售触点越来越多，交付形式也越来越多样，订单爆发量高、频率高等特性对服饰行业供应链管理形成巨大压力。目前，鞋服品牌针对 2B（面向企业用户）及 2C（面向个人用户）等各渠道，物流的流程及应用场景不同，但对供应链及快速交货能力的要求越来越高。碎片化消费订单的增加使得消费者对鞋服企业的供应链响应能力和快速交货能力提出更高要求。另外，因销售渠道的改变，服装退货量不断增加，退货处理难，特别是随着目前"7 天无理由退货"的常态化，退货物流也备受关注。如何应用自动化设备完成逆向物流也成为服装企业必须考虑的问题。目前企业不断升级数字化、自动化、智能化物流技术装备，以适应快速发展的业务。比如，2023 年，阿迪达斯苏州自动化配送中心 X，采用极智嘉物流机器人方案解决了阿迪达斯物流仓储场景中搬运的难题，不仅定制目标货位检测有无的功能，大幅提升了现场的安全性，完全匹配人机混行的需求；还通过合理的调度逻辑，提高机器人搬运效率，提升物流中心与工作人员的工作效率和工作体验。苏州自动化配送中心 X 的顺利落地，标志着阿迪达斯在数字化、智能化、可持续物流供应链上的重要进展，也将为阿迪达斯全球供应链物流的建设提供领先样本。

3. 服装直播物流与供应链备受关注

随着抖音、快手、小红书等直播带货平台的涌现，直播带货模式的网络购物已经成为消费者购买服装的重要方式。相较于电商平台的大促，直播带货具有单量不确定、直播时间更灵活的特点。需要品牌方具备更高的生产备货能力，同时，直播带货平台和主播对商品的揽收、发运、中转、配送时间要求越来越高，并设立了惩罚规则，物流时效直接影响品牌方的收益。

服装直播供应链面临着需求难预测、服装产品生命周期缩短、退货率增长、物流履约要求增高的挑战。具体来讲，服装直播的带货模式，具有突然性，如果直播效果好的话，会瞬间带来数万量的订单。这非常考验商家的供应能力，如果突然出现的爆单难以承接，会对自身品牌造成不利影响。服装直播，使得产品的生命周期缩短，一款产品一旦成为爆款，大量同类产品就会迅速跟进，进入低价竞争，产品生命周期被缩短。同时，消费者购物习惯的变化、物流门槛的降低，以及电商决策模式的迭代，都在加速这一现象。外部因素导致的退货率上涨，商家作为消费者退货的直接责任人，高退货率给整个供应链造成相当大的困扰。如何建立柔性供应链体系，有效处理供需平衡问题，提高企业对商品备货、库存的处理能力，提升物流配送的效率，成为行业关注的焦点。

4. 服装物流国际服务能力提升

近年来，我国服装企业积极寻求国际化机会，不断加快国外产能布局，通过投资建厂、品牌收购、合资合作等方式，积极参与国际竞争，持续推进海外市场的发展。稳定的物流与供应链已经成为服装跨境发展的核心竞争力。

国货品牌的全球热销，也给服装物流带来了全球化发展的新机遇。随着服装品牌"走出去"步伐的不断加快，一方面，企业将着眼全球，布局国际物流网络，另一方面，物流企业不断加快国际化布局，提升服务全球的能力，增强国际竞争力。比如，京东物流发挥一体化供应链的物流优势，在越南运营多个自营仓、协同仓，完善的物流基础设施正持续为中国出海品牌和越南本土企业提供 2B、2C 的物流履约服务。顺丰不断扩大国际业务规模，已布局多个新兴市场，除了传统的欧美市场外，在中东、南美、非洲等地区其都有一定布局。菜鸟国际快递对无忧、经济和简易三种标准产品全面升级，"承诺达、晚必赔"等服务已覆盖速卖通（AliExpress）22 个欧、美、亚重点国家市场，并推出跨境服饰专线，聚焦广州、深圳、杭州、义乌、东莞等服装产业带，打造数智化的跨境服饰解决方案，为速卖通服饰大卖和工厂等商家出海保驾护航。

二、2024 年服装物流市场展望

（一）国内外市场需求进一步释放，服装物流市场加速恢复

2024 年，我国服装内销市场将延续恢复态势。多重利好因素将支撑服装

内销市场持续释放：一是政策优化叠加促消费稳增长政策显效发力，就业形势大体稳定，居民收入保持增长，有助于扩大消费能力和意愿，促进内需市场提质扩容。二是随着城市群建设以及新型城镇化和乡村振兴战略持续推进，电商平台和品牌企业加速布局下沉市场，带动服装消费需求进一步释放。三是以 Z 世代、新中产、银发族和小镇青年为代表的新消费群体崛起，运动、国潮、绿色等新消费增长点结合线上线下融合发展的新零售模式持续激发市场活力，推动新业态、新场景发展壮大，服装企业通过研发创新、文化赋能、科技支撑等强化产品和品牌价值创造，从供需两侧助力服装内销市场持续回暖。

此外，从国际市场来看，虽然出口压力短期内不会缓解，但是在发达国家补库存需求回升、加速拓展新兴市场、跨境电商等新模式快速发展的推动下，预计 2024 年我国服装出口态势将趋于稳健，价格企稳回升成为出口支撑因素，市场结构继续优化调整。

总体来看，2024 年，国内外市场需求释放将有利于市场回升，消费规模将稳步扩大，行业整体销售端表现、经营质量将呈现稳步向好的趋势，服装市场规模将小幅增长，服装物流市场将加速恢复。

（二）数字化、智能化、信息化程度进一步提升

随着互联网+、大数据、物联网、云计算、人工智能、区块链等新技术的发展，科技创新成了服装物流发展的强大助力，服装物流正迎来技术变革的新时代，物流数字化、智能化、信息化也成为服装企业的主要创新方向。

数字化方面。疫情加速了服装零售渠道的更新迭代，全场景全渠道销售趋势凸显，消费需求越来越多样化、个性化，库存管理难度增加，尤其是由于供应链缩短，导致品牌方将库存压力转嫁给了物流企业；同时消费者已经习惯精确到小时、分钟的物流预测，这对物流数字化的能力提出了更高的要求，为物流供应商的反应能力和运营效率带来了新挑战。目前，不少企业已经将数字化作为"发力点"，通过数字化，实现精准预测市场需求和快速交付，提升企业竞争能力和服务水平，促进高时速、低时延的供应链加速形成，推动"生产端+内容端+服务端"相结合的柔性供需体系迸发升级。

智能化方面。服装企业自身的智能化升级改造，主要体现在生产端、管理端的智能自动化水平和销售端的智慧门店建设两个方面。在生产和管理流程中，自动化设备大量普及并不断进行智能化升级，基本实现了服装全流程的自动化制造；智能自动化仓库系统、无人仓不断建设，无人叉车、AGV 等物流技术装备系统的功能化模块与软件结合，推动系统柔性化发展。在销售端，人体

三维扫描测量、3D 服装可视化模拟设计等一系列新技术将智能采集并分析相关数据，为产品生产和设计提供智能加持。

信息化方面。服装物流信息化可以节省服装运输、仓储、配送等多个环节的人力、财力及时间，有利于整合服装物流资源，提高服装运输效率，降低服装运营、销售和物流成本，缩短商品循环周期，提高企业对市场的反应速度。现在越来越多的企业也将 WMS、TMS、ERP 等物流信息化系统以及电子单证、条形码、RFID 等物流信息化技术运用在实际业务中，服装物流信息化管理将成为促进行业发展和企业盈利的重要力量。

（三）向绿色物流与可持续发展方向转变

近年来，低耗高效、节能环保逐渐成为物流业践行的理念，服装物流将通过科学规划、模式创新、技术助力、材料净化等多种方式赋能绿色物流发展。通过科学规划来选址建设配送中心，形成短距离运输；通过优化作业流程，提升作业时效，实现节能降耗；通过采用循环取货的方式，实现配送中心向门店配送以及回收可循环容器和退货产品；通过信息资源共享，在配送环节一方面与多个服装厂进行共同配送尝试，另一方面与各个即时配送平台合作开展共同配送；通过采用共享快递盒、包装袋等包装容器，使服装包装材料绿色化、减量化、可循环使用；通过使用先进节能的物流技术装备，降低服装物流用能，实现绿色与可持续发展。

（四）多方式、多模式、多形态共存

未来，服装物流将向多方式、多模式、多形态共存的方向发展。其中，多方式是指物流销售方式的多样化。目前，有服装线下传统销售渠道、电商销售渠道、移动销售渠道三种方式共存，对物流柔性要求高。多模式是指物流服务模式的多样化。以服装配送物流为例，"线上下单、线下取货""一天一配，销一补一"等模式增多，"服装零售+外卖"等新型模式兴起，3PL（第三方物流）、快运、快递、空运等多种运输方式也逐渐实现组合应用。多形态是指物流运作形态的多样化。随着企业之间竞争的逐渐增强，为了提高顾客的满意度，维持并提高顾客对本企业产品的忠诚度，除正向物流外，服装退货物流也逐渐发展，成为企业关注的重点。

（五）服装国际物流将迎来新发展机遇

随着电子商务平台企业、数字服务企业、物流供应链企业等"走出去"步伐的加快，我国服装品牌竞争力的提升，会有越来越多的服装企业在不断发展国内市场的同时，积极向海外扩展，开拓国际市场，同时构建多种营销渠道，逐步提升品牌的国际影响力，提高国际市场份额。不断发展的国际市场，也对服装国际供应链物流的能力，提出了更高的要求。降低海外仓储运营成本，提高清关效率，提升国际物流的安全性和稳定性，保证时效，发展数字化运营的能力，建立高水平海外仓，提升国际物流服务质量等，将成为企业关注的焦点。

（作者：中国物流与采购联合会服装物流分会　胡晶艳）

2023 年粮食物流发展回顾与 2024 年展望

一、2023 年粮食物流发展回顾

2023 年，在应对复杂多变的国内外经济形势和频繁多发的自然灾害时，我国立足"以我为主，立足国内，确保产能、适度进口、科技支撑"的国家粮食安全战略。2023 年我国粮食总产量达到 6.95 亿吨，比 2022 年增加 888 万吨，再创历史新高，有效克服了我国黄淮地区罕见的"烂场雨"、华北东北局布地区严重洪涝、西北地区局部干旱等自然灾害的影响，连续 6 年粮食总产量稳定在 6.50 亿吨以上（见图 1）。

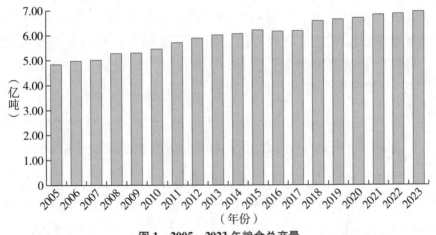

图 1　2005—2023 年粮食总产量

2023 年，我国粮食物流在粮食收储运、粮食物流技术与创新、粮食供应链韧性与安全、粮食贸易 4 个方面取得了进一步发展，落实粮食产量增、结构优、储备足，使粮食安全有保障。

（一）着眼于供应链减损降耗的粮食收储运能力得到进一步增强

粮食收储运产业发展是保障国家粮食安全的关键领域，也是粮食市场宏观调控的关键环节。当前，我国处于全面提升粮食收储能力和转变粮食流通方式的关键期，粮食收储运产业是促进粮食产业化发展和保证粮食安全的重要组成部分。2023 年我国的粮食收储运呈现出良好的发展态势，在收储运环节大力实施"藏粮于地、藏粮于技"战略，把"中国人的饭碗牢牢端在自己手中"。如 2023 年夏，山东省莱西市农业农村局为全面提升作业效率，已为夏收农机手开展多轮培训活动，旨在加快农机设备的升级换代，力求降低收割作业中的粮食损耗率。近三年来，莱西市积极推广先进的农机具，共计 5372 台，投入补贴资金超 9000 万元，旨在通过科技手段提升农机作业质量、效率，从而达到降低成本、减少损耗的目的。在粮食储存方面，相关部门重视科技手段的运用，积极推动在我国东北平原、华北平原以及长江中下游平原地区，建立以粮食收纳库为核心的新型农村粮食存储模式。通过示范户的设立和储粮技术的推广应用，已在 1.18 万户家庭中取得显著的储粮减损效果。在粮食运输方面，已成功研发和应用了铁水联运接卸技术、专用车皮和散粮车以及集装散粮物流装具等，这些创新不仅提高了粮食流通效率，还大幅降低了粮食损耗率。

我国粮食收储运产业呈现出稳健的发展势头，各级政府相继出台了如《粮食流通行政执法办法》《粮食质量安全监管办法》等一系列政策，逐步增加对粮食流通领域的投入力度，持续完善粮食收储体系，有效推动了粮食收储运产业的持续发展。我国不断完善管粮管储制度机制，2023 年发挥全国 5500 多个粮食产后服务中心助农减损增收作用，组织开展绿色储粮技术集成示范和标准化试点，将农户储粮损失率降低 2.9%，国有粮库储粮周期内综合损失率控制在 1% 以内，有效落实节粮减损政策措施，使粮食安全考核目标导向和结果导向更加鲜明。

（二）粮食供应链物流数字化转型力度得到进一步加大

自信息时代开始以来，各行各业都在围绕工业 4.0 展开产业升级。我国庞大的物流业规模需要进行数字化转型，这是推动数字经济发展的重要组成部分。《中华人民共和国国民经济和社会发展第十四个五年规划和 2035 年远景目标纲要》明确提出，加快数字化发展，建设数字中国。在此政策背景下，数字技术正快速融入物流产业，逐渐成为推动中国物流产业转型升级、重构组织模式、实现物流领域要素资源有效整合的新动能。

数字化是提升粮食物流现代化水平的重要手段，目前，数字信息化技术已经在粮食科学储藏、粮食智能监管、车辆科学调度等方面取得重大进展。江西省宜春市袁州区在粮食库存管理方面进行了创新，通过强化动态监管机制，引入智能收储系统，实现了粮食出入库的数字化管理。该系统涵盖了登记、检测、打印收购码单等关键环节，极大地提升了收购效率。农户在售粮时，仅需使用"一卡通"录入相关信息，便可在粮库快速完成交易，同时也确保了信息的可追溯性，实现了全流程的透明化监督。

2023 年中储粮加速数字化转型，全面实施了"技防技控"信息化建设项目，覆盖了所有直属库。同时，成功实现了与 5000 余家非直属企业储粮库点的数据联通，显著提升了数字化储粮监管的效能。在四川新津直属库，首批架空式粮食气膜仓正式投入使用，其气密性远超国家标准，保温隔热性能也远超普通浅圆仓，为粮食仓储装备和绿色储粮技术的升级换代注入了新动力。

（三）粮食供应链韧性与安全得到进一步重视与提高

在逆全球化势头日益猛烈、国际形势不确定性上升的背景下，我国已经将粮食安全纳入国家安全范畴，党和国家明确将粮食供应链安全纳入国家总体安全体系。建立以安全稳定为核心内容的高质量粮食供应链是国家安全的重要保障之一。我国粮食供应链的韧性和安全水平的提高首先得益于政策层面的大力支持。党的二十大报告中第四部分、第十一部分分别提出着力提升产业链供应链韧性和安全水平，确保粮食、能源资源、重要产业链供应链安全，均将产业链供应链韧性与安全提到了极其重要的地位。2023 年 12 月 29 日第十四届全国人民代表大会常务委员会第七次会议通过《中华人民共和国粮食安全保障法》，保障粮食有效供给，确保国家粮食安全，提高防范和抵御粮食安全风险能力。此外，政府通过制定一系列政策措施，如农业补贴、粮食储备制度等，为粮食供应链提供了坚实的政策保障。如《中央储备粮管理条例》《粮食储备安全管理条例》《农业农村部 财政部关于做好 2023 年粮油生产保障等项目实施工作的通知》等，这些政策不仅稳定了粮食生产，还确保了粮食市场的平稳运行。另外，科技创新在粮食供应链韧性和安全水平提升方面也发挥了关键作用。随着农业科技的不断进步，我国在粮食种植、收割和加工等方面的技术水平得到显著提升。如根据 2023 年的统计调查结果，河南省农户的粮食损耗率已经显著下降，由 10 年前的 8%~10% 降至约 3%，同时，粮食仓储企业的综合损耗率也有效控制在了 0.5% 以内。这表明河南省正在从传统的"安全储粮、减损降耗"模式向更先进的"保质保鲜、绿色优储"阶段迈进。这一转变得益于科学技术的广泛应用，不仅推动了粮食产量和质量的提升，还实现了粮食损耗的大幅降低，确保了粮食供应链的稳固与可靠。

在当前国际环境日趋复杂多变、不确定性明显增强的背景下，国际粮食市场的不稳定性和风险日益凸显，全球粮食供应链正面临严峻的脱钩与断链挑战。因此，我们必须持续提升粮食产业链供应链的韧性和安全水平，通过延伸产业链、补充供应链短板、强化核心环节，推动粮食产业链供应链实现现代化升级。只有这样，我们才能确保粮食产业的高质量发展，全面夯实粮食安全的坚实基础。

（四）仓配一体化粮食供应链服务体系得到进一步完善

粮食供应链建设既是保障民生的重大工程，又是维护国家安全的重大命题。我国粮食供应链渗入我国生产生活以及国家安全等各个领域。仓配一体化粮食供应链服务体系不仅得依靠综合交通运输体系，更需要加强专业粮食物流体系规划与建设，稳定的粮食物流对稳定粮食价格、保证粮食供给有重要意义。近年来，粮食加工行业向以精细化、服务化、数字化和一体化为主要特征的精深加工模式转型升级，粮食的仓储和配送服务整合在一起，为客户提供了"一站式"全程供应链增值服务。

2023年12月，第十四届全国人民代表大会常务委员会为了保障粮食有效供给，确保国家粮食安全通过了《中华人民共和国粮食安全保障法》。政策的支持为服务体系的发展提供了有力的保障。另外，随着消费者对高品质食品需求的日益增长，高效、可靠的仓配一体化服务的需求也增加。这种市场需求的变化为仓配一体化粮食供应链服务体系的发展提供了广阔的市场空间。山东乐物信息科技有限公司打造了一款综合电商交易服务平台——乐物商城。该平台涵盖蔬菜、水果、粮油、肉禽蛋等15大品类商品。同时，乐物电子商务物流港（一期）具备完善的常温与低温仓储设施，拥有2万个立体货位、100余台配送车辆和2万余件标准化周转器具，配备4万片RFID芯片，提供第三方仓配一体化服务、全程冷链物流以及城乡双向配送等业务。这种数字供应链一体化服务模式为农产品全生命周期提供大数据支持，提升了流通效率，降低了损耗，保障了流通安全，促进了农民增收和农产品消费升级。此外，苏粮集团正积极实施优质粮食工程，强化"好粮油"产品的追溯体系建设。以"好粮油"核心企业为引领，建立产品质量追溯平台，实现从种植到销售各环节的全程质量追溯，提升标准化生产和精细化管理水平，防止不合格粮食进入口粮市场，守护消费者"舌尖上的安全"。

二、2024年粮食物流展望

展望2024年，我国粮食物流将在粮食收储运能力、数字化、供应链韧性与安全、粮食供应链服务体系4个方面持续稳步推进。同时，粮食绿色物流、应急物流、粮食物流枢纽和粮食物流人才培养将成为未来发展的核心关注点，并受到广泛重视。

（一）粮食绿色物流的可持续发展将继续受到重视

党的二十大报告提出推动农业绿色发展，促进人与自然的和谐共生。"双碳"目标的提出，为绿色农业产业链发展指明了新方向，同时也提出了新要求，由此绿色物流成了众多学者关注的焦点，低碳、绿色、环保等理念逐渐渗透到粮食物流之中。在可持续发展理念的要求下，绿色化成为粮食物流发展的必由之路。

我国的物流还处于相对落后的阶段，我国粮食绿色物流的推广激励政策以及相关法律法规的建立，还处于起步的阶段。粮食物流作为农产品物流的一个分支，是粮食生产和流通的枢纽，适应当前低碳经济要求实现粮食绿色物流是经济可持续发展的重要一环。粮食绿色物流的可持续发展需要依托科技创新和制度创新双轮驱动。科技创新是提升粮食物流效率、降低能耗和减少排放的关键。研发和应用智能仓储系统、物联网技术、绿色包装材料等，可以有效提升粮食仓储和运输过程中的资源利用效率，减少粮食损耗和浪费。同时，推广新能源车辆和绿色运输方式，如铁路、水路等，可以减少粮食运输过程中的碳排放，实现低碳物流。制度创新则是粮食绿色物流可持续发展的制度保障。政府应出台相关政策，引导和激励物流企业采用绿色物流技术和模式，如给予税收优惠、资金扶持等。此外，还应加强监管，规范粮食物流市场秩序，防止恶性竞争和环境污染行为的发生。粮食绿色物流的可持续发展还需要全社会的共同参与和努力。企业应积极承担社会责任，主动采用绿色物流技术和模式，推动行业绿色发展。消费者也应树立绿色消费理念，选择环保、健康的粮食产品，促进粮食绿色物流市场需求的释放。

综上，粮食绿色物流的可持续发展是一项长期而艰巨的任务，需要政府、企业和社会各方共同努力，形成合力，为实现粮食物流的绿色、低碳、循环发展，保障国家粮食安全和推动全球绿色发展做出积极贡献。

（二）粮食应急物流能力将得到进一步重视与发展

粮食安全始终是党中央、国务院密切关注的国家战略性问题。党的二十大报告强调了全方位筑牢粮食安全基础的重要性，对保障粮食安全提出了更高的要求。自2003年提出"应急物流"概念以来，我国物流业取得了显著进步，粮食应急物流建设也取得了阶段性成果，并在历次突发事件中发挥了关键作用。然而，粮食应急物流的特殊性给其管理带来了挑战。例如，2022年3月28日起，上海浦东和浦西相继实施封控管理，粮食供应问题变得尤为突出。在疫情防控背景下，物流配送的"最后一公里"和"最后一百米"问题凸显，导致生活物资难以送达居民手中，部分市民面临粮食短缺的困境。此外，由于生鲜食品保存难度大的特点，部分市民收到的物资出现生鲜食品腐坏的情况，甚至外地物资在发放前就被大量丢弃，这不仅浪费了食物资源，还造成了生产运输过程中的能源浪费。

近年来，世界各地重大突发事件频频发生，这对各国的国家安定、社会发展、人民安全健康造成了一定影响。所以，应及时采取有效的措施进行应急救援，防止造成更加严重的后果。这就要求我国的物流企业持续优化其应急服务机制，构建一套全面且适应性强的应急物流方案。从总体预案到各部门的专项应急预案，都需要对粮食应急物流的操作流程进行细致入微的规定。此外，完善信息共享机制也是关键，它可以增强供应链系统在应对突发事件时的灵活性和韧性，从而提升面对突发需求的快速响应能力，把握先机。另外，我国在应对重大自然灾害时的应急指挥机制仍有待完善。粮食应急物流涉及多个部门，包括粮食采购、储备、加工，以及相关的运输和配送部门甚至企业。多机构分散的指挥和调度可能会严重影响对突发事件的响应速度。因此，各级政府需要发挥牵头作用，建立健全的预案机制，持续进行应急演练工作，确保从制定相关管理办法到将应急处置条例普及宣传，都能落到实处，为应对突发事件提供坚实保障。

（三）粮食物流核心枢纽将成为粮食安全保障的重要支撑

随着全球化和经济的发展，粮食物流枢纽作为粮食供应链中的关键环节在区域协调发展中扮演着越来越重要的角色。它不仅可以确保粮食的安全供应，还可以促进区域经济的稳定和发展。2022年国务院办公厅发布的《"十四五"现代物流发展规划》中提到统筹谋划物流设施建设、服务体系构建、技术装备升级、业态模式创新，促进现代物流与区域、产业、消费、城乡协同布局，构建支撑国内国际双循环的物流服务体系，实现物流网络高效联通。

2023年，我国精心选择了48个城市作为粮食物流的核心枢纽，这些枢纽涵盖了陆港型、空港型、港口型、生产服务型、商贸服务型、陆上边境口岸型六大类别，并且分布相对均衡。这一布局不仅有利于推动"一带一路"倡议、京津冀协同发展战略、长江经济带发展、粤港澳大湾区建设、长三角区域一体化发展以及西部陆海新通道等重大战略的实施，同时也将促进国内市场的进一步壮大。通过这些核心枢纽的建设和运营，我国将进一步优化粮食物流体系，提升物流效率，为国家粮食安全和经济稳定发展提供坚实支撑。粮食物流核心枢纽依托枢纽的核心功能，完善城市及相关区域的粮食物流体系，打造与其他区域、节点之间良好的运输衔接、资源集聚、组织合作、行业联动及功能匹配的粮食产业集群化发展体系，以期提升区域粮食物流发展水平、推动区域粮食产业高质量发展。以物流通道和信息网络为依托形成跨界、跨境粮食贸易走廊和产业走廊，促进粮食资源要素集聚、转化和扩散，在枢纽腹地城市进行更多的粮食资源整合,通过虹吸效应和溢出效应实现粮食物流核心枢纽与广大辐射区域经济的协调发展。此外,粮食物流枢纽的建设还有助于提高粮食安全保障水平。通过优化粮食流通网络,可以确保粮食的及时供应和稳定价格,有效应对自然灾害、疫情等突发事件对粮食供应的影响,提高粮食安全保障能力。着重于区域协调发展的粮食物流枢纽建设是未来发展的重要方向。政府、企业和社会各界应该加强合作,共同推动粮食物流枢纽的建设和发展,为实现区域经济协调发展和提高粮食安全保障水平做出贡献。

(四) 粮食物流专业人才的培养、运用将得到进一步加强

党的二十大报告明确指出了教育、科技、人才在推动社会主义现代化建设中的基础性、战略性地位,并强调了培养高素质工程师、大国工匠和高技能人才的紧迫性。为确保"天下粮仓"和"大国储备"的安全稳定,必须构建一支规模庞大、技艺精湛、素质全面的专业技能人才队伍。为此,我们需要持续增加投入,不断扩大技能人才队伍规模,推动质量、效率和动力的变革,从而持续提高粮食产业的效益和竞争力,为国家粮食安全提供坚实的产业支撑,并更好地满足人民群众的粮油消费需求。

一方面,从粮食流通领域来看,提高储存安全保障水平,需要更多的精通现代仓储物流技术的保管人才;确保加工品质和效率,需要更多的食品科学与工程专业的人才;保障成品粮质量安全,需要更多熟练掌握各种检化验仪器的检验人才。另一方面,从物资储备领域来看,提高储备管理和作业现代化水平,需要更多的高技能人才。可以说,技能人才队伍建设的水平,在很大程度上影响粮食等物资储备安全的保障水平。这就需要以企业岗位要求为依托,对岗位知识、技能、素养进行深入挖掘,以此为主调整课程内容,将更多的物流新知识、新理念、新方法融入学校课程当中。另外,增设智慧物流、仿真模拟、大数据分析等重点课程,基于传统教材,适当渗透智慧物流理论以及实务知识。在大数据时代,国际物流行业的发展呈现出垂直细分化的趋势。粮食物流作为国际物流的重要组成部分,具有其独特的行业特点和复杂性。粮食作为大宗物资,其运输、储存、配送等环节都需要高度专业化的管理和操作,以确保粮食的质量和安全。因此,针对粮食物流领域的人才培养,需要建立更为垂直细分的培养模式。针对不同运输方式(如海运、铁路运输、公路运输等)以及物流的各环节的特点和要求,培养具备相关专业知识和技能的人才。随着科技的不断进步和市场的不断变化,专业粮食物流人才的培养和重视将得到进一步加强。这将为我国粮食物流行业的健康发展提供坚实的人才保障,为推动国家粮食安全和经济稳定发展作出积极贡献。

三、结语

回顾 2023 年，在全球经济环境不断变化和粮食市场需求持续增长的背景下，粮食物流行业展现出了强大的韧性和发展潜力。粮食收储运环节的损失和能耗得到了有效控制，同时加强了信息技术的创新应用，推动了物流行业的数字化转型，从而提高了物流的数字化水平。此外，粮食安全问题日益受到重视，粮食供应链的韧性得到稳步提升，仓配一体化的粮食供应链服务体系也迅速发展，为粮食流通提供了更加高效和可靠的支持。展望 2024 年，将聚焦于粮食绿色物流、应急物流、粮食物流枢纽以及专业粮食物流人才的培养上，更好地保障我国的粮食安全。

（作者：南京财经大学营销与物流管理学院、江苏一带一路研究院、江苏省现代粮食流通与安全协同创新中心　吴志华　李尚霖）

2023年食材供应链发展回顾与2024年展望

2023年是食材供应链行业砥砺奋进、勇毅前行的关键一年，受益于国内宏观经济的稳定复苏以及国家一系列利好政策的扶持，行业整体获得了扎实的发展基础，各细分领域的市场规模均取得稳定增长，涵盖食材消费市场、流通市场、加工市场、初级食材市场在内的各个层面，均有不同幅度的增量表现。然而，这一年同样面临国内外复杂多变的政治经济环境挑战，国际形势的不确定性、国内消费复苏步伐的相对滞后以及消费者消费行为模式的深刻变革，都在一定程度上影响了食材供应链行业的发展，食材生产、加工、流通、消费以及进出口贸易等方面均出现了相应的变化与调整。

一、2023年食材供应链发展回顾

（一）食材供应链行业宏观环境分析

1. 行业相关政策情况

2023年，国家相继出台多项政策促进食材供应链行业发展，政策覆盖食材产地、加工流通、基础设施建设、标准建立、食材安全、食材消费、进出口贸易、金融支持等多个关键层面，为行业的健康有序发展提供了政策保障。鉴于篇幅有限，本节重点对食材产地、加工流通、消费等政策进行解读。

（1）食材产地相关政策。

食材产地相关政策围绕构建多元化食物供给体系、发展现代设施农业、培育特色食材产区和地方特色食品产业等几个方面展开。

2023年中央一号文件《中共中央 国务院关于做好二〇二三年全面推进乡村振兴重点工作的意见》中强调，要实施设施农业现代化提升行动。加快粮食烘干、农产品产地冷藏、冷链物流设施建设。集中连片推进老旧蔬菜设施改造提升。推进畜禽规模化养殖场和水产养殖池塘改造升级。该举措对于提高重点食材产量、稳定供应、平抑价格波动具有重要的引导作用。

同时，一号文件提出要构建多元化食物供给体系。树立大食物观，加快构建粮经饲统筹、农林牧渔结合、植物动物微生物并举的多元化食物供给体系，分领域制定实施方案。随着我国居民消费水平的提升，主粮的消费量在下降，果蔬肉蛋奶水产的消费量不断提升，食物多样性的需求增加。在保障粮食供给的同时，构建多元供给格局是从政策上推动满足居民食材消费多样性的需求，对于提升居民的生活水平和幸福感意义重大。

工业和信息化部等十一部门印发《工业和信息化部等十一部门关于培育传统优势食品产区和地方特色食品产业的指导意见》，明确了传统优势食品产区和地方特色食品产业的发展目标。到 2025 年基本形成"百亿龙头、千亿集群、万亿产业"的地方特色食品发展格局，培育 5 个以上年营业收入超过 1000 亿元的传统优势食品产区，25 个以上年营业收入超过 100 亿元的龙头骨干企业。这是国家部委出台的首个聚焦地方特色食品产业的专项文件，首次从国家层面明确提出了发展任务，围绕食品工业全产业链推进上中下游协同发力，将为地方因地制宜加快产业高质量发展提供精准指引，同时有利于促进原料产区、企业主体和消费市场进一步衔接。

（2）食材加工流通相关政策。

食材加工流通相关政策主要围绕做大做强农产品加工流通业、大力发展预制菜产业和培育农产品产地流通主体等几个方面开展。

2023 年，中央一号文件提出，要做大做强农产品加工流通业。实施农产品加工业提升行动，支持家庭农场、农民合作社和中小微企业等发展农产品产地初加工，引导大型农业企业发展农产品精深加工。引导农产品加工企业向产地下沉、向园区集中，在粮食和重要农产品主产区统筹布局建设农产品加工产业园。完善农产品流通骨干网络，改造提升产地、集散地、销地批发市场，布局建设一批城郊大仓基地。支持建设产地冷链集配中心。政策从提升食材初加工、精深加工水平，产业集群化，流通基础设施建设等方面指引发展方向。加工业是提升食材附加值的关键，也是构建农业产业链、推进农村一二三产业融合发展的核心，为全面推进乡村振兴、加快建设农业强国提供重要支撑。

2023 年，中央一号文件首提"培育发展预制菜产业"，为预制菜的发展注入了一股强大的动力。工信部、国家发展改革委、商务部、国家市场监管总局相继发布相关文件，主要从食品工业预制化发展、标准制修订、业态培育、预制菜产业基地建设、经营销售管理等多个方面支持预制菜产业发展。主要政策见表 1。

表 1　　　　　　　2023 年国家部委预制菜相关政策

颁布主体	政策名称	表述
工业和信息化部、国家发展改革委、商务部	《轻工业稳增长工作方案（2023—2024 年）》	实施推动食品工业预制化发展行动方案，大力发展方便食品、自热食品、米面制品、预加工菜肴等产品形态。加强预制化食品标准制修订工作，加快管理创新和商业模式创新，积极培育新产业新业态，拓展多元消费场景

颁布主体	政策名称	表述
国家发展改革委	《关于恢复和扩大消费的措施》	培育"种养殖基地+中央厨房+冷链物流+餐饮门店"模式,挖掘预制菜市场潜力,加快推进预制菜基地建设,充分体现安全、营养、健康的原则
国家市场监管总局	《食用农产品市场销售质量安全监督管理办法》	明确鲜切果蔬等即食食用农产品应做好食品安全防护,防止交叉污染
国家市场监管总局	《食品经营许可和备案管理办法》	食品经营许可申请包含预包装食品销售的,对其中的预包装食品销售项目不需要进行现场核查
工业和信息化部等十一部门	《工业和信息化部等十一部门关于培育传统优势食品产区和地方特色食品产业的指导意见》	加快地方特色食品预制化发展步伐,促进传统饮食制作技艺与现代食品生产工艺结合,推出一批中华美食和地方小吃等工业化产品
中共中央、国务院	《中共中央 国务院关于做好二〇二三年全面推进乡村振兴重点工作的意见》	培育发展预制食材产业
国家发展改革委	《关于做好近期促进消费工作的通知》	鼓励制售半成品和"净菜上市"

（3）促进食材消费政策。

《国务院办公厅转发国家发展改革委关于恢复和扩大消费措施的通知》特别提出要扩大餐饮业的服务消费:因地制宜优化餐饮场所延长营业时间相关规定。培育"种养殖基地+中央厨房+冷链物流+餐饮门店"模式。提升餐饮质量和配送标准化水平。推广透明厨房,让消费者吃得放心。恢复和扩大消费 20 条措施,为餐饮业的发展提供了新的契机,也极大推动了餐饮食材消费的增长。

该政策同时提出要大力发展农村电子商务和订单农业,拓宽特色农产品上行通道。引导线上线下各类平台持续加大消费帮扶力度,开设专馆专区专柜促进脱贫地区特色产品顺畅销售。电商、直播、新零售等新兴消费模式的涌现有效减少食材流通环节,使得食材生产者和消费者有效链接,极大地促进了食材消费水平的提升。

2. 国民经济和社会发展情况

（1）宏观经济回稳向好。

2023 年是全面落实党的二十大精神的开局之年,在稳经济、促消费政策的持续发力下,我国经济回升向好。根据国家统计局数据,2023 年,我国国内生产总值 1260582 亿元,比上年增长 5.2%。其中,第一产业增加值 89755 亿元,比上年增长 4.1%；第二产业增加值 482589 亿元，增长 4.7%；第三产业增加值 688238 亿元，增长 5.8%。全年人均国内生产总值 89358 元，比上年增长 5.4%。国民总收入 1251297 亿元，比上年增长 5.6%。宏观经济的回稳为食材供应链行业的恢复和发展提供了良好的经济环境。

在国内贸易方面，疫情防控政策的调整对消费的影响较大。2023 年疫情防控转段后，社会消费品零售总额、餐饮收入、商品零售额增速扭负为正，其中，餐饮收入增长显著，增速遥遥领先。被疫情压抑的消费需求在第一季度集中释放，4 月消费增速达到年度内最高值，而后逐步回落，7 月消费增速达到年内最低值（见图 1）。

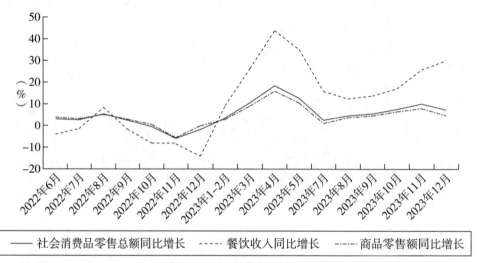

图 1　2022 年 6 月—2023 年 12 月社会消费品零售总额、餐饮收入、商品零售额增长情况
数据来源：国家统计局，中物联食材供应链分会绘制。

（2）人口连续两年负增长。

我国人口已连续两年呈现负增长，2023 年全国总人口为 140967 万人，比 2022 年末减少了 208 万人，出生人口 902 万人，同比减少 5.65%（见图 2）。与此同时，老龄化率持续提升。2023 年我国 60 岁及以上人口达到 2.97 亿人，占全国人口的 21.07%（见图 3），标志着我国已步入中度老龄化社会。人口发展的新常态在一定程度上弱削了食材消费增长的驱动力。

另外，年龄结构的变化也促使食材消费呈现出新的特征。首先，不同年龄群体对各类食材的消费量存在较大差异。谷物、蔬菜、水产品和畜禽肉类的消费会随着年龄的增长而下降，大体呈现出青年阶段食物消费水平较高，进入中、老年阶段后消费水平下降的特点。豆类、水果、蛋类的消费在老年阶段呈现与中年阶段持平的趋势。在老年阶段奶制品的消费呈现增长趋势。其次，不同年龄群体对食材的需求点也不尽相同。婴幼儿时期，品质和营养是对食材的

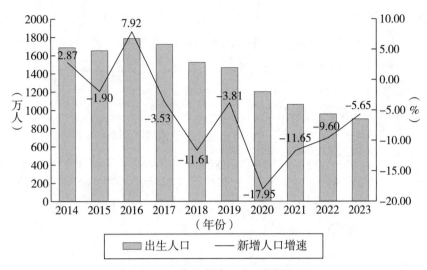

图 2　2014—2023 年出生人口数量及增速

数据来源：国家统计局，中物联食材供应链分会绘制。

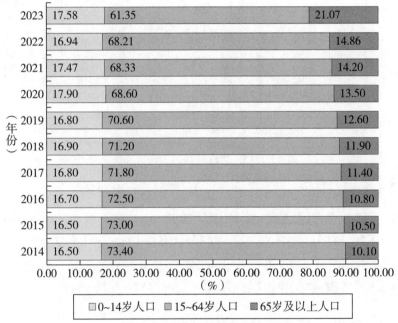

图 3　2014—2023 年我国人口年龄变化趋势

数据来源：国家统计局，中物联食材供应链分会绘制。

第一要求；儿童及少年更为关注食材的感官价值，风味是第一决策因素，针对这一群体的食材往往在适口性上更加突出；青年、中年群体是最具消费主动性的群体，营养、健康、风味、产品的故事性都将影响其决策；老年群体在身体机能不断下降的情况下，其在心理和生理上都有迫切的需求，健康性的产品对他们有更大的吸引力。

2023 年我国 60 岁及以上人口达到 2.97 亿人，占全国人口的 21.1%。预计到 21 世纪中叶，老年人口数量将达到峰值 5.2 亿人，老龄化水平超过 40%，老龄人口进一步增加将推动豆类、水果、蛋类、奶制品的消费增长，促进食材健康与风味的创新与升级。

（3）居民消费水平稳步提升。

随着国民经济水平的提升，我国居民消费水平整体稳步提升，但消费习惯更加理性和保守。2023 年，我国居民人均可支配收入为 39218 元、人均消费支出为 26796 元，占比为 68.3%，高于疫情防控期间的平均水平，但尚未恢复到疫情前（见图 4）。外部环境的不确定性、收入预期的不稳定性在较大程度上抑制了居民的消费欲望。

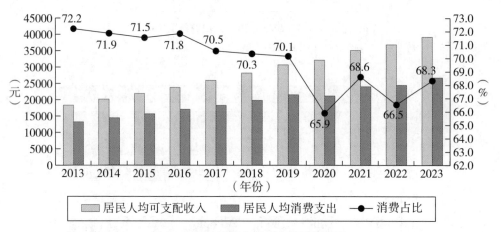

图 4 2013—2023 年居民人均消费情况

数据来源：国家统计局，中物联食材供应链分会绘制。

2023 年，居民人均食品烟酒支出为 7983 元，增长 6.7%，占居民人均消费支出的比重为 29.8%（见图 5）。根据《中国住户调查年鉴》相关数据，在人均食品烟酒支出中，食品类消费支出平均占比为 67% 左右，其中约有 97% 为食材消费。人均食品烟酒支出的提高也推动了食材的有效消费。

（二）食材供应链行业发展概况

食材供应链产业规模迈上新台阶，经中物联食材供应链分会整理测算，2023 年食材供应链初级食材、加工、流通、消费、进出口等各环节的市场规模均呈扩大态势。食材产业规模的扩大与国家政策的支持保障、国民经济和社会的发展及行业自身的发展息息相关，在上文中已经对政策和经济社会的发展情况进行了分析，以下内容将重点对 2023 年行业自身的发展情况进行回顾与总结。

图 5　2013—2023 年居民食品烟酒消费支出情况

数据来源：国家统计局，中物联食材供应链分会绘制。

1. 生产端

2023 年，我国农产品生产能力稳步提升，重点食材产量有所提高，产量的提高也推动了初级食材市场规模的进一步扩张。2023 年，初级食材市场规模达到 7.04 万亿元，同比增长 7.59%。

（1）食材产量逐年提高。

2023 年全国粮食总产量 69541.00 万吨，比上年增加 888.00 万吨，增长 1.3%。猪牛羊禽肉（肉类）产量 9641.00 万吨，比上年增长 4.5%；其中，猪肉产量 5794.00 万吨，增长 4.6%；牛肉产量 753.00 万吨，增长 4.8%；羊肉产量 531.00 万吨，增长 1.3%；禽肉产量 2563.00 万吨，增长 4.9%。乳制品产量 4197.00 万吨，增长 6.7%；禽蛋产量 3563.00 万吨，增长 3.1%。全年生猪出栏 72662.00 万头，增长 3.8%；年末生猪存栏 43422.00 万头，下降 4.1%。全年水产品总产量 7100.00 万吨，比上年增长 3.4%（见图 6）。

（2）食材价格小幅振荡。

2023 年我国农产品行业市场价格出现小幅波动，猪肉价格下降 13.6%，鲜菜价格下降 2.6%，粮食价格上涨 1.0%，鲜果价格上涨 4.9%。批发价格也出现振荡，其中牛肉、禽肉价格整体呈下降趋势，猪肉价格在 7 月触底反弹后 9 月开始四连降。活牛、仔猪、生猪行情预冷，养殖端悲观或观望情绪蔓延，2024 年产能调控是关键。2023 年部分食材批发价格走势见图 7。

2. 加工端

2023 年，我国食材加工规模达到 12.77 万亿元，同比增长 8.39%。其中，加工后仍然以食材的形态流入市场的规模达到 5.82 万亿，同比增长 7.62%。根据农业农村部数据，2022 年全国规模以上农产品加工企业营业收入超过 19 万亿元，农产品加工业产值与农业总产值比达到 2.52∶1。2023 年 1 月至 10

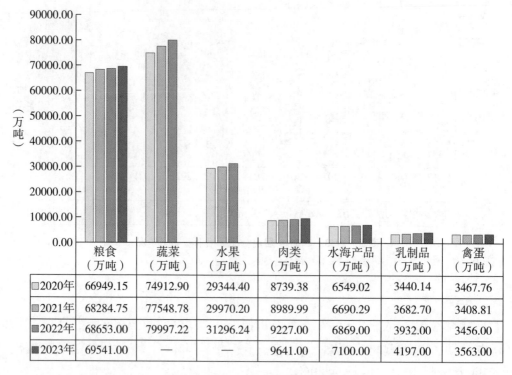

图6 2020—2023年重点食材产量

数据来源：国家统计局，中物联食材供应链分会绘制。

	粮食（万吨）	蔬菜（万吨）	水果（万吨）	肉类（万吨）	水海产品（万吨）	乳制品（万吨）	禽蛋（万吨）
2020年	66949.15	74912.90	29344.40	8739.38	6549.02	3440.14	3467.76
2021年	68284.75	77548.78	29970.20	8989.99	6690.29	3682.70	3408.81
2022年	68653.00	79997.22	31296.24	9227.00	6869.00	3932.00	3456.00
2023年	69541.00	—	—	9641.00	7100.00	4197.00	3563.00

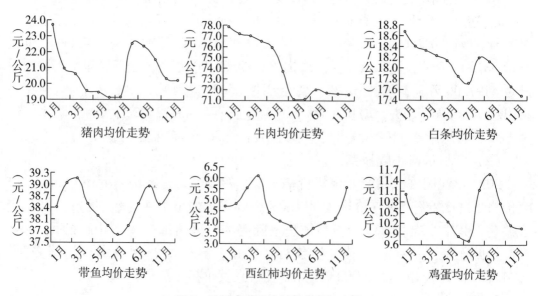

图7 2023年部分食材批发价格走势

数据来源：农业农村部，中物联食材供应链分会绘制。

月，全国规模以上农产品加工业企业共9.4万家，实现营业收入14.35万亿元，同比增长1.7%。其中，可食用农产品加工营收占农产品加工营收的比例平均为 64%。根据国家统计局数据，2023 年农副食品加工业增加值比上年增长 0.2%。

2023 年，我国食材加工产业以提升加工技术水平、优化结构布局为导向持续发展。

（1）食材加工技术日益先进。

一是国家农产品加工技术研发体系不断完善，建设了一批农产品加工技术集成基地。二是农产品加工技术装备不断取得突破，自动化、智能化、数字化等关键技术和装备的应用，推动了农产品加工产业的快速发展。以预制食材加工技术为例，真空慢煮工艺几乎完美保留食材本真味道，并能隔绝空气中的细菌，最大程度还原食物的色香味；液氮速冻技术能够急速锁鲜，减少食材在冷冻过程中的营养价值的损失；冷链技术能够延长食材的保质期。

（2）食材副产物产品不断涌现，拉高了整个食材加工业的产值。

例如，粮油加工中麦麸提取物产品的开发，低档茶、碎茶、茶叶废弃物中活性成分的提取及综合利用等。

（3）区域产业集中度提升。

我国食材加工行业将逐步向大宗农产品主产区、特色食材优势区等聚集，产业区域集中度不断提高，特色食材精细加工促进食材附加值进一步提升。

（4）消费者对食材个性化、多元化、高品质的需求助力食材加工业赛道拓宽。

2023 年预制菜首次被写入中央一号文件，获得快速发展。企查查数据显示，我国预制菜相关企业达 6.4 万余家，2023 年新注册企业 4136 家（见图 8），同比增长 46%。经测算，2023 年我国预制菜市场规模将达 5434 亿元，2026 年将升至万亿元级别。

3. 流通端

2023 年，食材流通规模达到 6.65 万亿元，同比增长 11.43%。我国食材流通模式多元，以批发市场为主体的流通模式仍是主流，占比可达 70%，农超对接、电商直播等是有益补充。

2023 年我国食材流通呈现出以下发展特征。

（1）流通主体组织化程度提高。

从流通主体来看，食材流通主体组织化水平不断提高，尤其是批发市场突破地域限制，集团化发展趋势明显，行业集中度持续提升。据国家统计局数据，2018—2022 年全国亿元以上农产品批发市场交易额从 1.73 万亿元增长到 1.89 万亿元，增幅 9.25%，市场数量从 853 个减少至 737 个，降幅 15.74%。农产品批发市场持续推进交易方式变革与创新，稳妥推行配送制和电子商务等，节省买卖双方的交易费用，促进建立稳定的产销联系。

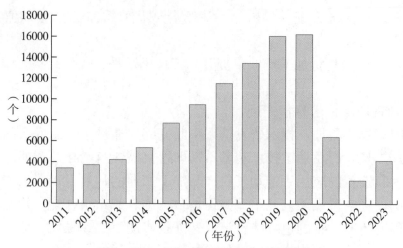

图8　2011—2023年预制菜企业注册数量

数据来源：中物联食材供应链分会整理绘制。

（2）流通基础设施日益完善。

从流通基础设施来看，物流基础设施是影响食材流通效率提升的关键，2023年物流基础设施环境进一步巩固，固定资产投资增长较快。1—12月，交通运输、仓储和邮政业相关固定资产投资同比增长10.5%，增速高于全国固定资产投资平均水平。

（3）农产品流通业态不断创新。

从农产品流通业态创新来看，一批综合型的商贸流通项目为食材流通发展注入了新的活力。综合型的商贸流通项目在传统的农产品批发市场食材流通的基础上，综合了电商直播、会议会展、食材加工等功能，为食材流通规模的扩大贡献了新力量。

（4）服务型食材供应链企业在促进食材流通中发挥越来越重要的作用。

经中物联食材供应链分会测算，2023年服务型食材供应链市场规模达到1.71万亿元，同比增长13.62%。大部分头部的服务型食材供应链企业具备较高的标准化和数字化水平，统一标准的供应模式快速提升了食材采购、储运的质与量，供应链数字化实现业务流程和技术系统的无缝匹配，从而促进供应链整体效率的提升。服务型食材供应链企业的产业链条逐步延伸，很多企业向C端市场切入，并将其当成自身业务版图的"第二增长曲线"。另外，服务型食材供应链企业积极寻求差异化布局，扩大增值服务，供应链企业单一的采购模式逐步被整合型采购模式取代，服务的食材品类愈加丰富，终端类型扩充到餐饮、零售、加工、团餐、进出口贸易等多类别。

4. 消费端

2023年，我国食材消费市场规模达到9.36万亿元，同比增长10.31%。其中，零售食材消费规模达到 7.25 万亿元，同比增长 8.00%。餐饮食材消费规模达到 2.11 万亿元，同比增长 20.72%。2023 年，国内餐饮消费持续恢复，促消费政策的推行和旅游业井喷带来餐饮业经营业绩大幅提升。根据国家统计局数据，2023 年，我国餐饮收入达 5.29 万亿元，同比增长 20.4%，对于食材消费的拉动作用明显。

2023 年，食材消费端的发展呈现出新的特征。

（1）食材消费端餐饮业及零售业迎来洗牌时代。

大连锁迎风生长，众多中小企业或新进入者则亏损严重，关停、倒闭成常态，市场分化趋势明显。2023 年餐企吊销数量创 2020 年以来的新高，企查查数据显示，截至 2023 年 12 月 21 日，国内餐饮企业注吊销数量超过 126.5 万家，是 2022 年全年餐饮企业注吊销量的 2 倍多。中物联食材供应链分会数据，从 2023 年 6 月到 11 月，有约 35% 的连锁餐饮品牌门店数量收缩至 1 家，其中大部分为小型连锁餐饮企业。不同的餐饮业态也呈现出不同的发展趋势，根据中物联食材供应链分会会员企业哗啦啦的数据，茶饮及烧烤业务加速洗牌，门店数量较 2022 年下降幅度超 30%，火锅门店数量全面收缩，正餐大连锁拓店速度较快。零售企业也面临类似的境遇，部分零售企业破产重组或关闭，公开资料数据显示，2023 年家乐福（中国）关闭 147 个门店，大润发关闭 106 个门店，联华超市关闭 131 个门店。供应链体系的健全与否、规模化程度的高低成为影响企业发展走向的极其重要的因素。

（2）2023 年餐饮业态下沉与逆袭并存。

城乡餐饮消费差距逐渐缩小，消费分级现象（消费升级与消费降级现象共同存在）凸显，一线品牌下行与县城品牌上行并存，而这种下行既表现为从高线城市向低线县乡发展，也表现为从繁华商业中心向居民区、社区店辐射。以星巴克为例，根据其开店计划，下沉市场是其新的重点区域。2023 年，星巴克已经在山西阳泉、江西萍乡、河南周口等经济较为一般的地级市，甚至在山东的县级城市——胶州市开设了门店。以米村拌饭、塔斯汀、华莱士等为代表的县域品牌纷纷在一、二线城市开店，走上了"农村包围城市"的道路。一线品牌"下凡"瞄准的是万亿级的下沉市场。县域经济发展，营商环境不断改善为品牌下沉提供了发展空间，基础设施建设日益完善使得连锁品牌供应链下沉也成为可能。同时，随着乡镇居民收入水平的提升，城乡居民消费需求和习惯趋于同化，连锁品牌利用标准化、规范化的优势取代小镇平替丰富了下沉市场消费者的选择。对于县城品牌来说，在高线城市开店瞄准的是一、二线城市中的中低消费群体。随着一、二线城市消费者消费习惯的变化，拥有极致性价比、高度标准化的小吃快餐、茶饮等县城品牌更易获得消费者青睐，而极简的 SKU 则有助于县城品牌快速建立起供应链上行通路。

（3）"出海"成为 2023 年餐饮市场的热点。

2024 年，"出海"有望进一步延续。根据弗若斯特沙利文数据，海外中式餐饮在整体国际餐饮服务市场中的占比稳步提升，由 2017 年的 9.8%上升至 2022 年的 10.0%。预计到 2027 年海外中式餐饮市场将增长至 3 万亿元，在整体国际餐饮服务市场中的占比将达到11.2%。2023 年，许多品牌已经完成海外开店，部分品牌也正在积极布局，在国内餐饮市场竞争日益激烈的环境下，"出海"或成为餐饮品牌新的增长极。根据中物联食材供应链分会的不完全统计，中国餐饮品牌"出海"以茶饮、火锅、小吃快餐等品类为主（见图 9），主要原因在于产品易于标准化，供应链建设难度较小。

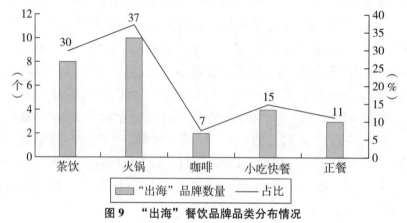

图 9 "出海"餐饮品牌品类分布情况

数据来源：公开资料，中物联食材供应链分会整理统计。

"出海"首选地以东南亚的新加坡、东亚的日韩、北美的美国为主，主要原因在于这些地区是海外华人聚集区且收入水平较高，利于快速打开市场。中国餐饮品牌"出海"首选地分布情况见图 10。

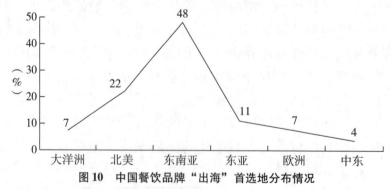

图 10 中国餐饮品牌"出海"首选地分布情况

数据来源：公开资料，中物联食材供应链分会整理统计。

我国餐饮品牌"出海"仍面临不小的挑战。餐饮品牌"出海"的本质是供应链"出海"，而目前仍以品牌"出海"为主，适配中餐的供应链体系尚不健全。受制于部分食材品类出口的限制，食材的采购以当地为主，可优先选择与当地的供应商、工厂合作，支撑品牌海外布局。我国品牌"出海"。优先选择的是华人聚集区，口味上与国内相似，但海外当地消费者的渗透率提升才是发展的长远之计，也应从产品设计和口味研发上逐渐向本土化靠拢。

（4）连锁餐饮企业纷纷开放加盟，品牌拥抱加盟的现象正在增加。

加盟模式有助于企业快速拓店，也有助于连锁化率的提升。根据中物联食材供应链分会的不完全统计，2023年，开放加盟的品类以茶饮、咖啡和快餐为主，占比分别为27%、27%和36%。2023年开放加盟重点品牌见表2。

表2　　　　　　　　　　　2023年开放加盟重点品牌

品牌	加盟模式	品类	开放时间
喜茶	特许经营模式	茶饮	2022年
奈雪的茶	特许经营模式	茶饮	2023年
乐乐茶	特许经营模式	茶饮	2023年
海伦司	托管合作模式	小酒馆	2023年
瑞幸	带店加盟	咖啡	2023年
库迪	联营模式	咖啡	2023年
挪瓦	特许经营模式	咖啡	2023年
老乡鸡	特许经营模式	快餐	2022年
和府捞面	联营模式	快餐	2023年
陈香贵	—	快餐	2023年
张拉拉	—	快餐	2023年

注：瑞幸、海伦司为重新开放加盟的时间。

数据来源：公开资料，中物联食材供应链分会整理统计。

对于直营转加盟，品牌也面临一定的挑战。首先，供应链管理难度加大，直营模式下的供应链管理方式无法完全复制，开放加盟后要加大全流程管控力度，尤其是供应链稳定性和品质管控。其次，品牌形象风险加大，加盟商的管理水平和经营能力参差不齐，如果品牌管控不力可能导致品牌形象受损。再次，食品安全问题风险加大。加盟商可能对食品安全标准执行不力，导致食品安全问题。最后，门店增加可能导致市场竞争加剧。

5. 进出口贸易

据海关总署数据，2023年，我国粮食、蔬菜、水果、肉类、水产品、乳制品等主要食材进出口额2017.64亿美元，其中出口428.24亿元，同比减少3%，进口1589.40亿美元，同比减少3%。由于近两年全球性通胀及其治理的措施难以协调，地缘政治因素难以预测，国际市场产品供给动能不足，国际协调机制应对不充分使得农产品贸易环境较差，经济增长缺乏动力，难以推动贸易规模持续扩大。

（1）进口食材以粮食、肉类和水产品为主。

从食材进口结构来看，中国食材进口按贸易额从大到小依次是粮食、肉类（包括杂碎）、食用水产品、干鲜瓜果及坚果、乳制品，由于蔬菜进口极小，此处不进行分析。

2023年，肉类（包括杂碎）和乳制品进口呈现下降趋势。肉类（包括杂碎）进口数量738.2万吨，同比下降0.3%，进口金额275.30亿美元，同比下降13.2%，这是连续第四年呈现下降趋势，其中猪肉及猪杂碎下降幅度较大，进口金额64.5亿美元，同比下降51.0%，主要因为国内猪肉产量逐渐回升到正常水平，国内自给率大大提高，对进口猪肉依赖度下降。乳制品进口数量287.7万吨，同比下降12.0%，折合生鲜乳1718万吨，同比下降10.4%（干制品按1∶8，液态奶按1∶1折算），进口额120.82亿美元，同比下降13.2%。乳制品进口下降原因主要在于，国内乳制品市场需求疲软，原奶供给过剩，与此同时，国际市场乳制品价格大涨，乳制品进口成本上升。

食用水产品进口量增价平，2023年食用水产品进口数量487.0万吨，同比增长11.5%，进口金额193.91亿美元，同比持平。目前中国已经是全球最大的水产品进口国，伴随国内水产品消费水平不断增长，进口需求持续增加，2023年海关总署发布了16份关于进口食用水生动物、养殖水产品、野生水产品的检验检疫要求，允许进口符合要求的水产品。与此同时，由于美国等主要市场消费疲软以及产量增加，国际市场的主流海鲜品种出现下跌。

粮食、干鲜瓜果及坚果进口呈现增长趋势。干鲜瓜果及坚果进口数量774.4万吨，同比增长2.8%，进口金额176.39亿美元，同比增长12.1%。粮食进口数量16196.4万吨，同比增长11.7%，进口金额822.98亿美元，同比增长1.0%。其中，大豆累计进口数量9940.9万吨，同比增长11.4%，进口金额597.6亿美元，同比下降0.5%。具体见图11与图12。

（2）出口食材以水产品、蔬菜、水果为主。

中国食材出口按贸易额从大到小依次是食用水产品、蔬菜及食用菌、干鲜瓜果及坚果、肉类（包括杂碎）、粮食、乳制品。2023年，食用水产品和粮食出口额大幅下降，其中食用水产品出口量增额跌，出口数量370.2万吨，同比增长0.1%，出口金额198.30亿美元，同比下降12.0%。其下降原因主要是高通胀造成各国消费普遍疲软以及贸易战导致中国水产品在美国市场萎缩。伴随近年来中国水产品出口单价下降、进口单价提升，中国水产品竞争优势将在国际市场中有所下降。

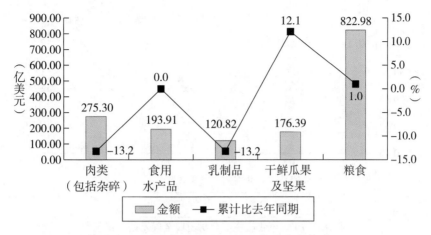

图 11 2023 年我国主要食材进口金额及增长情况

数据来源：海关总署，中物联食材供应链分会绘制。

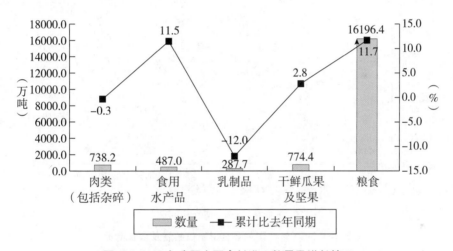

图 12 2023 年我国主要食材进口数量及增长情况

数据来源：海关总署，中物联食材供应链分会绘制。

粮食出口量价齐跌，出口数量 261.8 万吨，同比下降 18.2%，出口金额 17.64 亿美元，同比下降 5.1%。主要原因在于同期粮食进口价格出现下跌，而出口价格上涨。

蔬菜及食用菌、干鲜瓜果及坚果、乳制品均有不同程度的上涨，表明其供给能力不断增强。蔬菜及食用菌出口数量 1057.0 万吨，同比增长 13.2%，出口金额 133.44 亿美元，同比增长 8.0%；干鲜瓜果及坚果出口数量 404.0 万吨，同比增长 21.1%，出口金额 57.16 亿美元，同比增长 8.8%；乳制品出口数量 5.8 万吨，同比增长 30.0%，出口金额 2.66 亿美元，同比增长 35.0%。具体见图 13 与图 14。

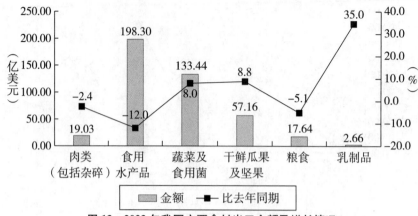

图13　2023年我国主要食材出口金额及增长情况

数据来源：海关总署，中物联食材供应链分会绘制。

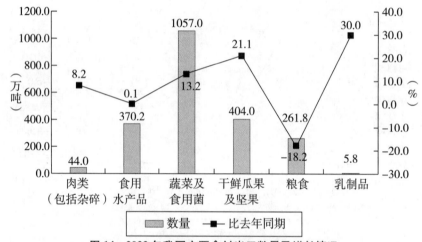

图14　2023年我国主要食材出口数量及增长情况

数据来源：海关总署，中物联食材供应链分会绘制。

二、2024年食材供应链展望

2024年是全面贯彻落实党的二十大精神的关键之年，是深入实施"十四五"规划的攻坚之年，也是推动高质量发展的重要之年。2024年1月至2月，宏观稳经济政策协同发力，社会经济持续恢复向好运行。元旦期间，全国重点零售和餐饮企业销售额同比增长11%，消费市场开局红火。1月，制造业PMI指数小幅上扬，企业生产有恢复迹象。春节期间，各地商贸流通、餐饮、文旅销售额齐增长，市场活跃度有所提升。2024年，我国经济回升向好的态势将不断巩固和增强。

食材供应链产业链是国民经济的重要组成部分，有效链接一二三产，国家高度重视行业的健康有序发展。2024 年伊始，国家已出台各种政策引导、促进食材供应链产业链发展。中央一号文件为我国食材供应链产业链发展擘画了新蓝图。中央一号文件分别从抓好粮食和重要农产品生产、加快构建现代农业经营体系、增强粮食和重要农产品调控能力、促进一二三产融合发展、推动农产品加工优化升级、推进农产品流通高质量发展等多个方面为行业发展指明了方向。商务部将 2024 年确定为"消费促进年"，着重扩大餐饮消费。商务部将制订促进服务消费发展的政策措施，出台支持餐饮业高质量发展的政策文件。实施服务消费提质扩量行动，举办"中华美食荟"等活动。国家发展改革委从绿色低碳转型、数智化升级等方面对行业发展提出了要求。2024 年政府工作报告也对 2024 年工作进行了规划和部署，其中多项涉及食材供应链行业。

展望 2024 年，食材供应链行业发展态势明朗。

（一）生产加工端

1. 食材价值增值比有望持续增加

特色食材生产加工将会形成差异化的竞争优势，有助于提升食材的附加值。特色食材发展占据天时、地利和人和。天时：2023 年，国家出台发展和培育地方特色食材的政策文件，为特色食材发展提供政策保障。地利：各区域独特的气候特征孕育独特的食材，形成了发展的基础。人和：2024 年伊始，一场由抚远蔓越莓引发的全国各地特色食材大摸底的"剧情"在网络上热情上演。网络曝光度的增加引起了消费者对各地特色食材的探索和兴趣，是推动特色食材生产加工业发展的大好时机。

2. 食材生产加工定制化和精细化

随着消费者需求多样性的增加，食材加工企业会更加注重提供个性化、细分化、健康化的食材。家庭类消费明显提质，提升家庭生活质量的消费占比增长明显，其中，健康、适老、精细精致都是今年显著的需求增长点。加工技术日益精细化，利用先进的食材加工技术和设备，实现对食材原料的精细化处理，提高食材营养成分，提升口感。服务精细化，家庭小型化趋势日益明显，食材的包装设计和服务也趋向于精细化，如小包装、分餐制等适应小家庭、一人食、快节奏生活的消费需求。

3. 加工智能化水平进一步提高

持续引入自动化设备和技术，提升智能化水平以提升生产效率、保证食品安全。自动化工厂投产量将增加，根据中物联食材供应链分会与企业的调研，目前工厂一线员工老龄化趋势明显，头脑的灵活度、操作的敏捷度随着年龄的增长势必会降低，而青年劳动力补充不到位，自动化智能化技术将有效解决这个问题。可以预见，越来越多的头部企业将采用先进的自动化设备取代人工操作，实现食材从原料接收、清洗、切割、分拣、包装到存储的全链条自动化。另外，食品安全是食材供应链行业的红线和底线，食安监管也将呈现智慧化趋势，工厂将更多地借助大数据分析和机器学习技术实现对质量的严格监控，确保食材品质稳定和食品安全。随着我国"双碳"战略的持续推进，绿色可持续是绕不过的发展课题，通过合理布局和高效能设备降低能耗，减少环境污染，推动食材加工的绿色可持续发展。

（二）流通端

1. 服务型食材供应链企业有望步入发展的快车道

2024 年，服务型食材供应链企业市场规模有望持续扩大。根据中物联食材供应链分会预测数据，2024 年，国内经济形势的好转及餐饮业的复苏将拉动服务型食材供应链企业市场规模的扩大。

服务型食材供应链企业对餐饮业态的支撑作用将更加明显。服务型食材供应链企业是食材供应的重要渠道之一，随着餐饮连锁化率的提升，门店自采的比例将逐渐降低，而服务型食材供应链企业将依靠其集采集配、标准化、专业化的优势抢占更多的市场份额。业内有关专家估算，2024 年，餐饮食材供给渠道中，食材供应链企业的占比将会进一步提升。

另外，服务型食材供应链企业的行业集中度和服务专业度将会进一步提升。2023 年 TOP 100 食材供应链企业数据分析显示，TOP 100 企业的营收占市场总额的比例约为 3.5%，虽然整体占比仍较低，但 TOP 5 企业的集中度占比从 33.86% 上升到 38.74%。预计 2024 年随着行业的发展，市场集中度将会逐渐提高。

2. 食材进出口贸易将有所回升

首先，国内贸易环境更加便利化有利于提升食材进出口贸易的活跃度。随着 2023 年稳外贸政策的出台，政策红利将会在 2024 年持续释放。2024 年政府工作报告提出，要加快内外贸一体化发展、推动外贸质升量稳。国内贸易环境的优化将会促使食材的进出口贸易额稳步提升。以牛肉为例，2023 年输华名单扩军、输华品量扩容带来了 1—11 月牛肉进口量的提升。同时也要看到国际形势的复杂性和不确定性带来的不利影响，所以，2024 年食材进出口贸易增速仍不会太快。

其次，食材进出口贸易区域化与多元化供应趋势明显。为了降低对单一市场的依赖度和风险，2024 年食材行业将会寻求更多元化的供应来源，加强与各地区、国家的贸易合作，特别是"一带一路"沿线国家和地区。

最后，新业态将为食材进出口贸易带来新的市场机会。随着中国品牌"出海"寻找第二增长极和预制菜产业的发展，2024 年新的业态和模式将会成为食材进出口贸易的新机会点。

（三）食材餐饮消费端

1. 连锁化率持续提升，行业洗牌将进一步加剧

2023 年，餐饮业面临多次倒闭潮，汰换掉一批抗风险能力差的企业。餐饮企业并购浪潮加剧，2022—2023 年小龙坎并购蜀大侠、奈雪的茶收购乐乐茶等案例至今仍为行业津津乐道，通过并购能够较为快速地整合资源、弥补自身的短板，有利于市场拓展。2024 年，在更加内卷的环境下，并购整合能够更快地增强企业自身的竞争力，也会成为大型连锁企业的选择。

2. 主动求变或成餐饮企业破局利器

面对新的竞争环境，越来越多的餐饮企业选择主动出击，改变经营方式、积极拓展新市场。

追求千店、万店成为餐饮企业的目标，从直营转加盟或开放加盟成为扩店的主要手段。2024 年 3 月初，海底捞开放加盟成为行业讨论的热点。一般来说，正餐品牌对于开放加盟相对谨慎，是否会有更多的正餐品牌追随海底捞的脚步需要保持持续的关注。

另外，在国内市场成为红海的前提下，海外市场已经成为餐饮企业瞄准的蓝海，2024 年将会延续 2023 年的"出海"征程，积极开拓海外市场。

3. 餐饮竞争将转向品牌的竞争、供应链的竞争

中物联食材供应链分会会员单位哗啦啦的数据显示，2023 年，大连锁门店数量提高 8%，而小连锁的门店数量则下降 11%。大的餐饮品牌在营销能力、菜品研发能力、供应链能力等综合实力上具备更大的竞争优势，抗风险能力相对也会更强。餐饮的竞争不再只是口味的竞争，而是如何保证不同门店口味、品质的一致性和菜品的安全性。另外，由于消费者对质价比的追求，2024 年"薄利多销"将会是主流，也提高了对供应链的要求。越来越多的餐饮企业也开始意识到供应链将成为未来的核心竞争因素。

4. 自建供应链成为越来越多大型餐饮企业的选择

越来越多的餐饮企业认识到供应链的重要性，供应链体系建设将会成为头等大事。由于自建供应链需要较强的资本实力，中小型餐企主要依靠社会化资源，2024 年，将有越来越多的大型餐企选择自建供应链，产地种养殖+中央厨房+门店的模式应用将越来越普遍，自建种养殖基地、自建中央厨房更有利于食材的品质和供应的稳定性。

（四）食材零售端

1. 零售折扣化

2024年，食材零售企业开始主打低价省钱策略，商超零售折扣化趋势明显，如永辉出现折扣区、盒马宣布折扣化经营等都在昭示着这一趋势。

为实现高质低价，垂直供应链整合将会是食材零售企业在供应链管理上的关键。以盒马为例，以前主要是依托经销商进行商品售卖，现在更多地依靠自身开发产品，找到源头工厂，采用OEM、ODM的形式，去掉中间环节来降低价格，引领新消费；同时，盒马也在尝试自建工厂，通过多种方式降低成本并保证产品质量。

2. 自有品牌成新增长引擎

食材零售企业在2024年将继续深耕自有品牌建设，如盒马、叮咚买菜、小象超市等纷纷加码自有品牌建设。公开资料显示，山姆自有品牌的销售占比达到了30%，这一数据远远超过国内的大部分本土超市企业。我国食材零售企业在自有品牌建设方面还有很大的发展空间。

单纯的OEM模式只是自有品牌建设的初级阶段，越来越多的食材零售企业选择自建供应链，通过自建供应链加强成本控制和质量管理。同时，洞察消费趋势、发掘市场的好产品、提出好的产品需求也是企业在自有品牌建设过程中应该重点关注的。

3. 线上线下深度融合

强化线上线下一体化销售模式，拓宽食材销售渠道将会是食材零售企业在2024年的选择，不少企业已经开始尝试，如叮咚买菜试点线下店等。电商平台和实体店铺将进一步深度融合，通过线上下单、线下提货或配送到家的方式为消费者提供良好的购物体验，提高市场占有率。

4. 内容电商持续火热

2023年，内容电商发力食材品类。据拼多多2023年第二季度公布的数据，拼多多农产品的销售额同比增长了80%。2024年中央一号文件提出，要实施农村电商高质量发展工程，推进县域电商直播基地建设，发展乡村土特产网络销售。可以预见，借助社交媒体和内容平台，通过直播带货、短视频展示等形式进行食材推广和销售将继续带动食材销售的增长。

（作者：中国物流与采购联合会食材供应链分会　秦玉鸣）

2023 年医疗器械供应链发展回顾
与 2024 年展望

一、2023 年医疗器械供应链发展回顾

（一）工业市场发展回顾

1. 市场规模

从 2019 年到 2023 年，我国医疗器械市场稳步增长，2023 年我国医疗器械工业市场规模约为 1.18 万亿元，同比增长 10.04%（见图 1），整体增速略有放缓，市场进入调整期。

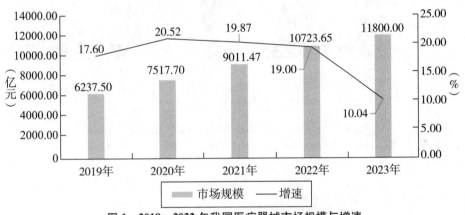

图 1　2019—2022 年我国医疗器械市场规模与增速

数据来源：中物联医疗器械供应链分会。

2. 生产企业数量及分布

2021 年至 2023 年，我国医疗器械生产企业数量增长态势出现波动。截至 2023 年底，我国约有医疗器械生产企业 3.23 万家，同比下降 0.98%（见图 2）。

其中，可生产一类医疗器械产品的企业数量约为 2.07 万个，可生产二类医疗器械产品的企业数量约为 1.46 万个，可生产三类医疗器械产品的企业数量为 1020 个（见图 3）。

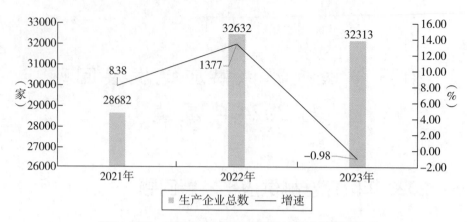

图 2　2021—2023 年我国医疗器械生产企业数量及增速

数据来源：国家药监局，中物联医疗器械供应链分会整理。

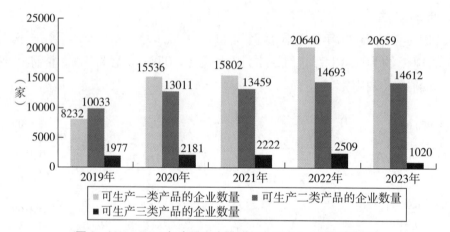

图 3　2021—2023 年我国医疗器械各类生产企业数量及增速

数据来源：国家药监局，中物联医疗器械供应链分会整理。

（二）流通市场发展回顾

1. 市场规模

据分会不完全统计，2023 年我国医疗器械流通市场规模超 1.37 万亿元，同比增长 6.49%，增速略有放缓（见图 4）。

2. 经营企业数量及分布

截至 2023 年底，国家药监局数据显示，全国二、三类医疗器械经营企业数量共 1375709 家，同比增长 13.7%。其中，仅经营二类医疗器械产品的企业共 905270 家，仅经营三类医疗器械产品的企业共 103077 家，同时经营二、三类医疗器械产品的企业共 367362 家（见图 5）。

3. 四大医疗器械流通企业营收现状

2023 年，国药控股、上海医药、华润医药、九州通的营业收入实现稳步增

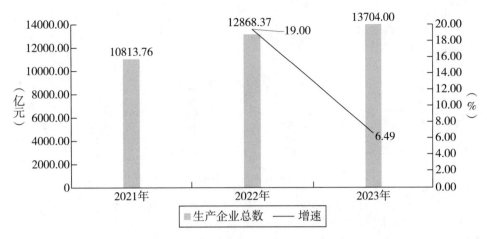

图 4　2021—2023 年我国医疗器械流通市场规模及增速

数据来源：中物联医疗器械供应链分会。

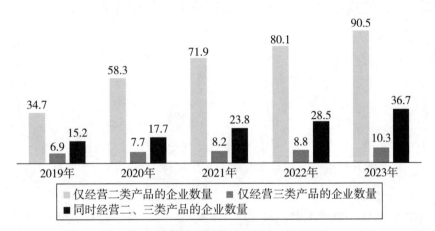

图 5　2019—2023 年我国医疗器械经营企业数量分布（万家）

数据来源：国家药监局，中物联医疗器械供应链分会整理。

长。国药控股营收达 5965.69 亿元，同比增长 8.05%；上海医药营收达 2602.95 亿元，同比增长 12.21%；华润医药营收达 2447.04 亿元，同比增长 12.20%；九州通营收达 1501.40 亿元，同比增长 6.92%（见图 6）。从营收来看，国药控股稳居第一宝座，营收总量可观；增速方面，上海医药、华润医药表现亮眼。

企业盈利及股东投资回报方面，国药控股归母净利润为 90.54 亿元，同比增长 6.19%；上海医药方面，受一次性特殊损益影响，公司实现归属于上市公司股东的净利润为 37.68 亿元，同比下降 32.92%，扣除一次性特殊损益后归属于上市公司股东的净利润为 49.19 亿元，同比增长 2.99%；华润医药归母净利润为 38.54 亿元，同比增长 10.10%，剔除附属公司处置、与投资相关减值等一次性项目影响，报告期内华润医药归母净利润同比增长 21.7%；九州通归

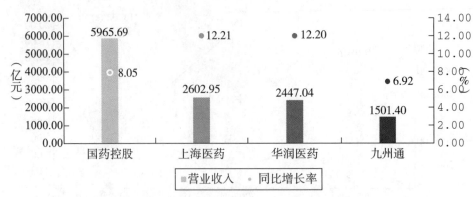

图6 2023年度国药控股、上海医药、华润医药、九州通营收情况对比

数据来源：2023年度企业财报，中物联医疗器械供应链分会整理。

母净利润为21.74亿元，同比增长4.27%。归母净利润总量方面，国药控股占据绝对优势，但在同比增速方面，华润医药表现抢眼（见图7）。

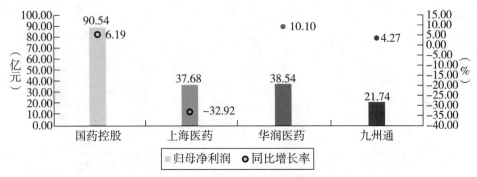

图7 2023年度国药控股、上海医药、华润医药、九州通归母净利润情况对比

数据来源：2023年度企业财报，中物联医疗器械供应链分会整理。

2023年，医疗器械流通行业国药控股、上海医药、华润医药、九州通的医疗器械板块营业收入继续稳步增长。营业收入方面，国药控股依旧占据领先地位；增速方面，华润医药表现抢眼（见图8）。其中，国药控股突破1300亿元，同比增长7.75%；上海医药营收达363亿元，同比增长6.45%；华润医药达323亿元，同比增长22.00%；九州通营收328亿元，同比增长11.66%。不难发现，伴随医疗器械产业的发展与壮大，四大家纷纷在医疗器械板块发力。

4. 医疗器械网络交易服务第三方服务平台数量分布

截至2023年底，全国医疗器械网络交易服务第三方服务平台数量达858家，其中2023年新增255家，同比增长42.29%（见图9）。

国家药监局数据显示，截至2023年底，广东省共有204家医疗器械网络交易服务第三方服务平台，位居全国第一，浙江省、北京市分别以128家和

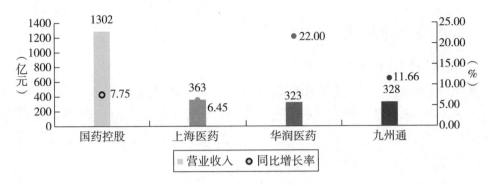

图 8 2023 年度国药控股、上海医药、华润医药、九州通医疗器械板块营收对比

数据来源：2023 年度企业财报，中物联医疗器械供应链分会整理。

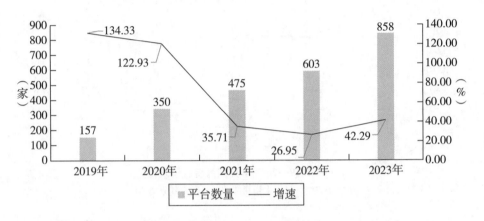

图 9 2019—2023 年我国医疗器械网络交易服务第三方服务平台数量及增速

数据来源：国家药监局，中物联医疗器械供应链分会。

107 家排名第二、第三，其他部分省市的医疗器械网络交易服务第三方服务平台数量如图 10 所示。

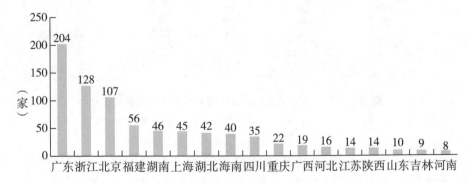

图 10 2023 年我国医疗器械网络交易服务第三方服务平台部分省市分布

数据来源：国家药监局，中物联医疗器械供应链分会。

（三）终端市场发展回顾

1. 我国医院发展概况

截至 2023 年底，我国共有医院 3.90 万家，同比增长 5.41%（见图 11）。其中，公立医院 1.20 万家，民营医院 2.70 万家（见图 12）。近年，我国医院数量呈稳步增长趋势，增速有所回升。其中，伴随民营医院数量稳步提升，其数量已是公立医院数量的两倍之多。

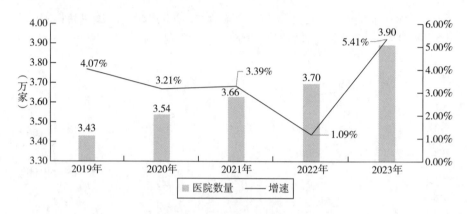

图 11 2019—2023 年我国医院数量及增速

数据来源：国家卫健委、国家统计局，中物联医疗器械供应链分会整理。

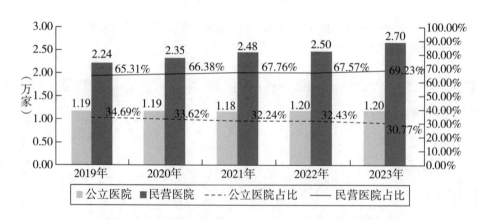

图 12 2019—2023 年我国公立医院与民营医院数量及占比

数据来源：国家卫健委、国家统计局，中物联医疗器械供应链分会整理。

从床位数看，2023 年我国医院共有床位数 800.0 万张，较去年增加 34 万张，同比增长 4.44%（见图 13）。我国床位数每年保持稳定增长。

2. 我国医院等级及床位数规模分布

从医院等级分布情况来看，近五年，二、三级医院数量在有序增长，三级医院数量多达 3523 家，其中三甲医院达 1716 家（见图 14）；从床位数规模来

图 13　2019—2023 年我国医院床位数及增速

数据来源：国家卫健委、国家统计局，中物联医疗器械供应链分会整理。

看，中、大型规模医院数量也在有序扩张，800 张及以上医院多达 2225 家（见图 15）。不难发现，医院为向上晋升需要拓展医院规模，产生大量资金设备的投入，而升级后伴随医院级别提高能采购报销的药械品类也会增多，利好医疗器械行业的发展。

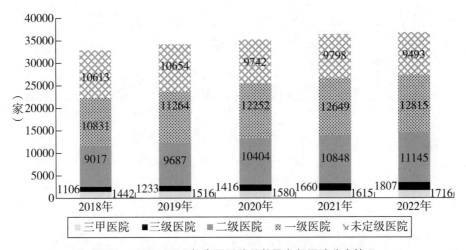

图 14　2018—2022 年我国医院总数及各级医院分布情况

数据来源：国家卫生健康事业发展统计公报，中物联医疗器械分会整理。

3. 我国医院诊疗及住院概况

国家卫健委发布的卫生健康事业发展统计公报显示，我国医疗卫生机构床位数仍在增加，已达 975 万张，增速略有放缓。医疗服务方面，医院诊疗量及住院量依然维持较高水平，三级医院诊疗量有 22.3 亿人次、住院量有 11634 万人次（见图 16 与图 17），国民倾向于到三级医院就诊住院接受治疗。庞大的就诊住院人次利好医疗器械行业的发展。

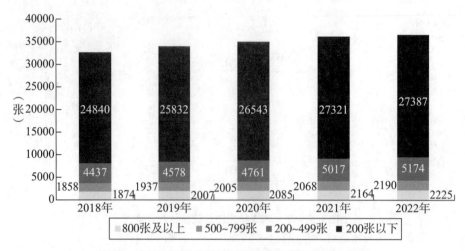

图 15　2018—2022 年我国医院按床位数规模分布情况

数据来源：国家卫生健康事业发展统计公报，中物联医疗器械分会整理。

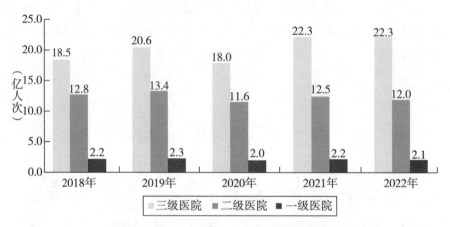

图 16　2018—2022 年我国医院诊疗量分布

数据来源：国家卫生健康事业发展统计公报，中物联医疗器械分会整理。

图 17　2018—2022 年我国医院住院量分布

数据来源：国家卫生健康事业发展统计公报，中物联医疗器械分会整理。

（四）物流市场发展回顾

1. 市场规模

2023 年，我国医疗器械物流市场规模整体呈稳步增长趋势。据分会不完全统计推算，2023 年我国医疗器械物流总费用约为 268.22 亿元，同比增长 4.15%（见图 18）。其中，医疗设备领域物流费用最高，达 102.78 亿元，同比增长 2.96%；体外诊断物流费用紧随其后，达 92.74 亿元，同比增长 2.14%；高值耗材物流费用为 36.22 亿元，同比增长 13.54%；低值耗材物流费用为 36.48 亿元，同比增长 4.23%（见图 19）。

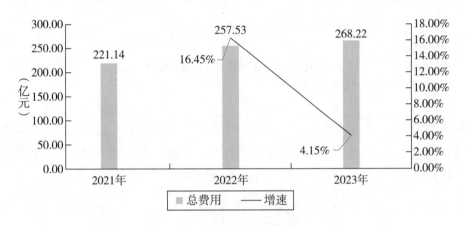

图 18　2021—2023 年我国医院器械物流总费用及增速

数据来源：中物联医疗器械供应链分会。

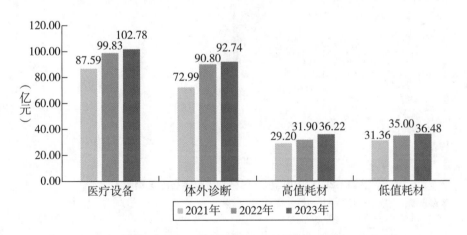

图 19　2021—2023 年我国医院器械细分领域物流费用及增速

数据来源：中物联医疗器械供应链分会。

2. 物流仓储面积稳步增长

据分会不完全统计推算，截至 2023 年底，我国医疗器械物流仓储总面积为 2339.37 平方米，较去年同比增长 3.38%（见图 20）。

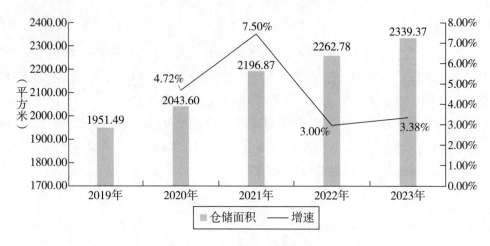

图 20　2019—2023 年我国医院器械物流仓储面积

数据来源：中物联医疗器械供应链分会。

聚焦仓库各温区面积情况，我国医疗器械常温库占比最高，约为 62%；其次为温控库，占比约为 29%；冷藏库占比约为 8%；冷冻库占比最小，约为 1%（见图 21）。

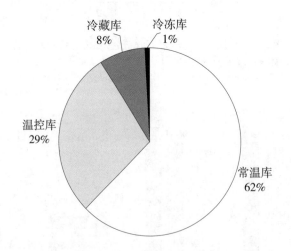

图 21　2023 年中国医疗器械物流仓库各温区面积占比

数据来源：中物联医疗器械供应链分会。

3. 物流运力逐步增长

据分会不完全统计推算，截至 2023 年底，我国医疗器械物流行业自有运输车辆总数约为 39796 台，同比增长 2.5%（见图 22）。其中，自有冷藏车总数约为 4901 台，同比增长 2.3%（见图 23）。

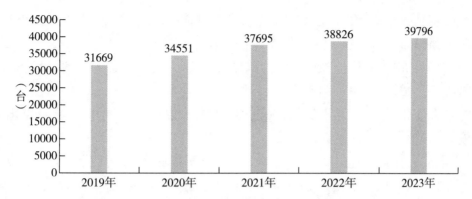

图 22 2019—2023 年我国医院器械物流行业自有运输车辆数量

数据来源：中物联医疗器械供应链分会。

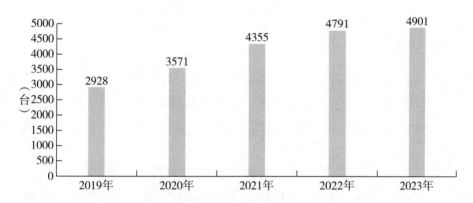

图 23 2019—2023 年我国医疗器械物流行业自有运输冷藏车数量

数据来源：中物联医疗器械供应链分会。

二、2024 年医疗器械供应链展望

（一）强化监管

2023 年，伴随医疗器械行业技术发展、新业态形成、新元素导入，为适应医疗器械在不同场景下的使用需求，国家药监局接连发布多项法规政策：2023 年 5 月，国家药监局发布《医疗器械经营质量管理规范附录：专门提供医疗器械运输贮存服务的企业质量管理现场检查指导原则》，提出强化质量管理体系的建立与改进，并对机构与人员、设备与设施、计算机信息系统、质量责任范畴等方面提出明确要求。2023 年 7 月，国家药监局发布《关于进一步加强和完善医疗器械分类管理工作的意见》，明确提出优化分类管理组织体系、完善分类管理制度体系、提升分类管理效率等六项重点任务。2023 年 11 月，国家药监局等三部门发布《医疗器械紧急使用管理规定（试行）》，对医疗器械紧急使用的适用情形、适用产品范围、相关部门职责、工作流程等内容作出规定，确保在紧急情况下，患者及时有效地使用上所需的医疗器械。2023 年 12 月，国家药监局发布《医疗器械经营质量管理规范》，其中，新增"质量管理体系建立与改进"章节，并针对自动售械机、多仓协同、直调、在库贮存、随货通行单等新业态形成、新元素导入制定管理要求，以此回应行业诉求，强化法规体系建设，确保行业平稳有序运营。

根据国家药监局整体工作部署，《医疗器械网络销售监督管理办法》《医疗器械经营质量管理规范现场检查指导原则》《医疗器械经营质量管理规范附录医疗器械冷链管理》等重要法规文件有望在 2024 年发布。未来，医疗器械供应链法规体系的建设将更加适应行业需求，行业发展将更加规范。

（二）创新发展

研发方面，伴随我国医疗器械集中带量采购体系的建立与完善，集采过程中中标的生产企业可通过"以价换量"的方式扩大市场份额，也倒逼未中标企业加大研发资金投入，注重科技创新。面对激烈的市场竞争，企业在积极探寻破局方法。

审评审批方面，国家出台多项政策助推创新医疗器械批准上市。《医疗器械监督管理条例》明确将医疗器械创新纳入发展重点，对创新医疗器械予以优先审评审批，支持创新医疗器械的临床推广与使用，推动医疗器械产业的高质量发展。《创新医疗器械特别审批程序（试行）》中提出，在标准不降低、程序不减少的前提下，对创新医疗器械予以优先办理，并加强与申请人的沟通交流；创新医疗器械特别审查申请时间距专利授权公告日不超过 5 年。整体上，加速创新医疗器械事业的发展。

在医疗器械生产过程中，供应链管理在确保产品质量、降低成本、提高生产效率、满足客户需求等方面发挥着至关重要的作用，高效稳定的供应链能够帮助企业在激烈的市场竞争中保持领先地位。面对变幻莫测的国际局势，大型医疗器械外资企业重新定位中国市场，开启供应链本土化策略，这也对供应链管理提出巨大挑战。因此，供应链一体化创新策略已成为行业共识，通过市场资源整合、区域一体化管理，实现资源有效共享，提高降本增效水平，头部企业供应链一体化建设已初见成效。在国家重点布局产业数字化转型的背景下，数字化工具的应用，供应链流程的整合优化，推动供应链的精细化管理。

未来，面对激烈的市场竞争环境，创新发展将成为医疗器械供应链产业的主旋律。

（三）市场下沉

为巩固分级诊疗制度建设成效，加快完善分级诊疗体系，2023 年政府相继发布多项政策。2023 年 2 月，中共中央办公厅、国务院办公厅印发《关于进一步深化改革促进乡村医疗卫生体系健康发展的意见》；2023 年 2 月，国家卫健委等 6 部门发布《关于开展紧密型城市医疗集团建设试点工作的通知》；2023 年 12 月，国家卫健委等 10 部门联合发布《关于全面推进紧密型县域医疗卫生共同体建设的指导意见》：从城市医疗集团到紧密型县域医疗卫生共同体、乡村医疗卫生体系建设，分级诊疗体系已逐步打通城市内部上下级医疗卫生机构，并跨出城市域延伸至县域、乡村地域。这也直接带动了医疗资源在城市内部上下级医疗卫生机构间的流动与共享，以及在县域、乡村地区的下沉与覆盖。

伴随分级诊疗体系的不断建立与完善，医疗器械生产企业将更多的目光转至下沉市场，市场策略不再仅仅围绕一线城市、省会城市的三级医院，而是更多地在城市范围内开辟下沉医疗机构市场，跨出城市域开辟县域及基层医疗市场。医械产品市场的下沉也带动了供应链体系的下沉与变革。以县域医疗卫生共同体带来的配送模式转变为例，县域医疗卫生共同体建成以前，各县级医疗机构各自选择配送商进行耗材配送，因各医疗机构的体量与需求不同，配送商的服务能力也有差异。但在县域医疗卫生共同体模式下，由一家或多家实力雄厚的配送商统一服务医疗卫生共同体所属医疗机构，会更有利于医院的耗材管理，配送商数量将大幅缩减，这也对中标企业提出了更高的要求。

伴随医疗资源下沉，县域及基层医疗的医疗器械需求将逐步扩大，医疗器械生产企业逐步调整市场策略。未来，下沉市场开发引发的供应链体系下沉将成为一种趋势。

（四）数字驱动

2023 年 2 月，中共中央、国务院印发《数字中国建设整体布局规划》（简称《规划》）。《规划》中提出促进数字经济和实体经济深度融合，以数字化驱动生产生活和治理方式变革。数字赋能产业、拉动经济的理念已深入各行各业。在医疗器械行业领域，慢病管理赛道的医疗器械生产企业为了销售更多的产品，服务更多的消费群体，结合自家产品属性，利用物联网思维，通过信息化技术，开发软件平台，通过软件连接硬件设备，将单体医疗设备串联成套，打造智慧医疗项目，以解决方案的形式销售给医院，在院端管理、患者服务、远程随访等方面发挥着重要作用。数字化软件平台通过硬件设备获取患者数据，通过个体分析为患者提供个性化的诊疗服务。辅助诊断的医疗器械生产企业利用人工智能技术开发诊断辅助型软件，这类产品依赖临床数据结构化与数据标注的专业化，通过大量的 AI 训练，并与硬件设备结合，最终可帮助临床快速出具诊断报告，以此大大提升临床诊断效率。这些无不体现着数字驱动产业发展的理念。

在医疗器械供应链管理领域，医院 SPD 管理模式就是数字化理念在一些供应链领域的完美践行，在医院管理方面发挥了重要作用，通过信息化管理系统将院内复杂的医用耗材管理工作标准化、模式化、流程化，通过大量运营数据的积累，帮助医院科学决策。未来，医疗器械产业链的数字化色彩会更加浓重。

（五）绿色双碳

2020 年 9 月，中国政府在第 75 届联合国大会上提出，中国二氧化碳排放力争在 2030 年前达到峰值，努力争取 2060 年前实现碳中和。自此，绿色双碳成为各行各业的奋斗目标。但中国制造业在环境保护方面面临着独特的挑战和机遇。一方面，快速的工业增长带来了资源的大量消耗和环境污染问题，如空气污染、水资源短缺、土壤污染等，对生态环境造成了显著的负面影响。另一方面，中国制造业也在积极寻找解决方案，减少其对环境的不良影响。政府推出环保政策法规，鼓励企业采纳清洁生产技术，减少能源消耗和排放。这些政策也为医疗器械供应链产业提供了转型机遇。

对于医疗器械生产企业而言，企业的高能耗生产设备是碳排放的重灾区。企业通过严格控制高能耗设备的应用，淘汰能耗高、效率低的老旧设备，提升设备维护保养水平。在采购新设备时，优先选择节能设备，推行能源回收再利用。在废弃物管理方面，医疗器械生产企业在运营过程中主要会产生医疗废物、有害废弃物、办公废纸等，都会严格依照国家相关规定委托第三方做出科学妥善处理，争取做到绿色环保，减少碳足迹。

对医疗机构而言，因其社会定位和业务的特殊性，在推进双碳进程中也面临多项挑战。其中，能源消耗方面，公立医院的财务实力相对较强，如果可以从发展分布式可再生能源项目入手，在电力系统脱碳的较长过程中，提高其能源使用结构中的可再生能源比例，提高医院电力消费中占比最高的制冷系统工作效率，减排效果将非常可观。医疗废弃物处理方面，我国公立医院大部分已开始将医疗废物废水等处理工作外包给第三方的专业机构，采用医疗废物分类、压缩、高温消毒等技术手段，减少废物的产生和处理成本，同时减少温室气体排放。

对于医疗器械流通企业而言，政府出台一系列支持新能源汽车的发展政策，如免征购置税、补贴等，使得新能源汽车领域的技术水平不断提高。运输过程中，流通企业通过使用新能源汽车提供服务，减少汽车尾气排放和油耗，做到环境友好、绿色清洁。

未来，医疗器械供应链产业中，绿色低碳理念将得到更深入的推广与践行。

（六）合作共赢

我国医疗器械供应链产业已经形成完整的产业链体系，从研发、生产、流通到应用，各个环节均形成了一定的企业数量规模，产业上下游协同效应日趋明显，企业之间已告别强调个体价值的时代，转而开启并进入合作共赢的时代，企业间通过达成战略合作关系，实现产品、技术、资源方面的优势互补，强化自身业务的同时，推动行业快速发展。企业通过达成战略，充分发挥各自在产品、市场、渠道、品牌及业务网络方面的优势，在产品供销、医疗工业、投融资等多领域开展纵深合作。

在医疗器械产业链的院企合作方面，伴随国家对医院高质量发展要求的提出，医院对于企业的服务内容也不再仅仅满足于将器械简单地配送至医院。医院期待企业能够深入临床一线，充分理解临床需求和痛点，利用企业的商业管理经验帮助医院科学运营管理，以便提供精准服务，提升服务质量。同时，关于系统平台的建设与顶层设计，院方也期待与企业共同探讨，促成平台落地与实施。

未来，医疗器械产业链内部企业间、院企间的互利共赢模式将成为重要的行业发展趋势。

（七）着眼国际

近年，在我国医疗器械行业蓬勃发展的同时，国内市场的竞争态势也愈发激烈。在骨科及冠脉支架等高值耗材领域，国家层面医疗器械集中带量采购政策的实施，确保中标企业的市场份额的同时，也大幅削减了中标企业的市场盈利空间。而对于未中标企业而言，影响则更加明显，头部企业利用自身品牌美誉度大幅扩大市场份额，对其他企业的成本控制、研发技术都提出了更高的要求。在低值耗材领域，生产企业数量众多、产品同质化竞争激烈，企业规模化生产能力及成本控制能力将成为企业制胜的关键因素。而在高端医疗设备领域，我国医疗器械生产企业整体研发能力相对国际巨头公司尚存差距，市场更倾向于进口产品，整体被海外品牌垄断。面临国内严峻的市场形势，内资生产企业纷纷转战海外，进行国际化业务布局。

国产医疗器械可以依靠产品的高性价比打开海外市场。近年，"一带一路"沿线发展中国家积极与我国开展合作，为国内医疗器械厂商"出海"提供坚实基础，在坚持"引进来""走出去"相结合的大背景下，欧美发达国家的医疗市场仍是我国企业"出海"的主要方向。我国企业应该从自身现状出发，制订长远规划，明确战略目标，了解"出海"法规政策，充分融入当地环境，打造差异化优势。

　　未来，实力雄厚的国内医疗器械生产企业将立足中国本土，加强海外扩张，打造国际品牌，强化国内企业的国际影响力，医疗"出海"已成大势。

（作者：中国物流与采购联合会医疗器械
供应链分会　秦玉鸣）

第三章

技术与装备市场

2023 年托盘市场发展回顾与 2024 年展望

2023 年是全面贯彻落实中共二十大精神的开局之年，是实施"十四五"规划承上启下的关键之年，也是向第二个百年奋斗目标奋进的关键时期。面对复杂多变的国内外形势，我国物流业迎来了恢复性增长，托盘行业广大同人，顶住诸多压力，克服种种困难，全面实现复工复产，为物流行业发展提供坚实保障。

2023 年，我国经济在波动中恢复，物流运行环境持续改善，行业整体恢复向好。受到多重因素影响，2023 年托盘年产量依然处于下滑状态，较 2022 年产量下降比例略有降低；托盘保有量和托盘池规模依旧保持增长态势。随着中国经济顶住内外部压力的冲击，各项指标持续恢复向好，托盘行业出现新特点、新方向，如开放、共享的托盘循环共用体系的构建，多场景下带板运输的深入推进，以"一带一路"托盘共享行动（BRAPS）为代表的托盘国际合作所取得的新进展，绿色、低碳、可持续发展理念下托盘行业新材料新技术的发展，以及客户对托盘产品高品质的要求和生产企业对于成本的管控促使自动化、智能化设备的不断改进与创新等。托盘企业勇于应对各种风险挑战，对 2024 年托盘市场的发展前景充满了信心。

一、2023 年托盘市场发展回顾

（一）托盘市场规模继续增长，但增速持续放缓

2023 年由于受到全球经济整体弱复苏态势、托盘用原材料价格持续处于高

位、客户需求不足等大环境的影响，托盘生产企业顶住各方压力，凝心聚力，坚定信心，确保完成年初既定目标和任务，为物流行业平稳发展提供坚实的保障。2023年，我国托盘年产量仍呈下滑状态，约为3.6亿片，同比下降4%，较2022年产量降幅减少1%（见图1）；托盘市场保有量约为17.5亿片，同比增长2.94%（见图2）；托盘循环共用企业持续加大战略布局和托盘投入力度，完善各自的运营和服务网络，推广带板运输和供应链一体化发展，不断扩大带板运输应用场景，2023年我国托盘池总量已超过4000万片，比2022年增加了250多万片，同比增长6.67%（见图3）。塑料托盘使用场景和应用范围持续扩大，占有率得到逐年提升，木托盘占有率略有降低，木托盘和塑料托盘总占有率不低于90%（见表1）。

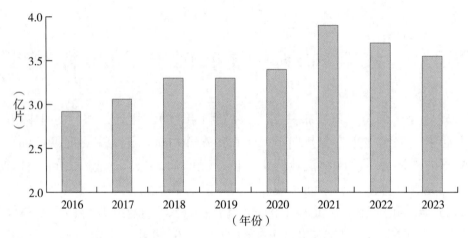

图1　2016—2023年我国托盘年产量

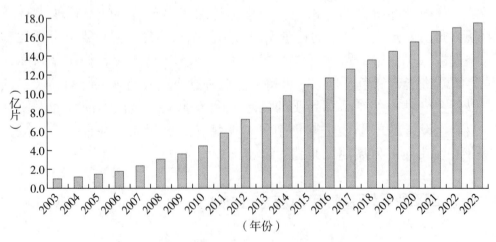

图2　2003—2023年我国托盘保有量

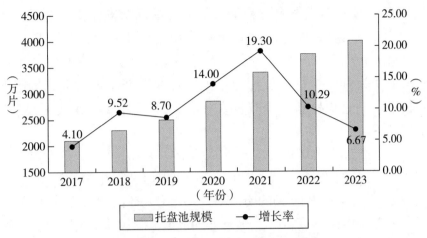

图3　2017—2023年我国循环共用托盘池规模及增长率

表1　　　　　　　　　　　　　2012—2023年不同材质托盘市场占有率

年份	木托盘	塑料托盘	纸托盘	金属托盘	复合材料托盘
2012	80%	12%	5%	2%	1%
2016	78%	15%	4%	2%	1%
2020	74%	16%	5%	4%	1%
2023	74%	18%	4%	3%	1%

（二）依托行业基础标准研究，推动托盘行业协同发展

中物联托盘专业委员会（简称托盘委）作为全国物流标准化技术委员会托盘分技术委员会（SAC/TC269/SC2）秘书处承担单位，一直致力于物流系统中托盘的设计、生产、应用等国家标准的制修订、宣传和推广应用等工作。

1. 稳抓标准质量，顺利开展国家标准制修订工作

国家标准作为市场发展的基石，对推动技术进步，促进经济发展具有积极意义。2023年，中物联托盘委和全国物流标准化技术委员会托盘分技术委员会完成了一项托盘基础国家标准——《托盘术语》（20220571-T-602）的修订工作，该标准发布即实施。作为托盘行业的基础标准，《托盘术语》（GB/T 3716—2023）国家标准等同采用ISO 445：2013《物料搬运托盘——术语》，与国际标准协同，对我国托盘行业规范用语，提高托盘标准化水平，提升物流效率，降低物流成本，促进行业高质量发展与国际物流合作具有重要意义。

2. 汇聚顶尖人才，代表中国积极参加 ISO 国际标准化工作

自 2021 年，中物联正式成为国际标准化组织 ISO/TC 51（Pallets for unit load method of materials handling，单元货物搬运用托盘）的国内技术对口单位以来，托盘委作为具体执行单位，与英国、韩国等 ISO/TC 51 成员国的联系人保持密切联络，一直积极参与 ISO 相关工作。2023 年，在承担 ISO/TC 工作方面有了较大起色。

2023 年初，推选 5 位国内专家注册成为 ISO/TC 51/WG 2 的专家，并参加了 3 月 16 日组织召开的 ISO/TC 51/WG 2 工作组会议。在本次会议上，中国注册专家积极发言，与其他国家的专家就 ISO 8611-1：2021 Pallets for materials handling — Flat pallets — Part 1：Test methods（搬运货物用托盘 平托盘 第 1 部分：试验方法）和 ISO 8611-2：2021 Pallets for materials handling — Flat pallets — Part 2：Performance requirements and selection of tests（搬运货物用托盘 平托盘 第 2 部分：性能要求与试验选择）两项国际标准中的部分技术内容展开深入交流探讨。并且在本次会议中，还研究启动 WG 6 工作组和关于 ISO 445：2013 修订的工作安排。

ISO/TC 51 中的 16 项国际标准，除基础标准外，产品标准大多围绕木托盘开展制定。2023 年 ISO/TC 51 的首个塑料托盘国际标准——ISO 18995 Flat Plastic Pallets for Petrochemical Industries（石油化工行业塑料平托盘）立项成功并进行了征求意见，中国也推选了相关专家参与新筹备的 WG 9 工作组。

3. 依托国际交流，深入开展托盘标准化研究工作

在"一带一路"倡议下，我国与欧洲的贸易对接和国际运输显著增多，托盘作为物流基础单元，是中欧班列等多种运输方式中的重要器具，在"一带一路"商贸流通、物流运输中发挥着极其重要的作用，也是中欧贸易重要的物流基础交互单元。

2023 年，中物联托盘委和全国物流标准化技术委员会托盘分技术委员会依托行业活动，组织国内相关企业走出去，赴瑞典、德国开展欧洲托盘标准化考察工作；赴韩国参加"第十八届亚洲托盘系统联盟（APSF）会议"，加强了与 ISO 组织成员国马来西亚、菲律宾、日本、韩国、泰国、印度尼西亚、印度的沟通与交流；并组织企业参加了 10 月在德国杜塞尔多夫举办的"2023 年'一带一路'托盘共享行动（BRAPS）会议"，会上针对中欧托盘标准对接以及未来标准对接的可能性等问题进行互动交流。11 月，在 2023 年托盘国际会议上，中物联托盘委做了"托盘、包装及物流装备间的衔接与匹配研究"专题报告，和国内外与会代表分享了考察研究成果。该报告统筹考虑托盘与包装模数、运输装备等相关装备要素的匹配关系，重点围绕国际国内托盘标准技术内容比对

进行系统分析，研究梳理托盘在单元化装载、物流作业、供应链管理中的实际应用，以顺应新时代下我国托盘行业发展的新趋势，对国内外托盘标准工作的对接起到了积极的推动作用。

4. 宣传"领跑者"企业先进经验，积极开展企业标准"领跑者"申报与评估工作

为发挥先进标准引领带动作用，引导企业技术创新，绿色低碳转型发展，进一步强化企业标准"领跑者"制度支撑质量强国战略，满足消费升级需求，坚持以创新为动力、市场为主导，加强托盘行业"领跑者"培育，鼓励托盘生产和租赁服务企业发挥企业标准引领行业发展、提升产品品质和服务质量的作用，致力于形成"生产看领跑 消费选领跑"的良好社会氛围，中物联托盘委持续开展"企业标准'领跑者'"申报及评估工作。同时对《质量分级及"领跑者"评价要求 平托盘》（T/CFLP 0038—2022）进行修订，《质量分级及"领跑者"评价要求 平托盘》（T/CFLP 0038—2023）团体标准于 6 月 13 日正式发布，自 7 月 1 日起正式实施。与 T/CFLP 0038—2022 相比，该团体标准除结构调整和编辑性改动外，部分核心指标根据市场需求进行了调整与优化，使得标准中的部分基础指标能够覆盖现行国标、行标中的强制性内容。

2023 年，共有 5 家企业（含 2 家复核企业）荣获了企业标准"领跑者"荣誉（见表 2），成为托盘行业企业标准"领跑者"。该项工作的开展，有利于企业打造品牌，提高优秀产品市场认知度和占有率，通过企业标准"领跑者"引领市场高质量发展，对标准化工作改革和培育一批具有创新能力的排头兵企业具有重要作用。

表2 　　　　　　　　　2023 年托盘行业企业标准"领跑者"名单

标准"领跑者"类型	企业名称
物料搬运设备—— 其他物料搬运设备（木质平托盘）	金源集团芜湖钟山木器包装有限公司
	富平县达森木质包装厂
物料搬运设备——其他物料搬运设备 （钢质平托盘）	南京蓝宇达仓储设备制造有限公司（复核）
物流服务——托盘租赁服务	安徽省埃帕克智能物流科技有限公司
	深圳市普拉托科技有限公司（复核）

（三）基于 BRAPS 等国际交流，加强托盘循环共用体系建设

2023 年是共建"一带一路"倡议提出 10 周年。共建"一带一路"倡议现已成为跨越地理限制、突破文化差异、融合发展需求的开放式、全球性合作平台，并且有效促进了各国商品、资金、技术、人员的大流通，推

动绵亘千年的古丝绸之路在新时代焕发新活力，扎扎实实地为世界经济复苏做出重要贡献。

3月，中物联托盘委组织国内企业赴越南进行考察，与越南 VLA（物流服务企业）协会就中越两国物流和托盘行业发展情况、托盘循环共用体系建设、带板运输应用以及新技术发展趋势等内容展开深入交流。10月，欧洲托盘协会（EPAL）与中物联在德国杜塞尔多夫共同组织召开了"2023年'一带一路'托盘共享行动（BRAPS）会议"，该活动是自 BRAPS 成立以来首次在境外举办的线下会议。在本次会议上，行业专家和与会代表围绕新形势下的中欧托盘行业新变局、全球托盘循环共用体系的构建以及托盘行业数字化和绿色化发展情况等行业热点话题展开深入交流。

BRAPS 受到了国内外托盘相关行业协会的关注和认可，所开展的工作得到了广泛宣传和行业肯定。BRAPS 的开展，不仅加强了中欧间托盘标准衔接，带动了"一带一路"沿线国家和地区托盘的标准化、网络化、共享化，推进更广阔的国际托盘市场发展，建立面向全球的开放型国际托盘共享平台，形成国际跨境托盘循环共用体系，更对高质量共建"一带一路"、"一带一路"经贸合作和供应链全球化的高质量发展有着积极的推动作用。

2023年，路凯大中华、上海乐橘、普拉托、小蚁托盘、托享云等托盘运营企业，加速扩大各自托盘池规模和运营网络布局，提升服务能力。路凯包装设备租赁（上海）有限公司成为2023年全国商贸物流重点联系企业，在行业内发挥示范引领作用。托盘运营企业不断更新托盘池中的产品类型，以适应多行业、多场景协同发展；推出具有特色的增值服务，积极推动带板运输，加强上下游企业联动，提升供应链效率，有效地促进产业链、供应链协同发展，加快构建托盘循环共用生态体系，推动行业绿色可持续发展，为行业创造更多可持续发展价值。

国外托盘租赁企业同样也一直在中国开展相关业务，韩国众力物流集团（LogisALL）是以韩国托盘共用公司为首的综合物流集团公司，其下属的韩国托盘共用公司 KPP 和韩国物流箱共用公司 KCP 以及韩国共同物流公司 KLP 构成了韩国唯一的物流共用化系统。LogisALL 通过改变和创新引领物流产业的发展，致力于为全球客户创造一个双赢的 ESG 环境。众力物流设备租赁（上海）有限公司作为 LogisALL 在上海投资成立的独资公司，积极推进 RRPP 托盘的循环使用；日本托盘租赁公司（JPR）是日本最大的托盘租赁供应商，为应对日本即将面临的"2024年的物流问题"等重大社会问题，JPR 开发了新的独立的 IT 系统，通过加强行业数字化建设，进一步提高供应链效率。并且 JPR 也在中国市场经营多年，与深圳市顺航通供应链物流有限公司保持着良好的合作关系。

（四）托盘原材料价格略有下降，但仍处于高位

2023 年 1 月至 12 月，我国原木及锯材累计进口量 6580 万立方米，同比下降 6.1%。2023 年 1 月至 12 月，国内托盘用进口原材料价格整体呈下降趋势，全年平均价格低于 2022 年，国内市场需求疲软，并未如期待中那样随着防疫政策优化有积极表现。同时，全球高通胀和高利率等因素导致海外消费者支出减少，产生供大于求，运费的持续下跌使得国际供应商能够以较低的价格销售到中国。针对中国内需市场而言，内需市场的需求出现延缓。内外因结合，上半年库存快速上涨，价格仅在 2 月短暂反弹，便持续下跌至 7 月。进入下半年，物流原因带来的货物到货延迟，加上第二季度信心和价格都处于低谷，导致国际供应减少，下半年库存开始慢慢减少，价格也随之略有上涨。国外木材市场的这些不确定性和不稳定性因素给中国木质包装生产企业和行业发展带来了很大压力，因此很多中国企业转为使用供应稳定、价格适中、性能符合国家标准要求的国产木材。中物联托盘委也持续加强托盘行业供应链建设、服务网络向上游延伸、原材料供应商和木质包装生产企业之间的对接工作，推动托盘行业高质量发展。

1. 进口原材料价格

2023 年，托盘进口原材料（板材、原木）价格仍处于高位。丹麦云杉价格前三季度总体偏高，四季度开始下降；加拿大铁杉、俄罗斯杨木、俄罗斯樟子松/落叶松一季度和四季度价格高于二、三季度。进口原木价格全年较为波动，同样也是一、四季度价格高于二、三季度（见图 4 至图 8）。

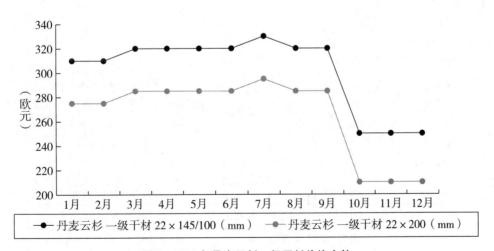

图 4　2023 年丹麦云杉一级干材价格走势

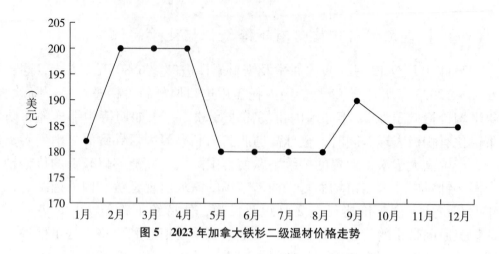

图5　2023年加拿大铁杉二级湿材价格走势

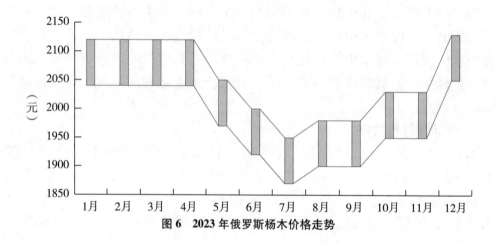

图6　2023年俄罗斯杨木价格走势

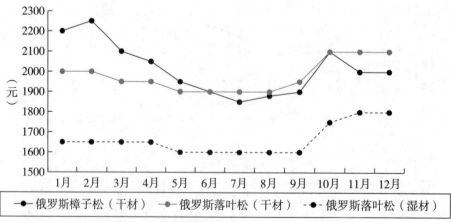

图7　2023年俄罗斯樟子松/落叶松价格走势

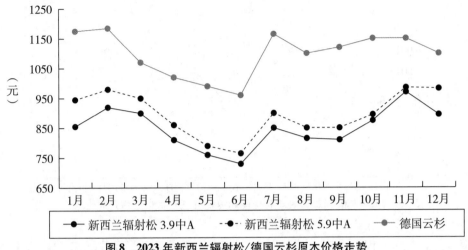

图 8 2023 年新西兰辐射松/德国云杉原木价格走势

2. 国内锯材价格

2023 年托盘行业国内锯材（托盘材料）价格依旧保持高位，整体略有下降，全年整体价格波动不大，12 月价格较 1 月价格下降 0.63%（见图 9），较 2020 年最低价格上涨 34.19%。2023 年全年价格与 2022 年全年价格相比整体略有下降（见图 10）。

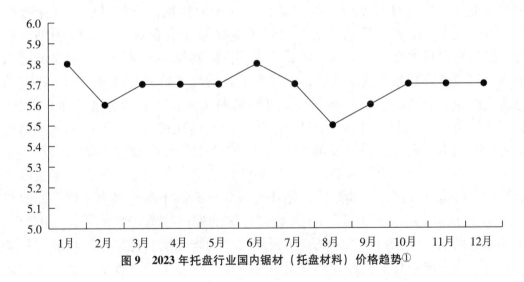

图 9 2023 年托盘行业国内锯材（托盘材料）价格趋势①

（五）坚持创新驱动，引领托盘行业数字化发展

数字化转型是企业发展、产业升级的必由之路。托盘作为物流系统中最基

---

① 价格趋势数据是以国内木材的价格为基数换算所得，只显示价格曲线，不表示真实价格。

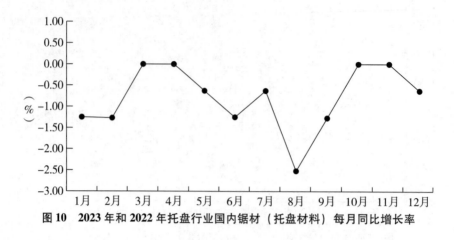

图10　2023年和2022年托盘行业国内锯材（托盘材料）每月同比增长率

础的集装器具，不仅要承担装载运输货物的重要职责，而且随着数字化的深入推进，托盘的应用场景更加多样化，托盘有了更多使命，如推动实现物流资源线上线下联动。不仅托盘企业在托盘运营、企业管理等方面进行从信息化到数字化的转型，而且随着AI大爆发时代的到来，数字化对于托盘设计和生产也进行了重新定义。

在产品设计中，AI技术提供了全新的视角和解决方案，能够多维度考虑产品设计可行性，从材料选择、生产工艺、用户体验到可持续发展等方面都能全方面提供支持。AI技术在产品轻量化设计中的使用，不仅可以降低企业研发和生产成本，提高产品的性能，同时还能够为托盘企业带来更多的创新机会，满足客户日益增长的需求。随着"国内国际双循环"的经济发展格局逐渐形成，包装产业在数字智能化建设中迎来了新的发展机遇与挑战，越来越多的包装生产企业对智能工厂的概念有了更深刻的认知，并开始重视企业智能化、数字化转型升级。上海包小二信息技术致力于通过互联网的发展极大地降低社会协作的成本，通过自主研发的SaaS平台的使用，可有效解决单位人效与流程效能、物料规划、智能裁剪以及不同商业模式适配等问题，助力包装生产企业智能化可持续发展。乐橘坚持以循环经济为核心，不断升级集循环、回收与再生于一体的服务，通过基于AI大数据算法的逆向物流回收体系，逐步布局全球回收网络。中包物联网依托自主研发的移动物联网智能终端，可助力智能化、数字化和网络化的托盘循环共用系统建设，有效解决开放供应链循环托盘运营中关于托盘资产管理、盘点和回收，运营调度，货物收发，数据管理等的痛点与难点，从而提升供应链效率，降低人工成本，赋能包装新的数据价值。小蚁托盘在物联网领域持续加码，推出智能托盘管理系统，依靠其自主研发的托盘芯片，可实现托盘数量、地理位置、使用状态等与用户紧密相关的信息自动持续更新，结束了对人工的依赖，其定位功能可精确到10m以内，并从客户的体验出发，开发全流程可视化的小程序。

（六）践行绿色低碳理念，推动托盘行业可持续发展

美丽中国建设要求发展绿色低碳物流，我国十分重视环境保护和节能减排，"双碳"目标的提出，对于各行各业来说既是机遇也是挑战。托盘企业积极响应，从生产企业、运营企业到用户单位，都在深入践行绿色低碳的发展理念，并且努力推动托盘循环共用发展。企业不论在新工厂的建设还是新产品的研发创新中，同样也在增强各自的社会责任感，始终坚持贯彻绿色低碳可持续发展理念，探索并落实"双碳"工作，提出符合实际、切实可行的碳达峰碳中和行动方案，让绿色化贯穿于企业和行业发展全链条，提升可持续发展能力，用实际行动做到节能降碳、降本增效。

万华化学秉持化学让生活更美好的使命，着力打造低碳可持续发展产业，共同促进关于包装物方面的可持续发展。万华化学推广使用的低碳 MDI 模压托盘，可充分选用废弃物作为原材料，有效减少木材砍伐；生产制造能耗低，相对传统模压托盘无需对原材料进行烘干，可有效降低生产能耗和安全风险。MDI 模压托盘的使用寿命长，相对于传统模压托盘在性能方面有很大提升，可回收重复使用。在碳足迹方面，单片动载 2~3 吨的 MDI 模压托盘产品全生命周期的碳足迹为 5.967kg 二氧化碳当量，相比传统的 26 公斤托盘碳排放量大幅降低 70%。乐橘对现有的品牌和服务不断进行升级，根据自身战略部署，提出"助力创造低碳世界"的企业愿景，贯彻"让塑料这一伟大发明再次伟大"的发展使命。乐橘由以循环包装运营为主的 1.0 时代，跨入集循环、回收和再生为一体的循环经济运营商的 2.0 时代。作为上海市的低碳绿色循环示范工厂项目，乐橘超级工厂·上海建成后可将废旧塑料依据其价值属性制成改性材料、再生塑料制品或进行热解处理，实现资源的再生循环。深圳普拉托科技在广东惠州新启动的"高分子托盘材料及智能托盘项目"基于绿色环保发展理念，致力于推进循环经济实践，推动产业升级与高质量创新发展，同时还将建造数字经济与智能制造的灯塔工厂，为客户提供更加高效便捷、更加绿色环保、更具市场竞争力的综合解决方案，为构建可持续发展社会和环境作出贡献。FSC 和 PEFC 代表了当下全世界流行的两个森林认证，经过认证的森林，从源头上进行了良好的管理，有专门的机构评估森林对周围环境和社会的影响。经过认证的森林既保持了生物多样性，维护了森林生态系统的稳定，又对当地社区和居民，以及供应链上的企业带来了积极的影响。近年来，木质包装生产企业对于 FSC 和 PEFC 认证的需求持续增加，越来越多的木质包装生产企业选择使用 FSC 或 PEFC 认证的可持续原材料，履行企业社会责任的同时还可以有效实现碳减排。

（七）加强创新研发，扩宽新材料托盘产品应用领域

传统的托盘以木托盘和塑料托盘为主，还有部分纸托盘、金属托盘等。随着"双碳"目标的提出，木材价格持续处于高位，以及人民的低碳环保、节能减排、循环利用意识不断加强，越来越多的企业关注到新材料托盘的研发，新材料托盘与传统托盘相比具有高性能、低成本、长效耐用、轻量化等特点，在托盘行业的应用也得到了逐步加大，众多类型的新材料托盘逐步面向市场。

小蚁托盘利用风电叶片的边角料和废旧材料，经过生产加工"变废为宝"制成生产托盘的原材料，该材料不仅性能强而且对环境不敏感。中集新材生产的竹木复合板基于传统集装箱地板的应用要求设计开发，具备密度大、强度高、防水防潮、整体性能好、质量可靠等特性。"以竹代木"与国家低碳环保的发展理念高度契合，采用模压生产工艺，可使托盘整体性能保持稳定一致，抗冲击能力强，热压免熏蒸；与实木托盘相比，生产同样性能要求的托盘产品公差小、材料用量可节约 30%、生产成本降低 10%，既提升产品品质，也为企业降低成本。捷运环保生产的绿色托盘及包装制品，95% 的原材料来自农林业废弃物，原材料无需热处理或熏蒸处理，节省了传统包装的各项处理费和时间成本。产品经过高温高压工艺制成，无虫害，无甲醛，防潮阻燃。使用秸秆代替木产品，也是在为实现碳中和做贡献。河南明镁科技依托吉林大学材料科学与工程学院，成立研究中心和研发基地，解决了镁合金塑性差、耐蚀性差、疲劳性差等难题，开发生产的新型镁合金自拆卸物流托盘，设计独特、结构合理、装卸操作方便。此外，还有很多材料也被用作托盘生产原材料，如回收的旧衣物等纺织品、废弃的农膜、城市垃圾分类中的废塑料等。

（八）提升智能装备与服务水平，推动托盘行业迈向新台阶

"创新引领、智能驱动"全力推进我国托盘行业智能制造与装备智能化发展。国外托盘行业自动化发展较早，木托盘自动化设备以液压托盘生产线为主，代表企业有西班牙的卡贝（CAPE）、意大利的德尔塔（DELTA）和斯拓迪（STORTI），2011 年天津新创引入了第一台液压托盘生产线，开启了中国托盘自动化生产设备的使用和研发的浪潮。近年来，随着托盘行业的高质量发展、托盘循环共用体系的研究与建设、自动化立体库的应用增多、人工成本的持续上涨以及客户对于产品供货速度和质量的高要求，托盘企业的生产方式已由传统人工生产转变为自动化生产，越来越多的企业选择使用自动化生产设备，并不断优化车间设施布局，实现无人化，努力打造灯塔工厂。

近些年，随着塑料托盘需求的不断增加，客户对于塑料托盘生产工艺实效性、模具、注塑设备自动化、作业联动性以及节能减排等的需求不断提升，虽

然我国塑料托盘生产工艺与世界先进水平相比，还有一定的差距，但我国塑料托盘模具和设备生产企业在近几年都得到了长足发展，加大创新研发，不断改进工艺，以适应行业发展的新需求。泰瑞机器以可持续发展为理念，加大产品创新应用，开发了适用于以回收塑料为主的第三代回收料的解决方案；采用微发泡技术在减轻产品重量的同时增加了机械强度。该工艺适用于回收塑料，对于锁模力的需求更低，可将产品减重高达20%，并且可以提升产品稳定性和耐用性。海天塑机集团自主研发的注塑机，可满足节能减排和对于原材料经济型的需求，采用发泡工艺，可将成品托盘减重10%～20%，总体方案可节能20%～40%。博创智能装备股份有限公司深耕行业多年，经过不断的技术创新和经验沉淀，如今已成为托盘注塑工厂及数字化工厂的极佳供应商之一。塑料托盘市场保有量的提升，促使托盘模具的需求量也在不断加大。浙江凯华物流科技深耕托盘模具设计、应用与开发，稳固提升模具品质，不断加大研发力度，采用微发泡和气辅工艺，致力于为客户提供轻量化、高品质的托盘产品，帮助企业降低物流成本。

随着每年百万片以上的循环共用托盘的诞生，托盘维修产业得到了较快发展。路凯大中华第一个大型自动化循环载具运营服务中心——嘉兴超级营运中心具有集约化、规模化的托盘高效维修系统，开启了托盘自动化维修分拣的新篇章。青岛赛帆作为国内木托盘生产维修设备的领头羊企业，其产品类型不仅涵盖托盘钉生产线、木料整理设备、输送线、面板机等自动化加工设备，同时还创新研发了托盘维修设备，可对回收的旧托盘进行检测，对于需要维修的托盘进行维修处理，对于废弃托盘进行拆解后回收，让托盘产品100%得到充分利用，以满足当前的市场发展需求和绿色可持续发展环保理念。

（九）加强企业合作，依托资本市场，共同打造托盘行业生态圈

企业间合作共赢具有强大的生命力。随着全球经济一体化进程的加快，企业需要在日益激烈的竞争中立于不败之地，通过强强联合，优势互补，凝聚力量，不仅可以加强企业核心竞争力，提高市场占有率，还可以在市场上取得更大的成功，获得新的发展机遇。

武汉爱帮租赁是一家提供物流标准用品全产业链整体优化解决方案的平台型企业，在国内首创"托盘众包，网络共享"模式，浙江旺平租赁是一家运营多年的区域性托盘租赁企业，在华东区域形成了良好的客户基础。为加强民营托盘租赁企业联合发展，爱帮租赁与旺平租赁于3月正式签署战略合并协议，对于托盘租赁行业的发展具有重大战略意义。4月，路凯与集保旗下中国业务

完成合并，成立路凯（大中华）控股有限公司，加速推进中国物流载具循环共用业务发展。截至目前，路凯已在国内消费品、汽配与生鲜等领域形成完整的业务布局，助力客户打造更经济、更高效且更具可持续发展价值的供应链。

托盘市场保持高速增长，企业的稳步发展离不开资金的支持。多层次资本市场可为企业提供多元化的融资渠道，帮助企业快速获得资金支持，从而促进其扩大生产、加强技术研发和产品创新。

2023 年，乐橘完成超亿元 B+ 轮融资，重点用于构建智能包装生产—运营—回收—再生的塑料循环经济，从而升级包装产品线，提升包装生产与塑料回收能力，搭建智慧物流与回收网络，进行产业链数智化建设等。深圳普拉托科技完成了 B 轮融资，主要用于数字化运营服务体系升级、供应链夯实提升、托盘池扩容及市场拓展。

（十）实施精益化管理，提升企业核心竞争力

精益化生产管理，是一种以客户需求为拉动，以消除浪费和不断改善为核心，让企业以最少的投入获取成本和运作效益显著改善的全新的生产管理模式。它的特点是强调客户对时间和价值的要求，以科学合理的制造体系来组织为客户带来增值的生产活动，缩短生产周期，从而显著提高公司适应市场万变的能力。随着时代的发展，托盘企业的管理方式也逐渐从粗放式管理慢慢过渡到规模企业管理，再过渡到精益化管理。江苏中和智能包装率先采用 JIT（准时制生产方式）、TPS（丰田式生产管理）和生产过程物联网管理，不仅有效地保证了产品品质的稳定性，同时还降低人工成本，提升了产能。浙江凯华物流科技持续推进并优化 KMS 精益管理系统，力争实现零切换浪费、零库存、零浪费、零不良、零故障、零停滞、零事故的"七个零"目标，精益求精，尽善尽美。

二、2024 年中国托盘市场展望

2024 年，我国现代物流仍将保持较强韧性，物流业的快速发展为托盘行业的发展注入新动能的同时也带来了新的挑战。随着全球经济复苏，中国企业加快"出海"步伐，开放型国际托盘共享平台的构建，带板运输的深入推进，自动化设备的更新迭代，未来会释放出对于托盘的巨大需求，给托盘行业带来新的动力。为此，我们要把握住托盘在全球化发展过程中，特别是在全球贸易、全球产业链、供应链发展过程中的基本定位。同时，托盘企业要不断创新，全面统筹企业在产品与服务方面的发展，从实际应用出发，通过技术创新，为行业和企业带来更优质的产品和创新的服务，在标准化、共享化、智慧化和绿色

化四个方面着力推动托盘行业高质量发展，保障物流业安全、稳定、高效、绿色运行，从而有效提升全社会的供应链效率。

（一）应用场景日益成熟，托盘循环共用迈入新阶段

多年来，国家相关政策对于托盘循环共用和带板运输大力推广，致力于有效降低全社会物流成本，企业聚焦"双碳"目标，共谋稳步推进绿色发展理念，"一带一路"托盘共享行动（BRAPS）有序开展，托盘循环共用正在向高速发展阶段快速迈进。未来要进一步深化托盘循环共用理念，实现各物流枢纽节点之间和各行业之间的托盘循环共用，加强国内国际托盘循环共用体系构建。托盘运营企业也将持续加强企业间的交流与合作，加大业务开发和投入力度，运用数字化手段，发挥"一带一路"托盘共享行动机制的作用，开展国内和国际托盘共享，必将掀起新一轮具有中国特色的托盘循环共用浪潮，以此更好地推动供应链的降本增效。

（二）行业社会多元驱动，带板运输迎来机遇

随着供应链的创新发展，会释放出对于托盘的巨大需求，将有更多的托盘走出仓库和物流园区，在供应链中发挥积极的作用。货运车型的标准化程度提高，物流企业的竞争将从单车运力转变为货物周转效率，托盘是实现快速装卸搬运的有效工具；人工成本不断上升，劳动力人口老龄化严重，迫切需要自动化、智能化和机械化替代人工劳动，托盘作为货物移动的基础单元不可或缺；数字化和智能化的发展，无人物流时代的到来必然要求货物单元化。我国已经处在带板运输大发展时代的前夕，托盘的应用将贯穿于整个供应链中，托盘入车、托盘入箱，沿着"一带一路"往西亚、中亚、欧盟、南美等方向进行拓展，跨国家使用，以此来提升供应链效率，更好地展现托盘的集装化应用。

（三）数字托盘优化升级，智能服务全面渗透

新一轮科技革命要求加快现代物流技术创新与业态升级，加快现代物流数字化赋能。未来托盘数字化将普遍得到推广，智能化、数字化的托盘在物流和供应链中将得到更加普遍的应用。托盘企业将继续提升各自在供应链领域的数字化服务能力，让托盘不仅作为用于承载货物的单元化物流器具，还用于货物的管理、货物的在途运输监测等，实现数字驱动、协同共享，通过物流载具联通上下游数据。托盘设备企业也将加大自动化和智能化设备的创新研发力度，不断优化产品设计，提高产品质量、性能和竞争力，提升企业综合实力，为行业提供整体解决方案，努力培育出一批具有国际竞争力的制造型企业，跟随

"中国制造"走出去，更好地服务于全球市场。此外，随着 AI 人工智能技术的发展，智能化服务还将渗透于托盘设计、维修与检测等多个领域。

（四）"双碳"目标要求明确，绿色发展势在必行

绿色创新有利于节约资源和保护环境，同时也符合绿色发展的新要求，要将绿色环保理念贯穿于托盘行业发展全链条，提升托盘行业可持续发展能力。托盘行业将推动绿色创新，大力发展绿色技术，推广使用绿色可持续的原材料，提高资源和废料回收利用率，有效实现社会绿色可持续发展。绿色新材料托盘的应用，不仅扩大了托盘的使用场景和应用范围，同时也为环保做了一份贡献。因此，提高轻量化绿色新材料的研发能力，扩大轻量化绿色新材料的规模化生产和应用，是未来托盘行业的发展方向。

（作者：中国物流与采购联合会托盘专业委员会　孙熙军　王芮）

2023 年物流技术装备市场发展回顾
与 2024 年展望

2023 年是全面贯彻党的二十大精神的开局之年，是实施"十四五"规划承前启后的关键之年，是现代物流体系建设的攻坚之年。在国家政策的引领下，在新一代信息技术的赋能下，我国物流技术装备的结构正在向多元化、高质量方向发展，产品技术水平显著提升、产业体系日趋完善，呈现市场规模、发展质量"双提升"的良好局面，一系列高效物流技术新模式新业态不断涌现，全球化合作加快。

一、2023 年物流技术装备市场发展回顾

（一）物流技术装备市场规模持续扩大

随着绿色物流和节能减排等相关政策的推动，电商、制造业和零售业的快速发展，全球供应链的优化和整合，物流行业对高效、智能的物流技术装备的需求不断增加，推动了物流技术装备市场的持续增长。此外，物联网、大数据、人工智能等技术的不断发展和应用，为物流技术装备市场提供了持续增长的动力。

（二）物流技术装备市场细分化趋显

随着物流行业的专业化发展，物流技术装备也在不断向精细化和专业化的方向发展。例如，仓储设备、运输设备、分拣设备等都逐渐形成了自己的细分市场。这种专业化和精细化的发展趋势使得物流技术装备市场的细分化趋势更加明显。

（三）物流技术装备升级迭代加快

国家政策鼓励物流技术的研发和创新，为物流技术装备的发展提供了良好的政策环境。在创新驱动下，为了满足不断变化的市场需求和提升竞争力，新的技术、材料和设计理念不断涌现，物流技术装备企业不断推出新产品、新技术，推动物流技术装备的升级迭代。

（四）物流技术装备产业链协同发展加速

物流技术装备产业链上游的钢铁、机械、电子元器件等产业与下游的汽车制造、工程机械、服装家电、物流仓储等产业协同发展，形成了完整的产业链条。这种协同发展为物流技术装备市场的健康发展提供了有力支撑。

（五）物流技术装备"出海"加快

物流技术装备企业"走出去"的范围和层次不断拓展，"出海"已经呈现出智能化、物联化、生态化、全球化及场景化的态势。国内国际双循环相互促进的全新格局为我国技术装备企业提供了良好发展机遇，为推进"一带一路"和经济全球化制造了更多机会。

二、物流技术装备市场概况

（一）仓储技术装备市场

2023 年，仓储行业转型升级取得丰富成果，工作效率和管理水平得到了显著提升。从工作效率来看，仓储企业依托互联网、物联网、云计算、大数据等技术的支撑，大幅度提高了仓储智能化和自动化水平；从管理水平来看，仓储以满足供应链上下游需求为目的，在特定的场所，运用科技手段对物品的装卸、储存、分拣、包装、配送及相关信息实现了有效的计划、执行和控制。

仓储自动化和智能化水平有所提高。从自动化水平来看，堆垛机、分拣机、AGV 等智能化设备以及 MES、WMS、WCS 等系统软件在仓储企业的应用状况良好；从智能化水平来看，通过融入人工智能和大数据等先进技术，智能仓储将在未来与产线紧密衔接，使生产和仓储物流完美结合，实现真正意义上的智能工厂。

中国物流与采购联合会数据显示，2023 年 1—12 月，中国仓储指数全年均值为 51.5%，较 2022 年提高 2.1 个百分点，增幅显著。分季度来看，四个季度均值分别为 49.9%、51.9%、52.6%、51.6%，前三季度呈持续回升走势，第四季度略有回落，但均值仍位于扩张区间，向好态势未有改变（见图 1）。显示出在我国经济保持相对稳定运行的背景下，仓储需求不断扩大，仓储行业呈现持续向好的发展态势。展望 2024 年，我国经济向好运行的基础较为坚实，仓储需求有望保持温和增长，行业发展动力将持续夯实。2023 年各月仓储业务量指数见图 2。

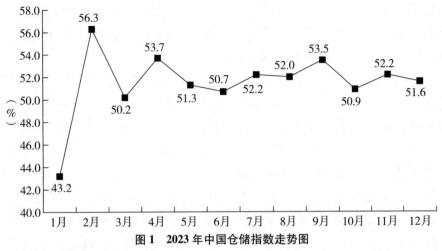

图 1　2023 年中国仓储指数走势图

资料来源：中国物流与采购联合会。

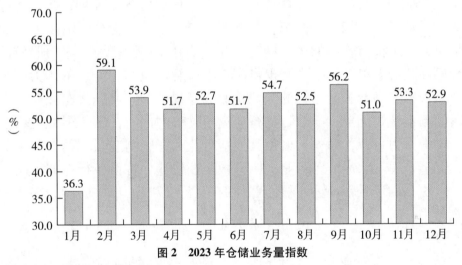

图 2　2023 年仓储业务量指数

资料来源：中国物流与采购联合会。

当前，在智能制造产业的发展热潮下，受益于国家政策的大力支持，堆垛机和立体库等储存技术、光幕和 DWS（数据仓库系统）等称重量方技术、自动输送分拣技术、CTU（采集传输单元）等订单处理技术、大数据及数字孪生等管理技术已经在一些专业仓储企业中大量应用，整个行业向自动化、智能化方向迅速发展。同时，伴随国内智能物流和智能制造市场需求的快速增加，以及资本的助推，物流仓储环节降本及一体化发展提速，国内出现了一批中小企业，已经基本形成了完整的智能物流和智能制造系统产业链，行业进入快速发展时期。

1. 系统集成

2023 年我国物流系统集成市场是充满机遇与挑战的一年，企业需要创新发展，行业需要转型升级。逐渐白热化的市场竞争中，作为产业链的中游，物流系统集成企业之间的角逐转向了比拼实力，部分企业也在积极布局上游产业，进入海外市场成为很多集成商的必选项。

智能仓储系统较为广泛地应用于家电家居、汽车、通信电子、设备制造、医药健康行业等各种制造型企业的生产及配送流通领域，能有效提升储存空间，降低储运损耗，提高仓库管理的智能化水平。下游应用行业带动仓储物流系统的数字化、智能化不断升级，为智能仓储的发展提供了广阔的市场空间。

多家系统集成企业在 2023 年表现突出。北自科技深耕物流领域 40 多年，主营业务毛利率逐年提高，2023 年上半年营收达到 8.61 亿元，净利润为 6891 万元；音飞储存发力新能源、冷链、跨境电商等行业，随着海外工厂的投建，音飞储存将拓展营销渠道，提升国际市场的订单额和订单质量；德马科技具备较明显的产业链竞争优势，将公司智能物流装备+新能源装备业务有机串联，实现了双轮驱动、集中突破，具备明显的全球化运营领先优势；兰剑智能在航空航天、通信设备、烟草、医药、新能源、工程机械、食品、电商等行业持续取得订单，继续保持较高的客户黏度，并成功开拓白酒行业；诺力股份从设备制造商不断拓展至综合解决方案提供商，把智慧物流与智能装备作为两大业务支柱，积极推进高端工业车辆的全球化业务布局，加速实施大车战略；今天国际在巩固新能源、烟草、石油石化行业竞争优势的同时，新拓展大型商超、医药、酒类等潜力行业，另外，聚焦其他新行业和智能制造领域的业务拓展，例如汽车制造、军工、冷链等行业；中科微至在快递分拣设备行业的策略是做大规模，以更多的场景带动公司核心部件的销售，以核心部件的能力提升公司的整体竞争力。

2. 叉车

2023 年，叉车行业迎来了新的发展高潮，不仅销量显著增长，市场集中度也有了显著的提升，显示出行业的成熟与稳健。国外叉车品牌如丰田、凯傲、永恒力等继续在全球市场占据重要位置，而中国本土品牌如安徽合力、杭叉集团等也展现出强大的市场竞争力。尤其值得注意的是，中国叉车销量在全球市场的占比从 2016 年的 32.10%上升到 2023 年的 55%以上，这一跃升反映了中国叉车行业的快速发展和国内市场的巨大潜力。

叉车作为核心物料搬运工具，行业下游需求主要和制造业、仓储物流需求相关，由于应用场景更广，销量波动性显著低于传统工程机械，行业近五年的销量复合增速为 16%。2023 年全球叉车市场规模约为 1700 亿元，其中海外市场约为 1200 亿元，国内市场约为 500 亿元。江淮叉车 2023 年度销售各类型叉车突破 20000 台，同比增长超 30%，其中国内市场同比增长 10%，保持稳定发展，国际市场同比增长 40%，实现大幅增长；徐工在 2023 年入选"2023 福布斯中国·出海全球化品牌 TOP 30"，在自己的全球化征程中迈出了重要的一步。

2023 年的叉车行业受益于多个因素，包括制造业的回暖、电动化的推进、机器替人的趋势以及国际化战略的实施。电动化趋势特别明显，电动叉车因其环保和成本效益而日益受到市场的青睐。同时，随着国内外市场需求的增长，叉车行业的技术创新和产品升级也在加速进行。

3. AGV/AMR

在全球经济增长放缓的大背景下，移动机器人行业逆势增长。移动机器人市场是一个多样化的行业，其产品涵盖了多种形式、风格和技术，可以对各行各业的工作流程和过程进行一定程度的自动化。

2023 年，国内移动机器人企业推出了超 50 款 AGV/AMR 新品，产品类型丰富，各有其独特的应用场景和技术特点，展示了中国移动机器人企业的创新能力。

整体来看，2023 年的 AGV/AMR 新品呈现出以下特点和趋势："行业专机"增多，针对光伏、锂电等大热行业的需求特点，部分企业推出"行业专机"及创新解决方案，赋能细分行业智能化生产；标准化，新品大多采用模块化设计，在产品形态、场景通用性方面进行优化，标准化程度不断提高；智能化，移动机器人智能化升级加速，导航方式更为柔性，借助 AI、5G、云计算、大数据等先进技术，AGV/AMR 的感知能力、理解能力以及自主决策能力进一步提升。

2023 年，AGV/AMR 销售规模约为 220 亿元，同比增长 18.9%；销售数量约为 115000 台，同比增长 23.7%。同时，2023 年 AGV/AMR 领域共发生 24 起融资事件，融资总额累计超过 18 亿元。其中华睿科技、灵动科技、木蚁机器人、华章智能等 9 家企业获得了超亿元的融资。

2023 年延续了 2022 年的"出海"热潮，极智嘉、快仓、海康机器人、斯坦德机器人、劢微机器人、未来机器人、海柔创新、诺力智能等移动机器人企业在海外加速布局和探索。随着下游相关产业对 AGV/AMR 产品性能以及品种多样化要求的不断提高，相关厂商为了保持技术领先性及产品竞争力，在已形成相当规模技术储备及产品矩阵的基础上，仍持续进行新技术、新产品的开发投入，从而对潜在的市场进入者构成了较高的技术壁垒。未来，将会有越来越多的企业开启"出海"模式。

4. 输送分拣

随着物流业的不断发展，订单量不断提高，越来越多的企业倾向于使用自动化技术完成分拣工作，以提高效率。如今，我国自动分拣设备主要应用在快递物流、电商、烟草、医药、汽车、图书、食品和机场包裹等领域。

目前，市场上的自动分拣设备种类多样，如皮带分拣输送机、滚筒分拣输送机、螺旋分拣输送机等，虽各具特点，但总体由四大部分组成。一是输送系统，二是识别系统，三是控制系统，四是分拣器件。在各种全新的应用场景下，自动化输送分拣技术迎来创新应用。

随着 3D 视觉和 AI 技术的快速发展，用 3D 视觉和 AI 算法去进行柔性分拣场景下的作业正走向普遍。"AI+3D 视觉"带来的自动化柔性提升，可以突破智慧物流增长的瓶颈，极大拓宽客户覆盖的边界。在分拣的混拆混码过程中，机械臂运用基于深度学习的 3D 视觉、运动规划及控制、垛型规划等核心技术，可同时码放多个含有不同 SKU 的托盘，实时生成满足不同业务与 SOP（标准作业规范）规范的稳定垛型，可将不同 SKU 的货物码放至同一托盘，且支持同时处理多个托盘。

此外，在仓库分拣场景中，通过使用 PDA 仓储管理系统，企业可以大幅度提高货物的入库、出库和盘点速度，从而整体提升仓储效率。自动化的系统减少了人工干预，降低了人力成本。PDA 仓储管理系统还具有良好的可扩展性，可以根据企业的实际需求进行定制和扩展，满足不同规模和类型的企业需求。

智能化、自动化和个性化是分拣技术市场的主要发展方向。越来越多的企业开始引入人工智能、机器学习等技术，以提高分拣系统的智能化水平。同时，自动化分拣系统也得到了广泛应用，通过引入机器人、自动化设备等，实现货物的自动识别和分类。此外，随着市场的不断细分，个性化分拣系统也逐渐成为市场的新热点，满足不同行业、不同场景下的个性化需求。

5. 拣选设备

在仓储作业中，拣选作业是重要也是难解决的环节之一，尤其拆零拣选往往会耗费大量成本，其工作量可占到整个仓储作业的 40% 以上。与整件（箱）拣选相比，拆零拣选的作业难度更大，对人的依赖性更强。根据人员行走距离或作业方式的不同，拆零拣选主要有"人到货"和"货到人"两大模式。传统的"人到货"模式是货物在货架上以固定货位储存，由操作人员到达货位进行拣选，主要包括纸单拣选、RF 拣选、电子标签拣选、语音拣选、AR 眼镜拣选等不同技术方案。"货到人"模式则是由自动化物流设备或系统将整托盘或料箱的货物搬运至固定地点（拣选站），再由人员进行拣选。利用移动机器人实现大规模"货到人"分拣已成为近年国内市场的亮点。

京东物流与海柔创新共同发布"ACR+自动分播墙"联合解决方案。针对鞋服、医药、图书等行业多品类、多 SKU、多流向的物流特点，该方案通过自动化设备，从分货、上架、拣选三个环节全面提升正逆向仓储作业效率。

CTU（Container Transferring Unit，料箱机器人）是根据订单分析结果，将相对应的料箱传给箱线或从箱线上收取料箱的设备，其改变了"货到人"作业模式，实现从"货架到人"到"货箱到人"，目标更精准，使订单的执行效率更高。CTU 具有高柔性、高自动化、作业精准、应用灵活、安全可靠等特点。CTU 适用于多 SKU 的密集储存与拣选场景，依托高效、智能、能耗低的拣选功能实现单、多料箱储存搬运，精准配送入库，可解决传统料箱级解决方案"最后 100 米"的配送难题；有效提高了订单拣选效率的同时可以保证安全取放，达到精准出入库的效果。

技术创新是驱动物流拣选技术市场发展的重要动力。目前，以自动化、智能化和数字化为核心的新一代拣选技术正在成为主流。

（二）运输技术装备市场

运输是物流的中心环节之一，运输技术的创新与变化也影响物流行业的改革与发展。借助 5G、大数据、人工智能等新型科技的推力，运输技术在无人驾驶等领域加速发展，成为加速提高物流行业整体智慧化水平，实现物流行业提质增效降本的强劲动力。

随着运输技术的不断进步，物流领域正在经历前所未有的变革，各种新型载运工具应运而生，在提高物流效率、降低成本、减少碳排放以及提高运输质量等方面发挥着重要作用。

2023 年，是我国物流车产业转型升级和高质量发展的关键时期，中重卡市场重回百万辆规模，中重卡市场累计销售 101.82 万辆，同比上涨 33.0%，成为行业增长的主要动力源。据统计，国内牵引车（包括柴油、天然气、新能源等所有燃料类型）2023 年累计实销 37.9 万辆，同比增长 69.8%，较 2022 年净增长约 15.6 万辆。

1. 新能源物流车

新能源物流车作为新能源汽车的分支市场，近年来，得益于电商和快递行业的快速发展，已经迅速崛起成为新增长极。与此同时，我国新能源物流车市场正不断释放需求和政策红利，带动新能源物流车销售。近年来，受柴油国六法规实施、油价连连攀升、运价低迷等不利因素的影响，传统汽车的物流运输市场需求低迷，加上"双碳"战略的持续推动，城市交通管理和环保政策也不断鼓励新能源物流车在城市配送领域的应用，新能源物流车逐渐成为政府大力推广的新型交通工具，为新能源物流车市场带来了巨大的需求窗口。2022—2023 年新能源物流车年度销量表现、2022 年和 2023 年新能源物流车月度销量对比情况见图 3 与图 4。

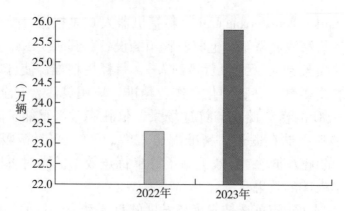

图3 2022—2023年新能源物流车年度销量表现

数据来源：电车资源。

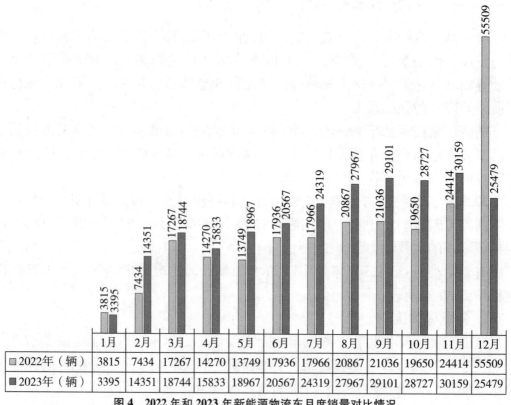

	1月	2月	3月	4月	5月	6月	7月	8月	9月	10月	11月	12月
2022年（辆）	3815	7434	17267	14270	13749	17936	17966	20867	21036	19650	24414	55509
2023年（辆）	3395	14351	18744	15833	18967	20567	24319	27967	29101	28727	30159	25479

图4 2022年和2023年新能源物流车月度销量对比情况

数据来源：电车资源。

2023年2月，《工业和信息化部等八部门关于组织开展公共领域车辆全面电动化先行区试点工作的通知》明确指出，在试点期（2023—2025年）内要推广各类新能源汽车数量达到204万辆。2023年5月，《国家发展改革委 国家能源局关于加快推进充电基础设施建设 更好支持新能源汽车下乡和乡村振兴的实施意见》提出，要适度超前建设充电基础设施，支持农村地区购买使用各类新能源汽车，强化农村地区新能源汽车服务管理。新能源汽车下乡政策的宣传和实施，不仅扩大了新能源汽车在广大乡村的影响范围，同时也进一步促进了上半年价格较低的电动轻卡、电动微卡等在乡村市场销量的增加。

2023年6月，财政部、工业和信息化部及税务总局印发《关于延续和优化新能源汽车车辆购置税减免政策的公告》，提出新能源汽车购置税再延续4年减免政策，但对以新能源物流车为主体的新能源商用车不设限额。政府对新能源汽车和可再生能源的推广给予了广泛的支持和鼓励。通过制定购置补贴、免税政策、建设充电网络等措施，政府鼓励消费者购买和使用新能源汽车等政策的陆续出台，进一步利好新能源物流车的销售。

2023年，新能源物流车以纯电充电技术路线为主，燃料电池、插电式混动及纯电换电等技术类型的发展逐渐加速。在"双碳"的大背景下，现代物流产业新能源化提速，长线物流领域的新能源化更有助于燃料电池、插电式混动等车型的销售，特别是轻卡的插电式混动产品，2023年有所起量。

2023年，中面增量最高，但合并面系车型来看，仅仅微增，卡系车型全线正增长，微卡、小卡车型在今年销量持续走高，卡系车型市场份额已达38%。

2023年，新能源重卡销量共计3.5万辆，呈现近40%的高增长，也证明了目前重卡新能源化进程正加速前进。纯电充电重卡以1.6万辆超越纯电换电重卡成为今年最大单一细分市场，燃料电池重卡在应用示范城市群的带动下，同比增长40.6%。

2. 无人驾驶

当前，全球汽车产业正处于转型升级的关键期，能源革命、功能革新促使汽车从出行和运输工具向移动空间、共享工具等具备多元化应用功能的产品形态发展。随着人工智能技术的不断进步，深度学习和机器学习等新技术的出现为无人驾驶车辆带来巨大的推动力。各种载运工具与信息通信、人工智能等技术的深度融合，使无人驾驶成为展现国家技术实力、创新能力、产业活力和社会价值的新名片。

无人驾驶技术正逐渐成为物流运输领域的新宠。由于能够大幅度提高运输效率和安全性，自动驾驶车辆将在未来的物流运输市场中占据重要地位。尤其是针对长途货运和固定路线的配送，自动驾驶技术将发挥巨大作用。科技的飞速发展为无人驾驶技术提供了有力的支撑。全球多个国家和地区对于无人驾驶的测试和应用步伐逐渐加快，良好的政策法规环境正持续构建，应用场景日趋丰富，商业运营加速探索。

3. 卡车后市场

我国的载货车辆保有量达到3000多万辆，维修市场达到6000多亿元的市场空间。持续增长的卡车保有量带来了巨大的运维需求，也催生了规模化的后市场。国内汽车后市场乘用车与商用车完全割裂，商用车维修供给端的商业生态粗放原始，标准化程度远低于乘用车后市场。商用车维修市场较为粗放，规范性差，以及商用车维修市场维修人员的知识水平和技术水平普遍偏低，体系化、规范化管理水平较低。

在低碳化、电动化、网联化、数字化背景下，在尾气排放标准持续升级、新能源化加速渗透、车联网兴起和车队组织化提升等内外部因素多重渐次影响下，商用车维修端有望逐步开启优胜劣汰。随着国六标准车型起量，复杂电控车辆会加速渗透，复杂的 OBD 监测诊断、国六标准远程数据监控技术等综合化专业化的维修服务将逐步爆发。

2023 年 7 月 1 日，被称为拥有最严苛排放标准的国六 b 正式实施，正在加快卡车售后格局的重塑，同时加速传统售后优胜劣汰的步伐。9 月 22 日，《交通运输部办公厅关于征求道路运输等 6 个公路领域标准体系意见的通知》，就涉及汽车维修标准体系建设的说明，说明各部委已经开始重视汽车维修行业的规范化、高质量发展。10 月，商务部等 9 部门联合发布《关于推动汽车后市场高质量发展的指导意见》，明确了汽车后市场发展的总体目标和主要任务，系统部署推动汽车后市场高质量发展，促进汽车后市场规模稳步增长，市场结构不断优化，规范化水平明显提升，持续优化汽车使用环境，更好满足消费者多样化汽车消费需求。

4. 国际化市场

2023 年 1—8 月，我国汽车出口延续快速增长趋势，商用车出口 48.6 万辆，同比增长 31.1%；其中，卡车依旧是商用车出口的主要车型。卡车累计出口 334591 辆，同比增长 33%。新能源卡车累计出口 24425 辆（含纯电动和插电式混动），与去年同期的 6942 辆相比，增长 252%。主要有以下影响因素。

（1）市场需求增长。

随着全球化的深入发展，国际贸易和跨国投资日益频繁，运输需求持续增长。特别是新兴市场，由于经济快速发展和人口增长，对运输技术装备的需求尤为旺盛。这为运输技术装备的国际化市场提供了广阔的空间和良好的机遇。

（2）技术创新驱动。

技术创新是推动运输技术装备国际化市场发展的关键因素。随着人工智能、物联网、大数据等技术的不断发展，运输技术装备也在不断创新和升级。这些技术的应用使得运输装备更加智能化、高效化、环保化，满足国际市场对高品质、高性能运输装备的需求。

（3）国际竞争加剧。

虽然国际化市场为运输技术装备提供了广阔的发展空间，但竞争也日趋激烈。国际市场上的竞争对手来自多个国家和地区，具有不同的技术水平和市场优势。因此，运输技术装备企业需要加强技术创新和产品研发，提高产品质量和性能，以在国际竞争中占据有利地位。

（4）政策支持与合作。

各国政府为促进运输技术装备的国际化发展，纷纷出台政策支持企业"走出去"。例如，提供税收优惠、资金扶持、简化审批程序等。同时，加强国际合作也是推动运输技术装备国际化发展的重要手段。通过与国际组织、跨国公司等建立合作关系，共同研发和推广先进的运输技术装备，有助于提升企业的国际竞争力和市场份额。

（5）挑战与机遇并存。

在运输技术装备国际化市场的发展过程中，企业面临诸多挑战。例如，不同国家和地区的市场需求、技术标准、法律法规等存在差异，企业需要适应和应对这些挑战。同时，国际市场上的贸易保护主义和地缘政治风险也可能对运输技术装备的国际化市场带来不利影响。

然而，挑战与机遇并存。随着全球经济的复苏和贸易的增长，运输技术装备的国际化市场仍然具有巨大的发展潜力。企业需要抓住机遇，积极开拓国际市场，提高产品质量和服务水平，加强技术创新和市场推广，以应对挑战并赢得市场份额。

2023年运输技术装备国际化市场呈现出需求旺盛、技术创新驱动、国际竞争加剧等特点。企业需要制定全面的国际化发展战略，加强合作，抓住机遇并应对挑战，以推动运输技术装备的国际化市场发展。

三、2024年物流技术装备市场展望

2024年是实现"十四五"规划目标任务的关键一年，物流技术装备数智化转型继续推进，行业应用不断拓宽，智能装备创新、企业跨界发展、企业联合共生等新变化与新趋势共存。

（一）仓储技术装备市场

具体表现为以下几个方面。

一是物流技术装备创新与智能化升级加快。随着物联网、大数据、人工智能等技术的不断发展，物流技术装备将实现更高程度的智能化和自动化。例如，无人仓库、无人机配送、智能搬运机器人、无人驾驶等技术将进一步普及和优化，提升物流效率和准确性。

二是物流技术装备服务化趋显。随着智慧物流的发展，物流系统日趋复杂，自动化、信息化、智能化水平不断提高，维护物流系统越来越需要具备更加专业的能力。同时，物流需求的多样化使得物流技术装备企业需要提供更为个性化和定制化的服务，以满足不同行业、不同规模的物流企业的需求。

三是物流技术装备全球市场拓宽。随着全球贸易的不断发展和新兴市场的崛起，物流技术装备企业将积极拓展全球市场，提升国际竞争力，加快在新兴市场的发展。例如，亚洲、非洲和拉丁美洲等地区的物流市场正在快速发展，对高效、智能的物流技术装备的需求将持续增长。

四是物流技术装备跨界融合与合作加强。物流技术装备行业将进一步加强与其他行业的跨界融合与合作，如与电商、制造业、零售业等行业的深度融合。跨界合作可以推动物流技术装备的创新应用和发展，实现互利共赢。

（二）物流运输技术装备市场

在物流运输技术装备方面，技术进步、市场需求、政策环境、全球经济趋势利好，2024年物流运输技术装备市场有望延续增长态势。

一是技术进步加速。预计2024年，自动驾驶、无人机、电动汽车等运输技术装备将进一步成熟。特别是自动驾驶技术，随着传感器、算法和数据处理能力的提升，其商业化应用将取得更大突破。

二是市场需求持续增长。随着全球贸易的繁荣和电商市场的不断扩大，物流需求将继续增加。这将推动运输技术装备与市场的发展，尤其是高效、智能、环保的运输装备将更受欢迎。

三是政策环境更加友好。为了应对气候变化和环境污染问题，各国政府可能会出台更多支持环保型运输装备的政策。这将为电动汽车、混合动力汽车等环保型运输装备提供更多的市场机会。

四是基础设施进一步完善。随着充电设施、5G网络等基础设施的普及和完善，运输技术装备的运行环境将得到进一步优化。这将为新型运输装备的应用和推广提供更好的条件。

五是市场竞争更加激烈。随着技术的不断进步和市场的不断扩大，运输技术装备市场的竞争将更加激烈。企业需要在技术创新、成本控制、市场推广等方面持续努力，以保持竞争优势。

六是新兴市场崛起。发展中国家和地区将成为运输技术装备市场发展的新兴力量。随着城市化进程的加速和物流需求的增加，这些国家和地区将为运输技术装备市场带来新的增长机遇。

2024年运输技术装备市场有望继续保持快速增长的态势，同时面临更加激烈的市场竞争和更加复杂的市场环境。企业需要密切关注市场动态和技术趋势，不断调整和优化自身的战略与业务模式，以适应市场的变化和满足客户的需求。

（作者：中国物流与采购联合会物流装备专业委员会　施　伟　朱　应）

2023 年物流信息服务平台发展回顾与 2024 年展望

平台经济是以互联网平台为主要载体，以数据为关键生产要素，以新一代信息技术为核心驱动力，以网络信息基础设施为重要支撑的新型经济形态。《国家发展改革委等部门关于推动平台经济规范健康持续发展的若干意见》指出，要增强平台创新发展能力，支持平台加强技术创新和鼓励平台企业开展模式创新，引导平台企业进一步发挥平台的市场和数据优势，积极开展科技创新，提升核心竞争力，鼓励平台企业在依法依规前提下，充分利用技术、人才、资金、渠道、数据等方面的优势，发挥创新引领的关键作用，推动"互联网+"向更大范围、更深层次、更高效率方向发展。

一、2023 年物流信息服务平台发展回顾

1. 推动平台经济高质量发展成为国家战略

《"十四五"现代物流发展规划》明确指出，要打造制造业物流服务平台，实现物流资源共享和过程协同，提高生产制造和物流服务一体化运行水平，形成技术驱动、平台赋能的物流业制造业融合发展新生态。推动大型物流企业面向中小微企业提供多样化、数字化服务，稳步发展网络货运、共享物流、无人配送、智慧航运等新业态。

另外，中央经济工作会议特别强调支持平台企业发展，大力发展数字经济，以产业链安全化为基本，以产业结构高端化为导向，以产业模式新型化为方向，加快构筑产业高质量发展新生态。其中，平台是数字经济的支撑，是数字科技创新主力军，在畅通双循环、促进制造业转型升级、解构和重组产业链中起到积极推动作用。

2. 平台型物流企业主要经营情况

据中国物流与采购联合会物流信息服务平台分会（以下简称平台分会）在全国范围内开展的调查统计，2023 年我国平台型物流企业主要经营情况如下。

从企业构成类型看，在平台型物流企业中，国有或国有控股企业与民营企业占比均为 50%（见图 1）。与去年相比，国有或国有控股企业占比明显提升，

说明网络货运业态经过近 4 年的发展已度过野蛮生长期，企业发展路径及运营模式逐步清晰，行业合规性逐步提高，更多的国有企业涉足该领域，助力行业平台化、数字化转型。

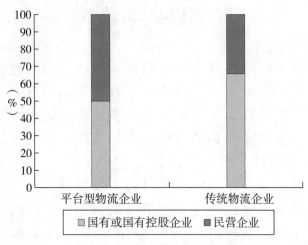

图 1　物流企业类型分布

从运输货物品类看，70.35% 的平台型物流企业涉及矿产、建材等大宗商品运输业务，其比例高于传统物流企业（见图 2），说明平台型物流企业在大宗商品运输方面与传统物流企业相比具有较大的资源聚集优势。与 2022 年相比，从事快递电商产品及冷链运输的平台型物流企业占比有所提高，总体占比甚至超过传统物流企业，说明平台型物流企业正在各垂直细分领域向专业化、精细化发展。依托全程透明、可控的数字化管理能力，在专业细分领域其核心竞争力正逐步赶超传统物流企业。

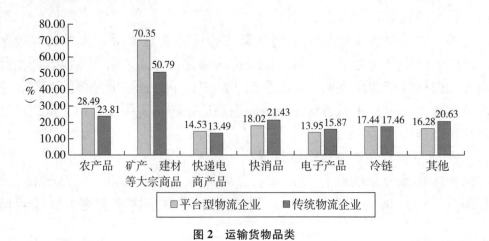

图 2　运输货物品类

由于《网络平台道路货物运输经营管理暂行办法》明确指出网络货运平台禁止承运危化品，因此暂未统计危化品承运情况。

从营业收入看，年营业收入为100亿元及以上的平台型物流企业占比与上年度基本持平，说明头部企业已形成规模效应，运营情况较为稳定。规模在3亿元以下的中小型企业占比相比于去年进一步降低，难以依靠平台实现规模效应，甚至有部分企业放弃网络货运经营资质，收购、并购现象频出。平台型物流企业年营业收入见图3。

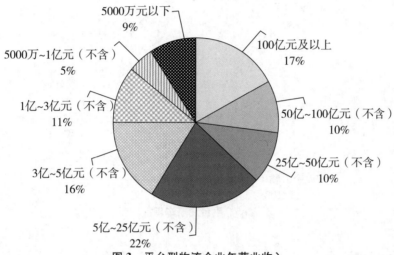

图3 平台型物流企业年营业收入

从营业收入构成看，网络货运业务收入占比连续两年呈下降趋势，说明平台在开展网络货运业务的基础上逐步丰富服务内容，收入构成多元化，盈利能力逐步提高。金融保险、ETC等增值服务业务收入占比连续两年呈上升态势。占比较高的"其他业务"主要为其他类型的服务平台提供的油、气等车后市场服务。平台型物流企业营业收入构成见图4。

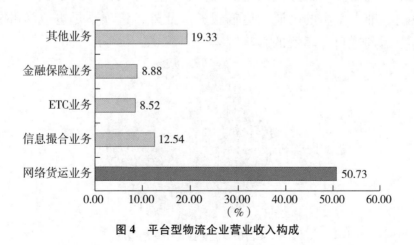

图4 平台型物流企业营业收入构成

从平台注册车辆数看，77%的平台注册车辆数达到1万辆以上（见图5），与2022年相比进一步提升，而仅有不到15%的传统物流企业自有车辆数能达到1000辆，绝大多数传统物流企业自有车辆数在100辆以下。可见与传统物流企业相比，平台型物流企业在运力资源整合方面具有明显优势，可调配运力达到传统物流企业的几十倍甚至上百倍，这也为平台型物流企业能够快速扩张业务规模，实现规模效应奠定了良好的运力基础。

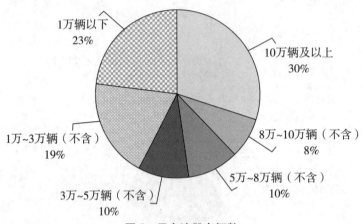

图5 平台注册车辆数

从平台型物流企业注册车辆构成看，平台自有车辆占比达到21%（见图6），比例进一步提升，主要来源于传统三方物流企业的转型升级，其将企业自有车辆作为运力池的一部分。在原无车承运人试点期间，特别强调运输工具的"非自有属性"，而2019年网络货运的法律地位明确之后，关注重点由"无车"转向"承运"，这也为传统物流企业转型升级提供了可能。此外，部分平台型物流企业为提升服务质量、丰富运输产品类型，也会通过少量购置自有车辆，采取差异化定价和服务模式，为部分价格敏感度低、追求服务质量的货主提供时效快、准点率高的高质量运输服务。此外，进项不足也成为部分平台型物流企业考虑购置自有车辆的影响因素。

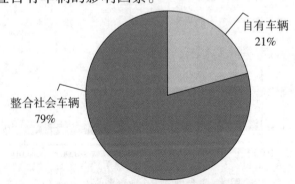

图6 平台型物流企业注册车辆构成

3. 物流行业平台化转型意愿依然明显

据平台分会调查统计，71%的传统物流企业有意愿转型或拓展物流平台业务（见图7），特别是网络货运业务。该比例较上年度略有下降，原因是2022年已有相当数量的国有企业完成平台化转型。

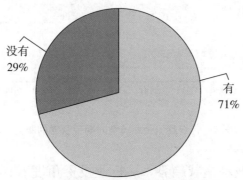

图7　传统物流企业平台化转型意愿

由图8可知，37%的传统物流企业在平台化转型时期望通过SaaS服务搭建服务平台，这一比例与2022年基本持平。原因是传统物流企业虽然在货源、车源组织方面具有成熟的经验，但技术人才储备不足，在平台的搭建及运营方面缺乏经验，且成本预估不到位，前期建设一次性投入较大，后期运维及人力成本较高，企业难以负担。虽然通过SaaS服务搭建服务平台可缩短平台建设周期，降低一次性投入成本和后期运维成本，但SaaS服务可能无法满足企业的个性化需求，企业应充分权衡利弊，把握平台化转型的目的并逐步构建企业核心竞争力。此外，联合建设及部分研发工作外包也是企业可以考虑的平台建设方式。传统物流企业转型时期望获得的服务见图9。

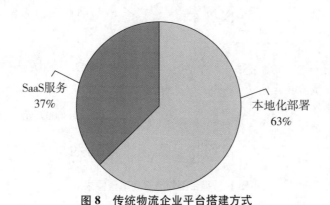

图8　传统物流企业平台搭建方式

4. 数字货运平台即将迎来上市热潮

据相关统计，2015—2023年9月，中国物流行业融资金额呈波动递增趋

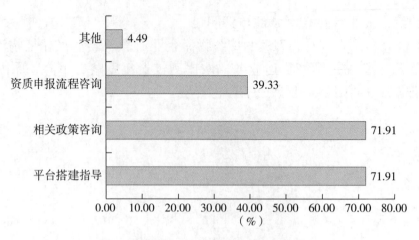

图 9　传统物流企业转型时期望获得的服务

势，融资事件数量呈波动递减趋势。从行业投资角度看，物流是个典型的大市场分散赛道，物流信息化是投资机构喜爱的投资赛道，截至 2023 年 9 月有 20 起，整体热度远高于其他细分领域。2023 年 3 月，路歌成功上市，成为首家在港交所上市的以物流企业为服务对象的数字货运服务商，多家企业进入上市准备期。可见，平台型物流企业的发展已进入成熟期，并购乃至上市成为资金流向的主要阵地。初创型交易类平台型物流企业若无新颖的运营模式或独特的资源已难以吸引资本的眼球。

除公开的大额投融资外，平台型物流企业的其他融资需求较上年度也呈现较为明显的波动。平台型物流企业融资需求见图 10。

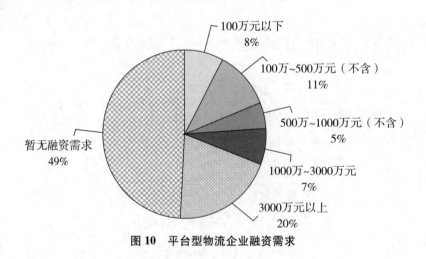

图 10　平台型物流企业融资需求

调查显示，近半数企业并无融资需求，这一比例远高于上年度，说明经过一段时间的发展，企业资金链紧张的问题得到一定程度的解决。

从平台型物流企业融资用途来看，由于物流企业普遍存在 1~3 个月的账期，而个体司机则大部分要求及时支付运费，因此企业融资主要用于运费的预付和垫付，少部分用于支付人力及运营成本（见图11）。传统金融模式下，银行或其他金融机构以资产质押为授信依据，没有建立适用于平台型物流企业的风控体系，需要依靠供应链金融解决长期以来平台型物流企业贷款难的问题。

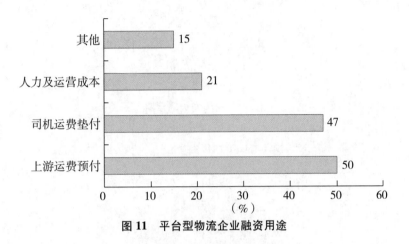

图 11　平台型物流企业融资用途

5. 平台型物流企业发展预期

绝大多数企业的经营预期好于上年度。据统计，超过50%的企业预计经营情况较上年度将增长0%~20%（不含），仅有约10%的企业预计将亏损，这一比例较上年度有所下降（见图12至图14）。

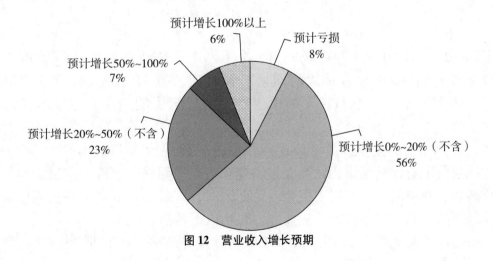

图 12　营业收入增长预期

6. 网络货运平台发展遇到瓶颈

截至2023年9月底，全国共有2937家网络货运企业（含分公司），整合社会零散运力728.8万辆，整合驾驶员602.6万人。第三季度共上传运单

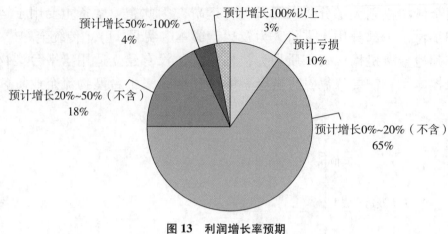

图 13　利润增长率预期

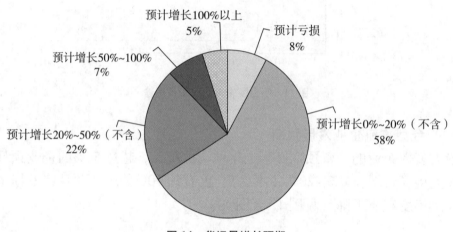

图 14　货运量增长预期

2747.0 万单，同比增长 16.8%。网络货运是平台经济在物流行业重要的表现形式。《网络平台道路货物运输经营管理暂行办法》有效期还将继续延长，说明网络货运业态在发展中依然有亟待解决的问题，主要包括以下几个方面。

（1）网络货运企业数量增长放缓，历史遗留问题亟待解决。

从数量上看，网络货运注册企业增速较去年同期略有下降，网络货运经营资质转让、注销的情况也时有发生。与此同时，有部分企业在经营过程中遇到了发展瓶颈，规模扩张较慢，主要原因包括以下两点。

一是同质化竞争严重，仅依靠开展结算业务获利，未形成企业核心竞争力，无法在已进入成熟期的行业中生存。

二是在现行税务体制下，网络货运平台企业进项获取难、抵扣链条不完整、进项错配等问题依然无法解决，使得企业不得不依靠财政奖励弥补进项不足带来的成本上升。

（2）数据应用缺乏方向，数据孤岛依然存在。

网络货运平台虽然沉淀了大量的业务数据，但依然存在数据共享壁垒和数据孤岛，没有实现真正的互联互通。在《中华人民共和国数据安全法》等法律法规的约束下如何进行数据的交换和交易仍是未来需要探索的问题。

（3）集中在公路运输领域，多式联运平台的发展仍需探索。

从政策的定义来看，网络货运仅限于公路运输，但网络货运作为运输甚至供应链的一部分，依托其数字化程度和数据应用能力，打通与其他运输方式的数据接口，助力行业降本增效。

二、2024 年物流信息服务平台展望

1. 企业核心竞争力成为立足之本

据中物联开展的网络货运平台 A 级企业评估工作统计，企业营业收入中，95%以上的收入为运费收入且近半数企业未实现盈利，可见，网络货运企业收入构成单一、盈利手段不足。在行业发展初期，部分企业由于不了解《网络平台道路货物运输经营管理暂行办法》制定的初衷，认为开发一个满足网络货运业务功能的平台即可开展业务，使得盲目跟风转型的现象频出，进一步导致部分地区网络货运注册企业量大但业务量小的现状。因此，网络货运业态亟需模式创新，开拓新的盈利点，打造企业核心竞争力，增加自身造血能力，实现可持续发展，同时体现行业应有的价值。未来，具有以下核心竞争力的企业将在进一步激烈的行业竞争中脱颖而出，主要呈现以下特点。

——货主型企业整合零散物流需求，打通供应链上下游，实现降本增效。我国物流运行中存在的主要矛盾是单一环节成本低、全链条运行成本高。货主型企业由于自身业务贯穿供应链上下游，除依托平台的运营缩短运输环节转包流程，实现运力直采外，还可整合原材料采购、场内运输、产成品销售等供应链上下游的运输、仓储需求，通过产、运、销、存一体化服务模式，实现全流程的成本管理及效率提升。2022 年 4 月，《中共中央 国务院关于加快建设全国统一大市场的意见》指出要建设现代流通网络，优化商贸流通基础设施布局，加快数字化建设，推动线上线下融合发展，形成更多商贸流通新平台新业态新模式，培育一批有全球影响力的数字化平台企业和供应链企业，促进全社会物流降本增效。货主型企业在供应链中的降本增效作用正是现代流通领域统一大市场建立的价值体现。

——资源型企业依托强大的资源整合能力构建供应链业务生态。近年来，以网络货运、数字供应链等为创新特征的现代物流体系，充分发挥互联网+平

台经济的优势，推动经济高质量发展。以中储智运为例，通过数字化技术整合商贸、运输、仓储、银行等各类资源，依托数字供应链平台"链魔方"风控决策引擎，推动供应链上下游企业的"业务数据"向"数字存证"升级，开创性地以全流程"去单据化"构建数字信用体系，达成平台、链上企业、政府部门、金融机构的"链上共识"，为企业支付结算、货物交割、税务管理、保险等环节提供指令依据，赋能企业商贸、物流、金融等供应链"一体化"集成服务，为我国产业链供应链融合发展提供坚实支撑。

——技术输出型企业赋能中小企业数字化转型。2022年初，《国家发展改革委等部门关于推动平台经济规范健康持续发展的若干意见》指出，要增强平台创新发展能力，支持平台加强技术创新和鼓励平台企业开展模式创新。由上文可知，网络货运平台的前期研发投入以及后期升级维护和运营成本很高，中小型三方物流企业难以通过自建平台的方式实现转型，而单纯购买软件服务又无法满足企业个性化需求，容易出现单纯以申请网络货运运营资质和开展结算业务为目的的不良产业链，不利于行业高质量发展。因此，具有强大技术能力的平台型企业不仅能满足自身业务需求，也可通过SaaS服务或者独立部署的方式为中小企业的平台化、数字化转型提供技术支撑。依托自身运营经验，既解决中小企业没有充足的研发资金搭建平台的问题，又能保证平台功能满足企业的实际业务需求，除了能实现运输环节的透明化管理，还从供应链的角度切入，实现产融结合。

2. 行业标准化程度进一步提升，企业运营更加规范

物流行业作为国民经济的基础性、战略性、先导性产业，内部的标准化建设是规范行业发展、提升行业效率、推动行业高质量发展的重要抓手。伴随着平台经济的蓬勃发展，物流平台等新兴业态亟需相关标准作为指引，实现产业的高质量发展。中国物流与采购联合会牵头起草了《物流公共信息平台服务质量要求与测评》《网络货运平台服务能力评估指标》《网络货运平台实际承运人信用评价体系》《网络货运平台业务数据验证》《互联网道路货运平台撮合交易服务要求》等多项标准，逐步完善物流平台领域标准化体系，推动新业态高标准、高质量发展。头部企业均参与了上述一项或多项标准的制定和应用，未来，行业的发展将在标准的引领下迈向新台阶。

以《互联网道路货运平台撮合交易服务要求》为例，该标准明确了从事交易撮合业务时平台方的责权利，既有效约束了企业经营行为，也为政策的制定提供了参考。

另外，《网络货运平台实际承运人信用评价体系》是对平台上注册的实际承运人进行评级与管理的指导性文件，期望平台企业能够按照相对统一的标准对实际承运人进行信用评价并共享评价结果，提高实际承运人在单一平台上的违约成本，保留优质运力，助力完善行业信用体系建设，推动行业高质量发展。

3. 业务合规性要求进一步提高，政策红利逐步消失

行业发展初期，部分企业的盲目转型和依靠地方政策红利的野蛮生长，导致网络货运被错误地冠以"开票平台""依靠税收洼地生存"的污名。从监管角度来说，将呈现以下趋势。

——各地的奖励政策收紧，部分平台将被淘汰。2023 年底，多地出现了针对网络货运的奖励政策收紧的趋势，说明行业的政策红利期即将结束，部分依靠政策红利生存但未产生价值的平台由于奖补力度降低以及兑付周期延长等原因导致资金链断裂，将面临被淘汰或收购的局面，而头部企业依靠规模效应和强大的核心竞争力将抢先占领新赛道。因此产业集中度将会进一步提升，企业核心能力及价值凸显，新的竞争格局即将诞生。

——合规性要求趋严，监管力度加大。虽然行业面临的税务及监管问题尚未解决，但不可否认的是未来行业的监管一定会更加严格，监管手段会更加丰富。当前，部分地市已经针对网络货运业态开启"数据治税"的模式，基于平台产生的"五流合一"数据逻辑以及运营过程中产生的过路过桥费、油费等支出加以佐证核验，多维度验证业务真实性，进而研究出适用于平台经济模式的新型监管方式，助力行业进一步发展。

——良性的产业聚集为企业发展保驾护航。当前，部分地区的网络货运产业集群以政策红利为导向，以招商引资的方式实现快速规模扩张，没有依托平台企业的资源整合能力带动当地的产业经济发展。一旦政策红利消失，企业会毫不犹豫地选择更好的政策红利区，因此这样的产业集聚是松散的，没有价值的。因此，以地方产业为基础，通过平台赋能实体产业，同时培育围绕平台的产业链生态，才是健康的资源集聚模式，既有助于本地产业的发展，也为平台企业的发展提供有力支撑。

4. 新价值将有序释放

经济学中的"S 形曲线"理论指出：当旧动能增长乏力的时候，新的动能异军突起，就能够支撑起新的发展。进入高质量发展期的网络货运业态即将面临发展瓶颈，需要新的动能推动行业进一步升级。数据要素是推动网络货运进一步发展的新动能。

2023 年，国家数据局与 16 个部门共同印发《"数据要素×"三年行动计划（2024—2026 年）》，选取商贸流通、交通运输等 12 个行业和领域，推动发挥数据要素乘数效应，释放数据要素价值。网络货运为"数据要素×"交通运输领域的应用提供了落地场景，网络货运平台、供应链一体化平台沉淀了大量与生产、贸易、运输、仓储有关的业务数据资源，除企业内部管理使用外，如何

通过数据的交换、交易、服务使得资源转化为资产，进而推动资本运作是未来要探索的重要课题。虽然大部分平台有拓展汽车后市场、供应链金融服务的意愿和计划，但是在业务开展、数据应用、风险控制等方面的发展路径不够明晰，需要相应的政策及标准进行引导和指导。平台开展供应链金融服务的前提是对平台积累的数据进行有效挖掘和应用，绝大多数企业对于大数据的应用依旧停留在表面，仅通过数据大屏展示平台实时交易情况，并未产生数据价值。未来，在政策引领和法律法规不断完善的前提下，行业数据要素价值将进一步释放。

2021年10月，国务院印发《2030年前碳达峰行动方案》，明确提出"交通运输绿色低碳行动"，构建绿色高效交通运输体系，发展智能交通，推动不同运输方式合理分工、有效衔接，降低空载率和不合理客货运周转量。大力发展以铁路、水路为骨干的多式联运，推进工矿企业、港口、物流园区等铁路专用线建设，加快内河高等级航道网建设，加快大宗货物和中长距离货物运输"公转铁""公转水"。从政策的定义来看，网络货运仅限于公路运输，但网络货运作为运输甚至供应链的一部分，依托其数字化程度和数据应用能力，打通与其他运输方式的数据接口，特别是在大宗运输领域通过多式联运实现"一次委托、一单到底、一票结算"，构建数字化、专业化、绿色化的智慧物流体系，是提升供应链整体效率，降低碳排放的有效手段。

（作者：中国物流与采购联合会物流信息服务平台分会

晏庆华　金妲颖）

2023 年物联网技术应用发展回顾与 2024 年展望

　　2023 年是经济稳步复苏的一年。政府采取积极的财政政策和稳健的货币政策为经济增长提供有力支撑。2023 年是科技不断革新的一年，物联网、5G、人工智能等数字技术与实体经济深度融合，不断创造出新业态、新模式、新市场，有力推动各行各业向数字化、智能化、绿色化、融合化转型。数字技术的不断革新，引领商贸物流向高效、便捷、安全和可持续发展。

一、2023 年物联网技术应用发展回顾

1. 市场规模

　　三大运营商发展蜂窝物联网终端用户 23.12 亿户，比上年末净增 46772 万户，占移动网终端连接数的比重达 57.3%。我国物联网产业在 2023 年发展迅速，物联网市场在稳步增长，预计到 2024 年我国移动物联网连接数将达 28 亿户（见图 1）。

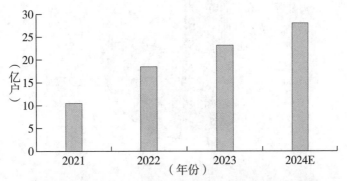

图 1　2021—2024 年我国移动物联网连接规模统计及预测

数据来源：中国物流与采购联合会物联网技术与应用专业委员会根据公开资料整理。

　　企查查平台数据显示，截至 2023 年底，全国经营范围含物联网的企业达到 167 万余家，其中 2021—2023 年成立且经营范围含物联网技术的企业达到 111 万家以上，2023 年成立的企业达到 42 万家以上，较之 2022 年同比增长了 33.6%。随着产业链的不断延伸和行业需求的不断增大，以及物联网装备成本的不断降低，物联网设备、产品的运用程度达到最高。

　　从全国区域分布来看，物联网企业的分布并不均衡，物联网企业集中的区域往往位置优越，经济发达（资金雄厚）；高等院校、科研院所众多（科技人

才丰富，创新能力强）；传统产业需要改造升级，市场需求量大；互联网与信息通信发达。我国物联网企业在环渤海地区、长江三角洲地区、珠江三角洲地区较为集中。52%以上的物联网企业分布在广东省、江苏省、浙江省、山东省、福建省、北京市、上海市等区域，其中广东省依托区域数字产业制造的优势，物联网企业数量居于首位。西北部的省区物联网企业数量较少。

2. 行业应用

根据中国移动、中国联通、腾讯、阿里等物联网开发者数据，经中国物流与采购联合会物联网技术与应用专业委员会统计整理，2023年，物联网已经在各行业得到广泛应用，行业应用量靠前的领域主要有7个（见图2）。其中，制造业、物流供应链两个领域的物联网应用最为突出，分别占行业应用的23.40%和19.85%。而制造业和物流产业密不可分，制造业需要物流产业的支持，物流产业也需要制造业的支撑。这种联系使得物联网所覆盖的范围越来越广，制造业所生产的产品整合到流通领域，经过物流企业的运输、仓储、分销等环节，达到最终用户的手中。在市场需求的拉动下，物联网技术在两个行业领域的快速发展已成为必然。

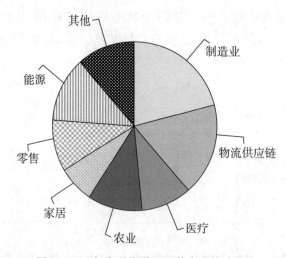

图2　2023年中国物联网下游应用领域结构

数据来源：中国物流与采购联合会物联网技术与应用专业委员会根据公开资料整理。

3. 行业政策

物联网已被国务院列为我国重点规划的战略性新兴产业之一，国家陆续出台了多项政策，鼓励物联网行业发展与创新，《数字中国建设整体布局规划》《关于加快推进能源数字化智能化发展的若干意见》等政策为物联网行业的发展提供了明确、广阔的市场前景，为企业提供了良好的生产经营环境。各项支持政策已推动物联网的广泛应用，预期会进一步推动物联网市场的发展。中国物流与采购联合会物联网技术与应用专业委员会整理了 2023 年国家部委发布的涉及物联网并与物流相关的系列政策（见表 1）。

表 1　　　　　　　　　　　　**2023 年物联网相关政策**

名称	主要内容	发文机关
《数字中国建设整体布局规划》	加快 5G 网络与千兆光网协同建设，深入推进 IPv6 规模部署和应用，推进移动物联网全面发展，大力推进北斗规模应用	中共中央、国务院
《工业和信息化部办公厅关于组织开展 2023 年物联网赋能行业发展典型案例征集工作的通知》	按照《物联网新型基础设施建设三年行动计划（2021—2023 年）》（工信部联科〔2021〕130 号）关于融合应用发展行动的重点工作部署，面向行业应用、社会治理、民生消费三大领域，聚焦 12 个产业融合应用方向开展本次典型案例征集	工业和信息化部办公厅
《工业和信息化部办公厅关于推进 5G 轻量化（RedCap）技术演进和应用创新发展的通知》	5G 轻量化（RedCap，Reduced Capability）技术是 5G 实现人、机、物互联的重要基础，将在构建物联网新型基础设施、赋能传统产业转型升级、推动数字经济与实体经济深度融合等方面发挥积极作用	工业和信息化部办公厅
《工业和信息化部 文化和旅游部关于加强 5G+智慧旅游协同创新发展的通知》	鼓励各级文化和旅游管理部门及景区管理单位，充分利用 5G、物联网、大数据、云计算、人工智能、区块链、超高清视频、数字孪生等技术，结合旅游热点地区空间分布，建设 5G+智慧旅游实时监测及应急指挥平台，提升旅游行业监测、风险防范、调控疏导和应急处置能力	工业和信息化部、文化和旅游部
《工业和信息化部等十三部门关于加快"宽带边疆"建设的通知》	提升边境管理机构宽带网络供给能力。加快提升口岸、边民通道、边防检查站、边境检查站、边境派出所和警务室、执勤点等边境管理机构宽带网络覆盖水平和接入能力，推广物联网、大数据、人工智能等新一代信息技术应用，有效增强信息化戍边控边能力	工业和信息化部等十三部门
《工业和信息化部等八部门关于加快传统制造业转型升级的指导意见》	大力推进企业智改数转网联。立足不同产业特点和差异化需求，加快人工智能、大数据、云计算、5G、物联网等信息技术与制造全过程、全要素深度融合	工业和信息化部等八部门

名称	主要内容	发文机关
《商务部等12部门关于加快生活服务数字化赋能的指导意见》	加强数字化技术运用。加强前瞻性基础研究，增加源头技术供给，支持北斗定位导航、5G、云计算、大数据、区块链、人工智能、虚拟现实、物联网等技术在生活服务行业落地应用，形成低成本数字化解决方案供给能力，降低企业数字化转型升级壁垒	商务部等12部门
《中国民用航空局关于印发落实数字中国建设总体部署 加快推动智慧民航建设发展的指导意见》	推进机场环境智慧治理。加快推动飞机噪声智能监测、预测、分析及治理。鼓励机场利用物联网、大数据和云计算等数字技术开展污水、污物、空气质量智能监测和精准治理	中国民用航空局
《国家能源局关于加快推进能源数字化智能化发展的若干意见》	聚焦原创性、引领性创新，加快人工智能、数字孪生、物联网、区块链等数字技术在能源领域的创新应用，推动跨学科、跨领域融合，促进创新成果的工程化、产业化，培育数字技术与能源产业融合发展新优势	国家能源局

数据来源：中国物流与采购联合会物联网技术与应用专业委员会根据国家部委文件整理。

4.2023年我国物联网产业大事记

中国物流与采购联合会物联网技术与应用专业委员会根据互联网公开数据整理出2023年影响我国物联网产业的大事件。

2023年1月，全国工业和信息化工作会议提出2023年加快5G和千兆光网建设，完善工业互联网技术体系、标准体系、应用体系，推进5G行业虚拟专网建设。

2023年3月，阿里云、高德在京发布"车路协同导航与产业服务"解决方案，带来融合感知、路网多级云控、数字孪生仿真、普惠车路协同等能力升级。

2023年4月，华为推出了高阶智能驾驶系统ADS 2.0方案。

2023年6月，腾讯云首次对外完整披露自研的星脉高性能计算网络。

2023年8月，中国移动成立了6支5G RedCap产业链编队，完成业界首批5G RedCap技术试验。

2023年8月，华为在"2023华为开发者大会"上发布HarmonyOS（鸿蒙操作系统）NEXT，这一版本的操作系统标志着华为在移动应用生态方面迈出了新的一步，特别是对于物联网设备的原生应用支持。

2023年12月，太原卫星发射中心在广东阳江附近海域使用捷龙三号运载火箭，成功将卫星互联网技术试验卫星发射升空。

5. 发展现状分析

相较于 2022 年，2023 年我国将数字经济发展提升至全新战略高度，物联网作为应用支撑技术之一，已初步形成多网协同的发展格局。在政府政策的支持下，物联网新型基础设施建设、业务发展等方面继续取得显著成效，物联网市场在不断扩大，拥有上亿连接的增长规模。此外，5G 物联网的迅速壮大也为我国物联网市场的发展注入了新的活力。在此背景下，围绕"连接+算力+能力"的物联网新技术是物联网产业主要的发展方向。

我国在物联网领域处于世界前列，拥有大量专利并具备完整的物联网产业链。我国部署了全球规模最大的 5G 和 NB-IoT（窄带物联网）网络，高覆盖率的 5G 网络、宽带和无线通信网络为物联网的发展提供了强大支撑，移动物联网连接数占全球的 70%。同时，我国也是物联网设备的领先制造商，在物联网设备上的收入仅次于美国，这标志着我国在全球物联网市场拥有重要地位。凭借着巨大的市场潜力和积极的技术创新，在未来的物联网浪潮之中，我国完全有实力站在世界之巅。

二、物联网在物流行业中的应用与发展

1. 物联网技术在物流行业的应用

物流业是物流资源产业化而形成的复合型、聚合型产业，是集仓储、配送、运输、信息共享于一体的综合性服务产业，也是支持国民经济健康发展的战略性主导产业。当前，我国物流行业高度发达，特别是改革开放以来，随着我国经济的飞速发展，物流行业也急速发展。政策效力的持续发挥和产业创新动能的不断增强，使得物流基础设施固定资产投资增长较快，各领域的物流需求基本面进一步巩固，创新和升级类的物流需求持续发挥拉动作用，成为推动物流高质量发展的重要力量，高效便捷的物流产业也为我国经济的持续健康发展做出了卓越贡献。

商务部在 2015 年发布的《关于智慧物流配送体系建设的实施意见》中明确指出，数字物流配送体系是一种以互联网、物联网、云计算、大数据等先进信息技术为支撑，在物流的仓储、配送、流通加工、信息服务等各个环节实现系统感知、全面分析、及时处理和自我调整等功能的现代综合性物流系统，具有自动化、智能化、可视化、网络化、柔性化等特点。发展数字物流是今后物流业发展的趋势和竞争制高点。目前，基于物联网技术，涌现了一系列涵盖仓储、运输各流程节点的可视化监控手段，包括智能行车及钢卷可视化、库存分布立体模拟、仓库库区库位及库存的视频监控、电子围栏预警以及对"公、铁、水"的运输轨迹跟踪等。中国物流与采购联合会物联网技术与应用专业委

员会整理相关资料得出，物联网技术在仓储、运输、物品溯源领域的应用效果
显著。

（1）仓储。

在物流行业中，仓库是发生物权转移的交割地，所存放的货物是供应链的
承载主体。在科技水平不断更新迭代的当下，绝大多数仓库在技术化、数字化
水平方面还相对落后，造成货物交割滞后、作业效率相对低下的后果。随着物
联网、大数据、5G 通信、人工智能等新的技术的不断普及，对仓库的科技化
也提出新的要求，仓库数字化、平台化、透明化是仓储行业发展的必然趋势。
目前，已有大批仓储企业正在寻求机遇加快物联网相关设施建设。为帮助仓储
企业向数字化仓储物流基地转型升级，中物联全国数字化仓库企业试点工作已
于 2020 年正式启动，目前共 368 家企业被纳入试点。

物联网技术的应用为仓储管理带来了许多便利和优势。以九州通医药集团
物流有限公司为例，九州通医药集团物流有限公司为九州通医药集团股份有限
公司旗下全资子公司。公司所运营的东西湖物流中心是医药物流行业唯一的国
家智能仓储示范基地，GSP 仓库使用面积 17 万平方米，可容纳 110 万箱药品
的在库存储，上线后湖北区域物流能力提升 300%，物流效率提升 50%。该仓
库在仓储运营场景中应用无线射频识别、红外感应、编码认址、激光扫描及测
距三维影像读码、动态称重及外形检测、全球定位系统、地理信息系统、无接
触式供电、智能无人小车等物联网技术，通过评估得知在物联网技术的加持
下，仓库能够有效提高仓储效率和管理精度（见表 2）。

表 2　　　　　　　　　　物联网应用对仓储业务流程优化程度评估结果

序号	指标名称	优化前	优化后
1	入库准确率	99.55%	99.95%
2	库存准确率	99.99%	99.996%
3	配送及时率	99.03%	99.29%
4	出库差错率	0.01%	0.005%
5	运输包装完好率	99.02%	99.98%
6	客户有效投诉率	0.01%	0.005%

数据来源：九州通医药集团物流有限公司。

（2）运输。

交通运输部有关数据显示，截至 2023 年 12 月底，全国共有 3069 家网络货
运企业，接入社会运力 798.9 万辆、驾驶员 647.6 万人。全年共上传运单 1.3
亿单，同比增长 40.9%。随着大规模地方性物联网政策的落实陆续完成，物联
网已成为促进物流运输发展的重要手段。物联网可通过 GPS、RFID、智能传感

等技术实时监测和追踪货物的运输过程。RFID 射频数据、GPS 定位数据等各种非结构化的视频和图片数据经过智能算法处理后可输出结构化信息数据，再整合园区、车辆、货主等数据，通过大数据挖掘系统进行数据分析，实现物流运输过程的全面调控。

目前，交通运输部正在推动道路货物运输业与互联网融合发展，传统交通行业正在加速实现数字化和智能化转型，大数据、人工智能等新技术与交通运输行业深度融合。2023 年 4 月，上海国际车展上，华为、理想、蔚来、魏牌、智己等众多品牌纷纷更新自动驾驶项目动态，其技术已趋近于成熟。自动驾驶货运的到来无疑将改变物流和交通领域的格局，它将提高安全性、效率和可持续性，降低运输成本，对交通、物流和环境产生深远的影响。

（3）物品溯源。

生鲜农产品、冷冻食品以及应急物资在传输配送过程中的安全问题持续受到社会的关注，加上俄乌冲突导致的粮食短缺，全球农业食品需求的增加使农业食品安全风险上升，供应链改革和食品召回相关工作耗资巨大且充满挑战，这使得建立农业食品溯源体系变得尤为重要，各国也越来越重视食品安全溯源体系建设。RFID 标签与物品紧密关联，实现对产品信息的自动采集和记录，消除了传统供应链追溯中人为造假的风险。将传感器设备集成到产品中，可以实时监测产品的生产过程、包装和运输过程中的温度、湿度、震动等信息，并将这些数据记录在区块链等分布式账本中，确保数据的可信性和不可篡改性。此外，通过 GIS 技术和 GPS 技术，可以在物品运输过程中对车辆进行实时监控，车辆到达每个物流节点时都可通过射频技术及时进行信息登记，实现运输过程可追溯化，保证产品从生产、成品、运输到最后消费者端都可进行溯源。

2. 物联网技术推动现代物流发展

物流是物联网技术应用的重点领域，物联网技术是实现数字物流的基础。物流的核心是物品或商品的流动，而物联网以物为关注点，通过多种感知技术识别和采集大量物体信息后，联通各种物体信息数据、行程数据网络，实现物与物的互联，促进物流行业高质量发展。

以 ChatGPT 为代表的系列生成式 AI 产品与 5G 技术进展引发新一轮科技热潮，物联网的发展进入加速期，其作为新基建技术在物流行业中全面应用。物联网在物流业转型升级中起着重要的驱动作用，它通过感知设备、无线通信技术、云计算等手段实现对物品的智能识别、远程监控和数据交互，将传感器、标识技术、无线通信和云计算等技术有机结合，为物品和人提供了全新的互联互通方式。物联网技术在现代物流中的应用，不仅提高了物流效率和可靠性，还为物流业带来了更多创新和发展的机会。

3. 存在的问题

（1）隐私和安全风险。

在物流行业中，物联网技术的应用带来了显著的效益，但也引发了安全和隐私问题。物流业涉及大量的敏感信息，如货物位置和客户信息等细节，而物联网应用涉及大量数据的采集和传输，因此面临数据泄露、隐私侵犯等风险。在此背景下，物流企业在应用物联网技术的同时，需要考虑数据的安全性和隐私保护，采取相应的加密和权限控制措施，确保数据的安全和隐私保护。

（2）标准化和互操作性低。

物联网成功应用的前提是在设备、协议、数据格式等方面实现统一整合，以确保设备之间的互操作性和数据之间的互通。实现设备和数据统一标准可确保不同厂商生产的物联网设备能够无缝协同工作，避免设备之间的兼容性问题，提高系统的稳定性和可靠性，不同环节的系统和设备可以共享相同格式的数据，从而减少信息传递中的混淆和错误。

（3）投资回报低。

引入物联网技术需要投入大量的设备、人力和金钱，这对中小企业来说可能是一个很大的负担。同时，物联网技术还有一定的更新迭代周期，需要不断投入、维护和升级。因此，企业在应用物联网技术时需要综合考虑其投资回报。

三、2024 年物联网技术应用展望

2024 年，是"十四五"规划承上启下的关键之年，随着促进经济增长、改善微观主体预期的宏观政策进一步加力显效，国家发展改革委表示，2024 年将全面稳慎评估政策效应，多出有利于稳预期、稳增长、稳就业的政策，审慎出台收缩性、抑制性举措。我国经济回升向好、长期向好的基本趋势不会改变。

在此背景下，物联网行业将迎来更多的发展机遇，各地政府在政府工作报告中重点部署了物联网发展等关键议题。物联网、5G、人工智能、大数据、移动互联网等科技的革新将成为物流产业发展的重要驱动力，推进物流行业的数字化发展进程，形成以在线加工、在线包装、在线配送、在线支付、在线保险等平台为基础的现代化物流供应链生态。

此外，在环境保护与经济效益的需求下，深化绿色数智供应链的理念将成为2024 年物流行业发展的重点趋势，国务院办公厅表示，将绿色环保理念贯穿现代物流发展全链条，提升物流可持续发展能力。总体来说，未来物流行业将朝着数字化、绿色化和智能化的发展趋势迈进，我国将构建绿色数智物流发展新业态，建成资源共享、过程可视、业务联通、绿色低碳、管理高效的现代物流体系。

（作者：中国物流与采购联合会物联网技术与应用专业委员会　石宇彤）

第四章

物流行业基础工作

2023 年物流标准化工作回顾与 2024 年展望

一、2023 年物流标准化工作回顾

（一）国家标准化总体情况

2023 年，全国标准化工作以习近平新时代中国特色社会主义思想为指导，全面贯彻党的二十大精神，认真落实中央经济工作会议和党中央、国务院决策部署，扎实推进中国式现代化，深入实施《国家标准化发展纲要》，紧紧围绕扩大内需和深化供给侧结构性改革，服务构建全国统一大市场，优化标准供给，强化标准实施，加快构建推动高质量发展的标准体系，努力提升标准化治理效能，为全面建设社会主义现代化国家开好局起好步提供标准支撑。

标准化工作的重点一是加强新兴技术领域标准研制，加快科技成果转化步伐；二是提升产业标准化水平，支撑现代化产业体系；三是完善绿色发展标准化保障，助力美丽中国建设；四是织密筑牢标准安全网，切实统筹发展和安全；五是强化民生领域标准供给，助力提高人民生活品质；六是加强标准化国际合作，稳步扩大标准制度型开放；七是深化标准化改革创新，激发标准化发展内生动力；八是健全标准化工作体系，不断夯实标准化发展基础。

据全国标准信息公共服务平台数据，全年共计发布国家标准 1688 项，备案行业标准 4219 项，备案地方标准 11230 项。截至 2023 年底，我国现行有效国家标准累计达到 43921 项，行业标准达 82033 项，地方标准达 73131 项。

2023 年，国家标准项目计划新增 3967 项。2023 年在全国团体标准信息平台注册的社会团体新增 1387 家，团体标准新增 23162 项；截至 2023 年 12 月底，累计共有 8445 家社会团体在全国团体标准信息平台注册，共计公布 74240 项团体标准。2023 年在企业标准信息公共服务平台新增公示企业 70175 家，新增声明公开标准信息 543809 项；截至 2023 年 12 月底，累计已公示企业 472459 家，累计声明公开标准信息 3165625 项。

（二）物流标准化相关政策情况

标准化以及物流标准化工作一直受到国家高度重视。2023 年，与物流标准相关的政策文件，重点关注物流业基础通用标准以及促进物流提质增效、保障民生领域流通效率、支撑重点产业发展、助力绿色低碳目标方面的标准化。物流标准化相关政策见表 1。

表 1　　　　　　　　　　　　　物流标准化相关政策

序号	文件名称	相关要求
1	《关于加强物流统计监测工作的通知》（发改办运行〔2023〕87 号）	国家发展改革委将组织开展企业物流成本统计调查试点，选择若干代表性企业，在现有相关标准制度基础上，研究建立适合我国国情的企业物流成本统计调查制度，更好服务物流高质量发展
2	《关于进一步加强节能标准更新升级和应用实施的通知》（发改环资规〔2023〕269 号）	各地区、各有关部门和行业要高度重视节能标准化工作，依法加快推进节能标准更新升级、切实加强节能标准应用实施，不断夯实节能工作基础，为积极稳妥推进碳达峰碳中和、加快发展方式绿色转型提供有力支撑
3	《碳达峰碳中和标准体系建设指南》（国标委联〔2023〕19 号）	支撑能源、工业、交通运输、城乡建设、农业农村、林业草原、金融、公共机构、居民生活等重点行业和领域实现绿色低碳发展，推动实现各类标准协调发展
4	《加强消费品标准化建设行动方案》	√ 强化物流标准体系建设。顺应高效现代物流产业发展，结合各类消费品自身特点，明确主要消费品物流标准特殊要求。加强无人化、数字化、智能化技术在消费品配送与管理中的应用与标准制定。加快 1.2 米×1.0 米尺寸标准托盘、0.6 米×0.4 米尺寸标准物流周转箱（框）推广应用和循环共用，大力发展单元化物流。 √ 加强再生资源利用标准研制。加快制定消费品回收利用相关标准，推动再生利用产品标识标准在再生塑料、再生纺织品等领域的应用，加快构建循环经济发展标准支撑体系，加快推进废旧纺织品循环利用等标准研制

序号	文件名称	相关要求
5	《关于推动农村流通高质量发展的指导意见》（中财办发〔2023〕7号）	√ 加快农村流通标准制修订，健全基础通用和产业共性技术标准体系，推动农村商贸、交通、物流领域基础设施、装载工具、票证单据、作业规范等相互衔接和应用，推进标准互认和服务互补，促进各运输方式、各物流环节有机衔接。 √ 抓紧修订快递服务标准，更好匹配农村快递服务需求。 √ 进一步完善农产品生产、采收、分等分级、初加工、包装、标识、储藏保鲜等标准体系，大力发展订单农业，促进农产品生产流通协同发展
6	《关于加快推进多式联运"一单制""一箱制"发展的意见》（交运发〔2023〕116号）	√ 推广应用集装箱多式联运运单等标准。 √ 健全完善集装箱相关多式联运货物积载等标准。 √ 建立健全各方互认互信的多式联运业务组织流程、运输安全管理等制度标准。 √ 健全多式联运单证格式、服务要求、业务流程、数据交换等方面技术标准，加快修订多式联运运单、电子运单等标准，推动基于区块链技术的多式联运单证标准研究，统筹做好与国际标准的对接，逐步完善多式联运"一单制"标准体系
7	《深入推进快递包装绿色转型行动方案》（发改环资〔2023〕1595号）	√ 到2025年底，快递绿色包装标准体系全面建立。 √ 加快出台限制快递过度包装的强制性标准。突出减量化要求，加快制修订快递包装绿色产品、可循环快递包装等重点领域标准。开辟绿色通道，提高标准制修订效率和质量

（三）物流标准化工作开展情况

1. 物流标准化技术组织保障力量进一步加强

技术委员会是标准化工作的主要力量。目前，我国经国家市场监管总局（国家标准化管理委员会）批准设立的与物流相关的全国性技术委员会有 16 个，涵盖了设施设备、交通运输、物流、物流信息等方方面面。16 个物流领域相关技术委员会情况见表 2。

表 2　　　　　　　　　16 个物流领域相关技术委员会情况

行业主管部门	序号	标准化技术委员会	编号	管理标准层级
市场监管总局（国家标准化管理委员会）	1	全国物流信息管理标准化技术委员会	TC267	国家标准
	2	全国物流标准化技术委员会	TC269	国家标准
	3	全国集装箱标准化技术委员会	TC6	国家标准

续 表

行业主管部门	序号	标准化技术委员会	编号	管理标准层级
国家发展改革委	—	全国物流标准化技术委员会	TC269	行业标准
工业和信息化部	4	全国信息技术标准化技术委员会自动识别与数据采集技术分技术委员会	TC28/SC31	国家标准/行业标准
	5	全国包装标准化技术委员会	TC49	国家标准/行业标准
	6	全国自动化系统与集成标准化技术委员会	TC159	国家标准/行业标准
	7	全国物流仓储设备标准化技术委员会	TC499	国家标准/行业标准
交通运输部	8	全国道路运输标准化技术委员会	TC521	国家标准/行业标准
	9	全国智能运输系统标准化技术委员会	TC268	国家标准/行业标准
	10	全国港口标准化技术委员会	TC530	国家标准/行业标准
	11	全国汽车标准化技术委员会挂车分技术委员	TC114/SC13	国家标准/行业标准
	—	全国集装箱标准化技术委员会	TC6	行业标准
	12	全国综合交通运输标准化技术委员会	TC571	国家标准/行业标准
商务部	13	全国国际货运代理标准化技术委员会	TC489	国家标准/行业标准
国家粮食和储备局	14	全国粮油标准化技术委员会粮食储藏及流通分技术委员会	TC270/SC3	国家标准/行业标准
国家邮政局	15	全国邮政业标准化技术委员会	TC462	国家标准/行业标准
中国民航局	16	全国航空运输标准化技术委员会	TC464	国家标准/行业标准

其中，全国物流标准化技术委员会下设有6个分技术委员会，详情见表3。

表3　　　　全国物流标准化技术委员会分技术委员会情况

序号	分技术委员会/工作组	秘书处承担单位	工作范围
1	物流作业分技术委员会（TC269/SC1）	中国仓储与配送协会	物流领域中物流作业通用及专用规范等领域的国家标准制修订工作
2	托盘分技术委员会（TC269/SC2）	中国物流与采购联合会托盘专业委员会	物流系统中托盘的设计、生产、应用等国家标准制修订工作。与ISO/TC51"单元货物搬运用托盘"相关联
3	第三方物流服务分技术委员会（TC269/SC3）	上海市质量和标准化研究院	第三方物流服务程序、内容、质量要求等领域的国家标准制修订工作

序号	分技术委员会/工作组	秘书处承担单位	工作范围
4	冷链物流分技术委员会（TC269/SC5）	中国物流技术协会	物流领域中冷链物流技术、服务、管理等国家标准制修订工作。 与ISO/TC315"冷链物流"相关联
5	仓储技术与管理分技术委员会（TC269/SC6）	湖北物资流通技术研究所	仓储技术与管理领域的国家标准制修订工作
6	医药物流分技术委员会（TC269/SC7）	中国物流与采购联合会	药品、医疗器械等医药物流领域国家标准制修订工作

物流标准化技术组织的健全和发展，为物流标准化工作奠定了坚实的组织保障。

2. 物流标准体系持续完善

根据《物流标准化中长期发展规划（2015—2020年）》，我国确定了以基础通用类、公共类和专业类物流标准为主体结构的物流标准体系框架。16个物流相关领域的标准化技术委员会均已建立了工作范围内的标准体系，持续推动了物流设施设备、专业物流服务、交通运输、仓储配送、快递物流等领域的标准化工作快速发展，我国物流标准体系持续完善。

3. 物流标准制修订工作稳步推进，重点领域标准研制进一步加强

据全国物流标准化技术委员会编辑的2023版《物流标准目录手册》，截至2023年12月底，我国现行物流相关领域国家标准754项、行业标准551项，共计1305项。其中2023年发布物流国家标准57项（见表4），备案的物流行业标准25项（见表5），标准制修订工作稳步推进。

表4 **2023年发布的物流国家标准汇总**

序号	标准编号	标准名称	代替标准
1	GB/T 42482—2023	生鲜银耳包装、贮存与冷链运输技术规范	—
2	GB/T 42390—2023	快递包装分类与代码	—
3	GB/T 17271—2023	集装箱运输术语	GB/T 17271—1998
4	GB/T 17894—2023	集装箱 自动识别	GB/T 17894—1999
5	GB/T 1413—2023	系列1集装箱 分类、尺寸和额定质量	GB/T 1413—2008
6	GB/T 42494—2023	国际道路货运枢纽功能配置及基本要求	—
7	GB/T 11601—2023	集装箱进出港站检查交接要求	GB/T 11601—2000
8	GB/T 1992—2023	集装箱术语	GB/T 1992—2006
9	GB/T 16561—2023	集装箱设备交接单	GB/T 16561—1996

序号	标准编号	标准名称	代替标准
10	GB/T 42500—2023	即时配送服务规范	—
11	GB/T 42503—2023	农产品产地冷链物流服务规范	—
12	GB/T 42501—2023	逆向物流服务评价指标	—
13	GB/T 42502—2023	医药物流质量管理审核规范	—
14	GB/T 5338.1—2023	系列1集装箱 技术要求和试验方法 第1部分：通用集装箱	GB/T 5338—2002
15	GB/T 17272.1—2023	集装箱在船舶上的信息 第1部分：箱位坐标代码	GB/T 17272.1—1998
16	GB/T 17272.2—2023	集装箱在船舶上的信息 第2部分：电传数据代码	GB/T 17272.2—1998
17	GB/T 18433—2023	航空货运保温集装箱热性能要求	GB/T 18433—2001
18	GB/T 42684—2023	集装箱电子箱封技术规范	—
19	GB/T 17343—2023	包装容器 金属方桶	GB/T 17343—1998
20	GB/T 42723—2023	国际贸易业务流程规范 电子国际公路货物运输托运单	—
21	GB/T 42725—2023	国际贸易业务流程规范 经核实的载货集装箱总质量	—
22	GB/T 8226—2023	道路运输术语	GB/T 8226—2008
23	GB/T 42811—2023	港口集装箱作业系统技术要求	—
24	GB/T 42774—2023	跨境电子商务供应链质量安全管理指南	—
25	GB 18597—2023	危险废物贮存污染控制标准	GB 18597—2001
26	GB/T 42894—2023	应急药材包装要求	—
27	GB/T 23220.1—2023	烟叶储存保管方法 第1部分：原烟	部分代替：GB/T 23220—2008
28	GB/T 23220.2—2023	烟叶储存保管方法 第2部分：片烟	GB/T 23220—2008
29	GB/T 42928—2023	逆向物流服务良好行为规范	—
30	GB/T 42937—2023	快件高铁运输信息交换规范	—
31	GB/T 26945—2023	集装箱空箱堆高机	GB/T 26945—2011
32	GB/T 28580—2023	口岸物流服务质量规范	GB/T 28580—2012
33	GB/T 30335—2023	药品物流服务规范	GB/T 30335—2013
34	GB/T 43047—2023	物流机器人 控制系统接口技术规范	—

序号	标准编号	标准名称	代替标准
35	GB/T 43133.1—2023	运输包装 可重复使用的塑料周转箱 第1部分：通用要求	—
36	GB/T 43145—2023	绿色制造 制造企业绿色供应链管理 逆向物流	—
37	GB/T 43168—2023	生猪运输管理技术要求	—
38	GB/T 43260—2023	进口冷链食品追溯 追溯信息管理要求	—
39	GB/T 43265—2023	进口冷链食品追溯 追溯系统数据元	—
40	GB/T 43268—2023	进口冷链食品追溯 追溯体系通则	—
41	GB/T 5338.2—2023	系列1集装箱 技术要求和试验方法 第2部分：保温集装箱	GB/T 7392—1998
42	GB 13392—2023	道路运输危险货物车辆标志	GB 13392—2005
43	GB 16994.4—2023	港口作业安全要求 第4部分：普通货物集装箱	GB 11602—2007
44	GB 29753—2023	道路运输 易腐食品与生物制品 冷藏车安全要求及试验方法	GB 29753—2013
45	GB 43352—2023	快递包装重金属与特定物质限量	—
46	GB/T 1835—2023	系列1集装箱 角件技术要求	GB/T 1835—2006
47	GB/T 5338.4—2023	系列1集装箱 技术要求和试验方法 第4部分：无压干散货集装箱	GB/T 17274—1998
48	GB/T 5338.5—2023	系列1集装箱 技术要求和试验方法 第5部分：平台和台架式集装箱	GB/T 16564—1996
49	GB/T 17273—2023	集装箱 设备数据交换 一般通信代码	GB/T 17273—2006
50	GB/T 17382—2023	系列1集装箱 装卸和栓固	GB/T 17382—2008
51	GB/T 3716—2023	托盘术语	GB/T 3716—2000
52	GB/T 43290—2023	电子商务逆向物流通用服务规范	—
53	GB/T 43291—2023	跨境电子商务海外仓运营管理要求	—
54	GB/T 20001.8—2023	标准起草规则 第8部分：评价标准	—
55	GB/T 43283—2023	快递循环包装箱	—
56	GB/T 43380—2023	自动化干散货码头综合管控系统技术要求	—
57	GB/T 42816—2023	快递服务资产配置与管理要求	—

表5　　　　　　　　　　　**2023年备案的物流行业标准汇总**

序号	标准号	标准名称	发布单位
1	JT/T 1462—2023	系列2集装箱 装卸和栓固	交通运输部
2	JT/T 1463—2023	系列2集装箱 代码、识别和标记	交通运输部

序号	标准号	标准名称	发布单位
3	NY/T 4285—2023	生鲜果品冷链物流技术规范	农业农村部
4	NY/T 4286—2023	散粮集装箱保质运输技术规范	农业农村部
5	NY/T 4287—2023	稻谷低温储存与保鲜流通技术规范	农业农村部
6	JT/T 1476—2023	台架式集装箱运输卷钢类货物技术规范	交通运输部
7	GH/T 1416—2023	棉花包装用纯棉布包装袋	中华全国供销合作总社
8	WB/T 1130—2023	物流大数据共享系统功能通用要求	国家发展和改革委员会
9	WB/T 1131—2023	汽车零部件入厂物流 质损判定及处理规范	国家发展和改革委员会
10	WB/T 1132—2023	电动汽车动力蓄电池物流服务规范	国家发展和改革委员会
11	WB/T 1133—2023	企业应急物流服务能力评估指标	国家发展和改革委员会
12	WB/T 1134—2023	物流企业绿色物流评估指标	国家发展和改革委员会
13	WB/T 1135—2023	物流企业温室气体排放核算与报告要求	国家发展和改革委员会
14	WB/T 1136—2023	新能源汽车废旧动力蓄电池 物流追溯信息管理要求	国家发展和改革委员会
15	WB/T 1137—2023	轻型穿梭式货架	国家发展和改革委员会
16	WB/T 1138—2023	智能仓储管理规范	国家发展和改革委员会
17	DL/T 1071—2023	电力大件运输规范	国家能源局
18	TB/T 30008—2023	铁路危险货物运输技术要求	国家铁路局
19	TB/T 30009—2023	铁路货物装卸安全技术要求	国家铁路局
20	JT/T 1485.1—2023	自动化集装箱起重机远程操控安全作业规程 第1部分：岸边集装箱起重机	交通运输部
21	JT/T 1485.2—2023	自动化集装箱起重机远程操控安全作业规程 第2部分：集装箱门式起重机	交通运输部
22	JT/T 1172.2—2023	系列2集装箱 技术要求和试验方法 第2部分：保温集装箱	交通运输部
23	JT/T 1172.3—2023	系列2集装箱 技术要求和试验方法 第3部分：液体、气体及加压干散货罐式集装箱	交通运输部
24	JT/T 1172.4—2023	系列2集装箱 技术要求和试验方法 第4部分：无压干散货集装箱	交通运输部
25	JT/T 1172.5—2023	系列2集装箱 技术要求和试验方法 第5部分：平台和台架式集装箱	交通运输部

　　2023年，在智慧物流、绿色物流、冷链物流、物流园区等重要领域的标准研制进一步加强。这些标准的制定对于推进企业提质增效降本，推动行业高质量发展，提升行业的高效性、安全性、韧性具有重要意义。2023年立项的重要

领域标准见表6。

表6　　　　　　　　　　　　　2023 年立项的重要领域标准

序号	领域	标准项目	项目计划号	标准层级	制/修订	归口标委会
1	智慧物流	物流企业数字化 第1部分：通用要求	20231871-T-469	国家标准	制定	全国物流信息管理标准化技术委员会
2		物流仓储设备 自动导引车 安全规范	20230619-T-604	国家标准	制定	全国物流仓储设备标准化技术委员会
3		物流企业碳排放数据的数字化管理指南	20232558-T-469	国家标准	制定	全国物流信息管理标准化技术委员会、全国碳排放管理标准化技术委员会
4		智能运输系统 通用术语	20232733-T-469	国家标准	修订	全国智能运输系统标准化技术委员会
5		智能运输系统 体系结构服务	20232869-T-469	国家标准	修订	全国智能运输系统标准化技术委员会
6		智能运输系统 自适应巡航控制系统 性能要求与检测方法	20233073-T-469	国家标准	修订	全国智能运输系统标准化技术委员会
7		交通运输二维码应用规范	JT 2023-122	行业标准	制定	交通运输信息通信及导航标准化技术委员会
8		交通运输行业电子证照数据交换与应用服务要求	JT 2023-116	行业标准	制定	交通运输信息通信及导航标准化技术委员会
9	绿色物流	城市绿色货运配送评估技术要求	20232530-T-348	国家标准	制定	全国道路运输标准化技术委员会
10		道路运输企业节能低碳评价方法	JT 2023-13	行业标准	修订	全国道路运输标准化技术委员会
11	冷链物流	冷链物流统计指标体系	20232452-T-469	国家标准	制定	全国物流标准化技术委员会
12		药品冷链物流追溯管理要求	20232390-T-469	国家标准	制定	全国物流标准化技术委员会

序号	领域	标准项目	项目计划号	标准层级	制/修订	归口标委会
11	冷链物流	冷链物流统计指标体系	20232452-T-469	国家标准	制定	全国物流标准化技术委员会
12		药品冷链物流追溯管理要求	20232390-T-469	国家标准	制定	全国物流标准化技术委员会
13		物流企业冷链服务要求与能力评估指标	20232457-T-469	国家标准	修订	全国物流标准化技术委员会
14		水产品冷链物流服务规范	20232451-T-469	国家标准	修订	全国物流标准化技术委员会
15		医药产品冷链物流温控设施设备验证　性能确认技术规范	20232423-T-469	国家标准	修订	全国物流标准化技术委员会
16		乳品冷链物流服务规范	303-2023-001	行业标准	制定	全国物流标准化技术委员会
17		肉与肉制品冷链物流作业规范	303-2023-006	行业标准	修订	全国物流标准化技术委员会
18		冷藏集装箱智能终端技术规范	JT 2023-69	行业标准	制定	全国集装箱标准化技术委员会
19	物流园区	物流中心作业通用规范	20232456-T-469	国家标准	修订	全国物流标准化技术委员会
20		物流园区统计指标体系	20232455-T-469	国家标准	修订	全国物流标准化技术委员会

4. 物流标准宣贯与实施颇有成效

2023 年，全国范围内的物流各相关行业和领域，全面开展了物流标准的宣贯与实施。

2023 年，全国物流标准化技术委员会举办了 9 期"中国物流标准大讲堂"，通过"中物联教育培训"视频号、小鹅通直播号对新近发布的国家标准进行在线宣贯，参加人数总计达 17000 余人。所有大讲堂课程均可无限制观看回放，并制作成"标准云课"，收录到中国物流与采购联合会"'物流'国家标准，解读视频"专栏。

全国物流标准化技术委员会还编制、发布 2023 版《物流标准目录手册》，搜集、整理了我国已颁布的现行物流国家标准、行业标准目录。发布了 12 期

《物流标准化动态》电子刊，搜集整理当月标准化工作动态、物流相关标准制修订情况、物流标准相关政策及资讯。此外，物流标准解读文章和解读小视频、标准培训、"标准进校园"活动，"标准走进企业"等宣贯也广泛开展。

在标准的实施与应用方面，依据《物流企业分类与评估指标》（GB/T 19680—2013）开展评估工作，2023年共评出25家5A级物流企业，257家4A级物流企业，303家3A级物流企业，93家2A级物流企业，18家1A级物流企业，已累计评出9962家A级物流企业；依据《担保存货第三方管理规范》（GB/T 31300—2014）、《质押监管企业评估指标》（SB/T 10979—2013）开展评估工作，2023年共评出担保存货管理及质押监管企业5家，复核企业3家，累计共评出141家担保存货管理及质押监管企业；依据《物流企业冷链服务要求与能力评估指标》（GB/T 31086—2014），2023年共评出49家星级冷链物流企业，已累计评出179家星级冷链物流企业；2023年开展了《食品冷链物流交接规范》（GB/T 40956—2021）国家标准试点工作，18家企业成为首批试点单位。

5. 企业参与标准化工作的积极性显著提升

2023年，我国物流企业参与标准制修订工作的积极性显著提升，据全国物流标准化技术委员会统计，截至2023年9月，在我国1628项物流国家及行业标准中，70%的物流国家标准、61%的物流行业标准均有企业参与起草。

2023年，物流领域企业标准"领跑者"工作持续开展。中国物流与采购联合会在"物流服务"领域开展综合物流服务、平托盘、托盘租赁服务、零担货物道路运输服务、整车货物道路运输服务、网络货运服务、食品冷链物流服务、药品冷链物流服务等8个产品/服务的企业标准"领跑者"评估，共有51家物流企业获评企业标准"领跑者"。据2023年6月市场监管总局印发的《2023年度实施企业标准"领跑者"重点领域》，"冷藏车道路运输""城市配送""通用仓储""快递服务"也名列其中。

企业参与标准化工作的积极性越来越高，形成了政府引导、企业响应的物流标准化工作新局面。

6. 物流国际标准化工作取得重大突破

2023年，由我国主导申请的首个物流领域国际标准化技术委员会"Innovative Logistics"（ISO/TC 344，创新物流）正式成立，秘书处设在中国，这是我国物流产业迈向世界的重要里程碑，将为我国积极参与全球物流标准制定、推动我国物流业与国际接轨、提升我国物流技术和服务水平等创造新的发展机遇，将进一步促进我国物流行业的创新发展，助力全球经贸往来，加快构建国内国际双循环的新发展格局。

2023年，在ISO/TC 51（托盘）、ISO/TC 297（废物收集及运输管理）、

ISO/TC 315（冷链物流）等 3 个物流领域的国际标准化组织中，中国专家共参加了 9 项国际标准的研制。其中 2023 年 6 月由中国提出的 ISO/AWI TS 31514 Requirements and Guidelines for Food Traceability in Cold Chain Logistics，是中国在 TC 315 提案的第 3 项国际标准项目。2023 年立项的重要领域国际标准见表 7。

表 7　　　　　　　　　　2023 年立项的重要领域国际标准

序号	标准项目	技术委员会	备注
1	ISO/DIS 8611-1 Pallets for materials handling — Flat pallets — Part 1: Test methods	ISO/TC 51	
2	ISO/DIS 8611-2 Pallets for materials handling — Flat pallets — Part 2: Performance requirements and selection of tests	ISO/TC 51	
3	ISO/AWI 18995 Flat Plastic Pallets for Petrochemical Industries	ISO/TC 51	
4	ISO/DIS 13155 Refuse Collection Vehicles — Terminology of Main Functional Components & Performance Indicators	ISO/TC 297	中国提出
5	ISO/WD 31510 Cold chain terminology	ISO/TC 315	中国提出
6	ISO/DIS 31511 Requirements for contactless delivery services in cold chain logistics	ISO/TC 315	中国提出
7	ISO/DIS 31512 Cold chain logistics services in B to B sector — Requirements for low temperature storage services and low temperature transport services	ISO/TC 315	
8	ISO/WD 31513 Temperature validation methods of temperature-controlled storages and road vehicles9	ISO/TC 315	
10	ISO/AWI TS 31514 Requirements and Guidelines for Food Traceability in Cold Chain Logistics	ISO/TC 315	中国提出

此外，在国家标准化管理委员会的要求下，2023 年物流国家标准外文版工作也取得了较大进展。全年全国物流标准化技术委员会组织完成了《物流术语》等 9 项国家标准外文版的翻译、审查和报批。

2023 年的物流标准化工作虽然在贯彻落实《国家标准化发展纲要》《"十四五"现代物流发展规划》方面取得了一定进展，但仍存在以下不足。

（1）从基础性工作来看，一是基础性、理论性研究薄弱，对行业新发展、新趋势、新技术应用的标准制定和转化不足；二是国际标准化研究不足，中国标准走出去还任重道远；三是在物流和标准化两方面均擅长的人才队伍尚薄弱，尤其缺少懂国际标准化规则、外语较好的国际标准化人才。

（2）从标准的制修订来看，一是存在部分标准空白；二是重点领域标准制修订不成体系；三是标准间的协调性、一致性不足；四是标准的科学验证不足。

（3）从标准的实施应用来看，一是重要标准实施推广不足，标准落地方式单一；二是标准实施效果的跟踪评价不足。

二、2024年物流标准化工作展望

展望2024年，物流标准化工作将继续围绕《国家标准化发展纲要》《"十四五"现代物流业发展规划》及相关细分领域的政策要求，展开相关工作。

（1）进一步加大提质量物流标准化工作，强化高水平标准供给。一是强化对数字化转型、单元化物流系统、绿色物流、逆向物流等重要领域标准化需求的调研和标准实施情况的收集，并推进相关标准制修订工作。二是加大对冷链物流、医药物流、城乡物流配送、电商物流、即时配送、汽车物流、网络货运、化工物流、应急物流等专业领域标准的制修订和宣贯实施工作。三是注重物流标准与上下游标准的衔接和应用，研究服务于产业链的物流领域的标准空缺和标准实施效益，对影响供应链效率的物流标准实时提出修订，以提升产业链供应链的高效性、韧性、稳定性。

（2）加强物流标准实施效果评价工作。一是探索研究、总结梳理物流标准实施效果评价的先进手段、方法和途径，组织学习交流，提升物流标准工作者开展实施效果评价的工作能力。二是加强对重点标准实施效果评价的跟踪，动态总结标准被政策法规引用的情况、与相关标准技术水平的一致性、企业实施应用的效益，形成标杆进行宣传推广。

（3）深化国际标准化工作。一是依托ISO/TC 344平台，组织中国物流企业和专家提出国际标准项目提案、积极参与国际标准项目制修订，助力物流企业参与国际贸易大循环。二是推进国际国内标准接轨，开展物流领域国际标准与国家标准技术内容的比对工作，开展一致性评估，及时提出国际标准转化项目。三是开展物流国际标准化交流活动，增进与各国物流标准化专业人士的沟通与理解，共同推进物流国际标准化。四是组建和培育物流国际标准化专家和人才队伍。

（作者：中国物流与采购联合会标准工作部 金 蕾）

2023 年物流教育与培训发展
回顾及 2024 年展望

2023 年作为全面贯彻党的二十大精神的开局之年，也是新冠疫情防控转段后经济恢复稳步发展的一年，物流与供应链产业在数字化、多元化及国际化的浪潮中，展现出强大的韧性与活力。在这一变革的时代背景下，物流产业面临着前所未有的挑战与机遇，全球物流与供应链的深度融合、数字技术的广泛应用以及市场的多元化需求，对物流行业提出了更高的要求。因此，培养具备高素质、复合型、专业性强的物流人才，成为推动物流业数字化转型升级、构建现代化物流体系的关键所在。2023 年行业物流教育与培训工作依托广大企业、院校和社会培训机构，围绕服务国家战略、服务行业企业和院校人才培养这一主线，在服务国家决策部署、夯实基础业务、数字化转型及教育教学指导与研究等方面重点开展工作，努力推动各项工作朝着既定的目标迈进。

一、2023 年物流教育与培训发展回顾

（一）服务决策部署，行业人才培养工作取得新突破

（1）服务教育强国建设。根据教育部"教育强国"建设工作部署，调研编制《2023 年职业教育智慧物流人才培养调研报告》，形成《对当前行业产教融合共同体建设的建议》《关于进一步推动职业院校"双师型"博士"政行企校研"联合培养的专项试点的建议》两份政策作为"教育强国"建议上报至教育部。持续承担援藏援疆工作，对口支援新疆阿克苏、新疆和田、西藏日喀则等地的教育培训；面向全国 415 所院校的 1300 多名教师开展公益师资培训，累计为院校节省师资培训经费超 300 万元。

（2）服务人才强国建设。承担人社部中国就业培训技术指导中心"企业导师能力培养工作研究"课题，形成了《企业导师能力培养工作研究报告》《企业导师能力标准》《企业导师培养方案》等多个成果。本课题是首次针对中国特色企业新型学徒制企业导师能力建设进行的系统研究，填补了企业导师职业能力培养标准建设的空白，为全面推行企业新型学徒制贡献了中国方案，项目成果得到了人社部及评审专家的高度评价。

（3）服务产教融合战略。为落实中共中央办公厅、国务院办公厅《关于

深化现代职业教育体系建设改革的意见》和发展改革委、教育部、人力资源社会保障部等部门产教融合型企业建设工作要求，教育部物流行指委发布了《全面推动物流行业产教融合共同体建设的倡议》。此外，物流行指委还指导中国物流、中国外运、中国邮政、顺丰、百世、京东等头部企业与全国院校共建20多个产教融合共同体，共同探索产教融合的新模式和新路径。

（4）服务中国标准与实践"走出去"。推动国际采购与供应管理联盟（IF-PSM）将中国物流专业建设实践尤其是教育部一流专业建设相关指标要求纳入全球标准（GS）认证体系，这是中国物流人才标准"走出去"的一个重要突破，将有力推动中国高校物流专业建设与国际接轨，推动中国参与全球物流教育与培训标准化建设，为服务"一带一路"建设和中国物流教育"走出去"打下基础。依托"鲁班工坊"、"中文+物流技能"、1+X证书制度试点等工作，将中国物流职业教育的最新成果和经验输出到柬埔寨、圭亚那、老挝等国家，推动中国物流职业教育走向世界。

（二）夯实基础工作，提升行业品牌价值

（1）认证工作迈新高。本年度中国物流与采购联合会物流师、采购师和供应链管理师培训认证人数同比增长56.7%，中物联认证项目社会影响力进一步提升。2023年物流管理与供应链运营1+X顺利开展，考试人数突破3.7万人，创历史新高。自2019年1+X证书制度试点以来，全国共有821所试点院校申报物流管理与供应链运营1+X证书，完成677个考核站点的建设与审批，2150名考评员的培训与考核工作，试点覆盖除台湾以外的所有省、自治区、直辖市，累计完成考试人数达14.6万人。

（2）培训工作新拓展。中国物流与采购联合会服务中国人民解放军联勤保障部队官兵和文职人员培训，不断提升为军服务质量；面向院校开展智慧物流、数字化转型等专项师资培训17期，累计培训师资1000多人。

（3）产教融合工作新进展。7月成立了由中国物流与采购联合会指导，中国物流集团、北京交通大学和宁波职业技术学院牵头同245家院校、55家企业组成全国物流与供应链产教融合共同体，为全国院校、企业搭建了产教融合的交流与合作平台，通过整合物流行业优质产教资源，匹配行业需求与教育供给，全力推动物流行业高质量发展。其间，为更好地服务市域产教联合体和行业产教融合共同体建设，中国物流与采购联合会和物流行指委共同发起了物流与供应链产教融合典型案例的征集工作，最终共遴选出优秀案例40个，为广大院校和企业提供了一批可复制、可实践的校企合作新范式。

（4）院校工作多成果。完成教育部职教本科《供应链管理专业简介》《物流类实验实训条件建设标准》《冷链物流行业人才需求与职业院校专业设置报

告》的编写；承担国家学分银行"物流类职业技能等级证书学习成果转换（融通）指南制定与运用试点项目"，组织开发了物流管理、供应链运营等学习成果转换标准；完成人社部《供应链管理师》教材、国家基本培训包和在线课程的开发；推荐 9 项物流类职业教育教学成果入选 2022 年职业教育国家级教学成果奖，其中中物联参与的项目获得国家级教学成果奖特等奖；中物联编写的 4 本教材入选教育部首批"十四五"职业教育国家规划教材名单，3 本入选人社部国家级职业培训规划教材目录和国家基本职业培训包教材资源。组织完成 343 个 2022 年度物流教改教研课题的结项和 437 个 2023 年度课题的立项工作，课题质量与数量双提升。

（5）品牌活动多亮点。组织完成了第二十二届全国高校物流专业教学研讨会、第十四届全国职业院校物流专业教学研讨会、物流与供应链人力资源发展大会等多个品牌活动，参与人数持续增加；发布了《中国高等教育年度报告》《中国职业教育年度报告》等报告，质量和影响力不断提升；成功举办第四届全国供应链大赛，启动"长春国际汽车城 & 一汽物流杯"第八届全国大学生物流设计大赛，各类大赛参赛规模再创新高，全国供应链大赛入选"全国普通高校大学生竞赛榜单"观察目录，赛事社会影响力和品牌价值不断提升。

（6）国际化持续深化。2023 年通过标准和证书互认，取得中物联证书的学员中有 2 万多人成功获得 IFPSM 国际证书；9 月 23 日，中物联与 IFPSM 签署教育与培训认证战略合作协议，在中国全面启动物流类专业国际认证工作，目前已经有 4 所高校启动专业认证项目；启动第二届"中文+物流职业技能"国际赛，竞赛共吸引 500 多名选手参赛，其中国际学生组共有来自泰国、马来西亚、老挝、越南、缅甸、柬埔寨、俄罗斯、巴基斯坦、塔吉克斯坦、刚果（金）、基里巴斯、巴布亚新几内亚、摩洛哥等 19 个国家、240 名国际学生报名参赛，辐射了亚洲、非洲、欧洲、大洋洲等多个国家及地区。

（7）完善组织建设。2023 年 5 月物流行指委启动新一届物流行指委下设专委会的组建工作，设置了教师发展、课程思政、校企合作与成果转化等 7 个专门委员会和 3 个专业委员会，并根据工作程序遴选各专委会委员，完善了组织建设工作。新一届物流行指委以及专委会自成立以来，主动担当，尽职履责，多次召开各专委会主任办公会，认真制订工作规划，较好地完成了教育部交予的各项任务。

（8）聚焦数智赋能行业人才培养。依托专业目录调整、专业教学标准编制等项目，将数智化作为主线对现有物流类专业进行改造，推动物流专业数字化转型和智慧化改造；开发了全套的物流师、采购师、供应链管理师在线课程助力培训机构转型升级，开发智慧物流、跨境电商、港口物流等专题课程服务湖南事业单位人员培训、援藏援疆等项目，相关课程申请课程著作权；通过数字人技术、AI 智能脚本编写等技术快速为院校提供在线课程开发服务；整合行业、企业、院校科研信息和数据开发大数据资源库，为深度挖掘数据价值，服务行业人才培养打下基础。

二、2024 年物流教育与培训展望

2024 年将继续以党建引领发展，坚持贯彻落实"第一议题"制度，围绕"物流强国"建设和《"十四五"现代物流发展规划》，紧扣物流产业数字化转型和智慧化改造，主动服务国家战略，积极应对物流与供应链人才培养新需求，立足行业人才培养新起点，加快推进构建现代物流教育体系。

1. 坚持贯彻国家战略，服务产业发展需求

围绕国家赋予行业协会、教指委与行指委的使命和任务，聚焦乡村振兴国家战略，加快培养培训中西部地区、经济欠发达地区和偏远山区等农村物流网络建设需要的物流人才，补齐农村物流发展短板，服务农村物流节点网络建设和物流服务效能提升；聚焦"一带一路"倡议，推动国际物流与供应链专业建设和人才培养，服务国内国际"双循环"新发展格局；聚焦人才强国战略，深化与国家学分银行的合作，推动物流与供应链领域学习成果认定、积累与转化，推动学历教育与非学历教育的融通，为行业人才打通多渠道成长路径。

2. 坚持创新驱动，推动行业认证发展突破

推动 1+X 项目与职教高考制度结合，践行"岗课赛证融通"培养模式，发挥中物联认证项目国际化优势，继续推进中物联认证项目与 IFPSM 全球标准认证证书互认，加大 ITC 供应链管理国际认证新版知识体系推广力度。在基础工作方面，完成物流师教材改版工作，围绕数字经济下物流业转型升级的新需求，更新知识体系，贴近企业实践。

3. 坚持产教融合，深化校企合作模式创新

产教融合是以校企合作的"小切口"来撬动人才培养的大事业，2024 年将以产业研究为先导，进一步整合平台资源，创新产教融合与校企合作的新模式，服务产教融合联合体与共同体、产业学院、双师型教师队伍、产教融合实践中心等建设；探索建设科教融汇的新平台，着力提升院校服务社会和企业的能力；搭建行业企业和院校实习与就业对接平台，推动物流毕业生高质量就业；继续做好现代学徒制推广等工作，积极探索产教融合新发展路径，为物流行业发展注入新活力。

4. 坚持需求导向，全面提升人才培养质量

全面提高物流人才自主培养质量是服务支撑国家战略的关键，是支撑中国式物流现代化稳步推进的源泉。面对新的战略使命和历史责任，下一步，应立

足行业发展，继续做好行业人才需求预测分析，专业教学标准的宣贯与实施，围绕一流专业建设、新文科建设、双高建设、职教本科建设、产教融合与校企合作等重点项目开展教学研讨、课题研究和师资培训等工作，全面提高院校专业的建设水平和物流人才的培养质量，为行业提供高素质、具备竞争力的人才支撑。

5. 坚持稳中求进，持续深化各项延续工作

积极发挥平台优势，稳步做好各项延续工作，积极推动大赛、会议、师资培训、课题、教材、数字化资源等工作的组织和开发，主动落实教育部有关物流教育培训相关工作，在原有工作基础上推进改革创新。

（作者：中国物流与采购联合会教育培训中心　李俊峰）

第三篇

资料汇编

2023 年全国物流运行情况通报

国家发展改革委 中国物流与采购联合会

2023 年，我国经济在波动中恢复，稳定因素不断累积，物流运行环境持续改善，行业恢复整体向好。市场需求规模恢复加快，全年社会物流总额超过 352 万亿元。

2023 年全国社会物流总额为 352.4 万亿元，同比增长 5.2%，增速比 2022 年提高 1.8 个百分点。分季度看，一季度、二季度、三季度、四季度，分别增长 3.9%、5.4%、4.7%、5.4%，呈现前低、中高、后稳的恢复态势，全年回升态势总体向好。

从需求结构看，农产品、工业、消费、进口领域物流需求稳定增长。2023 年农产品物流总额为 5.3 万亿元，同比增长 4.1%，保持良好发展态势。工业品物流需求稳步回升。2023 年工业品物流总额为 312.6 万亿元，同比增长 4.6%，增速比上年提高 1 个百分点。

民生消费物流需求稳中向好，2023 年单位与居民物品物流总额达 13.0 万亿元，同比增长 8.2%，增速比上年提高 4.8 个百分点。餐饮、零售等领域回升力度明显提升，餐饮物流总额、百货店零售物流总额均实现由降转升，同比分别增长 20.0%、8.8%；便利店零售物流总额增长 7.5%，增速比上年提高 3.8 个百分点。

另外，2023 年进口物流总额为 18.0 万亿元，同比增长 13.0%，进口物流量保持快速恢复态势。原油、天然气、煤炭等能源产品进口物流量达 11.6 亿吨，同比增长 27.2%；铁、铝等金属矿砂进口物流量达 14.6 亿吨，同比增长 7.6%。

2023 年中国物流行业十件大事

中国物流与采购联合会

（2023 年 12 月 31 日）

（1）在第三届"一带一路"国际合作高峰论坛上，国家主席习近平宣布中国支持高质量共建"一带一路"八项行动，其中构建"一带一路"立体互联互通网络位列第一项。

（2）国际标准化组织（ISO）正式批准设立创新物流技术委员会（ISO/TC 344），秘书处和国内技术对口单位均设在中国物流与采购联合会。

（3）中央经济工作会议在北京举行，指出提升产业链供应链韧性安全水平。商务部等 8 单位审核公布全国供应链创新与应用示范企业达 250 家、示范城市 33 个。

（4）重大物流基础设施推进建设，截至年末，国家发展改革委发布的国家物流枢纽建设名单已达 125 个，国家骨干冷链物流基地 66 个。国家发展改革委、自然资源部评审认定的"示范物流园区"已达 100 家。

（5）在第一届绿色物流与供应链发展大会上，中国物流与采购联合会正式发布物流行业公共碳排计算器，标志着国际国内碳排放互认工作启动。

（6）铁路现代物流体系建设加速，中欧班列十年累计开行超过 7.7 万列，海铁联运高质量发展示范区在浙江成立，西部陆海新通道班列开行突破 9000 列，最高运行时速 250 公里的高铁货运动车组列车正式开行。

（7）跨境电商服务时效持续升级，"全球 5 日达"国际快线等跨境物流产品上线，海外仓、综合试验区等跨境物流基础设施加快布局，助力中小企业"出海"拓展国际市场。

（8）工业和信息化部等四部委启动智能网联汽车准入和上路通行试点，全国首批无人驾驶货运车辆路测牌照发放。交通运输部制定《自动驾驶汽车运输安全服务指南（试行）》。

（9）由中国国际贸易促进委员会主办的首届中国国际供应链促进博览会在北京开幕，这是全球首个以供应链为主题的国家级展会。

（10）受俄乌局势、巴以冲突及红海事件等影响，国际航运及物流市场价格波动加大，不确定性因素增加，产业链供应链韧性和安全经受考验。

2023 年物流相关政策目录

序号	发文单位	发文/政策题目	文号	发布/成文时间
1	中国民用航空局	《关于印发〈危险品货物航空运输临时存放管理办法〉的通知》	民航规〔2022〕67 号	2023 年 1 月
2	中国民用航空局	《航空物流保通保畅工作指南》	—	
3	商务部办公厅等 2 部门	《关于印发国家级服务业标准化试点（商贸流通专项）第一批典型经验做法的通知》	商办建函〔2023〕15 号	
4	交通运输部办公厅等 4 部门	《关于进一步提升鲜活农产品运输"绿色通道"政策服务水平的通知》	交办公路〔2022〕78 号	
5	国家铁路局等 3 部门	《关于支持新能源商品汽车铁路运输 服务新能源汽车产业发展的意见》	国铁运输监〔2023〕4 号	
6	应急管理部等 4 部门	《关于印发〈"十四五"应急物资保障规划〉的通知》	—	2023 年 2 月
7	工信部等 8 部门	《关于组织开展公共领域车辆全面电动化先行区试点工作的通知》	工信部联通装函〔2023〕23 号	
8	中共中央、国务院	《质量强国建设纲要》	—	
9	中共中央、国务院	《关于做好二〇二三年全面推进乡村振兴重点工作的意见》	中央 1 号文件	
10	国务院办公厅	《国务院办公厅关于深入推进跨部门综合监管的指导意见》	国办发〔2023〕1 号	
11	人民银行等 3 部门	《关于进一步做好交通物流领域金融支持与服务的通知》	银发〔2023〕32 号	
12	国家发展改革委等 2 部门	《关于加强物流统计监测工作的通知》	发改办运行〔2023〕87 号	
13	中共中央、国务院	《数字中国建设整体布局规划》	—	
14	交通运输部运输服务司	《关于通报道路运输车辆达标管理"双随机、一公开"抽查情况的函》	交运便字〔2023〕45 号	

续　表

序号	发文单位	发文/政策题目	文号	发布/成文时间
15	国家医疗保障局办公室	《关于做好 2023 年医药集中采购和价格管理工作的通知》	医保办函〔2023〕13 号	2023 年 3 月
16	交通运输部等 4 部门	《关于印发〈推进铁水联运高质量发展行动方案（2023—2025年）〉的通知》	交水发〔2023〕11 号	
17	商务部等 17 部门	《关于服务构建新发展格局 推动边（跨）境经济合作区高质量发展若干措施的通知》	商资发〔2023〕18 号	
18	交通运输部等 2 部门	《关于做好 2023 年国家综合货运枢纽补链强链申报工作的通知》	交办规划函〔2023〕363 号	
19	财政部等 2 部门	《关于继续实施物流企业大宗商品仓储设施用地城镇土地使用税优惠政策的公告》	财政部 税务总局公告2020 年第 16 号	
20	国家税务总局	《关于落实落细税费优惠政策推出"便民办税春风行动"第三批措施的通知》	税总纳服函〔2023〕38 号	2023 年 4 月
21	商务部	《关于开展 2023 年全国商贸物流重点联系企业组织申报工作的通知》	—	
22	交通运输部办公厅	《关于印发 2023 年持续提升适老化无障碍交通出行服务等 5 件更贴近民生实事工作方案的通知》	交运办函〔2023〕480 号	
23	财政部	《关于调整铁路和航空运输企业汇总缴纳增值税分支机构名单的通知》	财税〔2023〕15 号	
24	交通运输部办公厅	《关于组织开展交通运输区域执法协作试点示范工作的通知》	交办法〔2023〕21 号	
25	国务院办公厅	《关于推动外贸稳规模优结构的意见》	国办发〔2023〕10 号	
26	交通运输部	《道路运输车辆技术管理规定》	交通运输部令2023 年第 3 号	2023 年 5 月
27	生态环境部等 5 部门	《关于实施汽车国六排放标准有关事宜的公告》	公告 2023 年 第 14 号	

序号	发文单位	发文/政策题目	文号	发布/成文时间
28	国家发展改革委和国家能源局	《加快推进充电基础设施建设 更好支持新能源汽车下乡和乡村振兴的实施意见》	发改综合〔2023〕545 号	2023 年 5 月
29	交通运输部	《铁路运输服务质量监督管理办法》	中华人民共和国交通运输部令 2023 年第 5 号	
30	中共中央、国务院	《国家水网建设规划纲要》	——	
31	国家发展改革委等 4 部门	《关于做好 2023 年降成本重点工作的通知》	发改运行〔2023〕645 号	2023 年 6 月
32	生态环境部办公厅	《关于公开征〈关于推进实施水泥行业超低排放的意见（征求意见稿）〉和〈关于推进实施焦化行业超低排放的意见（征求意见稿）〉意见的通知》	环办便函〔2023〕192 号	
33	交通运输部等 3 部门	《关于公布 2022 年"最美货车司机"等名单的通知》	交运函〔2023〕306 号	
34	国务院办公厅	《关于进一步构建高质量充电基础设施体系的指导意见》	国办发〔2023〕19 号	
35	财政部等 3 部门	《关于延续和优化新能源汽车车辆购置税减免政策的公告》	财政部 税务总局工业和信息化部公告 2023 年第 10 号	
36	商务部	《关于印发〈自贸试验区重点工作清单（2023—2025 年）〉的通知》	商自贸函〔2023〕181 号	
37	国务院	《关于在有条件的自由贸易试验区和自由贸易港试点对接国际高标准推进制度型开放若干措施的通知》	国发〔2023〕9 号	
38	工业和信息化部等 6 部门	《关于印发〈制造业可靠性提升实施意见〉的通知》	工信部联科〔2023〕77 号	2023 年 7 月
39	交通运输部办公厅等 2 部门	《关于推进道路货物运输驾驶员从业资格管理改革的通知》	交办运〔2023〕35 号	

序号	发文单位	发文/政策题目	文号	发布/成文时间
40	商务部等 13 部门	《关于印发〈全面推进城市一刻钟便民生活圈建设三年行动计划（2023—2025）〉的通知》	—	2023 年 7 月
41	国务院	《关于做好自由贸易试验区第七批改革试点经验复制推广工作的通知》	国函〔2023〕56 号	
42	交通运输部综合规划司、财政部经济建设司	《2023 年国家综合货运枢纽补链强链支持城市公示》	—	
43	农业农村部办公厅	《关于继续做好农产品产地冷藏保鲜设施建设工作的通知》	农办市〔2023〕6 号	
44	中共中央、国务院	《关于促进民营经济发展壮大的意见》	—	
45	国家发展改革委、自然资源部	《第四批示范物流园区名单》	—	
46	国家发展改革委	《2023 年国家物流枢纽建设名单》	—	
47	国务院办公厅	《国务院办公厅转发国家发展改革委关于恢复和扩大消费措施的通知》	国办函〔2023〕70 号	
48	国家发展改革委等 8 部门	《关于实施促进民营经济发展近期若干举措的通知》	发改体改〔2023〕1054 号	
49	国家标准委等 5 部门	《氢能产业标准体系建设指南（2023 版）》	国标委联〔2023〕34 号	
50	商务部办公厅等 9 部门	《关于印发〈县域商业三年行动计划（2023—2025 年）〉的通知》	商办流通函 2023 年第 419 号	
51	国务院	《关于进一步优化外商投资环境加大吸引外商投资力度的意见》	国发〔2023〕11 号	2023 年 8 月
52	中央财办等 9 部门	《关于推动农村流通高质量发展的指导意见》	中财办发〔2023〕7 号	
53	交通运输部等 9 部门	《关于加快推进多式联运"一单制""一箱制"发展的意见》	交运发〔2023〕116 号	
54	交通运输部运输服务司	《关于拟公布第四批农村物流服务品牌名单的公示》	—	

序号	发文单位	发文/政策题目	文号	发布/成文时间
55	国家发展改革委等9部门	《关于印发〈绿色低碳先进技术示范工程实施方案〉的通知》	发改环资〔2023〕1093号	2023年8月
56	国家发展改革委等5部门	《关于布局建设现代流通战略支点城市的通知》	—	
57	商务部	《关于公布2023年全国商贸物流重点联系企业名单的通知》	—	2023年9月
58	交通运输部	《推进公路数字化转型 加快智慧公路建设发展的意见》	交公路发〔2023〕131号	
59	中共中央、国务院	《关于支持福建探索海峡两岸融合发展新路 建设两岸融合发展示范区的意见》	—	
60	交通运输部办公厅	《关于征集第二批智能交通先导应用试点项目（自动驾驶和智能建造方向）的通知》	交办科技函〔2023〕1378号	
61	交通运输部办公厅	《关于开展道路运输安全生产突出问题集中整治"百日行动"的通知》	交办运函〔2023〕1398号	
62	交通运输部办公厅	《道路运输企业和城市客运企业安全生产重大事故隐患判定标准（试行）》	交办运〔2023〕52号	
63	商务部等8单位	《关于开展2023年全国供应链创新与应用示范城市和示范企业申报工作的通知》	商流通函〔2023〕577号	
64	交通运输部办公厅	《关于印发〈公路运营领域重大事故隐患判定标准〉的通知》	交办公路〔2023〕59号	2023年10月
65	交通运输部等2部门	《关于命名中欧班列集装箱多式联运信息集成应用示范工程等19个项目为"国家多式联运示范工程"的通知》	交运函〔2023〕494号	
66	国家铁路局	《铁路货物运输规程（征求意见稿）》	—	
67	交通运输部办公厅等2部门	《关于公布第四批农村物流服务品牌的通知》	交办运函〔2023〕1519号	

续 表

序号	发文单位	发文/政策题目	文号	发布/成文时间
68	国务院	《关于在上海市创建"丝路电商"合作先行区方案的批复》	国函〔2023〕115 号	2023 年 10 月
69	国务院	《关于印发〈中国（新疆）自由贸易试验区总体方案〉的通知》	国发〔2023〕17 号	
70	工业和信息化部办公厅	《关于印发〈"5G+工业互联网"融合应用先导区试点工作规则（暂行）〉〈"5G+工业互联网"融合应用先导区试点建设指南〉的通知》	工信厅信管〔2023〕66 号	2023 年 11 月
71	国务院办公厅转发	《国家发展改革委、财政部〈关于规范实施政府和社会资本合作新机制的指导意见〉的通知》	国办函〔2023〕115 号	
72	交通运输部	《关于修改〈道路货物运输及站场管理规定〉的决定》	交通运输部令 2023 年第 12 号	
73	工信部等 8 部门	《关于启动第一批公共领域车辆全面电动化先行区试点的通知》	—	
74	交通运输部办公厅	《关于公布港口功能优化提升交通强国专项试点项目（第一批）的通知》	交办规划函〔2023〕1697 号	
75	工业和信息化部等 5 部门	《关于开展智能网联汽车准入和上路通行试点工作的通知》	工信部联通装〔2023〕217 号	
76	中国人民银行等 8 部门	《关于强化金融支持举措 助力民营经济发展壮大的通知》	—	
77	交通运输部办公厅	《关于印发〈自动驾驶汽车运输安全服务指南（试行）〉的通知》	交办运〔2023〕66 号	2023 年 12 月
78	国务院	《全面对接国际高标准经贸规则推进中国（上海）自由贸易试验区高水平制度型开放总体方案》	国发〔2023〕23 号	
79	国务院	《关于印发〈空气质量持续改善行动计划〉的通知》	国发〔2023〕24 号	
80	交通运输部	《关于加快智慧港口和智慧航道建设的意见》	交水发〔2023〕164 号	
81	国务院办公厅	《〈关于加快内外贸一体化发展的若干措施〉的通知》	国办发〔2023〕42 号	

序号	发文单位	发文/政策题目	文号	发布/成文时间
82	商务部等 12 部门	《关于加快生活服务数字化赋能的指导意见》	商服贸发〔2023〕302 号	2023 年 12 月
83	国家发展改革委等 8 部门	《关于印发〈深入推进快递包装绿色转型行动方案〉的通知》	发改环资〔2023〕1595 号	
84	交通运输部办公厅	《〈关于加快推进长江航运信用体系建设的意见〉的通知》	交办政研〔2023〕74 号	
85	国家发展改革委	《前海深港现代服务业合作区总体发展规划》	—	
86	交通运输部等 2 部门	《关于延长〈网络平台道路货物运输经营管理暂行办法〉有效期的公告》	交运规〔2023〕7 号	
87	工业和信息化部等 8 部门	《关于加快传统制造业转型升级的指导意见》	工信部联规〔2023〕258 号	
88	交通运输部等 5 部门	《关于加快推进现代航运服务业高质量发展的指导意见》	交水发〔2023〕173 号	
89	国家数据局等 17 部门	《"数据要素×"三年行动计划（2024—2026 年）》	国数政策〔2023〕11 号	